JN180793

法学教室
LIBRARY

Essentials of Bankruptcy and Civil Rehabilitation Law
Tagashira Shoichi

講義
破産法・民事再生法

重要論点の解説と演習

田頭章一

有斐閣

はしがき

本書は，法学教室391号（2013年4月）から414号（2015年3月）まで2年にわたり連載した「倒産法入門――比較で学ぶ破産・民事再生」を1冊の本にまとめたものである。単行本化に際しては，抜けていた論点や最新の判例等の解説を加えたほか，新たに同じく法学教室の連載でかつて担当した「演習倒産法」（355号～366号）の事例などを利用した演習問題（簡単な解答のヒントを付した）と，最近の倒産事件等に関するコラムを取り入れた。

法学教室で連載の機会を与えられたときから，すでに数多く存在する倒産法の教科書や概説書と同様のものを世に出しても，あまり意味がないように感じていた。そこで，法学教室の連載では，倒産手続の細かい点までもれなく説明するということよりも，重要論点ごとの解説というスタイルをとった。本書にまとめるに際しても，記述内容等を最新のものとし，図表・書式（再生計画のサンプルなど）を追加した以外は，連載中のスタイルを基本的には維持している。その結果，本書では，記述の順序が通常の教科書とは異なったものとなっている。すなわち，通常の教科書では，序論部分に続いて，各手続開始の申立てから解説するのが通常であるが，本書では，倒産手続の基本的な構造を，一方では倒産債権等の個別的権利行使の制限，他方では倒産債務者の財産管理処分権および業務遂行権の制限（「財産管理処分権等の倒産法的再構築」）との組み合わせであるととらえ，破産手続と再生手続の違いは，その組み合わせ方法の違いから生ずることを理解してもらうことから出発することにした（第2章および第3章）。その後の章でも，上記の倒産手続の構造論に従って，まず破産・再生債権，財団・共益債権（第4章および第5章）を，次に破産・再生手続の流れに沿って破産財団や再生債務者財産の管理処分権等の再構築（手続機関の枠組みも含む）の基礎を説明し（第6章），それらの知識を踏まえて，破産財団や再生債務者財産の管理処分に関わる重要問題（各種契約の処理，相殺，否認など）を取り上げ（第7章～第13章），最後に，破産の配当，再生計画の認可・履行に至る手続，そして両手続間の移行等について説明した（第14章）。個人の破産・再生手続に固有の事項や国際倒産，相続財産の破産などの特別な手続については，その後の数章（第15章～第17章）で取り扱った。また，近く成立が予想される民法改正に伴う倒産法関連の「整備法」案の内容も含め，倒産法改正の論点を，最後の章（第18章）にまとめて解説したことも本書の特徴となろう。

冒頭で述べたように，本書では，解説の中に「**Practice　考えてみよう！**」と題して，演習問題（そのレベルの目安として，「基礎」，「展開」または「基礎・展開」と表示した）を取り入れた。それぞれに簡単な「ヒント」を加えたほか，上述した法学教室の演習連載で解説した設問については，法学教室の該当号を引用しておいたので，演習の利用目的に沿って，適宜利用していただきたい。また，最近の話題や事件などのトピックを取り上げた「**Column**」は，読者の気分転換のために役立てばと思う。連載のときの名残として，前章内容の確認の部分や繰り返しも部分もあるが，この点は，必ずしも無駄にはならないだろうと考えて，あえて削除や書き直しはしなかった。

マイペースの筆者が本書を公にできたことは，多くの方々の支えがあったからである。熊本大学の川嶋隆憲准教授には，ご多忙の中，早い段階での草稿に目を通していただいた。頂戴した指摘は，本書の内容の改善に大いに役立っている。また，有斐閣法学教室編集室の鈴木淳也氏には，連載中から長期間にわたり大変お世話になった。鈴木氏の忍耐強い後押しに助けられたことは数えきれない。また，いちいち名は挙げないが，上智大学の同僚諸氏や倒産法講義ノートの改善に寄与してくれた歴代の学生諸君，研究会等で指導していただいている諸先生方，そして，常に「心の支え」になってくれている家族に，感謝したい。

2015年12月

姿を現しつつある

新棟ソフィアタワーを仰ぎつつ

田頭章一

目　次

細目次

第1章　倒産手続の基礎

第2章　破産債権，再生債権等の個別的権利行使の制限

第3章　破産財団・再生債務者財産の管理処分権および事業遂行権の取扱い
――債務者の権利の制限と財産管理処分権等の倒産法的再構築――

第4章　破産債権と再生債権

第5章　財団債権と共益債権

第6章　破産手続および民事再生手続の申立て・開始・手続機関

第7章　破産財団・再生債務者財産をめぐる法律関係整理の基礎
——手続開始前後の法律行為等の効力——

第8章　賃貸借契約

第9章　請負契約・継続的給付契約・労働契約

第10章　委任契約その他の契約・法律関係

第11章　取戻権・別除権

第12章 相殺権

第13章 否認権

第 14 章　破産・再生手続の進行と終了，手続間の相互関係等

第 15 章　個人破産・免責手続

第16章　個人再生手続

第17章　国際倒産，相続財産・信託財産の破産手続等および倒産犯罪

第18章　倒産法改正の重要論点

Column

凡　例

1　法令名の略語

法令名の略語は，有斐閣刊行の法令集の巻末に掲載されている「法令名略語」に従った。なお，以下の法案については略語で表記する。

民法改正案	「民法の一部を改正する法律案」（第 189 回国会提出法案）
民法改正整備法案	「民法の一部を改正する法律の施行に伴う関係法律の整備等に関する法律案」（第 189 回国会提出法案）

2　判例集・判例評釈書誌の略語

民(刑)集	大審院・最高裁判所民(刑)事判例集
高民(刑)集	高等裁判所民(刑)事判例集
下民(刑)集	下級裁判所民(刑)事裁判例集
新聞	法律新聞
金判	金融・商事判例
金法	旬刊金融法務事情
判時	判例時報
判タ	判例タイムズ

3　法律雑誌の略語

最判解民(刑)事篇 平成(昭和)〇年度	最高裁判所判例解説民(刑)事篇平成(昭和)〇年度
ジュリ	ジュリスト
平成(昭和)〇年度 重判解（ジュリ△号）	平成(昭和)〇年度重要判例解説（ジュリスト△号）
法教	法学教室

4　主な書籍の略語

一問一答個人再生	始関正光編著『一問一答 個人再生手続』（商事法務研究会，2001 年）
一問一答破産	小川秀樹編著『一問一答 新しい破産法』（商事法務，2004 年）

一問一答民再	深山卓也ほか『一問一答 民事再生法』（商事法務研究会，2000 年）
伊藤・会更	伊藤眞『会社更生法』（有斐閣，2012 年）
伊藤・破産民再	伊藤眞『破産法・民事再生法〔第 3 版〕』（有斐閣，2014 年）
今中ほか・講義	今中利昭ほか『実務倒産法講義〔第 3 版〕』（民事法研究会，2009 年）
加藤	加藤哲夫『破産法〔第 6 版〕』（弘文堂，2012 年）
基本法コンメン破産	中野貞一郎＝道下徹編『基本法コンメンタール破産法〔第 2 版〕』（日本評論社，1997 年）
現代的使命	伊藤眞先生古稀祝賀論文集『民事手続の現代的使命』（有斐閣，2015 年）
現代的展開	今中利昭先生傘寿記念『会社法・倒産法の現代的展開』（民事法研究会，2015 年）
個人再生の手引	鹿子木康＝島岡大雄編『個人再生の手引』（判例タイムズ社，2011 年）
条解破産	伊藤眞ほか『条解破産法〔第 2 版〕』（弘文堂，2014 年）
条解民再	園尾隆司＝小林秀之編『条解民事再生法〔第 3 版〕』（弘文堂，2013 年）
新基本法コンメン破産	山本克己ほか編『新基本法コンメンタール破産法』（日本評論社，2014 年）
新注釈民再(上)(下)	才口千晴＝伊藤眞監修，全国倒産処理弁護士ネットワーク編『新注釈民事再生法(上)(下)〔第 2 版〕』（金融財政事情研究会，2010 年）
ソリューション	岡正晶ほか監修『倒産法の最新論点ソリューション』（弘文堂，2013 年）
大コンメン破産	竹下守夫編集代表『大コンメンタール破産法』（青林書院，2007 年）
田頭・入門	田頭章一『倒産法入門〔第 2 版〕』（日本経済新聞出版社，2016 年）
谷口・倒産処理	谷口安平『倒産処理法〔第 2 版〕』（筑摩書房，1980 年）
倒産概説	山本和彦ほか『倒産法概説〔第 2 版補訂版〕』（弘文堂，2015 年）
倒産大系	河野正憲＝中島弘雅編『倒産法大系』（弘文堂，2001 年）

倒産百選	伊藤眞＝松下淳一編『倒産判例百選〔第5版〕』（有斐閣，2013年）
破産管財実践マニュアル	野村剛司ほか『破産管財実践マニュアル〔第2版〕』（青林書院，2013年）
破産管財の手引	鹿子木康＝島岡大雄編『破産管財の手引』（金融財政事情研究会，2011年）
破産・民再概論	山本克己編著『破産法・民事再生法概論』（商事法務，2012年）
破産・民再の実務〔破産編〕	東京地裁破産再生実務研究会編著『破産・民事再生の実務〔第3版〕破産編』（金融財政事情研究会，2014年）
破産・民再の実務〔民事再生・個人再生編〕	東京地裁破産再生実務研究会編著『破産・民事再生の実務〔第3版〕民事再生・個人再生編』（金融財政事情研究会，2014年）
花村・民再	花村良一『民事再生法要説』（商事法務研究会，2000年）
松下・民再入門	松下淳一『民事再生法入門〔第2版〕』（有斐閣，2014年）
民事再生の手引	鹿子木康編『民事再生の手引』（商事法務，2012年）
山木戸	山木戸克己『破産法』（青林書院新社，1974年）
山本・倒産処理	山本和彦『倒産処理法入門〔第4版〕』（有斐閣，2012年）

第 1 章
倒産手続の基礎

1-1 事例から始めよう

1-1-1 【設例】

（登場する会社や人物は架空のものである）

千代田交通株式会社は千代田地方で古くからバス事業を中心に公共交通関係の事業を行ってきた名門企業であった。しかし，マイカーの普及に伴ってバス需要が減少してきたころからバス事業の収益は赤字傾向にあったため，平成に入ってからは事態打開のためタクシー事業やリゾート事業，さらにはレストラン事業など事業の多角化を進めた。新事業は一部では収益を上げたものの，多額の事業投資による資金負担が多額に上り，2010 年以降は，いわゆるメインバンクである新宿銀行の支援を受けながら，窮屈な資金繰りを続けてきた。

2015 年 3 月 31 日現在の千代田交通の概要は以下のとおりである。

①資本金は 20 億円（非上場会社であり，株式のほとんどを創業者一族が保有），2014 年度（同年 4 月 1 日～同 25 年 3 月 31 日）の営業成績は，売上高約 100 億円，営業損益は約 3 億円の損失の見込みである。

会社が内部資料として作成した貸借対照表（会社の財政状況を示す）によれば，仮の評価として，負債総額は約 200 億円，資産は約 120 億円とされていることから，会社経営陣は，会社は債務超過に陥っているおそれが大きいと認識している。

②負債総額 200 億円のうち，新宿銀行からの 100 億円の借入債務については，その担保のため，本社敷地とビル（その現在の評価額は，50 億円）に抵当権を設定していた。また，目黒銀行からの借入債務 50 億円については，千

代田交通の完全子会社である紀尾井リゾートが連帯保証をしていた。他方，商取引上の債務は多数・多額に上り，たとえば長年燃料の供給を受けてきた中央商事には，未払金 1000 万円の債務を負っていた。

③千代田交通の本社敷地およびビル以外の所有不動産としては，店舗・営業所，バス駐車場，賃貸用のビル，保養施設等があり，また，銀行預金計 3 億円のうち，目黒銀行には 1 億円の預金があった。各種取引から発生した未収入金（売掛金）債権は 3 億円あった。

④ 2013 年度中に行った 100 人の人員削減計画の中で行った 10 人の整理解雇について，解雇無効確認等訴訟が裁判所に係属中である。従業員数は，かつては 1500 人を超えていたが，現在は約 900 人になっている。なお，従業員のうち管理職の一部に対して，3 月分の給料の一部が未払いの状態である。

⑤ 2014 年 8 月には，世田谷建設にゴルフ練習場の建設を発注し，現在半分の工事が終了したところである。また，③で述べた賃貸用のビルは，品川商事ほかの会社に事務所として貸し出している。

⑥千代田交通は，各種租税（国税・地方税）を滞納しており，その額は，約 3000 万円に上っていた。

1-1-2　設例をみる視点の多様性

［図 1-1］で概要を示したように，千代田交通をめぐっては，さまざまな法律関係が存在している。いろいろと情報がありすぎと感じるかもしれないが，実は，ここに出ている以上の複雑な法律関係が絡み合って存在するのが倒産事件の現実である。この「**倒産**」とは，何か。ここでは，ひとまず，ある会社が債務の支払に必要な資金の調達ができなくなったために，自力で事業の継続ができなくなった状態と考えておこう（この点は後に改めてふれる）。会社が突然に倒産状態に陥ることは稀であり，さまざまな要因（いわゆる放漫経営など企業内部的な要因もあれば，**【設例】**にあった「マイカーの普及」のような事業環境の変化や不況など外部的なものもある）が重なって，少しずつ事態が悪化していくのが通常である。

さて，2015 年 3 月 31 日において，千代田交通が倒産しているかどうかはともかく，**【設例】**のような事態をうけて，関係者はどのような対応をとるであろうか。「関係者」を，大きく債権者，債務者（千代田交通），その他の関係者に分け，また，倒産処理手続のことは一応頭の外において考えてみよう。な

［図 1-1］　債務者「千代田交通」をめぐる法律関係

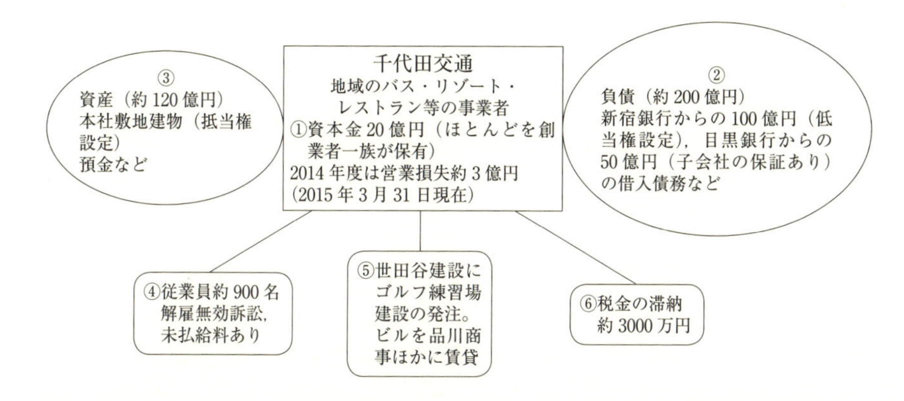

お，以下の解説は，債務者が会社である場合を念頭におくこととし，個人（消費者）の倒産の特色については，いくつかの点を脚注でふれるにとどめる。

1-2　予想される関係者の対応とその問題点——倒産手続のない世界

1-2-1　債権者

債権者とひと口でいっても，多くの種類に分かれる。**【設例】**の②で出てきたものに絞っても，まず新宿銀行は，**抵当権者**として，「他の債権者に先立って自己の債権の弁済を受ける権利」（民369条1項）を有するから，千代田交通が債務の履行を怠ったときは，「**担保権の実行手続**」（民執180条以下）により，千代田交通本社の敷地・建物を法定の手続で換価して，その換価金（たとえば50億円）から優先的な満足を得ることができる。残りの50億円の債権は無担保部分として残る。

これに対して，目黒銀行と中央商事の債権には担保権は設定されていないから（「**無担保債権**」または「**一般債権**」と呼ばれる）[1]，債務不履行の場合には，

1）　ただし，目黒銀行は1億円の預金を千代田交通に返還する債務を負うから（**【設例】**③参照），いわゆる相殺適状にある限りで，融資債権（自働債権）と預金返還債務（受働債権）を対当額で相殺することができる（民505条1項本文）。これにより，目黒銀行は，1億円の範囲で確実に融資債権の弁済を受けるのと同様の効果（債務負担の消滅）を得ることができるから，「相殺の担保的機能」と呼ばれる。なお，中央商事の燃料供給の代金債権については，一定の条件の下で，動産売買の先取特権（民321条）が成立する可能性があるが，その説明は，**11-3-2**(3)に譲る。

担保権の実行ではなく，**強制執行**の申立て（千代田交通の土地，バス車両など対象財産に限定はないが，民事執行法22条各号の定める各種文書，すなわち確定判決などの「**債務名義**」が必要）をすることになる。ただ，目黒銀行の債権は，紀尾井リゾートの連帯保証付きであるから，千代田交通の債務が履行されなければ紀尾井リゾートに「**保証債務**」の履行を請求でき（民446条1項），不履行の場合にはその財産に対して強制執行が可能である。**【設例】**④で取り上げた従業員の未払給料債権はどうであろうか。民法306条2号および308条により，従業員には，「**一般の先取特権**」が与えられ，その実行も担保権の実行手続（たとえば，民事執行法181条1項4号・190条2項などをみよ）として行われる（抵当権と異なり，執行の対象は，債務者の全財産に及ぶ）。さらに，**【設例】**⑥で述べた**租税債権**は，たとえば国税債権につき，国税徴収法8条は，「国税は，納税者の総財産について，……すべての公課その他の債権に先だって徴収する」と規定するから，一般の優先権を有し，しかも同法に基づく行政処分（**滞納処分**）として上述した債務名義なしに強制回収ができる。

このように，倒産手続が存在しないとすれば，それぞれの債権者は，その権利の性格に応じて，「個別的」な権利行使を行うことになる。その結果，少なくとも一般債権者間では，債務者の財産に対する，**回収競争**（パイの奪い合い）が起こり，債権者の関心はそれに勝利することに絞られる。債権者全体が，回収競争に負けるリスクを嫌って，担保取引や現金取引でなければ，取引自体を控えてしまうことになると，経済活動全般への悪影響も懸念される[2)]。

1-2-2　債務者

債権者たちの回収競争の中で，債務者である千代田交通（その経営者）はどのような対応をとることが予想されるであろうか。回収競争が始まったら，事業用の財産も含めて強制執行等の対象となり，混乱の中ですべての事業を停止するしかないであろう。事業ができなくなるということは，千代田交通の事業を支えてきた有形・無形の財産が失われることを意味し，約900人の従業員の職場が消失することになる。

2）　田頭・入門26頁以下に，一定量（価値）の魚を獲ろうとする漁師の例を使った解説をしているので，本文と併せて参考にしていただきたい。

3）　破産法265条は，債務者の財産を隠匿または損壊したり，その譲渡を仮装する行為（債務者以

その一方で，債務者やその関係者（債務者会社の取締役等）の中には，回収競争が開始または予想される段階で，「自衛」のため，その財産を隠匿したり，仮装売買により財産を関係者に譲渡したりするものも出てくるであろう[3)]。

債権者が回収競争を行う状況，またはそれが予想される状況では，債務者としては財産の散逸，事業の停止を合法的に阻止する手段は限られ，違法な行為をせざるをえない状況に追い込まれるおそれもあるということである。

1-2-3　その他の利害関係人

その他の多種多様な利害関係人のとる対応は，その地位に応じてさまざまである。たとえば，千代田交通からゴルフ練習場の建設を請け負い，仕事の半分を終えた世田谷建設は，契約を解除したいと考えるのが通常であろうが，将来報酬の支払が保証されるのであれば仕事を継続したいと考えることもありうる。しかし，すでに当事者のどちらかに債務不履行がある場合はともかく（民415条・541条等参照），それがない場合の契約の処理方法は，明らかとはいえない。また，事務所を千代田交通から賃借している品川商事は，契約期間中は事務所を継続して使用する権利があるはずであるが，千代田交通からみると既存の**賃貸借契約**を解消することによって，当該賃貸用ビルが高額で売却できるとすれば，解約を認める意味もないわけではなく，結局は，賃借人の権利をどのような要件の下で保護するかが検討されなければならない（**8-2-2**参照）。

千代田交通の従業員も，多くは雇用の継続を求めるであろうが，使用者側からみると，事業を停止するときは**従業員の解雇**は避けられないし，事業継続のために解雇の必要な場合があることも否定できない。その場合に，通常の解雇法理を適用するのが適当かは一考を要する問題である（**9-3-2**参照）。最後に，裁判所に係属中の**解雇無効確認訴訟**についても，原告からみた手続関係は千代田交通の経営破たんによって変更されることはないと一応いえるが，実際上または法律上千代田交通が訴訟追行できなくなったときに，被告適格関係をどのように構成するか，などの問題は残る。

外の者の行為も含む）などを「詐欺破産罪」として刑罰の対象としている（「債権者を害する目的」など他の要件の充足も必要）。この規定を裏からみると，かかる行為が債務者の破産に向かう過程で起こりやすいことを示している。

1-2-4　個別的権利行使の世界の問題点

以上の検討をまとめると，債権者が自由に個別的権利行使をし，通常時の契約・法律関係の処理の原則が適用される世界で生じうる問題点は，次のようにいうことができよう。まず，債務者の経営が苦しくなった時点で，**債権者の回収競争**が始まることによって債権者はその競争に勝つために労力と費用をかけなければならず（本業に集中できなくなり），しかも最終的な回収額は保証されない。また，**債務者**サイドも，個別に無秩序な債権回収競争にさらされる結果，社会的に価値のあった事業は解体を余儀なくされ，「対策」のため違法な行為に手を染める誘惑も存在する。さらに，債務者が当事者となっているさまざまな**契約や法律関係**（**訴訟法律関係も含む**）の処理方法についても，平時におけるルールでは対応できない状況が生ずることは否定できない。

割り切った表現が許されるならば，個別的権利行使の世界は，**無秩序**で，**価値破壊的**で，**不安定**な事件処理に行きつかざるをえないといえる。

1-3　集団的手続としての倒産処理手続へ

1-3-1　集団的手続としての倒産手続の意義

上述のような，個別的権利行使の世界の問題点を踏まえて，より**秩序立った**，**価値保全・創造的**で，**安定した**手続による対処を志向するのが，**集団的手続**（collective procedure）としての倒産手続である。倒産手続の具体的類型は**1-4**で述べるが，集団的手続としての特徴は，(i)多数の債権者その他の利害関係人が関与すること，(ii)債権者等の権利の個別的行使を抑えたり，グループとしての債権者等の権利を一律に（原則として平等に）変更する仕組みが存在すること，(iii)債務者の事業遂行や財産管理処分の権限にも集団の利益のために何らかの制限が課せられることなどに求めることができよう[4]。

4）　アメリカでは，集団的手続に関する議論の展開があり，ある論者によれば，債権の集団的処理に関する連続体（私的な契約に基づくものから，法定の公的制度まで連続性があるという）の中で，集団的手続としての倒産手続は，法律の規定により強い拘束力を与えられた手続として位置づけられる（Richard. A. Nagareda, *The Law of Class Actions and Other Aggregate Litigation* 38 (2009)）。やや意外な組み合わせと感じられるかもしれないが，「消費者の財産的被害の集団的な回復のための民事の裁判手続の特例に関する法律」（平成25年法律第96号）に基づく手続（と

1-3-2　利害関係人の「協力」

集団的手続としての倒産手続は，債権者など**利害関係人の「協力」**を基礎とする手続である。この「協力」は，まず，権利内容を変更される債権者全員の同意によって実現する。この倒産処理の方法を「**私的整理（任意整理）**」という。債権者の同意は，主として，個別的権利行使の停止と権利内容の変更（私的整理案の承認）の場面で必要になる。

これに対して，裁判所で行われる「**法的整理（法的倒産手続）**」では，個別的権利行使の禁止・停止は法律によって定められ（たとえば，民事再生法85条1項は，「再生債権については，……弁済をし，弁済を受け，その他これを消滅させる行為（免除を除く。）をすることができない」と定める），再生手続における債権者の同意も，多数決によって成立する[5)]。このように，法的整理においては，「協力」が法的拘束力により実現される点が，その特色となっている。

1-4　倒産処理手続の分類（私的整理と法的整理）

1-4-1　倒産手続の分類

1-3で述べたように，集団的倒産処理手続は，私的整理（裁判所が関与せず関係人間の私的交渉に基づく倒産処理手続）と法的整理（裁判所の継続的関与の下で法律の規定に基づいて行う倒産処理手続。**破産**，**特別清算**，**民事再生**および**会社更生**の４手続を指すのが普通）に分けられる。また，私的整理と法的整理は，それぞれ**清算型**の手続と**再建型**の手続に分類される（[図 1-2] 参照）。さらに，具体的手続類型を，私的整理と法的整理，および清算と再建という２つの軸で表した図の中に模式的に位置づけてみたのが [図 1-3] である。

くに第２段階目の手続である「簡易確定手続」）と倒産手続に共通の理念を見出すことは，意味のないことではないのである。

5）民事再生法172条の3第1項によれば，再生計画案は，議決権者（債権者集会に出席等した者）の過半数で，かつ，議決権者の議決権の総額の２分の１以上の議決権を有する者の同意により可決される。

［図 1-2］ 私的整理と法的整理

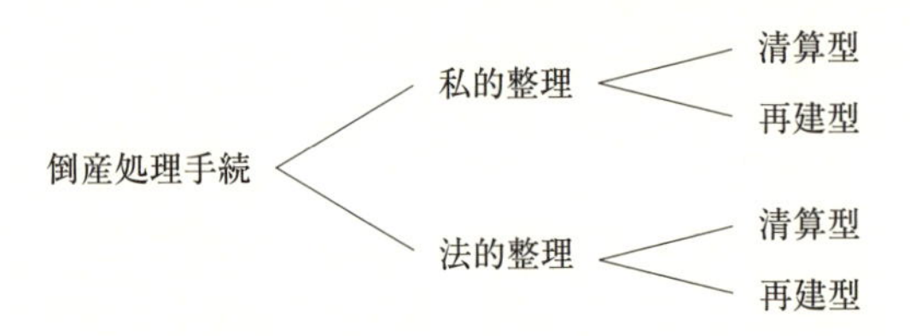

［図 1-3］ 各種倒産手続の位置づけ（会社の倒産の場合）

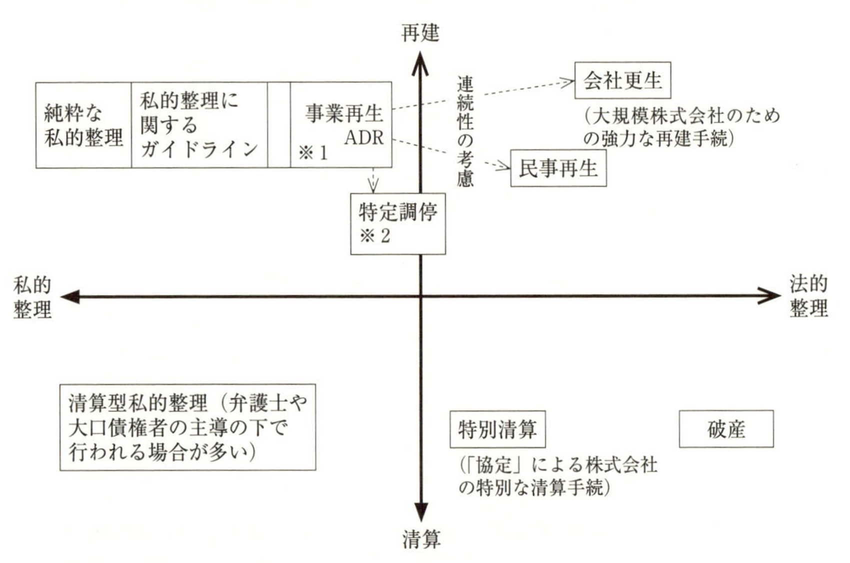

※1 事業再生 ADR では，一部「ガイドライン」と類似の手続が利用される。
※2 特定債務等の調整の促進のための特定調停に関する法律（平成 11 年法律第 158 号）に基づく手続。個人の利用者がほとんどだが，事業者も利用可。あくまで調停手続だが，執行停止制度など法的整理に準ずる仕組みもあり，事業再生 ADR との連続性を意識すれば，より再建志向が強くなる。

1-4-2 私的整理の分類

私的整理においては，権利の変更を受ける債権者等の同意によって，自由に手続の進行方法や権利変更の内容を定めることができるのが原則である。もっとも，実務的には，私的整理にもある程度の手続的・内容的な予測可能性が求められ（特に再建型の私的整理で顕著である），弁護士など倒産処理の専門家と経済界・金融界などとの協議の結果作成されたのが「**私的整理に関するガイドライン**」（2001 年）であり，いわゆる「**準則型**」**私的整理**の嚆矢となっ

［図 1-4］　事業再生 ADR の流れ

Ⅰ
・　事前相談（専門家による事業再生計画（概要）の事前調査）
・　仮受理を経て，正式な利用申込み

Ⅱ
・　債権者と ADR 機関の連名による一時停止通知：対象債権者（通常は金融債権者）に対する弁済請求，強制執行申立て等の停止等を求める通知
・　第 1 回債権者会議（事件を担当する専門家「手続実施者」の選任，計画案の概要説明，「プレ DIP ファイナンス」＝再生のための融資の優先的扱いの承認）
・　第 2 回債権者会議（手続実施者による調査報告書の説明，計画案に関する対象債権者との協議等）

Ⅲ
・　第 3 回債権者会議：計画案の決議（計画案に対する同意・不同意の表明）
・　債権者全員の同意が得られなかった場合，特定調停・法的整理への移行

※事業再生実務家協会「事業再生 ADR 活用ガイドブック」
（http://www.turnaround.jp/adr/pdf/guidebook.pdf）などを参考に作成

た。最近は，中立的な第三者の関与によって事業再生計画の作成と関係者の合意を成立させようとする「倒産 ADR」（ADR とは，裁判外の紛争解決手続〔Alternative Dispute Resolution〕の意味）が，重要な役割を果たしてきている6)。

以下では，主として大企業の再建に利用されている事業再生 ADR の概要をみておこう。

事業再生 ADR は，「裁判外紛争解決手続の利用の促進に関する法律」に基づく法務大臣の認証と「産業競争力強化法」（平成 25 年法律第 98 号）に基づく経済産業大臣の認定を受けた **ADR 機関**（現在のところ 2008 年に認証・認定を受けた事業再生実務家協会のみ）が中立的な立場で関与（和解の仲介）をする裁判外の事業再生手続（**民間型 ADR**）である。手続の流れは，［図 1-4］に示したように，対象債権者（銀行等の金融債権者だけが対象となる）に対する権利行使の一時停止の通知（要請），事業再生計画案の策定とそれに対する中立的な専門家の調査・報告，対象債権者との協議，計画案の決議と進行する。図のⅢ

6）　倒産 ADR は，**民間型**（本文で次に述べる「事業再生 ADR」），**行政型**（中小企業再生支援協議会，地域経済活性化支援機構などによる再生支援）および**司法型**（特定調停を利用した事業再生スキーム）に分けられる。なお，最近の事業再生の実務においては，「私的整理にも多数決の導入を」（この問題の立て方自体議論の余地があろうが），という問題意識も生まれている（その趣旨や，参考となる外国の制度については，山本和彦「私的整理と多数決」NBL1022 号〔2014 年〕14 頁以下参照）。

にもあるとおり，特定調停手続（司法型 ADR）や**法的整理への移行**を想定している点（産業競争力 52 条・59 条以下参照）がこの手続の特徴だが，このことは，逆にいうと，裁判所が関与しない私的整理の限界を前提にした制度設計ということもできる。

Practice　考えてみよう！【基礎】

事業再生 ADR では，本文で述べたように，高額の債権を有する「対象債権者」（通常は銀行等の金融債権者）だけを債務再編のための交渉の対象とし，商取引債権者の権利には手をつけられないが，これはなぜか。逆に，法的倒産手続である民事再生手続で，このように金融債権者だけを再生計画による権利変更の対象とすることについては，どのような問題があるだろうか。

〔後段について〕　会社を対象とする民事再生手続では，再生計画案の採否を再生債権者の多数決で決める（民再 172 条の 3 第 1 項参照）から，少数反対債権者は決議に拘束される。金融債権者のグループだけ多数決原理が適用されるとすると，強制的に権利の変更を受ける少数反対金融債権者からみて，商取引債権の権利を維持する計画案はどのようにみえるだろうか。民再 155 条 1 項，憲法 29 条参照。倒産手続の憲法問題については，**2-3-1** も参照。

1-4-3　破産と民事再生

1-4-1 で述べたように，わが国では，4 種類の法的整理が存在するが，特別清算（会社 510 条以下・879 条以下）と会社更生は，［図 1-3］での簡単な位置づけにとどめ，以下では（会社の）**破産**と**民事再生手続**を比較することによって，清算型および再建型法的整理の基本的なイメージを持ってもらうことにしよう。

まず第 1 に，破産手続は**支払不能**または**債務超過**でなければ手続を開始できない（破 15 条 1 項・16 条 1 項）のに対して，民事再生では，支払不能または債務超過の生ずるおそれがあるときに，また，債務者申立ての場合に限っては「**事業の継続に著しい支障を来すことなく弁済期にある債務を弁済することができないとき**」にも，手続が開始できる（民再 21 条 1 項・33 条 1 項）。民事再生手続は事業の再生を目的とするから，早期に手続開始ができるように，手続の開始要件が緩やかに定められているのである。

第 2 に，破産手続は，単純化していうと，弁護士である破産管財人が破産者の財産の換価金により債権者に法定のプライオリティーに応じて**配当**を行えば手続は終了し，それにより法人である債務者は消滅する[7]。このように，破産手続は基本的には融通が利かない厳格な手続であるのに対して，民事再生手続は，再生債務者（実質的にはその代理人弁護士の役割も大きい）が，次に述べる手続機関や再生債権者等の利害関係人と協議しながら，具体的な**再生計画**を策定し，それを実行していくプロセスが核心であり，より創造的な面がある。

第3に，倒産手続の機関として，破産手続では必ず**破産管財人**（ほぼ例外なく弁護士が選任される）が選任されるのに対して（破31条1項柱書・74条），民事再生では「**再生債務者**」，したがって従来の経営陣が開始後も会社の事業や財産について権限を維持するのが通常である（民再38条1項）[8]。民事再生では，裁判所が必要に応じて，再生債務者の行為を監督する**監督委員**（民再54条1項），さらには再生債務者に代わって業務遂行・財産管理処分権を行使する管財人（民再64条1項）等を選任する仕組みが採用されており，手続機関の選択がいわばメニュー方式になっている点にも留意しておいてほしい[9]。

第4に，いずれの手続でも，抵当権などの物的担保権を有する債権者には**別除権**が与えられて，原則として自由な権利行使が認められるが，破産手続では優先的な権利をもつ債権者（労働債権者）なども含めて配当の対象となる（破194条参照）。それに対して，民事再生手続では，すべての優先権をもつ債権者は原則として手続の外におかれ（民再122条参照），一般債権者（**再生債権者**）だけが手続に組み込まれる。破産手続ではすべての債権者の権利の処理（清

7） これに対して，自然人債務者は，たとえその財産が清算されることがあっても，人格が消滅することはないから，個人倒産手続は，たとえ破産手続であっても，常に債務者の経済生活の再生（フレッシュスタート）を目的の1つとしている。もっとも，このような手続理念に到達したのは比較的最近のことであり，ヨーロッパでも日本でも，個人の多重債務者には過酷な歴史があった。谷口・倒産処理13頁以下，宮川知法『消費者更生の法理論』（信山社，1997年）124頁以下等参照。

8） この「**再生債務者**」は，外見上は従前の債務者と変わらないが，手続開始申立てにより初めてその名称が与えられ（民再2条1号），手続開始後は「債権者に対し，公平かつ誠実に，前項の権利〔業務遂行・財産管理処分権〕を行使し，再生手続を追行する義務を負う」（民再38条2項）存在となる。つまり，「債務者」が「再生債務者」（とくに手続開始後のそれ）となることにより，その法的性格が大きく変化するということであり，この点は，「**再生債務者の第三者性**」と呼ばれる民事再生法の重要論点と関連するから，記憶にとどめておいてほしい。

9） ただし，**監督委員**は全件で選任されるのが一般的な実務である。なお，個人再生では，再生債務者の財産等の調査をその職務とする**個人再生委員**（民再223条1項および2項）が独自の手続機関となる。

算）が必要であるのに対して，民事再生手続では権利の変更がなされる債権者の範囲を限定することにより，手続を軽くして迅速に事業再生ができることが意図されたのである。

各種法的手続の新受件数の推移は，以下［表 1-5］のとおりである。

［表 1-5］各種法的整理の新受件数の推移（司法統計年報より）

年	破産	特別清算	民事再生	会社整理	会社更生
2001年	16万8811	335	7320	2	47
2002年	22万4467	336	1万4591	4	88
2003年	25万1800	290	2万4553	0	63
2004年	22万261	326	2万7058	0	45
2005年	19万3179	398	2万6694	2	44
2006年	17万4861	400	2万6711	2	14
2007年	15万7889	395	2万8326		19
2008年	14万941	385	2万4911		34
2009年	13万7957	365	2万1392		36
2010年	13万1370	365	1万9461		20
2011年	11万449	299	1万4589		7
2012年	9万2552	259	1万326		24
2013年	8万1136	280	8583		6
2014年	7万3368	309	7833		4

※1　民事再生法は 2000 年に施行（和議法は廃止），会社整理は 2006 年会社法施行時に廃止。
※2　2014 年の破産新受件数のうち法人等（個人以外）破産の件数は，7975 件（約 10.9%）。
※3　2014 年の民事再生新受件数のうち通常再生（原則として会社向け）165 件（約 2.1%）。
※4　負債総額 1000 万円以上の企業倒産件数 9731 件（24 年ぶりに 1 万件を下回った）。
法的整理による処理割合は，過去最高の 86.5%（2014 年，東京商工リサーチ調べ）。

1-5　まとめ

以上，本章では，具体的事例を想定して，倒産手続の存在意義を説明し，私的整理も含めて，倒産手続の概観を示した。そのまとめも兼ねて，最後に，倒産法の基礎的理解に有用と考えられる点を，いくつか箇条書きにしておこう。

Ⓐ　**1-1-2** では，「倒産」とは，ある会社が債務の支払に必要な資金の調達ができなくなったために，自力で事業の継続ができなくなった状態と定義しておいた。この定義は債務者の**支払能力**（キャッシュフローといってもよい）に着

目したものであるが，**財政状態**に着目した定義（債務超過またはそのおそれ）も存在する。いずれの基準によっても，倒産とは，債務の支払が困難になった状況（債務超過のおそれ）から，不可能になった状況（明らかな債務超過）まで幅がある概念である。したがって，債務者の事業の問題点を早期に発見し，直ちにその改善に着手する必要性を重視する立場からは，倒産の初期段階（これを倒産と呼ぶべきではないという意見もある）での対処が重要であることになる。わが国では，法的整理の申立ては事業価値の毀損を招くという考え方もあって，早期再生は私的整理の充実によるものとする傾向が強かったが，国によっては，法的整理の中での早期・迅速な再生手続が構想される例もみられる10)。

Ⓑ　倒産手続においては，集団的手続であることを反映して，民事訴訟のような「当事者」という概念は使われず，「**破産債権者**」（破2条6項），「**再生債権者**」（民再84条），および「別除権者」（破2条10項，民再53条1項）などのように，グループとして利害関係人が表現される。ただ，弁済をしなければ債務者の事業の継続に著しい支障をきたす場合や，その他政策的に必要があるときは，個別的に特定の債権者に優先的地位が認められたり，逆に，いわゆるインサイダー（たとえば，オーナー経営者）の債権などにつき劣後的地位しか認められない場合もありうる（民再85条2項・5項・155条1項参照）。

Ⓒ　倒産状態は，財政状態でみると，負債が資産を上回る（おそれがある）ということであるから，「**株主のもの**」であった会社が「**債権者のもの**」に変わっていく過程であるとみることができる。その意味で，倒産会社の所有者は，債権者であるということもできるのである。ただし，法的整理（特に再建型の手続）の場合においても，その開始により債務超過（株式価値ゼロ）が確定するわけではないから，株主の地位を完全に無視することはできない。したがって，株主と債権者（または再生を支援するいわゆるスポンサー）との意見が対立するときの利害の調整は，時として困難な問題となる11)。

Ⓓ　わが国の倒産法制は，申立ての段階から特定の手続を選択する，いわば

10)　法的整理着手の敷居の低さという点では，債務者の自発的申立てがあれば，直ちに（特別の要件なしに）手続が開始されるアメリカの倒産手続（連邦倒産法301条）が際立っている。また，2012年に施行された改正法に基づくドイツの新たな自己管理型再生手続は，手続開始申立てから開始決定までの原則3か月の期間内に，債務者自らの調整により再建計画を策定する手段を与えるものであり，法的整理中（ただし正式な手続開始前）で，早期・迅速な事業再建を促そうとするものと解される。

「縦割り」の行き方がとられている。ただ，**各手続間の調整**については，法定のルールが定められており，たとえば再生手続と破産手続の申立てが競合した場合には，原則として**再生優先**（民再26条1項1号により，裁判所が破産手続の中止命令をする）だが，再生計画作成の見込みがないことが明らかであるなど，破産手続の方が合理的と判断されるときは，**再生申立ての方が棄却**されるものとされている（民再25条参照)。また，再生手続を試みたが，結局，債権者の理解を得られず，再生計画案が否決されたときなどには，**手続は廃止**され（民再191条参照)，その後はたとえ破産申立てがなくても，裁判所は職権で破産手続開始決定をすることができる（民再250条1項。「**牽連破産**」という)。これは，倒産手続間の一体性を確保するための配慮といえる。

Practice　考えてみよう！【基礎】

破産法1条は，同法の目的の一部として，「債権者その他の利害関係人の利害及び債務者と債権者との間の権利関係を適切に調整」することを挙げており，民事再生法1条も――手続の最終目的は破産手続と異なるにもかかわらず――ほぼ同様の定めをしている。ただ，利害関係人の利害や債務者と債権者との権利関係の調整は，単一の基準で実現することは不可能であり，倒産法が実際に使っている用語でいうと，平等，公平，衡平などが利害調整の基準となる。

次の条文を参考に，それぞれの概念の意味するところについて，考えてみなさい。

（再生計画による権利の変更）

民事再生法155条①　再生計画による権利の変更の内容は，再生債権者の間では平等でなければならない。ただし，不利益を受ける再生債権者の同意がある場合又は少額の再生債権〔中略〕について別段の定めをし，その他これらの者の間に差を設けても衡平を害しない場合は，この限りでない。

（再生債務者の地位）

民事再生法38条②　再生手続が開始された場合には，再生債務者は，債権者に対し，公平かつ誠実に，前項の権利を行使し，再生手続を追行する義務を負う。

「衡平」とは「**個別化的正義**」といわれることがあるが，それはどういう意味か。この意味での「衡平」を「一般化的正義」としての「公平」（「平等」を内包する）を修正する理念として説明するものとして，伊藤・破産民再20頁以下がある。

---

11)　1つだけ例を挙げておくと，再生債務者である株式会社の事業譲渡には株主総会の特別決議が必要であるが（会社467条1項1号2号・309条2項11号)，株主の非協力により事業継続のために必要な事業譲渡ができないことがある。そこで，裁判所は，会社が債務超過であることなどの要件が満たされるときは，「**株主総会の決議による承認に代わる許可**」をすることができるものとされる（民再43条1項)。

「衡平」は，他の法令でも広く使われる用語であるが，たとえば民事訴訟法17条（事件の移送の要件としての「当事者間の衡平」）の場合と比較すると，その異同はどこにあるであろうか。なお，破産手続における債権者平等の意義について，比較法的な観点から考察を加える最近の論考として，中西正「破産法における『債権者平等原則』の検討――公平の原則と優先権排除の原則」現代的使命973頁以下がある。

Column① 「早期企業清算」の奨め？

早期企業再生の奨めなら分かるが，清算の奨めとは何事だ，と叱られるかもしれない。企業再生は，「前向き」だが，企業の清算は「後ろ向き」であるという一般の感覚はたしかにある。しかし，企業の「**適切な清算**」は，利害関係人（債権者，労働者，取引の相手方等）への悪影響を最小限に抑え，企業の経営陣に再出発（起業）の機会を与えるという意味で，本来「前向き」であるべきものなのである。このような位置づけにより，企業清算制度は，経営的資源を，衰退しつつある産業分野から，新しい産業分野に円滑に移転するという，われわれの市場経済の発展にとって重要な役割を果たしうるのである。このような考え方は，行政による「廃業支援」の政策等にも表れているが，「**経営者保証に関するガイドライン**」（2013〔平成25〕年）が中小企業の経営者による個人保証債務の整理に関連して，その個人的責任の範囲を明確にすることにより，早期の事業清算（および事業再生）の着手を促していることは（「『経営者保証に関するガイドライン』Ｑ＆Ａ」〔2013年〕Q2の回答参照），早期清算への配慮がみられる例といえるであろう。

なお，「清算」にはもう１つ頭の中で行う清算，すなわち企業の「**観念的清算**」という考え方もある。この概念は，もともと会社更生について，会社の単なる再建ではなく，会社財産の価値（継続企業価値）を算定していったん観念的に財産を清算した上で，担保権者，一般債権者，株主等の利害関係人に――各自の実体的優先順位に従って――その価値を分配するという考え方である。事業価値の評価に基づいて，その価値を関係人に割り当てるという考え方であるから，杓子定規に用いると危険な概念であるが，たとえば公害により多額の損害賠償義務を負うに至った大企業が，事業清算は社会的損失であるから事業が維持されるという選択肢がとられる場合に（これを，ときに，“too big to fail〔大きくてつぶせない〕”という），しかるべき「観念的清算」がなされているか，という形でチェックをする際には有用な考え方であるというべきであろう。

Column② 金融機関の倒産処理は特別メニュー？

「**金融機関等の更生手続の特例等に関する法律**」（「**更生特例法**」）（平成８年法律第95号）は，金融機関等（銀行や信用金庫など狭い意味での金融機関に加えて，金融商品取引業者や保険会社も含む）の破産，再生手続等について，通常の企業倒産手続とは異なる特別な取扱いを定めている。破産についていうと，たとえば破綻して清算するしかない銀行が自ら破産の申立てをしない場合に一般の債権者に申立てを求めて債務者銀行の破産原因等の立証をさせることや，膨大な数の預金者に通知をしたり債権届出を求めたりすることは，現実的ではない。そこで，**監督庁に破産手続開始の申立権**を与えたり（金融更生特 490 条 1 項），預金保険機構が預金者を代理して「**預金者表」を提出することにより，債権届出の効果**が生ずるとする（同法 505 条等）などの特例が定められている。

さらに，2008 年のいわゆるリーマンショック以来，国際的にも金融機関等の破綻処理のあり方が関心を集めてきた結果，わが国でも，「金融商品取引法等の一部を改正する法律」（平成 25 年法律第 45 号）による預金保険法等の改正により，「**金融機関の秩序ある処理の枠組み**」が整備されることになった（平成 26 年 4 月から施行）。この改正は，主に内閣総理大臣の「**特定認定**」（預金保険 126 条の 2 第 1 項。以下では金融機関等が債務超過または債務超過のおそれがある場合に認められる同項 2 号による特定認定を念頭におく）がなされた金融機関等について，破綻処理等の仕組みを整備したものであるが，**法的倒産手続との連携**という観点から，次のような規定を導入している。

①預金保険機構が，上記の金融機関等に，一定の債務弁済のための貸付けをした場合に，破産債権者等への弁済禁止（破 100 条 1 項，民再 85 条 1 項）を裁判所の許可により解除する規定（預金保険 127 条の 4 第 1 項）

②行政的な措置による事業譲渡等を行うときには，たとえそれが破産手続等の係属中に行われる場合にも，破産法 78 条，民事再生法 41 条・42 条等の適用を除外する規定（預金保険 126 条の 33）

③デリバティブ取引等の早期解除条項が国際的に連鎖的な金融危機を引き起こすとの経験から，内閣総理大臣の決定により一定期間内の特定の解除条項の効力を否定する制度（預金保険 137 条の 3 第 1 項・2 項）が導入されたことに伴い，上記決定がなされた契約については，「市場の相場がある商品の取引に係る契約」に関する破産法 58 条（民事再生法 51 条等において準用する場合も含む）の適用を除外する規定（預金保険 137 条の 3 第 5 項）

参考文献として，預金保険機構ウェブサイトの解説（https://www.dic.go.jp/katsudo/chitsujo/index.html）のほか，梅村元史「金融機関の秩序ある処理の枠組み（預金保険法等の一部改正）」金法 1978 号（2013 年）46 頁などがある。

〈参考文献〉

倒産手続全体の理解のための文献としては，脚注に引用した文献のほか，次のものがある。

伊藤・破産民再 25 頁以下

山本・倒産処理 1 頁以下

倒産概説 1 頁以下［水元宏典］

各法的倒産手続に関する統計，フローチャート，標準スケジュール等については，倒産概説 39 頁以下，伊藤・破産再生 1151 頁のほか，倒産百選 219 頁以下等を参照。

第2章
破産債権，再生債権等の個別的権利行使の制限

2-1　はじめに

第１章で述べたように，集団的手続としての倒産手続は，**債権者の個別的権利行使の制限**（具体的には，将来の行使の禁止，既に開始されている行使手続の中止・失効等を意味する）と**債務者の財産管理処分権の制限**（**または倒産法的再構成**）をその基本的構成要素としている。このうち，債権者の個別的権利行使の制限は，債権回収競争による混乱を避けるために不可欠の措置であり，倒産手続の最も本質的な要素といってよい。そこで，通常の教科書の解説順序とは異なるが，本章では，破産手続と民事再生手続（以下，「再生手続」）とを対比しながら，債務者に対する債権（その主要類型をあらかじめ［表 2-1］に示しておく）[1]の個別的行使の制限の具体的内容を解説し，次章で債務者の財産管理処分権の制限の内容を解説することにより，倒産手続の理解の土台を固めることにしよう。

破産手続および再生手続の流れにつき馴染みのない読者は，現段階では，［図 2-2］を理解した上で以外の解説をお読みいただきたい。第１章に引き続き，本章から第 14 章までは，会社の倒産を念頭におき，個人（消費者）の倒産については，脚注等で違いを注記する形をとりたい。

1）　破産手続および再生手続の全体的で，より詳細な流れおよび東京地裁の標準スケジュール（再生手続）については，第１章末尾に掲げた文献および，田頭・入門 32 頁，197 頁等を参照されたい。

[表 2-1] 債権の区分と各債権の優先順位の概要
(網掛け部分が手続に直接取り込まれる部分)

優先順位	破産手続	再生手続
手続外で随時・優先的に弁済	財団債権(破 148 条)	共益債権(民再 121 条)
手続外で随時弁済 (実体法上の優先権あり)	該当なし	一般優先債権(民再 122 条)(共益債権との優先関係は,民法等の規律による)
各手続への参加により権利を行使しなければならず,配当(破産)または再生計画による弁済(再生)により満足を受ける。 ※上に行くにしたがって優先順位が高くなる。	優先的破産債権(破 98 条)	該当なし
	(一般の)破産債権(他の破産債権の類型に該当しない破産債権)	再生債権(民再 84 条)
	劣後的破産債権(破 97 条・99 条 1 項)	該当なし(再生債権に含まれ,独自の類型とはされない)
	約定劣後破産債権(破 99 条 2 項等)	約定劣後再生債権(民再 35 条 4 項・155 条 2 項等)

※1　破産債権:「破産者に対し破産手続開始前の原因に基づいて生じた財産上の請求権〔中略〕であって,財団債権に該当しないもの」(破 2 条 5 項)
※2　再生債権:「再生債務者に対し再生手続開始前の原因に基づいて生じた財産上の請求権(共益債権又は一般優先債権であるものを除く。〔中略〕)」(民再 84 条 1 項)

[図 2-2] 破産・再生債権者の個別的権利行使の制限に着眼した手続の流れ

破産手続・再生手続開始の申立て
↓
手続開始前の保全措置による債権者の個別的権利行使の制限(裁判所の裁判による)(2-2-1)

※　裁判所は手続開始原因があるかどうかを審理し,存在するときは手続開始決定をする。
※　債務者の財産に関する保全処分など,債務者の財産に対する保全措置により,債務者の財産管理処分権は制限(ときには剝奪)される。

↓
破産手続・再生手続開始決定:その効果としての債権者の個別的権利行使の禁止・中止・失効(裁判所の個別的な命令は不要)(2-2-2)

※　裁判所は,清算(破産),再建(再生)に向けて,手続の進行を監督する。
※　債務者の財産管理処分権(再生の場合には業務遂行権も)は,破産の場合には剝奪され(代わりに破産管財人が財産管理処分権を得る),再生の場合には,原則として制限ないし変容を受ける。

↓
破産債権者・再生債権者は,各手続への参加(届出)によって権利を行使し,最終的には破産配当手続や再生計画に基づく弁済により満足を受ける。(2-2-3)

2-2　破産債権および再生債権の実行制限の具体的内容

2-2-1　手続開始前の「強制執行等」の禁止・中止

倒産手続の申立ては，債務者によるものか債権者によるものかを問わず，法的整理開始のための正式な要請であるから，債権者にとって回収に殺到する契機となる。そこで，法は，破産または再生手続開始前の段階でも債権者の個別的権利行使を制限できる仕組みを用意している[2)]。

以下の条文（下線部筆者）を読んでいただきたい。

（他の手続の中止命令等）

破産法24条①　裁判所は，破産手続開始の申立てがあった場合において，必要があると認めるときは，利害関係人の申立てにより又は職権で，破産手続開始の申立てにつき決定があるまでの間，次に掲げる手続……の中止を命ずることができる。ただし，第１号に掲げる手続……についてはその手続の申立人である債権者……に不当な損害を及ぼすおそれがない場合に限り，ⓐ第５号に掲げる責任制限手続については責任制限手続開始の決定がされていない場合に限る。

一　①債務者の財産に対して既にされている強制執行，仮差押え，仮処分又は一般の先取特権の実行若しくは留置権（商法（明治32年法律第48号）又は会社法の規定によるものを除く。）による競売（以下この節において「**強制執行等**」という。）の手続で，債務者につき破産手続開始の決定がされたとすれば破産債権若しくは財団債権となるべきもの（以下この項及び次条第８項において「破産債権等」という。）に基づくもの又は破産債権等を被担保債権とするもの

二　債務者の財産に対して既にされている企業担保権の実行手続で，破産債権等に基づくもの

〔以下略〕

2）　近時は，申立てから手続開始までの時間が短縮化されており（裁判所にもよるが，個人破産申立ての場合，即日開始する例も多い），開始までの保全措置の役割は減少してきている。ただ，開始原因の存否について争いがある事件や債権者が申し立てた事件などは，開始まで時間がかかる場合があり，保全措置の意義は依然として失われていない。

（他の手続の中止命令等）
民事再生法26条① 裁判所は，再生手続開始の申立てがあった場合において，必要があると認めるときは，利害関係人の申立てにより又は職権で，再生手続開始の申立てにつき決定があるまでの間，次に掲げる手続……の中止を命ずることができる。ただし，第2号に掲げる手続……については，その手続の申立人である再生債権者……に不当な損害を及ぼすおそれがない場合に限る。
一 ⓑ再生債務者についての破産手続又は特別清算手続
二 ②再生債権に基づく強制執行，仮差押え若しくは仮処分又は再生債権を被担保債権とする留置権（商法（明治32年法律第48号）又は会社法の規定によるものを除く。）による競売（次条，第29条及び第39条において「再生債権に基づく**強制執行等**」という。）の手続で，再生債務者の財産に対して既にされているもの
〔以下略〕

以下では，典型的な債権者の個別的権利行使手段である**強制執行の制限**を中心に，これらの条文を比較・検討するが，その前に，いくつかの前提問題について簡単にふれておきたい。第1に，ここでとり上げる裁判所の命令は，手続開始申立てからそれに対する決定までの手続（以下では，この手続を「**開始前手続**」という）における**保全措置**の一環としてなされることである。ただし，後述するように，保全措置としての中止命令等の効力は，開始決定の効力の先取りという性格を有するから，手続全体における個別的権利行使の制限の内容が反映されている。第2に，これら命令は利害関係人の申立てのほか，**裁判所の職権**でもできる，という点である[3)]。このことは，破産および再生手続が，特定の利害関係人の利益ではなく，手続に参加するすべての債権者の利益の維

3） いったん中止命令を発令しても，職権でそれを変更し，または取り消すことができる（破24条2項，民再26条2項）。なお，民事保全法上の（個別的）**通常保全処分**は，申立てに基づいて行うことにつき，同法2条1項参照。

4） これに対して，下線部ⓐは，破産手続の申立てと，船舶所有者等が提供した特別財産から船舶の事故等によって生じた債権への配当を行う手続（「特別財産の清算手続」と呼ばれる）である責任制限手続（「船舶の所有者等の責任の制限に関する法律」等に基づく）の申立てが競合した場合につき，より一般的な清算手続である破産手続の申立手続を優先させる趣旨である。両手続間の調整の詳細については，条解破産183頁以下参照。

5） 債権の行使には，訴訟の提起などによる場合もある。そこで，訴訟手続や行政庁での手続についても中止命令の対象となる（破24条1項3号4号，民再26条1項3号4号）。また，開始決

持・増進を目的とする公益的な側面を有することを示している。最後に，あえて省略しなかったが，破産法24条1項柱書の下線部ⓐと，民事再生法26条1項1号の下線部ⓑは，集団的手続同士の調整に関する規定である。たとえば，下線部ⓑは，再生手続と破産・特別清算手続（開始前か後かを問わない）との競合の場合につき，再生手続を優先して，破産手続などの清算手続の中止を認める趣旨である（第1章のまとめⒹで述べた「**再生優先**」の原則）[4]。

さて，本題の債権者による強制執行等の制限の話に入ろう[5]。開始決定前の「**強制執行等**」の制限には，強制執行等を**個別に中止**する場合（破24条，民再26条）と，予想される強制執行等を含めて包括的に禁止・中止する場合（破25条，民再27条に基づく**包括的禁止命令**）がある。前者の中止命令は，条文上，その必要があり，申立人に不当な損害を及ぼすおそれがない場合に，裁判所が個別に発令するのに対して，後者の包括的禁止命令は，個別的中止命令では破産・再生手続の目的を十分に達成できないと認められる特別の事情があるときに，――債務者の財産管理処分権につき実質的な制限がなされることを条件として――「全ての債権者」（破産）または「全ての再生債権者」（再生）に対し，債務者の財産に対する「強制執行等」の禁止（申立後の手続に対する中止の効果もある）を命ずるものである[6]。上掲の条文は，個別的中止命令に関するものであるが，これらの条文で定義されている「強制執行等」は，そのまま包括的禁止命令の対象とされている。

引用した条文の下線部①（破産法）および②（再生法）の意味するところを比較してみると，まず第1に，破産法では，**財団債権**（破2条7項・151条により，本来，手続外で随時優先して支払うべき債権。前掲［**表2-1**］参照）に基づく「強制執行等」も中止命令の対象になっているのに，民事再生法では，「再生債権に基づく」場合に限定され，**共益債権**（財団債権に対応）に基づく権利行使

定により破産債権および財団債権，並びに再生債権を行使する**訴訟手続および行政庁の手続は中断**すると規定されている（破44条1項・46条，民再40条1項3項）。破産債権および再生債権については，訴訟の提起は許されないが（破100条1項，民再85条1項参照。事情によっては許されるとする少数説として，大コンメン破産419頁［堂薗幹一郎］がある），財団債権者は新たに破産管財人に対する給付訴訟を提起することはできる（ただし，強制執行はできない。後掲［**表2-3**］参照）。

6）詳しくは，伊藤・破産民再148頁以下，776頁以下などを参照。なお，個別的または包括的に中止された「強制執行等」の「取消し」の可能性については，破産法24条3項および民事再生法26条3項を参照。

は中止の対象になっていない。この違いは，破産手続では，財団（破産者の財産）不足から財団債権にも完全な弁済ができないことも多いから，中止の必要性があるのに対して，再生手続では，共益債権を弁済できない状況は一般には想定しがたく（そのような財産状況では事業再生はおぼつかない），少なくとも開始前手続では，中止命令の対象とはされなかったのである（後掲［表 2-3］参照）。第 2 に，破産法では，**一般の先取特権**および**企業担保権**（24 条 1 項 2 号に規定）の実行手続も中止対象となっているのに対して，民事再生法では，同旨の規定は存在しない。これは，破産手続では，一般の先取特権など**一般の優先権がある債権**も「優先的破産債権」として手続に組み込まれるのに対して，再生手続では，手続を身軽にするために（性格を異にする権利を手続に取り込むと，「組分け」をして決議を別々に行うなど手続的負担となる），一般の優先権がある債権（一般優先債権）を原則として手続の外におくことにしたのである（民再 122 条）。第 3 に，商法または会社法に基づく留置権（商事留置権）を除く留置権（**民事留置権**）による競売手続（民執 195 条参照）は，どちらの規定でも中止命令の対象となるが，破産債権だけでなく財団債権を被担保債権とするものも対象とするか（破産），再生債権だけを被担保債権とするものに限定されるか（再生）の違いはある。民事留置権については，手続開始後の処遇が破産手続と再生手続で異なる点にも注意が必要である（後掲［表 2-3］参照）。

以上のように，手続の初期の段階である開始前手続において中止命令の対象となる「強制執行等」の内容を比較することにより，2 つの手続が取り込む「債権者」の範囲の違いが浮き彫りになる。これまでは，「債権者の個別的権利行使の制限」などと表現してきたが，上の説明により，**各手続の目的**（とくに清算か再建か）や**手続の基本設計の方針**に応じて制限の対象となる債権の範囲が異なることを理解できよう。

2-2-2　手続開始後の個別的権利行使の制限

開始前手続における中止命令は，開始決定の効果の先取りという性格を有することは既に述べたとおりであるから，その対象となる「強制執行等」は，開始決定による（本格的な）個別的権利行使制限の対象と重なる。この点を，破産法 42 条の条文で確認しておこう。

（他の手続の失効等）

破産法 42 条①　破産手続開始の決定があった場合には，破産財団に属する財産に対する強制執行，仮差押え，仮処分，一般の先取特権の実行，企業担保権の実行……で，破産債権若しくは財団債権に基づくもの又は破産債権若しくは財団債権を被担保債権とするものは，することができない。

②　前項に規定する場合には，同項に規定する強制執行，仮差押え，仮処分，一般の先取特権の実行及び企業担保権の実行の手続……で，破産財団に属する財産に対して既にされているものは，破産財団に対してはその効力を失う。

〔以下略〕

本条の1項および2項は，破産手続開始決定による当然の効果として，強制執行その他の手続が開始できないこと（**禁止**）(1項)，および既に開始されている場合の**失効**（2項）を定めるが，その禁止・失効の対象の実質的内容は，前に引用した破産法 24 条1項1号と2号を合体したものである（42 条1項で「強制執行等」という用語を直接使わなかったのは，企業担保権の実行手続という範囲外のものを取り込んだことのほか，「破産財団に属する財産に対する」という部分が，開始決定後にのみ使える表現だったからであると考えられる）。民事再生法 39 条1項の場合は，再生手続開始決定による当然の禁止または中止[7]の対象である「再生債権に基づく強制執行等」は，条文上も 26 条1項2号の用語がそのまま使われている[8]。

さらに，破産法 100 条1項は，「破産債権は，この法律に特別の定め〔同条2項など〕がある場合を除き，破産手続によらなければ，行使することができない」と定める。この規定は，破産債権に限定して，**より一般的・実体的に**（破42 条が一定範囲の手続につき，禁止，失効という手続的効果を定めていることと比

7）　民事再生法 39 条1項は，破産法 42 条2項と異なり，手続開始により強制執行等は（失効ではなく）**中止**する，と定める。この違いは，破産はしばしば包括執行といわれるように差押え・換価・配当という強制執行と重複する機能を果たしうるのに対して，再生手続は財産の換価を避けて事業再生を図る手続であるから，それが失敗したときなど，強制執行が再開する余地を認めておく必要があるからである。

8）　民事再生法では，「強制執行等」という用語がそのまま使われているのは，企業担保権の実行手続など範囲外の手続を包含する必要がなかったことのほか，「再生債務者の財産」という用語が（破産と異なって）開始前後を通じて使える（2条1号参照）からであると説明できる。

[表 2-3] 破産・再生手続における各種債権の個別的権利行使(「強制執行等」)の制限

※1　表の内容は原則的処理であり，例外的取扱いをすべて記載しているわけではない。
※2　破産手続開始後の枠にある強制執行等（カギカッコがないもの）は，開始前手続における中止命令の対象である「強制執行等」という用語が法文上そのまま使われているわけではないが，実質的にそれに対応する意味をもつ（**2-2-2** 参照）。

		破産手続	再生手続
財団債権（破産）または共益債権（再生）	開始前（申立て後。以下同じ）	「強制執行等」の中止命令可（破24条1項1号）	中止命令不可（手続外で行使できる） ＊（中止命令の対象となる）「強制執行等」の範囲外
	開始後	強制執行等禁止，既になされているものは失効（破42条1項2項本文）	手続外で行使できる（民再121条1項2項。ただし，121条3項による執行中止等の可能性あり） ＊「強制執行等」の範囲外
一般優先債権	開始前	「強制執行等」（一般の先取特権の実行手続）および企業担保権の実行手続の中止命令可（破24条1項1号2号）	中止命令不可（手続外で行使できる） ＊「強制執行等」の範囲外
	開始後	強制執行等および企業担保権の実行手続禁止，既になされているものは失効（破42条1項2項本文）	手続外で行使できる（民再122条。ただし，同条4項，121条3項による執行中止等の可能性あり） ＊「強制執行等」の範囲外
一般債権	開始前	「強制執行等」の中止命令可（破24条1項1号）	「強制執行等」の中止命令可（民再26条1項2号）
	開始後	強制執行等禁止，既になされているものは失効（破42条1項2項本文）	「強制執行等」禁止・既になされているものは中止（民再39条1項）
民事留置権	開始前	「強制執行等」（競売手続）の中止命令可(破24条1項1号)	「強制執行等」（競売手続）の中止命令可（民再26条1項2号）
	開始後	破産・財団債権を被担保債権とする留置権：失効（破66条3項）	再生債権を被担保債権とする留置権：効力を維持（制限の規定なし）

較せよ）個別的権利行使を禁ずるとともに，破産債権が，届出・調査・確定という破産手続特有の方法に則って行使されるべき旨を定めるものである[9]。他方，民事再生法85条1項は「再生債権については，再生手続開始後は，この

9）すなわち，破産債権については，直接には，債権の効力のうち，請求力と執行力が否定されているのであり（破産債権を訴訟物とする訴えは却下される），本文で述べた42条や44条（訴訟の中断）などの「手続規定の基礎たる意義を有する」（条解破産742頁）といえる。

法律に特別の定めがある場合を除き，再生計画の定めるところによらなければ，弁済をし，弁済を受け，その他これを消滅させる行為（免除を除く。）をすることができない」と定める。本条では，再生債務者からする弁済等も含んで再生債権を「消滅させる行為」が禁止されている点で破産法と異なるが，この規定も，より一般的・実体的に債権者が行う個別的権利行使を禁止する趣旨を含むことはいうまでもない[10]。

以上の「強制執行等」を主たる対象として，その制限の内容を，破産手続および再生手続の開始前と開始後に分けて整理したのが，［表2-3］である。

Practice　考えてみよう！【基礎】

破産・再生手続のいずれにおいても，破産・再生債権者が，①破産者等の債務の保証人に保証債務の支払いを求めること，また②債権を第三者に譲渡して満足を得ることは，禁止されない。なぜ禁止対象ではないかを説明しなさい。

①は，破産債権等の満足といえるか，②は，「債務の消滅」に当たるか，また破産財団等に影響を及ぼすか。本文で述べた破産法100条1項等の基本的趣旨を踏まえながら，説明方法を考えてほしい。

2-2-3　破産債権および再生債権の最終的処遇

回収競争を抑え，秩序だった倒産処理を可能にするという意味での個別的権利行使の制限の基本的枠組みは，以上のとおりである。ただ，このような個別的権利行使の制限は，当該債権者の権利をそれぞれの手続の目的に沿って適切に処理するためになされることはいうまでもない。破産配当や再生計画による債権者の権利の最終的な処遇に関する検討は，第14章のテーマであるが，ここでは，現時点での手続の全体像の理解のために，手続に直接拘束される破産債権および再生債権の処遇について，簡単にみておくことにする。

まず，破産手続では，債務者財産（「**破産財団**」と呼ばれる）から確定された**破産債権者への配当**を本来的目標とする。ただ，実際には，優先的破産債権し

10)　伊藤・破産民再846頁，オロ千晴＝伊藤眞監修『新注釈民事再生法(上)〔第2版〕』（金融財政事情研究会，2010年）447頁［森恵一］参照。

か配当できない事例，さらには破産債権には全く配当できず，財団債権への一部弁済ができるにとどまるケースも多い。後者のケースでは，配当手続は行われず（破152条のルールに基づく財団債権者への弁済だけが行われ），手続は「**廃止**」という形で終了する（破217条等参照）。

再生手続では，事業再生のための事業内容の見直し等を行いながら，通常は再生債務者が弁済計画を含む**再生計画案**を作成する。それが債権者の多数決による決議により可決されたら，裁判所の認可により再生計画による権利内容の変更の効力が生じ，その後は再生計画の定めに沿ってその内容が履行されることとなる。

2-3　破産債権および再生債権の個別的権利行使の制限に関連する基本問題

2-3-1　債権者の権利行使の制限および権利内容の変更と憲法問題

再建型の倒産手続においては，債権者の個別的な権利行使は制限され，再建計画案の可決，および可決された計画の認可によって権利関係の減縮等の効果が生ずる。このような強制的な権利行使の制限および権利内容の変更が，**憲法29条**の定める**財産権の保障**に抵触しないか，またその手続（決定手続による中止命令や認可決定により，本来の権利行使が制限され，権利内容の変更を強いられる点）は，**憲法32条**の**裁判を受ける権利**を侵害するものではないか，などが問題となる。既に述べたように，個別的権利行使の制限と計画による権利変更は密接につながっており，その意味でこの問題は再生手続全体の基本的理解に関わる問題であるので，ここで取り上げておきたい。

会社更生の事例であるが，**最大決昭和45・12・16民集24巻13号2099頁**（倒産百選2事件）は，更生手続の目的が，企業を解体清算することによる社会

---

11)　その他，本判決では，憲法14条1項（法の下の平等），82条（対審の公開）についても，違憲の主張が退けられている。詳しくは，佐藤鉄男「本判決評釈」倒産百選6頁等参照。

12)　本文で述べた再建型手続と異なり，破産手続においては，債務者の原則として一切の財産を一般（破産）債権者に平等に分配する限りにおいては，裁判による強制的な権利の変更は存在しないから，29条の財産権の保障違反の問題は生じにくいといえる。もっとも，個人破産者につき破産配当後の残債務（配当ゼロであれば全債務）の責任を免ずる**免責制度**（破248条以下）に関しては，29条との関係が問題になる。この点について，**最大決昭和36・12・13民集15巻11号2803頁**（倒産百選82事件）は「免責の規定は，公共の福祉のため憲法上許された必要かつ

的，国民経済的損失を考慮して，「債権者，株主その他の利害関係人の利害を調整しつつ，その事業の維持更生を図ること」にあることを指摘した上で，更生債権等についての個別的権利行使の禁止や，更生計画による減免その他の権利変更は，上記の更生手続の目的を達成するためには必要にしてやむを得ないものであり，法定の厳格な手続に従って行われるものであるから，憲法29条には違反しないと判断した。また，更生計画に記載のない権利を失権させる効力（会更204条1項参照。民再178条1項も同旨）を有する計画認可決定の手続面に関しては，純然たる訴訟事件ではない非訟事件であることを根拠に32条違反にはならないとした[11)]。この最高裁大法廷の判断は，会社更生手続だけでなく，民事再生手続にも当てはまると考えられる[12)]。

2-3-2　破産・再生手続開始後の債権者代位権の行使

破産債権者が，**破産債権に基づく債権者代位権**の行使として，破産者が第三者に対して有する権利（破産手続開始後は，破産財団に属する権利と呼ばれる）を行使することができるか。既に述べたように，破産債権は，破産手続によってのみ行使することができ，新たに訴えを提起することは禁止され（破100条），係属中の訴訟（破産債権者が提起した債権者代位訴訟も含む）は中断する（破44条1項・45条1項）[13)]。そうすると，破産債権に基づいて，新たに債権者代位訴訟を提起することも，破産手続によらずに破産債権を行使することを意味するから，債権者代位権の行使も許されない（訴えは不適法）と解すべきであろう[14)]。

同様に，再生債権者が，再生手続開始後に再生債務者の権利の代位行使ができるかについても，前掲（**2-2-2**）の民事再生法85条1項を根拠に，再生債権を被保全債権とする債権者代位訴訟は不適法であると解することができる[15)]。

合理的な財産権の制限である」と判示し，憲法違反の主張を退けている。

13)　前掲注5)も参照。

14)　条解破産368頁注1，大コンメン破産188頁［菅谷忠行］，**東京地判平成14・3・13判時1792号78頁**（本判決は請求を棄却するが，不適法として却下すべきであった）。なお，債権者代位権の行使が許されないことは，破産法78条1項により，破産財団の管理処分権は破産管財人に専属する（他人による代位行使は許されない）点からも根拠づけることができる。こちらの側面を主たる根拠として，代位訴訟を不適法とするものとして，**東京地判昭和49・9・30判タ318号267頁**がある。

2-4 まとめ

本章では，第1章で，債権者の個別的権利行使の禁止・制限と一般的に表現してきたものが，破産・再生手続において具体的にどのように現れるか，ということを学んだ。手続開始決定の前後で，また破産手続であるか再生手続であるかで，各種債権の権利行使の制限内容およびその方法が異なることが分かっていただけたと思う。もっとも，これらの違いが破産手続と再生手続の構造や目的に対応している点については，現時点では十分には理解しにくいところがあったかもしれない。仮にそうであっても，今後，破産手続と再生手続の理解を深める過程で，本章を読み直す機会があれば（是非その機会を作ってほしい），異なった印象を持つであろう。

本章で取り上げた諸点は，倒産手続の基本要素に関わるため，**2-3** で取り上げた問題以外にも関連する問題は少なくない。関連の深い問題だけ簡単に「リンク」を張っておくと，まず，破産債権や再生債権でも，特別の事情がある場合には，裁判所の許可によって弁済が許される場合がある（破101条，民再85条2項～5項参照）。この点は，**債権者平等原則**（の例外）を検討する際に取り上げる（**4-2-3**）。また，本章では簡単にふれるにとどめざるを得なかった，破産債権等を自働債権とする**相殺**の制限，**財団債権**，**共益債権**および**別除権の行使**に関わる問題点も，それぞれのテーマを扱う際に取り上げることにしよう[16]。

15） 条解民再217頁［河野正憲］（原告適格を欠き，不適法であるという），**東京地判平成24・2・27金法1957号150頁**参照。再生手続でも，手続開始時に係属中の債権者代位訴訟は中断する（民再40条の2第1項）が，再生債務者は財産管理処分権等を維持する（民再38条1項参照）点は，破産手続と異なる。なお，破産・再生債権者による**詐害行為取消請求**も破産債権の行使という側面があるが，そこでは，手続開始後の否認権の行使（第13章）との関係に留意する必要がある。

16） 個人破産の場合，破産手続に拘束される財産（破産財団）とは別に，破産者が自由に処分できる財産（**自由財産**）が破産手続中形成されることがあり，それを原資として破産者が破産債権者に対してした弁済の効力が争われる。最高裁は，破産者が任意にする弁済は妨げられないとするが，任意性の判断は厳格に解すべき（少しでも強制的な要素を含む場合には任意性を否定する）と判示している（**最判平成18・1・23民集60巻1号228頁**〔倒産百選44事件〕）。これを破産債権者の権利行使の観点からみると，破産者に対する履行請求等は，――それが弁済圧力となるかぎり――禁じられることになろう（上記判決も，「自由財産に対して強制執行をすることなどはできない」と述べる）。

第3章

破産財団・再生債務者財産の管理処分権および事業遂行権の取扱い

——債務者の権利の制限と財産管理処分権等の倒産法的再構築——

3-1 はじめに

第2章の冒頭において，筆者は「集団的手続としての倒産手続は，債権者の個別的権利行使の制限（具体的には，将来の行使の禁止，既に開始されている行使手続の中止・失効等を意味する）と債務者の財産管理処分権の制限をその基本的構成要素としている」と述べた。債権者の個別的権利行使の制限については前章で解説したので，本章は，債務者（株式会社を念頭におく）の財産管理処分権等[1)]が破産・再生手続においていかなる**制限**を受け，それが各手続固有の目的に応じてどのように**再構築**されるのかについて検討することにしよう。

債権者の個別的権利行使を制限することは，倒産手続に不可欠の措置であ

1）清算手続である破産手続においては，原則として財産の管理処分権だけが問題になるが（破78条1項等参照），再生手続では，「業務を遂行し，又はその財産……を管理し，若しくは処分する権利」（民再38条1項。なお66条も参照）が問題となる。以下では，破産手続だけについて述べるときは「財産管理処分権」と，破産・再生手続双方に言及するときには「財産管理処分権等」と，再生手続だけについて述べるときには「業務遂行権等」と表現することにしたい。なお，再生債務者が会社であるときは，「業務」とは「事業」を意味するが，「事業」とは，資産，借入金等の債務，従業員など様々な権利義務関係を包含した有機的一体としての財産を意味すると説かれる場合が多い（**最大判昭和40・9・22民集19巻6号1600頁**も，事業〔営業〕とは「一定の営業目的のため組織化され，有機的一体として機能する財産（得意先関係等の経済的価値のある事実関係を含む。）」であるという）。そのため，単純な財産（積極財産）とは異質の面を含むのであるが，少なくとも再生債務者の事業に関していえば，その活用によって収益価値を実現するところにその存在意義があるのであるから，実質的には積極財産の処遇の一場面と捉えてよい。

り，純理論的にはそれだけを内容とする倒産処理手続（**モラトリアム**）もあり得ないわけではないが，実際には，債権者の個別的権利行使の強制的または合意による制限だけでは，現代的意味での倒産手続とはいいにくい[2)]。そのような制度は，債権者の権利を一方的に制限するだけで，債務者財産の最適な利用のための手段を提供するものとはいえないから，債権者と債務者との関係を中心とした利害関係人の**利害の適切な調整**（破1条，民再1条参照）のための制度とは認めがたいのみならず，債権者の権利内容の強制的変更を伴うならば，財産権の侵害（憲29条参照）となる疑いも払拭し得ないであろう[3)]。

要するに，現代的な倒産処理手続においては，倒産を招いた従前の財産・事業の管理・遂行方法を見直して，新しい財産管理等の枠組みを再構築することが不可欠であり，それがあって初めて，債権者の個別的権利行使の制限と変更が正当化されると考えられる。そして，このような債務者の財産管理処分権等の制限と再構築された財産管理等の枠組みの下で，破産手続の目的である破産財団（配当財団）を利用した破産債権者への配当や，再生手続の目的である事業の再生とそれによって生じた収益価値に基づく再生債権者への計画弁済が行われることになる。

このように，債務者の財産の管理処分権等の制限と各手続の目的に応じた再構築は，**債権者の個別的権利行使の制限・変更との対応関係**という視点から検討するのが適当と考えられる[4)]。そこで，以下では，第2章と同様に，開始前手続の段階，手続開始後の段階に分けて，債務者財産の管理処分権等のあり方がどのように変容していくかを説明し，それがどのように破産と再生手続の目的に沿った財産および事業の最終的処理に繋がっていくかを確認するという順

2） 2013年3月31日限りで失効した「中小企業者等に対する金融の円滑化を図るための臨時措置に関する法律」（**金融円滑化法**）による貸付条件の変更も，あえて倒産法的な視点からみれば，支払猶予等とセットになるべき債務者の財産管理や事業の見直しが不十分であった――債務者に「経営改善計画書」などの提出を求めることはあったにせよ――ことが，問題として指摘できよう。同法の失効時点で存在した，「倒産予備軍」が1万社ほど存在するという見方（「ポスト金融円滑化法」日本経済新聞2013年3月27日夕刊5面）は，幸い極端な形では現実化していないようであるが，同法の効果を多角的に検証しておくことは，今後の事業再生・倒産処理制度にとっても有益といえよう。なお，民事再生法の施行（2000年）に伴って廃止された和議手続についても，債権者の利益を一方的に犠牲にするもので，債務者事業の体質改善の仕組みは不十分との批判があったが，再生手続は，それらの問題点に改善を加えた（山本・倒産処理138頁参照）。

3） 憲法29条との関係では，第2章（**2-3-1**）で取り上げた**最大決昭和45・12・16民集24巻13号2099頁**（倒産百選2事件）が，更生債権等についての個別的権利行使の禁止や，更生計画による減免等が合憲である条件として，「債権者，株主その他の利害関係人の利害を調整しつ

序で検討を進めていきたい。

3-2　開始前手続における財産管理処分権等の制限

3-2-1　開始前手続における保全処分等の意義

破産または再生手続の申立ては，支払不能または債務超過（少なくともそのおそれ）の存在の自認（債務者の申立て）またはその主張（債権者等の申立て）を含むから，債権者からの回収プレッシャーは申立てを機にますます高まるのが普通である。また，債務者会社の内部でも，経営者は財産の管理および業務遂行の自信を失い，従業員は今後の行方に疑心暗鬼となりがちであり，最悪の場合には自暴自棄的な行動や，意図的な財産隠匿に走ることも起こりうる。このような状況を手続が正式に開始されるまで放置しておくと，財産は不当または無駄に費消され，再生可能であった事業も再生できない状況に追い込まれることになりかねない。そこで，第一に財産または事業の現状を維持し，場合によっては，手続開始の効果を先取りすることが，開始前手続における**債務者財産に対する保全措置**の役割である。これらの保全措置は，債権者の個別的権利行使の制限と同じく，裁判所の個別的裁判によって行われる。

3-2-2　債務者の財産等に関する保全措置

破産または再生手続の申立てから開始決定があるまでの間，裁判所は，破産法28条および民事再生法30条に基づいて「債務者の財産」（破産）または「再生債務者の業務及び財産」（再生）に関して，仮処分等の保全処分をするこ

つ，その事業の維持更生を図る」という会社更生手続の目的を達成するために必要かつやむを得ないものであることを求めていたことを想起してほしい。

4）この「対応関係」（バランス）は，私的整理でも，また法的整理も含めて手続の段階ごとに必要とされるべきものである。たとえば，「**私的整理に関するガイドライン**」では，債務者の要請による一時停止期間中に，債務者が，債権者会議等の許可したもの以外の資産処分等を行って私的整理が困難になったときは，私的整理は終了するものとされる（「同ガイドライン Q&A」Q35の回答）。また，法的手続開始前になされる**包括的禁止命令**（破25条，民再27条）の要件の1つとして，事前にまたは同時に，再生債務者の主要な財産に関し仮処分その他の必要な保全処分（破28条1項，民再30条1項）等がなされていることが求められているが（破25条1項ただし書，民再27条1項ただし書）（**2-2-1**），その趣旨は，包括的禁止命令は，債権者の個別的権利行使にとって広範かつ強力な制約になることとのバランス上，債務者の財産管理処分権等についても開始決定後と同等の制限を求めるのが適当であると考えられたことにある（一問一答破産53頁，条解破産200頁など参照）。

とができる。また，同条に基づく保全処分の一種である**弁済禁止の保全処分**は，債務者に対して債務の弁済を禁ずることにより，財産の散逸を防止しようとするものであり（ただし，この保全処分に反する弁済の効力については，善意の債権者の保護のため，当該債権者はこの保全処分について悪意であった場合に限って，弁済の効力を主張できないものとされている〔破28条6項，民再30条6項〕），とくに再生手続で重要な役割を果たしている[5)]。再生手続では，申立て後直ちに職権で発せられる**監督命令**（開始後も効力を有する）により，借財や財産の処分等（民再41条1項参照）を監督委員の同意を要する事項として指定するのが通例であり（民再54条1項2項），これによって，業務遂行等に対するより包括的なチェックが実行される[6)]。さらに，債務者が法人である場合に限られるが，（再生）債務者の財産の管理または処分が失当であるときなどには，**保全管理命令**を発して財産管理処分権等を全面的に保全管理人に移転することもできる（破91条1項，民再79条1項）。ただ，いずれの手続でも，開始前から管理処分権等を全面的に奪う必要が生ずるのは，大企業や特殊な業種等にかかる申立ての場合に限定されるため，実例はそれほど多くはない[7)]。

以上の保全処分とはやや性格を異にするものとして，**否認権のための保全処分**（破171条1項，民再134条の2第1項）および**役員の財産に対する保全処分**（破177条2項，民再142条2項）がある。これらの保全処分は，将来の否認権行使の結果生ずる権利の保全，または債務者法人の役員（取締役等）に対する損害賠償請求権の保全を目的として，債務者の財産以外の財産に関してなされる点が特色である。破産法28条等に基づく保全処分は，手続開始前に現に存在する債務者財産を対象とした保全処分であるのに対して，否認等のための保

5）民事再生法30条に基づく保全処分は，実務上，弁済禁止と財産の担保提供禁止が基本であることについては，山本和彦＝山本研編『民事再生法の実証的研究』（商事法務，2014年）82頁参照。弁済禁止の保全処分は，その後手形不渡りが生じても，不渡処分および**銀行取引停止処分**の理由とならないこと，また，弁済禁止の保全処分後に弁済期が到来しても，債権者は履行遅滞を理由として契約を解除できないこと（**最判昭和57・3・30民集36巻3号484頁**〔会社更生の事例〕参照）など，開始後の事業再生のために重要な意義をもっている。

6）条解民再142頁［永石一郎］参照。なお，裁判所は，**調査命令**（民再62条1項）により，調査委員に手続開始原因の存否等の調査を命ずることができ，調査委員は，その調査事項との関連で，債務者の財産や事業に関する書類等を検査する権限をもつ（民再63条・59条）。債務者申立事件では，監督委員が，調査事務も併せて行う運用がなされているようである（破産・民再の実務〔民事再生・個人再生編〕188頁参照）。

7）ただし，再生手続が廃止された場合などには，後の破産手続開始までの間の財産管理のために

全処分は，将来回復または追加されるべき債務者財産を対象とする特別の保全処分といえる[8]。

3-3　手続開始後の財産管理処分権等の制限

3-3-1　手続開始決定の財産上の効果

開始前手続における保全処分は，個別的な裁判所の命令が必要であり，また基本的には現状維持を目的とするに留まるが，手続開始後は，従来の債務者の財産管理処分権等は当然に制限を受け，各手続の目的達成のために最も適切な財産管理処分権等の仕組みが再構築されていくことになる。以下，破産手続と再生手続に分けてみていこう。

(1)　破産手続

破産手続開始決定があると，「**破産者が破産手続開始の時において有する一切の財産（日本国内にあるかどうかを問わない。）**」は，「**破産財団**」を形成し（破34条1項），これに属する財産の管理処分権は，破産手続開始決定において必ず選任される破産管財人（ほぼ例外なく弁護士）に専属する（破78条1項）[9]。それに伴って，破産者は破産財団所属財産に関する管理処分権を完全に失う（ただし，財産権の帰属主体，たとえば所有権者としての地位は，破産者に残る）。このように，破産財団に属する財産の管理処分権が管財人に移転することの意味については，破産手続開始決定により財団所属財産のすべてを包括的に差し押さえる効果が生ずると説明されるのが一般であり，その結果，破産管財人は

（民再251条1項柱書参照），保全管理人が選任されることが多い（破産管財実践マニュアル71頁参照）。

8）　否認権のための保全処分は，「否認権を保全するため必要がある」ときに手続開始前に行われ，開始後は破産管財人または（再生手続における）否認権限をもつ監督委員等の選択によりその続行ができるという手続構造がとられる（破171条・172条，民再134条の2・134条の3参照）。これに対して，役員の財産に対する保全処分は，手続開始後に行うのが原則であり，開始前は，「緊急の必要」があるときに認められる（破177条1項2項，民再142条1項2項）。

9）　破産財団が破産手続開始時の財産に固定されること（これを「**固定主義**」という）は，破産者が個人の場合には重要な意味をもつが，会社（法人）が破産者であるときは，開始決定後に破産者が取得した財産についても破産財団に組み入れられるので，実質的意味は小さい。破産財団の一般的意義については，田頭・入門136頁以下を参照。

実質的には**包括的差押債権者**（すなわち債権者全体の利益代表者）としての地位が認められることになる。このような地位を有する破産管財人は，物権変動の**対抗要件**（民177条等）および意思表示の瑕疵がある場合の**第三者保護規定**の適用場面（民94条2項等）などで，破産者とは異なる「**第三者的**」**地位**に立つと解されている（**7-3-1**(1)）。もっとも，その一方で，破産管財人は，破産者の一般承継人としての地位を有するとも説かれることもあるのであって，結局のところ，一般論としては，破産管財人は，多面的な性格をもつ破産財団の管理機構であると解するほかなく，破産管財人が関係する法律問題の解釈に際していかなる性格に着目するかは，具体的事例ごとに検討すべき問題であるということになる[10]。

破産管財人の職務は，破産財団の**管理**（破産法第6章153条以下）・**換価**（同第7章184条以下）・**配当**（同第8章193条以下）の3段階に整理される。財産を換価して金銭による配当を行う点は，金銭債権の強制執行と類似するが，破産管財人が破産裁判所の監督の下，すべての破産債権者のために，破産財団に属するすべての財産を管理・換価し，債権者に平等な配当をする点が強制執行とは異なる。破産管財人は，以上のような職務を，善良な管理者の注意をもって，行わなければならず，その違反の場合には，利害関係人に対し，連帯して損害を賠償する義務を負う（破85条）[11]。

破産管財人はその就任後，直ちに破産財団に属する財産の管理に着手するとともに（破79条），財産管理のための基礎的作業として，破産者の財産状況の調査をしなければならない（破153条以下。なお，その過程での破産者等の説明義務につき，破40条参照）。また，破産管財人は，**否認権**（破160条以下）によ

---

10)　伊藤・破産民再325頁以下参照。破産管財人の地位に関する近時の判例として，退職手当等債権に対する配当に関して管財人が源泉徴収納付義務を負うか，などが争点となった**最判平成23・1・14民集65巻1号1頁**（倒産百選20事件）がある。

11)　破産管財人の善管注意義務違反について，最高裁は，「破産管財人は，職務を執行するに当たり，総債権者の公平な満足を実現するため，善良な管理者の注意をもって，破産財団をめぐる利害関係を調整しながら適切に配当の基礎となる破産財団を形成すべき義務を負う」と判示する（**最判平成18・12・21民集60巻10号3964頁**〔倒産百選19事件〕）。なお，最近，破産管財人の善管注意義務違反を肯定した裁判例として，**札幌高判平成24・2・17金法1965号130頁**がある。

12)　破産手続がなければ，債務者会社が請求できない権利でも，破産管財人による請求を認めた最近の興味深い判例がある（**最判平成26・10・28民集68巻8号1325頁**）。本件事案は，無限連鎖講の防止に関する法律2条に規定する無限連鎖講に該当する事業を行っていたA社の破産管財人Xが，A社の上位会員であったYに対して配当金と出資額の差額を請求した事例であ

り，いったん逸失した財産を取り返したり，法人破産者の**役員に対する損害賠償責任の追及**（破177条以下参照）等によって，積極的に破産財団を回復・増殖するための特別の権限が与えられる。財産の換価に関しては，別除権（破65条）となる担保権付の財産（特に不動産）を担保の負担なしに売却するための制度として，**担保権の消滅の許可**を裁判所に求める制度（破186条以下）が用意されている。破産管財人は，一般的な破産財団所属財産の管理のほか，破産法によって与えられた上記の特別な権限を適切に行使しつつ，破産財団所属財産の積極的な増殖と適切な換価を図ることが求められるのであって，ここに，破産者の財産管理処分権を破産管財人（法律の専門家である弁護士）に移転する重要な意味がある[12]。

ところで，破産者が，双方の履行がいずれも完了していない双務契約（財産上の契約）の当事者となっている場合，破産者の契約上の地位は，権利義務が複合したものといえるが，一種の財産上の地位であることはいうまでもない。そこで，破産法は，特別の定めをおき，破産管財人に，当該**双方未履行双務契約**が財団にとって有利であればその契約を履行し，他方で財団にとって不利益であればその契約を解除する選択権を与えている（破53条）[13]。このような双方未履行契約の処理に関する選択権も，破産管財人の財産管理処分権にかかる特別の権限と理解することができよう。

(2)　再生手続

再生手続においては，破産手続と異なって，手続の開始後においても，再生債務者は業務遂行権等を維持するのが原則である（民再38条1項)。もっとも

り，本来不法原因給付として不当利得返還請求が認められない（民708条参照）ケースである（第1審および控訴審はそれを理由に請求を棄却）。しかし，最高裁は，「Yが，Xに対し，本件配当金の給付が不法原因給付に当たることを理由としてその返還を拒むことは，**信義則上許されないと解するのが相当である**」（太字は筆者）として，原判決を破棄し，Xの請求を認容した。本判決は，上記判断の理由として，「仮に，Yが破産管財人に対して本件配当金の返還を拒むことができるとするならば，被害者である他の会員の損失の下にYが不当な利益を保持し続けることを是認することになって，およそ相当であるとはいい難い」とも述べており，妥当な判断というべきであろう。

13）法は，破産管財人に，本文で述べた特別の選択権を与えると同時に，契約の相手方の地位についても，一定の配慮をしている（破54条・148条1項7号参照）。また，私見では，その射程は限定的と解されるが，判例は，契約を解除することによって相手方に著しく不公平な状況が生じるような場合には，破産管財人は双方未履行双務契約の解除権を行使できない，とする（**最判平成12・2・29民集54巻2号553頁**〔倒産百選80事件①〕)。

再生債務者は，再生手続開始後は，債権者に対して**公平誠実義務**を負う（同条2項)。すなわち，手続開始決定によって，再生債務者（なお，この名称自体は，再生手続開始申立時から使われる〔民再2条1号〕）は，債権者を公平に取り扱い，自己または第三者の利益のために債権者の利益を犠牲にしてはならない（さらに進めて，債権者に配分されるべき事業の収益価値を最大化する積極的義務を認める見解もある）という特別の義務を負う存在となるのである[14)]。そうすると，再生債務者は破産管財人と同じく債権者全員の利益を代表する地位をもつこととなり，それを指して，再生債務者は手続開始決定によって「**第三者性**」をもつに至るといわれることがある。

もっとも，再生債務者の「第三者性」は，破産管財人ほどの明確性をもった概念ではないことに，注意しておく必要がある（たとえば，再生債務者は，破産管財人と異なり，自ら否認権を行使できない〔民再56条1項・135条1項参照〕ことはその表れ)。すなわち，手続開始後の再生債務者は，本来の債務者の利益と債権者の利益をともに代表することが予定されている独自の「手続機関」(手続開始前の平時の実体法の世界では存在せず，特定の手続において特別の地位を有する存在）であるといわざるをえないであろう。このように，その地位の理論的説明が容易でないにもかかわらず，再生債務者が手続機関とされた政策的背景としては，①債務者が早期に再生手続の申立てをしやすくすること，②事業再生のために有益な経営資源となりうる再生債務者（実質的にはその代表者等）の人脈や経験等を事業再生に生かすことなどがあったものとされている[15)]。前述のように，現実の民事再生手続では，すでに開始決定前の段階で**監督委員**が選任され，開始決定後も引き続き監督委員が再生債務者の事業遂行権等の行使を監督するから，再生債務者（実際にはその代表者等）の事業に関する知識・得意先関係等をその再生に活用しながら，監督委員の**監督**（再生債務者代理人弁護士の役割も重要である）により，業務遂行の合理性を担保するというのが，民事再生手続における典型的な事業遂行のスタイルであるといえよう。さ

---

14) 再生債務者の公平誠実義務については，伊藤眞「再生債務者の地位と責務㈹」金法1686号(2003年）113頁以下に，詳細かつ有益な分析がある。筆者の再生債務者の地位に関する見解については田頭章一『企業倒産処理法の理論的課題』(有斐閣，2005年）44頁以下参照。なお，再生債務者（手続開始前も含む）には，民事再生規則上，円滑な手続進行に努める義務などが課される（民再規1条1項等参照)。

15) 山本・倒産処理147頁，松下・民再入門36頁など参照。

らに，再生債務者が法人である場合は，事業の再生のためにとくに必要であるときに，裁判所は管財人を選任することができる（民再64条1項・2項）。この場合には，管財人に業務遂行権等が専属することになる（民再66条）。この管理命令の発令を含めて考えると，再生手続における事業遂行権等の枠組みは，個別事件の特性に応じた「メニュー方式」であるといってよい[16)]。

再生債務者は，破産管財人と異なり，（債務者）財産の換価等を行うわけではないから，その職務は，**「再生債務者の財産の調査及び確保」**（民事再生法第6章の標題）である。前述のように，否認権は監督委員の権限となるが，役員の責任追及手続の申立権（民再143条等）および双方未履行契約の履行か解除かの選択権（民再49条参照）は，再生債務者に与えられる。また，再生債務者は，事業継続に欠くことができない財産につき，担保権が実行されることを防止するため（破産のように目的財産の換価は前提としない），裁判所に対して，当該財産の価額に相当する金銭を納付することによって当該財産上のすべての担保権を消滅させることについて許可を求めることができる（民再148条）[17)]。

3-3-2　倒産債務者財産および事業の最終的処遇

債権者の個別的権利行使の制限に対応した債務者財産の管理処分権等の制限および再構築の内容は，以上のとおりであるが，倒産債務者財産の管理処分権等の見直しを踏まえて，最終的に破産手続と再生手続の目的はどのように実現されるのであろうか。手続の全体像を理解するのに必要な範囲で，簡単にふれておこう。

まず，破産手続は，前述したように，破産財団を最終的には換価して破産債権者の満足にあてることを目的とするので，破産管財人は手続開始時の積極財産を維持・増殖する一方で，財産の**換価**を進め，配当原資（金銭）が形成されたら，破産債権者にその優先順位（破194条1項参照）に応じた**配当**を行う。破産財団が乏しく，それによって破産手続の費用を賄うことができないとき

16)　なお，残された選択肢として，監督委員および管財人を選任せず，再生債務者が裁判所の監督の下で業務等を行う方式がありうる。民事再生法上は原型ともいうべき業務遂行の方式であるが，実際には使われていない。

17)　この担保権消滅許可請求の準備または合意による担保権消滅に向けた交渉のために，民事再生法は，手続開始前の保全措置として，担保権実行手続中止命令の制度（民再31条）を設けている。

は，破産債権者への配当なしに破産手続は廃止される（破 216 条・217 条）。

再生手続においては，再生計画等に基づいて債務者と債権者との間の権利関係を調整しつつ（再生債権者の権利の変更のみならず，債務者会社の資本構成の変更等も含む），前述した業務遂行権等の仕組みを基礎として，債務者の**事業を再生**することが手続の最終的な目標となる（民再 1 条参照）。再生債務者の事業の再生，すなわちその収益力の実現・回復の方法は多様であり，具体的な提案内容の評価は，基本的には**再生計画案**に対する（多数決による）賛否という形で，再生債権者の集団的意思（および決議の認可手続における裁判所の審査）に委ねられる[18]（ただし，このような原則的方法と並んで，再生計画によらない**営業等の譲渡**〔民再 42 条等参照〕など特別の事業再生の方法も用意され，実際に利用されている点に注意が必要である）。

3-4 まとめ

破産手続および再生手続における債務者の財産管理処分権等の制限とその倒産法的な再構築の概要を，前章で説明した債権者の個別的権利行使の制限内容と対照しながら，［図 3-1］で示してみると，右のとおりとなる。

この図に示されているように，前章および本章では，倒産手続の基本的な構造を，**債権者の個別的権利行使の制限**と，**債務者の財産管理処分権等の制限・再構築**という 2 つの要素のバランスのとれた組み合わせに求めた上で，清算と事業再生という異なった目的を追求する破産手続と再生手続において，これら 2 つの要素がどのように構成されているかについて，その概要を示した。手続法の学習においては，まず，当該手続の基本的構造を的確に理解することが重要であり，個別の解釈問題を検討する際には，常にその問題がその基本構造の中のどこに位置づけられるかを意識するよう心がけなければならない。一般の倒産法の講義では，申立てに始まる手続の説明から出発するのが通常である

18）第 14 章で詳論するが，再生計画に不可欠の条項（絶対的必要的記載事項）は，再生債権者等への弁済計画であり，合併等の組織法上の事項を含む事業再建計画の内容は，上記の弁済計画の根拠や実現可能性を説明する位置づけしか与えられない。しかし，再生債権者が再生計画案について決議をする際に重要な判断材料になることは当然であるし，裁判所の認可の際にも，とくに「再生計画が遂行される見込み」（民再 174 条 2 項 2 号）の判断に際して，検討の対象となる。以上につき，条解民再 833 頁［松嶋英機］参照。

［図 3-1］　財産管理処分権の制限等と債権者の個別的権利行使の制限等との対応関係

債務者の財産管理処分権等の制限・再構築（本章）

破産手続・再生手続開始の申立て

債権者の個別的権利行使の制限・変更（前章）

⇩

債務者の財産に関する保全措置（債務者財産の現状維持，開始の効果の先取りが目的）。
処分禁止の仮処分，弁済禁止の保全処分（破 28 条等）のほか，否認権のための保全処分（破 171 条 1 項）など特別な保全処分もある。例外的ケースでは，保全管理命令（破 91 条 1 項等）も。再生手続では，通常，申立てとともに監督命令（民再 54 条 1 項）が発令される。

開始前手続における保全措置
（裁判所の裁判による）

◀- - - - - -▶（対応関係）

債権者の個別的権利行使（強制執行等）の制限（破 24 条 1 項，民再 26 条 1 項等）。
ただし，破産手続と再生手続では，手続に取り込む債権の範囲の違いに応じて中止等の範囲が一部異なる。たとえば，財団（共益）債権，一般優先債権に基づく強制執行等は，破産でのみ中止命令の対象（破 24 条 1 項 1 号・2 号参照）。

⇩

（破産）破産財団の管理処分権は破産管財人に専属（破 78 条 1 項）。管財人は財産の管理換価に関して，否認権，双方未履行双務契約の履行か解除かの選択権，担保権消滅許可申立権など特別の権限が与えられる。
（再生）再生債務者は，債権者に対して公平誠実義務を負担する手続機関として，通常は手続開始前から監督委員の監督を受けて，事業遂行権等を行使（例外的に管理命令＝管財人選任）。再生債務者は，否認権はもたない。

手続開始決定

◀- - - - - -▶

債権者の個別的権利行使の禁止，中止，失効等（裁判所の個別的な命令は不要）（破 42 条・100 条 1 項，民再 39 条 1 項・85 条 1 項）。
ただし，破産手続と再生手続では，手続に取り込む債権の範囲の違い等に応じて，禁止等の内容と範囲が一部異なる。たとえば，財団（共益）債権，一般優先債権の手続開始後の行使は，破産の場合のみ禁止（破 42 条 1 項・2 項，民再 122 条 2 項参照）。

⇩

（破産）破産管財人が破産財団を適切に管理・増殖させ，換価して得た金銭を原資として破産債権者への配当を実施する。
（再生）再生債務者は，監督委員等の監督・助言を受けつつ事業再建案を立案し，それを基礎にして再生計画案（再生債権者への弁済計画案）を策定する。再生計画案は，再生債権者の多数決による可決と裁判所の認可によって効力を生じ，通常は，再生債務者が，監督委員の監督の下，事業収益等を原資として，再生計画に従って弁済を実施する。

手続目的の実現

◀- - - - - -▶

（破産）破産債権者は，破産債権の届出によって権利を行使し，配当手続によって満足を受ける。
（再生）再生債権者は，再生債権の届出によって権利を行使し，調査・確定手続を経たのちに，再生債務者等が提出した再生計画案につき賛否の決議（多数決）を行い，裁判所の認可によって効力が生じた再生計画に基づいて権利が変更され（民再 179 条），再生計画による弁済により満足を受ける。
特定財産上の担保権や財団債権（破産）・共益債権（再生）等は，原則として手続外で行使できる（ただし，一定の要件の下で権利行使の制限を受けることがある）。

が，本書では，そのような時系列的な手続進行に則った説明は後回しにして，まずは上記の２つの視点から破産手続と再生手続の輪郭の説明を試みたものである。

このような破産手続と再生手続の基本的理解を踏まえて，第４章と第５章では，改めて，破産・再生手続における各種債権の処遇について解説した後に，第６章で破産・再生手続の申立てから開始までの手続，さらにそれぞれの手続機関について説明を加える。そして，それらの知識を前提に，第７章から第13章において契約の処理や，否認権などのいわゆる倒産実体法の諸問題について検討することにしよう。

第4章
破産債権と再生債権

4-1　はじめに

前章では，破産手続および再生手続（広く倒産処理手続）は，倒産債務者に対する債権の行使制限（第2章）と倒産債務者財産の管理処分権の倒産法的再構築（第3章）を，それぞれの手続の最終的な目的に沿ってバランスよく行っていくところに基本的な構造が認められることを述べた。本章は，第2章の流れに戻って，倒産手続に関連して検討されるべき債権の処理のうち，破産手続における配当や再生手続における計画弁済の対象となる債権，すなわち，「**破産債権**」と「**再生債権**」の内容および手続内での処理のより詳しい内容と，それらをめぐる個別的問題点を取り上げることにする。

以下では，まず，破産債権や再生債権の定義等，基礎知識を確認するとともに，破産管財人や再生債務者等が，届け出られた債権の存否や額を，どのような手続枠組みによって調査・確定していくかについて，概観しよう。その後に，破産債権および再生債権が，例外的に**手続によらずに行使**できる場合について，説明する。そして，最後に，各自が**全部の義務を負う多数債務者**の全部または一部が破産または再生手続の開始決定を受けた場合における債権者や求償権者の手続参加に関する規律について，検討することにしたい。

4-2　破産債権および再生債権の処遇の概要

4-2-1　破産債権

(1)　破産債権の内容と額

破産債権は，「**破産者に対し破産手続開始前の原因に基づいて生じた財産上の請求権**」で，財団債権でないものと定義される（破2条5項）。すなわち，破産者に対する人的で（物権的請求権は含まない），かつ，財産上の（財産的価値のない差止請求権や身分上の請求権は含まない）請求権であり，破産手続開始前の原因に基づくものである。債務者の積極財産である破産財団も破産手続開始時を基準としてその範囲が決定されるが（破34条1項）（**3-3-1**(1)），破産債権もそれに対応して，手続開始時に既にその原因が存在する債権に限って，破産手続に取り込む（破100条1項参照）のである。ここに破産手続開始前の原因とは，債権の発生原因の全部が手続開始前に具備している必要はなく，主たる発生原因を具備していれば足りる（**一部具備説**）。たとえば，不法行為に基づく損害賠償請求権は，破産手続開始前に原因たる不法行為があれば足り，損害の発生が手続開始後であっても破産債権となる。また，確定期限が未到来の債権や条件付きの債権も破産債権となるのであり，たとえば，主債務者からの委託の有無を問わず，**保証人の求償権**も，保証契約が主たる債務者の破産手続開始前に締結されていれば，破産手続開始前に求償権発生の基礎となる保証関係が発生しているとみうるから，停止条件付債権または将来の請求権として破産債権になる（**最判平成24・5・28民集66巻7号3123頁**〔倒産百選69事件〕）。また，条文にはないが，破産債権は，**強制執行可能**な債権でなければならない。たとえば，不法原因給付の返還請求権（民708条）[1]など執行により実現できない債権や，不執行の合意付の債権は，破産債権とはならない。

やや特殊なケースとして，**民事訴訟法260条2項の申立て**（原判決を変更する控訴審判決において，仮執行の宣言に基づき被告が給付したものの返還および仮

1）　ただし，民法708条ただし書は，「不法な原因が受益者についてのみ存したときは」給付したものの返還請求を認める。架空の商品取引により交付・決済された手形額面金相当額の不当利得返還請求債権につき，「不法性の大小，強弱，両者の衡平を比較衡量して，返還請求の許否を判断すべきである」として，同条ただし書により，破産債権であることを認めた裁判例として，**東京地判昭和60・2・13判時1190号54頁**がある。

執行によりまたはこれを免れるために被告が受けた損害の賠償を原告に命ずることを求める被告の申立て）の相手方（原告）が破産手続開始決定を受けた場合，上記申立てに係る被告の請求権が破産債権になるかという問題がある。最高裁（**最判平成25・7・18判時2201号48頁**）は，この請求権は，破産者に対し破産手続開始前の原因に基づいて生じた財産上の請求権であるとして，破産債権になるとした（その結果，被告が破産債権届出をしていないにもかかわらず，原審が破産管財人に訴訟手続の続行命令〔民訴129条参照〕を出したのは，上記申立てに係る請求については違法であるとし，この請求と原告の本案請求は分離できないから，本案請求に対してのみ続行命令等をすることはできないとした）。

また，仮執行宣言付判決に対して上訴がなされた場合，**金銭を供託する方法により担保を立てさせて強制執行が停止**されることがある。この場合，提供された担保の被担保債権（執行停止に起因する原告の損害賠償請求権。原告の本案請求の訴訟物たる権利とは異なることに注意）の債権者（原告・被供託者）は他の債権者に先立ち弁済を受ける権利を有する（民訴405条による同法77条の準用）。では，債務者（被告・供託者）につき破産手続が開始した場合に，上記の被担保債権は，一般の破産債権になるのか，それとも別除権付の破産債権となるのか，という問題がある。この問題につき，**最決平成25・4・26民集67巻4号1150頁**（会社更生事件）は，**更生債権説**をとりつつ，民事訴訟法77条の趣旨は，債務者に金銭等を供託させてこれを債務者の責任財産から切り離すことによって，債権者（原告・被供託者）が，債務者（被告・供託者）の資力等に影響されることなく，強制執行停止によって受ける損害の賠償を確実に受けられるようにすることにあるとして，債務者につき更生計画認可決定があっても，債権者は供託金の返還請求ができる（会更203条2項）とした。これを債務者が破産手続や再生手続の開始決定を受けたケースに当てはめると，まず，供託によって担保された債権者（原告）の債権は破産債権または再生債権と扱われる。そして，債権者は，――別除権の行使ではなく――あたかも保証人に対して請求をするように，**破産手続・再生手続によることなく供託金還付請求権を行使することができる**ということになろう[2)]。

破産債権は，①**優先的破産債権**（破98条），②**一般の破産債権**，③**劣後的破産債権**（破97条・99条1項）および④**約定劣後破産債権**に分けられる[3)]。①は，一般の先取特権その他一般の優先権（民306条，税徴8条，地税14条等）がある破産債権，③は手続開始後の利息請求権など破産債権とされながら劣後的に扱われる債権，④は約定で劣後性が定められるいわゆる劣後ローン債権，そして②はそれ以外の破産債権である。③と④は，実質的に配当可能性はないが（債権者集会等における議決権も否定されることにつき，破142条1項参照），③は個人破産者の免責の対象とするなどの目的のため，また④については自己資本との近似性を法律上明確にするために，特別の類型とされたものである[4]。なお，①の優先的破産債権については，政策的考慮から，**労働債権**と**租税債権**の一部が財団債権とされて（破148条1項3号・149条）破産債権とは別枠で優遇されている。

破産債権は，破産配当が均質な債権に対して金銭で行われることとの関係で，手続開始時点で弁済期が到来していなくても到来したものとみなされ（破103条3項「**現在化**」），非金銭債権は，金銭債権に評価し直される（同条2項1号イ「**金銭化**」）など，いわゆる「**等質化**」のための措置がとられる。

Practice　考えてみよう！【基礎】

次の債権は，A社の破産または再生手続でどのように扱われるか。

(1)　A社の従業員が破産手続開始申立ての前に起こした交通事故によって手続開始後に生じた損害の賠償を請求する被害者のA社に対する債権。

(2)　A社のために債務の連帯保証をした者に対して，債権者が有する保証債務支払請求権。

(3)（民事再生のみについて）A社が再生申立後，手続開始までの間に事業継続に不可欠の融資を受けたことによって生じた銀行の債権。

(4)（民事再生のみについて）建設業者であるA社に長年特殊セメント用の砂利を供給してきたB社（従業員20名）が再生申立前の取引によって取得した300万円の債権。

(1)と(2)は，本文で述べた破産債権の定義から出発して考えてみよう（(2)については，25頁のPracticeを見直してほしい）。(3)については，民事再生法120条を，(4)については，同法85条を読み，どのような趣旨と手続で例外が認められるか考えてほしい（**5-2-1**(3)，**4-2-3**(2)も参照）。

2）　さらに，会社更生事件において，更生手続開始決定前に係属し，開始決定によって中断した更生債権に関する訴訟が，受継（会更155条・158条）されずに終了したときは，その訴訟に係る**訴訟費用請求権**は，更生債権に当たるとするのが判例（**最決平成25・11・13民集67巻8号1483頁**）である。破産手続や再生手続でも同様に解することになろう（ただし，破産管財人等が受継して訴訟追行をした結果，敗訴して相手方の訴訟費用の負担を命じられる〔民訴61条参照〕ときは，この費用請求権は財団債権または共益債権になる〔破148条1項4号，民再119条5号参照〕と解されている点に注意）。

(2)　破産債権の届出・調査・確定

(ア)　破産債権の届出

破産手続において配当や弁済に与るためには，破産債権に関する一定の事項を裁判所に届け出なければならない（破111条参照)。破産手続においては，債権届出期間後も一般調査期間経過後または一般調査期日終了までは届出が許される（破112条1項参照。破111条1項は，債権届出期間内の届出を義務付けるが，これは訓示規定)。ただし，破産債権者がその責めに帰することができない事由によって上記期間までに破産債権の届出をすることができなかった場合には，その事由が消滅した後1か月以内に限って，その届出をすることができる（破112条1項。同じく期限後の届出が認められる場合として，同条3項も参照)。破産債権の届出は，時効中断効をもつ（民152条)。

(イ)　破産債権の調査・確定

届け出られた破産債権が，配当の対象となるためには，その存否，額，優先順位等が確定されなければならない。そのための手続が，破産債権の調査・確定手続である。

まず，破産債権調査手続には，**調査期間方式**と**調査期日方式**（またはその併用）があり，破産法上は，前者の期間方式が原則となっているが（破116条1項・2項参照)，実際には「**期日方式**」の方が多く採用されている。その理由としては，破産手続では，早期の債権確定の要請はそれほど高くなく，また事業内容を示す書類等が存在しない場合も多いため，期間を定めた債権調査より，期日を続行して調査する期日方式の方が柔軟な対応ができること，などが挙げられている[5)]。

以下では，一般調査期日方式を使った債権調査・確定手続の概略を見ておく[6)]。まず，破産管財人は，破産手続開始決定と同時に指定された（破31条1項3号参照）一般の債権調査期日において，破産債権の額，優先順位，別除権付債権の予定不足額（破117条1項各号参照）について，**認否**をする（破121条

3）　第2章の［**表2-1**］においても，破産債権等の分類の概要を示した。

4）　破産債権の分類とその根拠の詳細については，伊藤・破産民再275頁以下参照。

5）　期日方式を使った調査手続の実務については，破産管財実践マニュアル433頁以下が参考になる。

6）　一般調査期日は，原則として（例外につき，破122条1項ただし書等参照）債権届出期間内に届け出られた債権について行われ，それ以降一般調査期日終了前に届出があった債権については，特別調査期日を開いて調査することがありうる。この場合，調査対象である債権を有する破産債権者が手続費用の負担をしなければならない（同条2項)。

1項)。届出をした破産債権者は，期日に出頭し，**異議**を述べることができる（同条2項)。破産者も，期日に出頭しなければならず，期日においては破産債権の額について異議を述べることができる（同条3項本文・4項。ただし，破産者の異議は，債権確定を妨げる効果はなく，破産債権者表の執行力の発生を妨げる効果〔破221条2項参照〕しかない)。そして，破産管財人が認め，かつ他の届出債権者から異議がなければ，その債権は確定する（破124条1項)[7)]。

届出破産債権のうち，まだ執行力のある債務名義等がない「**無名義破産債権**」について，管財人が認めず，または他の届出債権者から異議が述べられたときは，その債権の確定をめぐる争いは，異議等のある破産債権を有する破産債権者が異議者等を相手として提起する査定手続（破125条)，および査定申立てについての決定に対する異議の訴え（破126条）等により決せられることになる（ただし，破産手続開始当時破産債権に関して訴訟が係属していたときは，債権確定を求める破産債権者は，異議者等の全員を当該訴訟の相手方として，訴訟手続の受継の申立てをしなければならない〔破127条1項〕)。これらの債権確定手続においては，異議等のある破産債権を有する破産債権者は，**破産債権者表**に記載されている事項のみを主張することができる（破128条。本条は，次に述べる有名義破産債権に対する異議の主張手続についても準用される〔破129条3項〕)[8)]。これに対して，異議等のある破産債権につき，既に執行力ある債務名義または終局判決のある場合（**有名義破産債権**）には，その既得的地位を尊重し，異議者等の方から，破産者がすることのできる訴訟手続（たとえば，確定判決があるときには再審手続）によってのみ異議を主張できる（破129条1項。係属中の訴訟の受継も異議者等が行う〔同条2項〕)。

(3) 特別な債権者の手続参加

(ア) 別除権者

破産財団に属する財産につき抵当権等の担保権を有する者は，「別除権者」

7） 確定した事項は，裁判所書記官によって破産債権者表に記載され（破124条2項)，その記載は，**破産債権者の全員に対して確定判決と同一の効力**を有する（同条3項)。

8） その趣旨は，異議等のある破産債権を有する破産債権者に破産債権者表に記載されたもの以外の事項の主張を許すと，その事項はその手続の当事者となった異議者等と破産債権者の間だけで争われることになり，破産債権の確定を，破産管財人およびすべての届出破産債権者の関与の下で行おうとする債権調査確定手続の趣旨に反するからであるが，この主張の制限を厳格に解する

（破2条10項・65条1項参照）となり，別除権の行使によって満足を受けることができない債権の額についてのみ，破産債権者として権利行使できる（「**不足額責任主義**」。破108条1項本文参照）。そこで，債権届出の際は，被担保債権（破産債権）額等（破111条1項）と合わせて，別除権の行使によって弁済を受けることができないと見込まれる債権の額（予定不足額）を届け出なければならない（同条2項2号）。予定不足額については，債権調査の対象となるが（破117条1項4号・121条1項等参照），確定の対象とはならず（破124条1項は，確定対象から117条1項4号の事項を除いている。なお，予定不足額が債権者集会における議決権額決定の一応の基準となる点については，破140条1項2号・2項等参照），配当の場面では，担保権の実行の完了等により不足額が証明された場合（破198条3項参照）など，一定の条件が満たされた場合にのみ配当の対象となる[9]。

(イ)　外国で弁済を受けた破産債権者

破産債権者が，破産財団に属する財産で外国にあるものに対して権利を行使したことにより，弁済を受けたときでも，その債権の全額でわが国の破産手続に参加できるが（破109条），既に外国で弁済を受けた額については，債権者集会において議決権を行使することはできず（破142条2項），配当手続では，他の同順位の破産債権者が自己の受けた弁済と同一の割合の配当を受けるまで，配当を受けることができないものとされている（破201条4項等参照）。特定の破産者に対する破産債権者間の**国際的レベルでの平等**を実現するための措置である。

4-2-2　再生債権

再生債権については，破産債権と異なる点に絞って，要点をみておこう。再生債権は，「**再生債務者に対し再生手続開始前の原因に基づいて生じた財産上の請求権**」（共益債権または一般優先債権であるものを除く）である（民再84条1

か，それとも社会経済的利益や請求の基礎に同一性がある場合等には弾力的に解するかについては，争いがある（裁判例を含め，議論状況については，大コンメン破産532頁以下［橋本都月］が詳しい）。

9）実務では，予定不足額を記載しない（「額未定」などと記載）届出を許すなど，法の建前を緩和した運用がなされている。別除権付破産債権の調査の運用の状況については，破産管財実践マニュアル440頁以下が参考になる。

項)。破産債権と異なり，民事再生手続では，債権の組分けを避けて手続を単純化するために，優先的再生債権や劣後的再生債権の類型は設けられていない[10]（約定劣後再生債権はあるが，再生債務者が債務超過の場合には，手続的参加の余地はない〔民再87条3項・172条の3第2項等参照〕)。再生手続では，再生債権は本来の条件に従って弁済できるから，再生債権の等質化，すなわち，現在化，金銭化は，議決権額の決定の場面（民再87条1項参照）でのみ必要になる（なお，個人再生における再生計画認可の効力としての債権の現在化・金銭化については，民再232条1項参照)。

再生債権（約定劣後再生債権は除く。民再101条4項）については，破産債権とは異なり，再生債務者等が自ら再生債権の存在を自認する制度がある。「**自認債権**」とは，再生債務者等が，届け出られていない再生債権があることを知っているときに，自ら認否書に記載した債権である（同条3項参照)。自認債権については，届出債権者のみに与えられる議決権（民再87条参照）や異議権（民再102条1項等参照）は認められないが，債権調査・確定の手続を経て，再生計画による弁済を受けることができる[11]。

再生手続では，破産と異なり，再生債権は，債権届出期間内に届け出なければならない（民再94条)[12]。再生手続では，再生計画を策定するために，倒産債権を早期に確定する必要があるからである。債権届出が時効中断効（民152条）を有する点は，破産債権届出と同様である。債権調査方法に関しては，破産手続と異なり，再生手続では，調査期日方式は認められていない。再生計画を作成する必要上，債権を早期に確定できる「**期間方式**」を実施する必要性が

10)　一般の優先権がある債権は手続外での行使が許される（民再122条参照)。劣後的破産債権については，本文で述べたように，独立の類型とはされていないが，再生手続開始後の利息の請求権などは，実質的に劣後的な取扱いがなされる（民再84条2項・87条2項・155条1項参照)。

11)　再生債務者（この場合は「等」が付かないから，管財人は含まれない）が自認すべき債権につき，認否書に記載しなかったとき（**自認懈怠債権**）は，債権者は失権（民再178条参照）せず，再生計画の定める権利変更の一般的基準に従って変更される（民再181条1項3号)。再生手続では，再生債務者に財産管理処分権・業務遂行権など手続の主導権を与えているから，自認を懈怠した債権について，失権の効果を認めるのは，当該再生債権者との関係で公平ではないと考えられたからである。もっとも，この自認懈怠債権の行使は，再生計画で定められた弁済期間の満了時等までの間は，することができない（同条2項)。同様に再生債権としての性格をもちながら，計画弁済期間内の弁済を禁じられる（同条3項）債権として**再生手続開始前の罰金等**（民再97条参照）がある（こちらは，あくまで全額を再生債務者に払わせる趣旨から，再生計画による権利変更も受けない〔民再178条1項ただし書〕)。権利変更の内容ではなく，弁済時期の先送りによって他の再生債権者を劣後的に扱うことを「**時期的劣後化**」と呼ぶが，状況によっては劣

高いからである。実際的にも，事業の継続・再建を前提としているので，帳簿等も比較的しっかりしており，再生債務者による債権調査は迅速に行うことができるとされる。異議等が述べられた再生債権については，**無名義再生債権**の場合には，当該再生債権者が査定の申立て（民再105条1項）・中断中の訴訟の受継（民再107条）等によって，また，**有名義再生債権**の場合には，異議者等が，再生債務者がすることのできる訴訟手続または係属中の訴訟の受継（民再109条1項・2項）によって，争うことになる点，さらには確定手続における再生債権者の主張が**再生債権者表**に記載されている事項に制限される点（民再108条）などは，破産手続と実質的に同様である（**4-2-1**(2)(イ)参照）。

別除権付再生債権についての予定不足額の届出（民再88条本文・94条2項）[13]や，再生債権者が外国で受けた弁済の処理に関する規律（民再89条）も，破産手続とほぼ同様の扱いがなされる。

4-2-3　破産・再生手続によらない破産・再生債権の行使

第2章で述べたように，破産および再生手続の開始によって，破産債権および再生債権の行使は禁止され（破100条1項，民再85条1項等参照），破産債権者は配当手続で，また再生債権者は再生計画の定めに従って，満足を受けるのが原則になる。しかし，例外的に，破産または再生手続によらずに，破産債権または再生債権の行使が許される場合がある[14]。

後の実質を失う点が問題点として指摘されている（松下淳一「民事再生法に関する立法論的断想」東京弁護士会倒産法部編『倒産法改正展望』〔商事法務，2012年〕42頁以下参照）。

12）届出事項の観点からみると，破産債権は「金銭化」等によって均質化されるため債権額とは別に議決権の届出は不要であるが，再生債権は均質化の措置はとられないから，「**議決権の額**」も届出事項とされ（破111条1項と民再94条1項を比較せよ），いずれについても再生債務者等および届出債権者による異議等（民再101条1項・102条1項）および確定（民再104条1項）の対象となる。

13）別除権者の満足の段階では，破産手続の場合と異なって，再生手続では，別除権行使に時間的制限はないから，別除権実行により不足額が確定した時点で，再生計画に基づいて再生債権者としての弁済を受けることができる（民再160条1項参照）。また，再生手続では，破産手続と異なり，議決権額も確定の対象となるから（前注参照），予定不足額についても，確定された議決権額に対して債権者集会で異議を述べることはできない（民再170条1項ただし書。破140条2項ただし書と比較せよ）。再生手続では，早期に議決権額を確定する必要があることが，このような違いの背景にあると解されている（条解民再511頁注1［岡正晶］参照）。

(1) 破産手続によらない破産債権の行使

破産債権のうち，優先的破産債権となる租税債権等（破98条1項参照）については，破産手続開始時に，既に破産財団所属財産に対して**国税滞納処分**（地方税などにつき，国税滞納処分の例による処分がなされる場合も含む）が既にされている場合には，その続行は妨げられず（破43条2項），それによる権利行使が許される（破100条2項1号）[15]。租税債権等の自力執行力を，手続開始時に滞納処分が係属中である場合に限って（開始後の新たな手続の開始はできない〔破43条1項参照〕）尊重するものと解されている。

次に，同じく優先的破産債権となる雇用関係から生じた**給与請求権等**については，これらの債権の弁済を受けなければ債権者の生活の維持を図るのに困難を生ずるおそれがあるときは，破産管財人の申立てまたは職権による裁判所の許可を得て，配当手続によらずに，破産債権の全部または一部の弁済を受ける道が開かれている（破101条1項本文）。この制度の趣旨は，いうまでもなく，労働者およびその家族の日々の生活に必要な収入の確保のために，配当前の弁済の余地を認めたものである。もっとも，同項ただし書は，「その弁済により財団債権又は他の先順位若しくは同順位の優先的破産債権を有する者の利益を害するおそれがないときに限る」としており，同順位の優先的破産債権者への予想配当率を超える弁済はできない。したがって，この特別の弁済許可制度は，**配当の前倒し**という性格のものである（その点，後述の民再85条2項・4項の弁済許可制度と異なる）ことに注意すべきである[16]。

(2) 再生手続によらない再生債権の行使

再生債権についても，裁判所の許可を得て，再生計画によらずに再生債権の行使ができる制度が用意されている（なお，既に述べたように，再生手続では，

---

14) このような例外的取扱いは，同一順位の破産債権者または再生債権者は平等に扱われなければならないという，債権者平等原則の重要な例外の1つである。もっとも，債権者平等の原則の例外は，破産配当または再生計画において特定の債権を**劣後化**（たとえば，子会社が倒産した場合の親会社の債権につき），または**優先化**（たとえば，生命・身体の侵害による損害賠償請求権につき）できるか，という形でも問題となる。この点は，配当や再生計画の条項に関連して取り上げる（**14-2-3** 参照）。

15) 徴収の権限を有する者による還付金または過誤納金の充当（税通57条1項等参照）（相殺に類似）も破産手続外で行うことができる（破100条2項2号）。

16) 大コンメン破産424頁［堂薗幹一郎］，条解破産748頁など参照。配当の前倒しという性格から，弁済を受けた給与債権者等は，他の同順位の破産債権者が，自己の受けた弁済率と同一の割

給与債権等の一般優先債権は手続外で行使できるのが原則である)。まず第1に，再生債務者を主要な取引先とする**中小企業者**が，その有する再生債権の弁済を受けなければ，**事業の継続に著しい支障**を来すおそれがあるときは，再生債務者等の申立てまたは職権による裁判所の許可を条件に，その全部または一部の弁済をすることができる（民再85条2項。許可の判断の考慮要素，および再生債務者等が，再生債権者から申立てを求められた場合の裁判所への報告義務等につき，同条3項および4項を参照)。再生債務者を主要取引先とする中小企業の連鎖倒産を回避しようとする制度である。

第2に，**少額の再生債権**を早期に弁済することにより再生手続を円滑に進行することができるとき，または少額の再生債権を早期に弁済しなければ再生債務者の事業の継続に著しい支障を来すときは，裁判所の許可を得て（再生債務者等の申立てが必要である)，再生債権者に弁済をすることができる（同条5項)。前段は，少額の再生債権を弁済して債権者数を絞り込むことにより手続の進行を円滑化するため，後段は，再生債務者の事業に関連する取引先の少額再生債権を弁済することで，その事業の継続の確保を図ろうとするために設けられた例外である[17]。

4-3　多数債務者関係と破産債権および再生債権

4-3-1　総論

多数当事者が関係する債権債務関係のうち，同一の債務について複数の債務者が債務を負担する状況を，**多数債務者関係**と呼ぶ。この場合，民法427条の「分割債務」の原則によれば，各債務者が「それぞれ等しい割合で」義務を負う。したがって，AとBが連名でCから100万円を借りた場合，ABはそれ

合の配当を受けるまでは，配当を受けることができない（破201条4項・209条3項等参照）などの対応がとられる。

17)　後段の弁済許可制度については，①実際の再生事件では全額弁済の対象となる個別の商取引債権の額が数百万円を超える事例が増えていることに関連して，もはや「少額」債権とはいえないのではないか，②（そのように多額の再生債権への弁済が問題になることを踏まえて）債権の一部の弁済が許されるか（民再85条2項と異なり，5項には一部弁済を想定した文言がない)，などの問題が指摘される（立法提言も含めて，これらの論点についての議論の現状につき，上田裕康＝杉本純子「再建型倒産手続における商取引債権保護」倒産実務交流会編『争点倒産実務の諸問題』〔青林書院，2012年〕305頁以下などを参照)。

ぞれ50万円の債務を負うから，ABの一方または双方が破産手続開始決定を受けても，特別の問題は生じない。しかし，AとBの債務を連帯債務とする特約がある場合には，AとBはいずれも100万円全部の履行義務（全部義務）を負担する。このような**共同債務関係**では債権者の行使できる権利の範囲や，債務者間の求償権の処遇などにつき，不明確な部分が残ることから，破産法104条から107条に特別の規定が設けられている。

以下では，破産手続を念頭において，これらの特則を説明するが，再生手続においても，「破産手続開始」を「再生手続開始」に，また「破産債権者」を「再生債権者」と読み替えるなどして，同様の処理がなされる（民再86条2項参照）。

4-3-2　数人の全部義務者の破産と債権者の権利行使（破104条1項・2項）

［図4-1］を参照してほしい。連帯債務者の全部または一部が破産手続開始決定を受けたときは，債権者は，手続開始時の債権額全額について各債務者の破産手続に参加することができる（破104条1項）。同項は，「連帯債務者の全員又はそのうちの数人が破産手続開始の決定を受けたときは，債権者は，その債権の全額について各破産財団の配当に加入することができる」，とする民法441条（430条で不可分債務につき準用）に類似するが，①手続開始時の債権額とすることで（「**手続開始時現存額主義**」），債権額の基準時を明確にしている点，および②民法の規定の適用対象以外の全部義務関係（連帯保証〔民458条〕，不真正連帯債務，合同債務〔手47条・77条1項4号〕等）にも適用しうる点で，特則としての意義がある[18]。「手続開始時現存額主義」の結果，破産者以外の全部義務者が破産手続開始後に債権者に弁済しても，債権者は手続開始時の債権額で権利行使できる（破104条2項）。以上のような，破産法104条1項および2項の趣旨は，通説によれば，人的担保，換言すれば**責任財産の集積**により，信用リスクの分散措置を講じている債権者に可及的に多くの満足を与えようとするところにある[19]。

18）民法改正案では，民法441条は，破産法104条があることによりその存在意義を失ったとして，同条を削除する提案がなされている。

19）1項および2項の根拠についての通説に対する疑問点の指摘につき，園尾隆司＝小林秀之編『条解民事再生法〔第2版〕』（弘文堂，2007年）376頁［山本弘＝山田明美］，条解民再444頁［杉本和士］参照。

［図 4-1］　破産法 104 条 1 項～4 項（民再 86 条 2 項による準用の場合を含む）に関する参考図（連帯債務の場合）

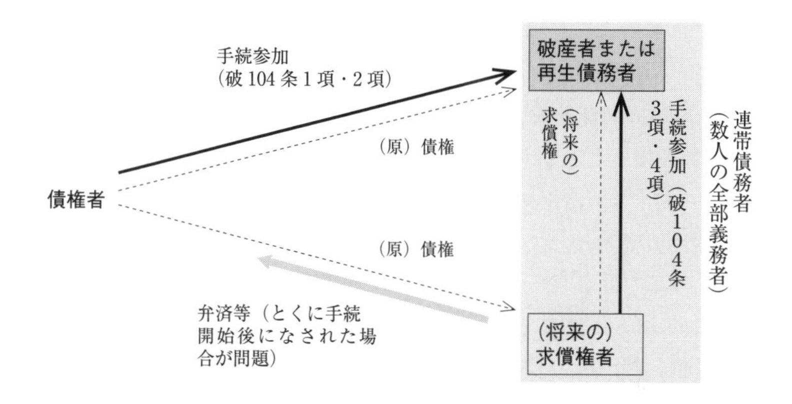

4-3-3　保証人の破産と債権者の手続参加

保証人の義務が主債務との関係で補充性（民 452 条・453 条参照）を有する単純保証の場合にも，保証人が全部義務者であることは変わりないが，保証人だけについて破産手続開始決定があったときは，その責任の**補充性**により，破産債権者の権利行使が制限されるのではないかが問題となる。この問題につき，破産法 105 条は，債権者は破産手続開始時の債権全額について破産手続に参加できると定める。これにより，債権者は，保証債務の補充性を無視して保証人の破産手続に参加できることになり，その趣旨は，やはり人的担保を取得している債権者の地位の保護にある。同条適用の結果，債権者の地位については，連帯債務等の場合と同様，破産法 104 条 1 項・2 項が適用される。

4-3-4　求償義務者の破産と求償権者の手続参加（破 104 条 3 項・4 項）

たとえば，［図 4-1］のケースで，連帯債務者の 1 人が破産した場合に，他方の連帯債務者の求償権はどう扱われるか。破産法 104 条 3 項（本文）は，「破産者に対して将来行うことがある求償権を有する者は，その全額について破産手続に参加することができる」と規定している。

この規定の趣旨については，民法 460 条 1 号が，主たる債務者が破産手続開始決定を受けたときにつき，委託を受けた保証人の事前求償権を認めているところ，破産法 104 条 3 項は，このような扱いを，連帯債務や不可分債務などを含め，求償が問題となる他の多数債務者関係に拡張したという説明もある。しかし，近時は，破産法 104 条 3 項（本文）は，**将来の求償権者**が，「将来の請求権」（破 103 条 4 項）としての破産債権を行使しうることを注意的に明らかにしたという理解が有力になりつつある[20)]。

法は，「**将来行うことがある求償権**」と表現していることからして，事前求償権（現在の請求権）と捉える考え方はとりにくいのみならず，破産配当の場面でも，将来債権者として扱うこと（破 198 条 2 項）に争いはないこと，などから，上記の有力説を適当と考えるべきであろう[21)]。

求償権者の手続参加は，債権者が自らの債権を届け出ない場合に限られる（破 104 条 3 項ただし書）。債権者が届け出ているのに求償権の行使を認めると，実質的には 1 つの債権につき二重に権利行使を認めることになってしまうからである。

債権者が求償義務者の破産手続に手続開始時の債権額で参加した場合において，将来の求償権者が破産手続開始後に債権者に対して弁済等をすると，求償権者は，その弁済等による（事後）求償権をもって求償義務者の破産手続で権利行使できるであろうか。前記の「手続開始時現存額主義」に立って考えると，求償権者が手続開始後に一部弁済をしても，債権者の権利行使額の減額を求めることはできないことになる。そこで，破産法 104 条 4 項は，弁済等によって債権の全額が消滅した場合に限って，求償権者は求償権の範囲内で債権者が有した権利を破産債権者として行使できる，と定めている。

4-3-5　物上保証の場合

物上保証人は，**担保目的財産の価値の範囲内**で責任を負うから，全部義務者

---

20)　議論の詳細については，大コンメン破産 443 頁以下［堂薗］，条解破産 767 頁以下などを参照。

21)　田頭・入門 93 頁参照。なお，旧和議手続に関して，和議債務者に対する求償権は和議債権でないことを前提としたものとみうる判例（**最判平成 7・1・20 民集 49 巻 1 号 1 頁**，**最判平成 10・4・14 民集 52 巻 3 号 813 頁**）があり，この判例が少なくとも類似の手続構造をもつ民事再生手続において先例的価値をもつのではないか，という疑問がある。これらの判例が，一般的に求償権を和議債権（破産・再生債権）ではないと解したかについては異論もあるところであるが（**大阪高判平成 21・5・27 金法 1878 号 46 頁**参照），疑問が残る以上，判例の見直しが必要と考えられる（山本和彦・金法 1556 号〔1999 年〕70 頁，園尾＝小林編・前掲注 19)376 頁［山本＝山田］参照）。

とはいえないが，担保としての機能を期待する債権者の保護を図る必要性は，連帯債務の場合などと同様である。そこで，債権者は，物上保証人が債権全額の弁済等をした場合を除き，手続開始時の債権全額で債務者の破産手続に参加できるし（2項の準用），求償権者としての物上保証人の地位についても，104条3項および4項が準用される（同条5項）。2項の準用は，破産法改正前の判例（**最判平成14・9・24民集56巻7号1524頁**）を立法化したものである。

同条5項による準用のうち，2項の準用に関して，重要な判例（**最判平成22・3・16民集64巻2号523頁**〔倒産百選45事件〕）がある。本件においては，5口の貸付債権（①〜⑤）をAに対して有していたYが，AとB（物上保証人）が所有する不動産（A所有の建物とAB共有の敷地）に根抵当権の設定を受けていた。Aの破産手続（管財人X）の開始後，これらの不動産が売却され，Aの財産の売却（別除権の行使）代金が，約定利息等のほか，貸付①，②および③の一部に充当され，さらにBの財産の売却金が，債権③の残額，④および⑤の一部に充当された。Yは，破産債権総額から別除権の行使により弁済を受けた額を控除した額を確定不足額（**4-2-1**⑶㋐参照）として届け出たところ，Xが認めなかったため，Yが査定の申立てをし，裁判所は全額査定（認容）の決定（破125条）をした。これに対して，Xが，貸付⑤の債権額の限度で査定すべきとして，異議の訴え（破126条）を提起したのが本件である。

原審は，上記決定を認可すべきものとしたが，最高裁は，まず，破産法104条1項および2項（開始時現存額主義）の趣旨につき，「複数の全部義務者を設けることが責任財産を集積して当該債権の目的である給付の実現をより確実にするという機能を有することにかんがみ，この機能を破産手続において重視」する点に求めた上で，その趣旨に照らせば，両項は，「飽くまで弁済等に係る当該破産債権について，**破産債権額と実体法上の債権額とのかい離**を認めるものであって，同項にいう『その債権の全額』も，特に『破産債権者の有する総債権』などと規定されていない以上，**弁済等に係る当該破産債権の全額**を意味すると解するのが相当である」とする。そして，結論として，「債務者の破産手続開始の決定後に，物上保証人が複数の被担保債権のうちの**一部の債権につきその全額を弁済**した場合には，複数の被担保債権の全部が消滅していなくても，上記の弁済に係る当該債権については，同条5項により準用される同条2項にいう『その債権の全額が消滅した場合』に該当し，債権者は，破産手続においてその権利を行使することができないものというべきである」と判示した[22]。

Practice　考えてみよう！【基礎・展開】

建設会社Ａ社は，信用金庫Ｂから運転資金として2000万円を借り入れたが，取引先の倒産により，多額の回収不能債権が生じたことなどから，2015年4月1日に破産手続開始決定を受けた。次の各問い（相互に独立した問題である）に答えなさい。

(1)　Ｃは，Ａ社のＢに対する債務の連帯保証人である。Ｃは，保証債務の履行として，1000万円をＢに支払ったが，その支払日が，①2015年3月15日であった場合と，②4月10日であった場合に分けて，それぞれの場合のＢとＣのＡ社の破産手続における権利行使について説明しなさい。

Hint　「手続開始時現存額主義」から考えるとどうなるであろうか。

(2)　Ｂは，Ｄの所有する土地（甲地）上に，上記2000万円のＡ社に対する債権を担保するため，抵当権の設定を受けていた。この場合，Ｂは，Ａ社の破産手続で，どのような債権届出をすべきか（抵当権はまだ実行されていないものとする）。また，破産手続開始後になされた甲地の売却により，Ｂが1500万円の満足を得た場合，ＢとＤは，Ａ社の破産手続でどのような権利行使ができるか。

Hint　破産法104条5項による同条2項から4項の準用問題である。Ｂの利益という観点から見て，抵当権がＡ社の所有する乙地（1500万円の評価額）に設定されている場合と(2)の設例の場合とどちらが有利かも考えてみてほしい。

4-3-6　持分会社の社員等が破産した場合の手続参加

法人の債務とその社員の債務との関係については，一種の多数債務者関係が生じうるため，破産法は，法人の社員が破産した場合について，特別の規律を

22)　本件の事案では，Ｙの複数口債権について，Ｂによる物上保証のほかＣによる連帯保証がされており，そのＣについても**破産手続開始の決定**がされていた。この保証人Ｃの破産手続においても，Ｃの破産管財人から破産債権査定異議の訴えが提起され，債権者Ｙの破産債権額が争われた（この事件では，破産財団所属財産に担保権は設定されていないから別除権は問題にならず，物上保証人Ｂと主債務者Ａが債権全額につき全部義務者として扱われた）。本事件では，Ｙは，控訴審において，開始時現存額主義が個別の債権ごとに適用されるという判断がなされることを予想して，Ｙが合意に基づき**弁済充当権**を取得していたＢからの弁済金（Ａからの弁済金は弁済充当権の対象外）を，各口債権に按分して充当すると主張し，対象各債権について，全部弁済という事態が生じないように図った。本文で述べた最高裁判決と同日付（同じ第三小法廷）

定めている。まず，合名会社および合資会社の**無限責任社員**のように，法人の債務について無限責任を負う者は，会社の債権者に対して会社と連帯して責任を負うが，その責任は補充的な性格のものである（会社580条1項参照）。しかし，破産法106条は，かかる無限責任社員について破産手続開始決定があったときは，法人の債権者は，破産手続開始時の債権全額について破産手続に参加できるとする。保証人破産の場合に適用される破産法105条と同じ趣旨である。

他方，持分会社の**有限責任社員**は，会社法上，その出資価額を限度に会社債務を直接負うとされているが（会社580条2項），破産法は，当該社員破産の場合には，会社債権者は社員の破産手続に参加できないものと規定する（破107条1項前段）。本来，直接責任である有限責任社員の責任を，間接責任化するものであり，当該社員に未払出資金があるときは，会社がそれを破産債権として行使することによって（同項後段参照）会社債権者の保護が図られる。このように，破産法107条の趣旨は，多数の会社債権者が社員の破産手続に参加する煩雑さを避け，会社による手続参加に一本化することにある。

有限責任社員ではなく，持分会社の方が破産した場合には，会社債権者は有限責任社員に対してその権利を行使することはできず（破107条2項），未払出資金があるときは，会社の破産管財人が出資の履行を求めることになる。

このような破産法106条および107条の規律は，再生手続においても準用される（民再86条2項）[23]。

4-4　まとめ

本章は，第2章で解説した破産債権および再生債権の個別的権利行使の制限

の判決（**最判平成22・3・16判時2078号18頁**）は，Yの充当指定権の行使の可否に焦点を絞り，本件のように，弁済を受けた債権者が，弁済受領から1年以上が経過した時期に初めて特約に基づく充当指定権を行使する旨を主張することは，法的安定性を著しく害するものとして許されない，と判示した（本文で述べた貸付⑤にかかる額に限って破産債権を認めた原審の判断を正当として，上告棄却）。

23）なお，株式会社などのいわゆる物的会社では，会社財産と社員財産は明確に区別されるから（会社104条参照），本文で述べた破産法・民事再生法の規定とは関係なく，一方の破産手続に他方に対する債権者が参加することはできない。

を踏まえて，破産債権および再生債権（再生手続における特別の債権類型としての「自認債権」も）が，破産手続および再生手続でどのように処遇されるかを，やや詳しく解説した。破産債権と再生債権は，それぞれの手続の効力を直接受ける重要な権利類型であり，その内容，債権調査確定手続の流れ，手続外での行使が許される例外的ケースなどをしっかりと理解しておくことは，今後の学習にとって重要である。また，多数債務者関係において，債権者と将来の求償権者の権利行使をどのように調整するかに関する基礎的知識は，今後取り上げる弁済による代位や相殺の許容性等を検討する際の不可欠の前提となる。

次章では，破産・再生債権と異なって，破産・再生手続によらないで破産財団または再生債務者財産から随時優先して弁済を受けることができる，財団債権と共益債権をめぐる諸問題について検討することにしよう。

第5章 財団債権と共益債権

5-1 はじめに――財団債権・共益債権とは

財団債権（破148条以下）と共益債権（民再119条以下）は，それぞれ破産手続，再生手続において，各手続によらず，**随時**（配当手続や再生計画に基づく弁済を待つことなく）・**優先**して（破産債権や再生債権に先んじて）支払われる債権である（破2条7項・151条，民再121条1項・2項）[1]。たとえば，破産管財人や監督委員などの倒産手続の機関の報酬請求権は，手続全体，換言すれば利害関係人全体の利益のために職務を行ったことによる共益的費用の性格を有するから，手続の安定的な運用のために必要な費用の請求権として，優遇されなければならない。また，破産・再生手続開始後に破産財団または再生債務者に法律上の原因を欠く利得が生じた場合には，破産財団等がそれを利得することが正当化されない以上，その返還は，破産債権や再生債権とは別枠で，随時・優先的に行うのが公平である。

さらに，破産・再生手続開始前の原因に基づく債権（本来は破産債権または再生債権とされるもの）であっても，破産では財団不足になるケースが多いことを見越して，労働者の給料債権などの優先性（民306条2号・308条，破98

1） 再生手続では，一般優先債権は，手続外での行使が許されるから（民再122条），その取扱いは，共益債権とほぼ同等の扱いになる（第2章［**表2-1**］参照）。なお，再生手続では，手続開始後の原因に基づいて生じた請求権で，共益債権，一般優先債権または再生債権でないものを「**開始後債権**」（民再123条1項）とする。この債権に関する「時期的劣後化」（同条2項参照）の問題点は，**4-2-2**注11)参照。

条参照）をさらに高めたり，再生債務者が事業再生のためにした資金借入れについては，仮にそれが手続開始前の原因に基づくものであっても，その返還を優先的に行う（それによって再生のための融資を後押しする）ことが考えられる。

以上のような，財団債権または共益債権の具体例から分かるように，財団債権，共益債権の類型をその根拠の観点から分類すると，①破産・再生手続の遂行に必要な費用の請求権（「**狭義の共益的債権**」といえる），②破産管財人，再生債務者がした行為による請求権など，破産・再生手続の過程で生じたもので（したがって多くの場合には破産財団・再生債務者財産の利益になることが想定されている），相手方との公平の観点から優先的扱いが求められる請求権（「**広義の共益的債権**」といえる），および③**政策的理由**に基づいて優先的地位が与えられている請求権の3つに分けることができる[2)]。破産手続における「財団債権」という名称は，破産債権と違って本来破産財団自体が支払責任を負う債権というそれなりの意味をもつのであるが，「共益債権」の方が，債権の実質（全部ではないが）の表現としては適当であること，また倒産手続の統一的な構造を構築することにも積極的な意味があると思われることから，「共益債権」という名称に統一することも検討されてよいであろう[3)]。

5-2　財団債権と共益債権の概要

5-2-1　財団債権と共益債権の種類

財団債権や共益債権の大きな分類の仕方としては，前述したような各財団債権・共益債権の根拠に基づく分類のほか，条文上の根拠を基準にして，破産法148条1項および民事再生法119条が列挙する「一般の財団債権または共益債権」とその他の規定が定める「特別の財団債権または共益債権」に分ける方法も広く採用されてきた[4)]。

本書では，破産手続と再生手続の比較という視点を提示しているところか

2）財団債権につき伊藤・破産民再298頁参照。もっとも，本文の①と②の根拠に基づく財団・共益債権を「本来的（本質的）」なものと，③の根拠に基づく「政策的」なものとする分類方法もありうる。表現は必ずしも同一ではないが，伊藤・同書298頁注142・859頁，破産・民再概論137頁・150頁参照。

3）ちなみに，法務省が運営する日本法令外国語訳データベースシステムによれば，財団債権は，“claim on the estate（estate claim）”（ただし，「辞書検索」では，“on”ではなく“of”が使われ

ら，両手続に共通性があるかどうかという観点に立って，財団債権と共益債権の分類と個別的類型の紹介を試みてみよう。まず，(1)で，**財団債権と共益債権に共通**にみられる（もちろん同一という意味ではなく，対応関係があるという趣旨）例を取り上げて，［表5-1］にまとめて示す（①〜⑫）。そして，(2)では，**財団債権に特有**とみられる類型（Ⓐ〜Ⓖ）を，(3)では，**共益債権に特有**とみられる類型（ⓐ〜ⓕ）を，簡単な解説を加えて示すことにしたい。財団債権と共益債権は，各手続のさまざまな局面にわたって認められているから，現時点では個別例の根拠を理解することが困難なこともあろう。その場合には，今後の勉強の中で，財団債権等が登場したときに，振り返って［表5-1］の財団債権のリストを確認するようにしてほしい。

(1)　財団債権と共益債権に共通にみられる（対応関係がある）類型

［表5-1］財団債権と共益債権に共通にみられる（対応関係がある）類型[5)]

	財団債権（破産手続）	共益債権（再生手続）	コメント
①	破産債権者の共同の利益のためにする裁判上の費用の請求権（148条1項1号）	再生債権者の共同の利益のためにする裁判上の費用の請求権（119条1号）	（債権者による）手続開始申立て，保全処分，開始決定等の送達・公告の費用等の請求権
②	・破産財団の管理，換価および配当に関する費用の請求権（148条1項2号） ・異議債権者の債権確定訴訟等の費用償還請求権（訴訟の結果により財団が利益を受けた限度）（132条），債権者委員会の費用償還請求権（手続の円滑な進行に貢献した場合）（144条4項） ・①と区別しにくい請求権（たとえば，132条）	・再生手続開始後の再生債務者の業務，生活並びに財産の管理および処分に関する費用の請求権（119条2号） ・監督委員，管財人，または個人再生委員等の費用・報酬請求権（61条1項・78条・120条の2第4項・223条9項等），再生債権者，債権者委員会等の費用等請求権（再生債務者の再生に貢献した場合）（91条1項・117条4項），異議再生債権者の債権確定訴訟の費用償還請求権（再生債	・破産管財業務または事業・経済生活の再生（手続目的達成）のために必要または有益な費用等請求権をまとめたもの。 ・破148条1項2号と民再119条2号が共に適用される例としては，手続遂行のための事務所の賃料，手続開始後の財団管理・再生債務者の事業等によって生ずる労働債権や租税債権（財団所属財産・事業財産の固定資産税等）などがある。

ている）と訳されているが，この用語だけから，その内容を理解するのは困難と思われる。共益債権“common benefit claim”の方が分かりやすいとはいえよう。

4）　伊藤・破産民再300頁・859頁等参照。

5）　表中では，引用は控えるが，参考とされるべき概説書として，次のものを挙げておく。伊藤・破産民再300頁以下・859頁以下，破産・民再概論137頁以下・150頁以下。

	も含まれる。	務者財産が利益を受けた場合）（112条）（以上，119条4号）	・民再119条2号の「生活……に関する費用」は，必ずしも必要最小限の生活費を意味しないが，「華美な生活」の費用の扱いについては，議論がある。
③	破産財団に関し破産管財人がした行為によって生じた請求権（148条1項4号）	再生債務者財産に関し再生債務者等が再生手続開始後にした資金の借入れその他の行為によって生じた請求権（119条5号）	再生手続では，事業再生等のための資金借入れを典型例として規定。再生債務者の行為には，不作為も含む（東京地判平成17・8・29判時1916号51頁）。
④	事務管理または不当利得により破産手続開始後に破産財団に対して生じた請求権（148条1項5号）	事務管理または不当利得により再生手続開始後に再生債務者に対して生じた請求権（119条6号）	公平の観点から相手方の請求権を優遇する典型例の1つ。不当利得返還請求権が共益債権とされた事例として，東京地判平成14・8・26金法1689号49頁がある。
⑤	53条1項により破産管財人が債務の履行をする場合において相手方が有する請求権（148条1項7号）	49条1項により，再生債務者等が，双方未履行双務契約の債務の履行をする場合において，相手方が有する請求権（49条4項）	公平の観点から相手方の請求権が優先的に扱われる。破産法148条3項前段は，同条1項7号の財団債権につき，破産債権の金銭化等の規定（破103条2項・3項）を準用するが，引渡請求権や登記請求権等を無理に金銭債権化する趣旨ではないと解されている。
⑥	保全管理人が権限に基づいてした行為によって生じた請求権（148条4項）	保全管理人が権限に基づいてした資金の借入れその他の行為によって生じた請求権（120条4項）	形式的には手続開始前の原因に基づく請求権であるが，破産財団等の管理に関する重要な役割等を考慮した。
⑦	破産手続開始により中断した訴訟等を破産管財人等が受継した場合において，訴訟等の相手方が破産債権者等に対して有する（手続開始前の）訴訟費用請求権（44条3項・45条3項・46条）。破産手続開始決定により，原則失効する強制執行等を破産管財人が続行する場合の破産者に対する手続費用請求権（42条4項） ※後掲Ⓖとの類似性に注意。	再生手続開始により中断した債権者代位訴訟を再生債務者等が受継した場合において，訴訟の相手方が（受継前の原告であった）再生債権者に対して有する訴訟費用請求権（40条の2第3項）等（詐害行為取消訴訟等に関して，同旨の規定として，67条5項・140条2項がある）。 ※後掲ⓕとの類似性に注意。	・手続開始により中断した訴訟等が手続開始後に受継された場合，訴訟の相手方が手続開始時点で有していた訴訟費用請求権（民訴61条参照）は，形式的には破産債権であるが，受継後の訴訟費用（これは破148条1項1号または2号等により当然の財団・共益債権となると解される）と一体で，財団債権または共益債権としたもの。 ・②（手続遂行のために生じた請求権）との関連性も指摘できる。
⑧	53条1項により，破産管財人が双方未履行双務契約を解除した場合に，破産者の受けた反対給付	49条1項により，再生債務者等が，双方未履行双務契約の解除をする場合に，再生債務者の受けた反対給付が再生	履行の選択の場合（⑤）に対応して，解除の選択がなされた場合に，相手方の原状回復（価額償還）請求権の優先的地

	が破産財団中に現存しないときに，相手方がその価額について支払を求める権利（54条2項）	債務者財産中に現存しないときに，相手方がその価額について支払を求める権利（49条5項による破54条2項の準用）	位を認めるもの（なお，反対給付が現存するときは，相手方は，当該財産自体の返還を請求できる〔取戻権〕）。
⑨	継続的給付を目的とする双務契約（55条1項）の相手方が，破産手続開始の申立て後手続開始前にした給付に係る請求権（同条2項）	同左の契約（民再50条1項）の相手方が，再生手続開始の申立て後手続開始前にした給付に係る請求権（同条2項）	開始前の原因に基づく債権で形式的には破産債権だが，相手方の利益への配慮とともに，手続の遂行に必要な継続的給付を確保するために優先的扱いを認めた。
⑩	賃貸借契約の賃借人等が賃借権等の第三者対抗要件を備えているために，破産管財人の解除権が認められない場合に，相手方が有する請求権（56条2項）	賃貸借契約の賃借人等が賃貸借等の第三者対抗要件を備えているために，再生債務者等の解除権が認められない場合に，相手方が有する請求権（51条による破56条2項の準用）	財団債権・共益債権となる賃借人の権利は，使用収益を求める権利（民601条参照）が中心となる。
⑪	社債管理者の事務処理費用請求権。ただし，裁判所があらかじめ許可した場合（150条1項・4項），または裁判所が事後的に相当額を許可した場合（同条2項・4項）。報酬請求権も一定範囲で財団債権になる（同条3項・4項）。	社債管理者の事務処理費用請求権。ただし，裁判所があらかじめ許可した場合（120条の2第1項・4項），または裁判所が事後的に相当額を許可した場合（同条2項・4項）。報酬請求権も一定範囲で共益債権になる（同条3項・4項）。	社債管理者の設置は，一定の場合義務付けられ（会社702条本文参照），倒産手続でも社債権者のために重要な役割を果たすことが予定されているので（会社706条1項2号等参照），手続目的への貢献を条件にして，事務処理費用や報酬請求権の優先的地位を認めるもの。
⑫	詐害行為が否認された場合（160条1項・3項・161条1項）に，破産者の受けた反対給付が破産財団中に現存しないときに，相手方が反対給付の価額償還を求める権利（168条1項2号）。ただし，破産者の取得財産隠匿等の意思，相手方の悪意が認められるときは，反対給付による利益が破産財団中に現存する限度で財団債権者となる（同条2項1号・3号）。	詐害行為が否認された場合（127条1項・3項・127条の2第1項）に，再生債務者の受けた反対給付が再生債務者財産中に現存しないときに，相手方が反対給付の価額償還を求める権利（132条の2第1項2号）。ただし，同左の要件を満たすときは，反対給付による利益が破産財団中に現存する限度で共益債権者となる（同条2項1号・3号）。	・詐害行為が否認された場合に，相手方（受益者）の反対給付価額償還請求権を，公平の観点から原則として財団・共益債権とする。 ・ただし，相手方が破産者の隠匿等の意思につき悪意で有責性が認められるときは，現存利益の限度で財団・共益債権とする。 ・なお，反対給付が破産財団・再生債務者財産中に現存するときは，相手方は，当該給付自体の返還を請求できる（取戻権）（破168条1項1号，民再132条の2第1項1号）。

(2)　財団債権に特有の類型

次に，破産手続における財団債権のうち，共益債権にはみられない財団債権特有とみられる類型を挙げておこう。ただ，「特有」とはいっても，これらの例の中には，再生手続では，一般優先債権として手続外の行使が許されるものもあり（Ⓐ，ⒺおよびⒻに対応する請求権），また再生手続では独立の共益債権の類型とされていないだけで，両手続で実質的には同様の扱いをされる場合がある（Ⓒ，Ⓓ。民再119条2号・7号参照）ことに注意してほしい。

Ⓐ　破産手続開始前の原因に基づいて生じた租税等の請求権で，手続開始当時，納期限未到来または納期限から1年以内のもの（加算税，加算金請求権〔破97条5号〕を除く）（破148条1項3号）

「**租税等の請求権**」（租税債権）とは，国税徴収法または国税徴収の例によって徴収することのできる請求権（破97条4号）であり，もともと私債権に優先する実体的地位が与えられている（税徴8条等参照）。租税債権は**自力執行力**をもち，しかも破産手続開始時に滞納処分が係属中のときはその続行が妨げられない（破43条2項）にもかかわらず，納期限（具体的に確定した租税債権を納付する期限，すなわち「具体的納期限」を意味する）から1年経過しても滞納処分に着手していない場合には，財団債権としての地位を認めないこととしたのである[6]。なお，**再生手続**においては，手続開始前の租税債権は**一般優先債権**（民再122条）として，手続外の行使が認められる。

Ⓑ　委任の終了または代理権の消滅の後，急迫の事情があるためにした行為によって破産手続開始後に破産財団に対して生じた請求権（破148条1項6号）

委任者または受任者の破産手続開始によって委任契約は終了するが（民653条2号），その場合でも，受任者等は**急迫の事情**があるときは，必要な処分をしなければならない（民654条）。このように急迫な事情がある場合の受任者等の処分が民法上の義務であること，またそれによって破産財団が利益を受けることが想定できることから，その行為によって生じた受任者等の報酬や費用償還請求権を財団債権としたものである。なお，委任の終了事由は，これを相手方に通知等しなければこれを対抗することができないところ（民655条），破産手続の開始を知らずに受任者が委任事務を処理したときの報酬等は，それが破148条1項5号の事務管理にあたる場合を除き，破産債権となる（破57条・97条9号参照）。

6）一問一答破産189頁参照。なお，1年の期間については，包括的禁止命令（破25条）によって滞納処分が禁止される期間は除かれる（破148条1項3号第2かっこ書）。なお，平成24年の法改正によって導入された「外国租税滞納処分」によって，わが国の徴収支援が行われる外国租税債権は，本文で述べた財団債権（および再生手続における一般優先債権）としての優先性は与

Ⓒ　破産手続の開始によって双務契約の解約の申入れ（破53条1項または2項の規定による賃貸借契約の解除を含む）があった場合において破産手続開始後その契約の終了に至るまでの間に生じた請求権（破148条1項8号）

破産手続開始によって継続的契約関係を管財人または相手方が解約できる場合でも，その解約の効果が生じるまで一定の期間の経過を要する場合（期間の定めがない賃貸借契約の解約〔民617条1項，借地借家27条1項〕，雇用契約の解約〔民627条，労基20条1項本文〕など）がある。この終了までの期間の相手方の給付は，財団の利益になるから，公平の観点から，それに対応する対価請求権を財団債権としたものである。

Ⓓ　破産管財人が負担付遺贈の履行を受けた場合において，その負担した義務の相手方が有する請求権（ただし，遺贈の目的の価額を超えない限度で）（破148条2項）

これも，公平の観点から，相手方の権利を優遇したものである。破産法148条3項前段は，この財団債権について，破産債権の金銭化等の規定（破103条2項・3項）を準用しているが，前掲［表5-1］⑤と同様に，単純な準用は避けるべきである[7]。

Ⓔ　破産手続開始前3月間の破産者の使用人の給料の請求権（破149条1項）

前述のように，**給与債権**には，**一般の先取特権**が認められるから，優先的破産債権（破98条1項）となるのが原則だが，一定の範囲で**財団債権に格上げ**した。なお，手続開始後の給与債権は，管理等の費用（破148条1項2号）として財団債権になる。また，**再生手続**では，給料請求権全額につき**一般優先債権**として手続外行使が許される（民再122条）。

Ⓕ　破産手続の終了前に退職した破産者の使用人の退職手当請求権（ただし，原則として退職前3月間の給料総額，例外的にその総額が手続開始前3月間の給料総額より少ないときは，手続開始前3月間の給料総額に相当する額）（破149条2項）

退職手当請求権も，原則として優先的破産債権だが，上記の範囲で財団債権に格上げされた。労働者の自発的退職か，使用者（その破産管財人）の解雇か

えられない（外国租税債権の徴収共助手続と倒産法制研究会「外国租税債権の徴収共助に伴う倒産法制の整備に関する報告書」金法1941号〔2012年〕103頁参照）。

7）条解破産1010頁，松下淳一「財団債権の弁済」民事訴訟雑誌53号（2007年）44頁・51頁以下参照。

は問わず，その時期が破産手続の開始前か後かも問わない。**再生手続**では，開始前の原因を有する退職手当請求権全額が**一般優先債権**（民再 122 条）となる点は，給与請求権と同じである。

Ⓖ　再生手続の廃止決定等の確定後，いわゆる牽連破産の開始決定があった場合において，先行する再生手続において共益債権であった債権（民再 252 条 6 項）

再生手続から破産手続への移行の場面で，**両手続の一体性**を確保する趣旨（その意味で，後掲ⓕと類似性がある）である。たとえ，再生手続が開始されなかった場合でも，継続的給付を目的とする双務契約の相手方が再生手続申立て後手続開始前にした給付の対価につき取得した共益債権（民再 50 条 2 項）や，同じく申立後開始前にした再生債務者の借入金等につき融資者等が取得する共益債権（民再 120 条 1 項・4 項）は，財団債権となる（民再 252 条 6 項かっこ書）。

⑶　共益債権に特有の類型

すでに繰り返し指摘したように，再生手続では，一般優先債権も再生手続外で行使できるのが原則であるから，手続開始前の給料債権や租税債権等は，再生手続では，共益債権としてではなく，一般優先債権という形で，手続外における弁済の対象とされる（民再 122 条)。以下では，共益債権のうち，再生手続の性格を反映した特有（緩やかな意味であることは⑵と同じ）の類型を取り上げる。なお，これらの共益債権に特有の規定は，民事再生法 119 条等の規定が，会社更生法 127 条等を基礎にして作られたことに由来する面がある。

ⓐ　再生計画の遂行に関する費用の請求権（再生手続終了後に生じたものを除く）（民再 119 条 3 号）

監督委員や管財人が選任されているため，再生計画認可決定の確定によって手続が終了しない場合（民再 188 条参照）においては，**計画の遂行**も手続目的達成のための重要なプロセスであるから，計画弁済のための費用および計画に定める定款変更・資本金の額の減少等の費用も含めて共益債権とする趣旨である。

ⓑ　再生債務者のために支出すべきやむを得ない費用の請求権で，再生手続開始後に生じたもの（6 号までに掲げるものを除く）（民再 119 条 7 号）

この共益債権の例としては，管財人が選任されている場合における債務者会社の株主総会の開催費用（組織上の事項は管財人の権限外で，2 号または 3 号の適用ができない）のような限定的な例が挙げられるにとどまる。7号の基礎となった旧会社更生法208条8号には，手続開始後の債権に限る文言がなかったから，**手続開始前の原因に基づく債権も共益債権化**する余地があったが，現行再生法は，「再生手続開始後」に生じた請求権に限定する旨を法文上明らかにしている。しかし，再生債権を衡平等の配慮に基づいて例外的に弁済する仕組みは，民事再生法85条2項・5項にもみられるところ，それらの条文や他の共益債権の規定でカバーしきれない事例等において，本号の類推適用を検討する余地は依然として残っているというべきであろう[8)]。

ⓒ　再生債務者（保全管理人が選任されている場合を除く）が，再生手続開始の申立て後再生手続開始前に，資金の借入れ，原材料の購入その他再生債務者の事業の継続に欠くことができない行為をする場合に，裁判所が，その行為による相手方の請求権を共益債権とする旨の許可（または監督委員がそれに代わる承認）をした場合（民再120条1項～3項）

手続開始前の資金借入等による請求権は本来再生債権であるが，事業再生のため早期に資金調達をする必要がある場合に備えて，裁判所の許可等を条件に，とくに共益債権とした。保全管理人がした借入れ等に基づく請求権（民再120条4項）は，前掲［**表5-1**］⑥に該当する。

ⓓ　再生債権者（賃借人）が再生手続開始当時再生債務者（賃貸人）に対して賃料債務を負担する場合，再生債権者が手続開始後に弁済期が到来する賃料債務について，再生手続開始後その弁済期に弁済をしたときに，再生債権者が有する敷金返還請求権（ただし，その額は，再生手続開始の時における賃料の6月分に相当する額の範囲内で，相殺により免れる債務額を除き，実際になした弁済額を限度とする）（民再92条3項）

賃借人が再生債権を有する場合には，手続開始後に弁済期が到来する賃料債務（6月分に相当する額を限度）を受働債権として相殺できるが（民再92条2項），再生債権が敷金請求権であるときは，停止条件成就（明渡し）までは，相殺をすることができない。そのため，相殺と同じく再生手続開始の時における賃料の**6月分に相当する額の範囲内**で，また**賃料弁済額を限度**にして，敷金返

8）旧会社更生法208条8号に関する議論として，宮川知法『破産法論集』（信山社，1999年，論文の初出は，1995年）174頁参照。現行民事再生法119条7号の立法の背景等については，伊藤眞編集代表『民事再生法逐条研究』（有斐閣，2002年）105頁以下を参照。

還請求権を共益債権としたものである。賃借人による相殺の範囲に関する同条2項と同等の保護を一定限度の敷金請求権を共益債権とすることによって与えようという趣旨である（**8-3-2**(2)）。

ⓔ　担保権消滅許可の申立てに際して，価額決定の請求（民再149条）がなされて裁判所に納付すべき額が決定したが，再生債務者等がその納付をしなかったために担保消滅許可が取り消された場合（民再152条4項）において，再生債務者の負担とされる，価額決定手続に要した費用等の請求権（民再151条4項）

再生債務者等が**担保消滅請求手続**（**11-3-1**(3)(エ)）に関連して価額決定請求で定められた金額を支払わなかったために，原則的な価額決定請求手続等の費用負担ルール（民再151条1項・2項参照）を適用せずに，制裁的にすべて再生債務者の負担とし，その費用請求権を共益債権とするものである。

ⓕ　再生手続開始決定によって中止された破産手続で財団債権であった債権（民再39条3項1号。租税債権を除くなど一部調整が加えられる），開始決定によって失効した特別清算手続のために再生債務者に対して生じた債権および手続費用請求権（同項2号），または裁判所の命令によって中止した強制執行等が続行された場合の，その手続費用請求権（同項3号）

破産，特別清算から**再生手続への移行**の場合における手続の一体性の観点から（前掲Ⓖとの類似性に注意），または裁判所の命令により続行された強制執行等を共益的な手続とみて（前掲［**表5-1**］⑦との類似性に注意），それぞれの手続費用等請求権を，共益債権としたものである。

5-2-2　財団債権，共益債権の債務者

財団債権の債務者は誰か，という問題は，個人の破産手続で，財団債権を弁済できずに手続が終了した場合に，破産者が弁済の責任を負うのか（なお，免責決定は，破産債権のみを対象とする），という論点との関係で，議論されてき

9）　破産法148条1項2号の財団債権につき破産者は弁済の義務を負わない，との判断を含む最近の裁判例として，**東京高判平成23・11・16判時2135号56頁**がある。

10）　議論の概要につき，伊藤・破産民再309頁以下等参照。

11）　倒産概説90頁［沖野眞已］。また，松下淳一教授は，――債務者は誰かという視点ではなく，むしろ財団債権の責任財産の範囲はどこまでかという観点から――破産手続終了後は，破産者本

た[9]。債務者は破産者であるとして個人責任を認める見解のほか，個人責任を認めない説として，その法人格を肯定した上で破産財団を債務者とする説，管理機構としての破産管財人を債務者とする説などが主張されてきた[10]。もっとも，近時は，財団債権のうち，共益的な根拠で認められる本来的な財団債権については，**管理機構としての破産管財人**を債務者とし（責任財産が破産財団に限定），他方で，破産手続開始前の原因に基づく租税債権や労働債権などの政策上の財団債権は，**破産者**を債務者とする見解が有力に主張される[11]。思うに，財団債権が，政策的なものも含めて，破産債権者が共同で負担すべき債務という性格を有する点を考慮すれば，破産手続が進行中は，その債務者は，**一律に破産財団の管理機構としての破産管財人**と解すべきであろう。たしかに，破産手続開始前の労働債権や租税債権などは，破産手続終了後も債務者個人に責任を問うことができると考えられるが，それは債務者個人の債務と責任を残すべきかという別個の問題として，財団債権の根拠（労働債権など元来の実体的優先性に基づいて財団債権とされた事情は，個人責任を残す理由となろう）や非免責破産債権とのバランス等を考慮して決せられる問題と捉えることができよう。

一方，**再生手続における共益債権**については，債務者が誰かという問題設定は行われてこなかった。再生債務者の財産管理処分権等が維持される通常の再生手続では，共益債権の債務者は，再生債務者以外にあり得ないと考えられたことのほか，共益債権は全額支払われるのが前提で，手続終了後に個人責任が問題となる事態が意識されなかった面もあろう。もっとも，再生手続が挫折して牽連破産への移行後，その破産手続も異時廃止等で終了した場合には，個人責任の有無を議論する実益がある。ここでも，債務者は**一律に手続機関としての再生債務者**と解しつつ，牽連破産において財団債権とみなされる共益債権（民再252条6項）のうち，個人責任を認めるべきものを仕分けていくのが相当ではなかろうか[12]。

人は財団債権について責任を負わないが，財団債権とされる租税債権および労働債権，そして先行再生手続で事業再生と無関係に専ら再生債務者の生活のために生じた費用として共益債権とされ（民再119条2号），牽連破産手続で財団債権とされるものについては，破産法上非免責債権（破253条1項1号・5号）に相当するものに限り，破産手続終了後の破産者個人の責任を認めるべきである，と説く（松下・前掲注7)44頁・61頁以下）。

5-2-3 財団債権および共益債権の行使，財団不足の場合の強制執行の可否等

財団債権または共益債権は，手続外で行使できる権利であるから，届出等は必要ない[13)]。したがって，財団・共益債権者は，破産管財人または再生債務者等に随時支払を求めることができ，破産管財人等が弁済するかどうかを判断することになるが，法は，慎重な対応のため，破産管財人が100万円を超える**財団債権を承認**するためには**裁判所の許可**を要すると規定し（破78条2項13号・3項1号，破規25条），また，**共益債権の承認**を**裁判所の許可**または**監督委員の同意事項**とすることができるものとしている（民再41条1項8号・54条2項参照。なお，未履行の共益債権は，再生計画に記載されることにつき，民再154条1項2号，民再規83条参照）。財団債権および共益債権の存否等についての争いは，最終的には，訴訟によって解決されることになる[14)]。

ところで，破産手続においては，財団不足により，財団債権の完済もできない場合がしばしば起こるのが現実である。そこで，その場合には，**未払の財団債権額の割合に応じて弁済**するのが原則である（破152条1項。財団債権を被担保債権とする担保権の効力は妨げられない〔同項ただし書〕）。もっとも，破産法148条1項1号（共益的裁判費用請求権）および2号（財団の管理等に関する費用請求権。保全管理人が債務者財産の管理等に関して行った行為によるものも含む）所定の債権は，共益費用としての性格が強いことから，**他の財団債権に先立って弁済**するものとされる（破152条2項）。

財団債権は随時・優先して弁済されるべき債権であることから，その権利行使方法には制限がないようにもみえるが，財団不足（またはそれが予測される）

---

12) たとえば，松下淳一教授は，民再119条2号の共益債権であったものについて，牽連破産終了後の破産者の個人責任を認める（松下・前掲注7)63頁）。

13) 破産管財人（財団債権）および管財人（共益債権）への「**申出**」**制度**が，破産規則50条および民事再生規則55条の2に規定されているが，訓示的な規定にとどまる。もっとも，破産手続では，最後配当における配当額通知を発した時点で破産管財人に知れていない財団債権者は，配当財団からの弁済を受けられなくなるから（破203条），財団債権者が上記「申出」等によって破産管財人の調査を促す意味があることもあろう。民事再生法には，破産法203条のような明文規定はないが，共益債権につき，その旨の付記もなく再生債権として届出がされ，この届出を前提として作成された再生計画案を決議に付する旨の決定がされた場合において，当該債権者がその権利を再生手続によらずに行使することは許されない，とした判例がある（**最判平成25・11・21民集67巻8号1618頁**）。**付議決定**（民再169条）後は，再生計画の内容をむやみに

の場合には，財団債権者間での回収競争が生じてしまうから，破産手続の秩序ある進行のために，手続開始後の**財団債権に基づく強制執行等は禁止**される（破 42 条 1 項）[15]。

これに対して，再生手続の場合には，手続が順調に進行している限り共益債権を支払えないということは考えられない。仮に，再生手続中に再生債務者財産が共益債権を弁済するために不足することが判明した場合には，再生計画案作成の見込みまたは計画遂行の見込みがない（民再 191 条 1 号・194 条参照）という理由で，再生手続は廃止される運命となろう。したがって，そのような場合を除くと，共益債権者から強制執行等の申立てをされるのは，再生債務者等からみれば，支払原資はあるのに，何らかの理由で（たとえば，共益債権かどうかに疑問の余地が残るため）支払わない状況であると考えられ，強制執行等自体を原則的に禁止する必要はない。そこで，民事再生法 121 条 3 項は，強制執行等は原則として可能だが，開始された強制執行等が「**再生に著しい支障**を及ぼし，かつ，再生債務者が**他に換価の容易な財産を十分に有する**ときは」，裁判所は，その中止または取消しを命ずることができる，とした。

5-3　財団債権および共益債権に関する重要判例・裁判例の検討

5-3-1　財団債権，共益債権の範囲

財団債権および共益債権は，法律に規定されている範囲で認められるのが原則であるが，その解釈が問題となる事例もある。以下では，判例・裁判例に現れた問題点を中心に検討する。

変更することは許されないから，その時点を基準として共益債権であることの主張を手続的に制限する（実体的に再生債権になるのではない）ことはやむを得ないであろう（なお，共益債権者は共益債権であると主張しつつ，**予備的に再生債権の届出**をすることができ，これにより，後に共益債権であることを主張できる）。ただ，この判決にも，再生債務者等が，問題となる債権が共益債権であることを知っていた場合，または知るべきであった場合に，共益債権者の地位をどのように扱うかなど，いくつかの問題が残っている（詳細は，田頭章一・リマークス 50 号〔2015 年〕134 頁を参照）。

14)　後述のように，破産の場合には，財団債権に基づく強制執行等は禁止されるが，訴えの提起については，その利益が認められる。伊藤・破産民再 313 頁注 170 参照。

15)　破産手続開始時にすでになされている財団債権に基づく強制執行等は失効する（破 42 条 2 項本文）。他の種類の債権に基づく強制執行等の処遇との比較を含めて，第 2 章［**表 2-2**］参照。

(1) 租税等の請求権について（財団債権）

破産手続開始後の原因に基づく租税等の請求権は，「破産財団の管理，換価及び配当に関する費用の請求権」（破 148 条 1 項 2 号）に該当するもののみが財団債権とされた（前掲［**表 5-1**］の②参照）。現行法では同号の定める財団債権の範囲が，旧破産法 47 条 2 号但書との関係で争われた判例が，次の**最判昭和 62・4・21 民集 41 巻 3 号 329 頁**である[16]。本判決は，同号但書が，租税等の請求権のうち財団債権となるのは「破産財団ニ関シテ生シタルモノニ限ル」と規定しているのは「破産財団の管理のうえで当然支出を要する経費に属するものであって，破産債権者において**共益的な支出として共同負担するのが相当**であるものに限って，これを財団債権とする趣旨であると解すべく，その『破産財団ニ関シテ生シタル』請求権とは，破産財団を構成する財産の所有・換価の事実に基づいて課せられ，あるいは右財産から生ずる収益そのものに対して課せられる租税その他**破産財団の管理上当然その経費と認められる**公租公課のごときを指すものと解するのが相当である」（**最判昭和 43・10・8 民集 22 巻 10 号 2093 頁**を引用する）と判示する[17]。そして，まず，清算期間が複数の事業年度にわたる場合に，徴収の確保のために，各事業年度の清算所得を標準として課税される，破産法人の予納法人税（法人税法〔旧規定〕102 条・105 条）について，破産手続中途での予納法人税を財団債権として優先的に支払わせたとしても，破産手続が終了して清算所得が生じないことが明らかになったら，結局は予納額の還付が行われるのであるから，そのような取扱いには合理性がないとして，財団債権性を否定した[18]。しかし，他方で，本判決は，法人税のうち，清算所得とは無関係に，土地取引の過熱を抑えるために土地の譲渡益自体に対して課される土地重課税（租特 63 条 1 項。ただし，現在は適用停止中〔同条 7 項参照〕）については，納めきりになるとして，財団債権であることを認めた。この判例は，その後の税法の改正によってその意義を失い，また停止している部分もあるが，旧破産法 47 条 2 号但書の解釈に関する判示部分は，現行法の

---

16) 同号は，財団債権の範囲について，次のとおり定めていた。「国税徴収法又ハ国税徴収ノ例ニ依リ徴収スルコトヲ得ヘキ請求権但シ破産宣告後ノ原因ニ基ク請求権ハ破産財団ニ関シテ生シタルモノニ限ル」。

17) 本判決で引用されている最判昭和 43・10・8 は，個人破産者の清算所得に対応する所得税が財団債権になることを否定したものであるが，現行の所得税法 9 条 10 号は，破産手続等による資産の譲渡による所得については所得税を課さないこととしている。

18) この**予納法人税制度**は，平成 22 年 10 月 1 日以降に解散する内国法人については廃止されたた

下でも依然として先例としての意義をもっていると考えられる。また，土地譲渡の対価が別除権者への優先弁済に利用された場合は，譲渡利益額から優先弁済額を控除した金額を基礎に計算される法人税額のみが財団債権になりうる点，さらに，法人に対する地方税のうちいわゆる均等割部分（地税23条1項1号・24条1項等参照。各行政区画内に事務所等を有することに伴って資本金額等に応じて均等に課せられるもの）の債権は財団債権に該当するとした点なども，現行法の下でも意義をもつ[19]。

次に，**破産管財人の報酬**が，破産法148条1項2号の「破産財団の管理，換価及び配当に関する費用の請求権」にあたることは異論がないところ（同号と同内容であった旧破産法47条3号の適用を認めた判例として，**最判昭和45・10・30民集24巻11号1667頁**参照），この破産管財人の報酬に対する**源泉所得税債権の財団債権性**を肯定する判例（**最判平成23・1・14民集65巻1号1頁**〔倒産百選20事件〕）がある。本判決は，破産管財人が自らに対して（財団債権として）報酬を支払うに際して，**所得税を源泉徴収し，それを国に納付する義務がある**（これに対して，元従業員の退職金にかかる破産債権に対して配当するときは源泉徴収義務はない）とする判断を前提にして，その報酬にかかる国の源泉所得税債権（およびそれに附帯する不納付加算税債権）について，「破産債権者において共益的な支出として共同負担するのが相当である」として，財団債権であると判示した。本判決は，旧破産法47条2号但書の適用例であるが，現行破産法の下でも，148条1項2号の財団債権に該当するという判断であると解される[20]。

Practice　考えてみよう！【基礎】

A社は，2015年10月1日に破産手続開始の申立てをし，同月5日に破産手続開始決定を受けた。以下の各租税債権は，A社の破産手続においてどのように取り扱われるかを説明しなさい。A社の事業年度は，4月1日から翌年3月31日までであり，法人税の（具体的）納期限は，5月31日であるとする。

め，本文で述べた判示部分はそのままでは妥当しなくなった。新制度の下では，「通常の法人税」を納付することになるが，ほとんどの破産事件では，法人税自体が生じないと見込まれることにつき，岡正晶・租税判例百選〔第5版〕（2011年）217頁参照。なお，破産手続開始後の原因に基づく租税等の請求権が財団債権に当たらないときは，劣後的破産債権（破97条4号・99条1項1号）になると解される（伊藤・破産民再320頁）。

19）　岡・前掲注18)217頁参照。

(1) **2013年度の法人税（本税）およびその納付が遅れたために課された延滞税（国税通則法60条）**
(2) **2014年度の法人税およびその納付が遅れたために課された延滞税**
(3) **破産管財人が財団所属財産を売却する際に課された消費税**

本書64頁で述べたように，破産手続開始前の原因に基づいて生じた租税等の請求権（本税および延滞税）は，元来優先的破産債権（破2条5項・98条1項）であるが，本税につき手続開始当時まだ納期限が到来していないもの，または納期限から1年を経過していないものは，財団債権（破148条1項3号）となる。しかし，手続開始後に生じた延滞税は，本税に関する上記の区分に応じて，本税が優先的破産債権であれば劣後的破産債権（破99条1項1号・97条3号，私債権の利息等と同じ）となり，本税が財団債権であれば，延滞税も財団債権（破148条1項4号）となる。

したがって，(1)(2)については，まず，法人税本体が，破産手続開始当時，それぞれの納期限から1年以上経過しているかどうかという基準により，優先的破産債権となるか，財団債権となるかを確定すべきである。そして，前者であれば，それに附帯する延滞税の処遇は，破産手続開始前に生じたか（優先的破産債権），開始後に生じたか（劣後的破産債権）で異なる。これに対して，後者の財団債権であるときは，手続開始前後で処遇は異ならないが，条文上の根拠は異なることに注意してほしい。(3)は開始後の原因に基づく租税債権であるから，破産法148条1項2号に該当するかが問題となる。本文で引用した最判昭和62年等の趣旨から考えるといかなる結論になるであろうか。

(2) 別除権協定に基づく債権（共益債権）

民事再生手続におけるいわゆる**別除権協定**とは，「別除権者と再生債務者等との間で，別除権の基礎となる担保権の内容の変更，被担保債権の弁済方法，順調に弁済されている間の担保権実行禁止と弁済完了時の担保権の消滅等を定める合意」[21]などと定義され，主に事業の継続に必要な財産（工場の敷地・建物

---

20) 租税債権ではないが，同じく破産法148条1項2号の解釈が問題となった事例として，破産者所有の**区分所有建物が財団から放棄された場合の管理費等請求権**の取扱いが問題となった珍しいケースがある（**東京高判平成23・11・16判時2135号56頁**）。本件は，破産者が所有していた区分所有建物が，破産手続開始後，破産財団から放棄され，その後当該建物を競売手続において買い受けた者が，管理組合に対し，破産者が滞納していた管理費等を支払ったという事例において，買受人が，破産手続を経て免責許可決定を受けた旧破産者に対し，求償請求の訴えを提起した事例である。本判決は，当該区分所有建物が破産財団から**放棄された後，買受人がこれを取得するまでに発生した管理費等の限度**で，この求償請求を認めた。財団からの放棄後競売による買受けまでの間に発生した管理費等については，破産法や民事執行法に特別の手当がなく，破産

など）を継続して利用するために締結されることが多い（**11-3-1**(3)(ウ)も参照）。以下で紹介する**東京地判平成24・2・27金法1957号150頁**では，この別除権協定において定められた再生債務者に対する債権が共益債権となるかが争われた事件であり，それを被保全債権とする債権者代位訴訟がその舞台となった点でも興味深い事例である。

Zについての再生手続係属中，別除権付再生債権者XがZとの間で，①別除権の評価額等の確認，②再生計画認可後にZが上記別除権評価額をXに弁済するのと引換えに，Xは担保権の解除および抹消登記手続を行うこと，③その間，Xは対象物件について担保権実行手続を行わないことなどを内容とする，いわゆる別除権協定を締結した。他方，Zは，Yらの設立した新会社（A）に対して，Zのゴルフ場の土地建物を会社分割により承継させる契約を締結し，それによれば，Yらは，その対価としてZに6億円余り（別除権協定によりXに支払われる予定の別除権評価額と同額）を支払うものとされていた。

本件訴訟は，Xが別除権協定に基づいてZに対して有する債権を保全するため，ZがYらに対して有する会社分割対価金請求権を代位行使するものである。再生債権を被保全債権とする債権者代位訴訟は，当事者適格を欠き，不適法である[22]のに対して，被担保債権が共益債権であれば，債権者代位権の行使は適法であると解される。

本判決は，まず第一に，別除権協定に基づく債権の法的性質が共益債権に当たるかを検討しているが，そこでは，「あくまでも本件別除権合意の内容を基礎とし，同合意に基づく当事者意思を踏まえた上で」判断すべきであるという。そして，本件別除権合意の基本的性格については，民事再生法41条1項9号所定の**「別除権の目的である財産の受戻し」に関する合意**の一種であると位置づける。

者の義務を否定する法律上の根拠に欠けるとし，権利濫用や信義則の法理によっても，破産者がこれを免れるということはできない，と判断したのである。その一方で，**破産手続開始決定日から本件区分建物放棄までに発生した管理費等**については，財団債権（破148条1項2号）となる（手続開始決定以前の管理費等は破産債権で免責対象）が，破産者自身はこれを弁済する義務を負わない，とした。なお，破産手続終了後に個人の破産者が財団債権の弁済義務を負うか，という問題については，**5-5-2**を参照。

21）　松下・民再入門98頁。

22）　条解民再217頁［河野正憲］，**東京地判平成19・3・26判時1967号105頁**（倒産百選72事件）参照。**2-3-2**。

本判決は，一方では本件別除権協定を**一種の和解契約**とみて，それに基づく債権は，民事再生法 119 条 1 項 5 号所定の「その他の行為によって生じた請求権」と解する余地もあるとしつつも，「〔同協定の〕合意内容に照らせば，同合意内容に違反することがあっても担保権実行ができるとするだけで，本件債権についての強制的満足を実現させることをうかがわせる規定を置いておらず，本件債権を共益債権と認めることは当事者の通常の意思とはみられない上に，仮に共益債権として権利行使ができるとすれば，再生手続が廃止される前は，担保権の実行だけでなく，再生会社の財産に対する強制執行も可能となり，一般再生債権者の多大な不利益の下に原告を過剰に保護することになりかねない〔が，これを肯認する合理的根拠は認められない〕」などと述べて，X の債権は，**再生債権**に過ぎないと結論し，本訴を不適法却下した。

5-3-2　弁済による代位により財団債権または共益債権を得た者の地位

(1)　最判平成 23・11・22 民集 65 巻 8 号 3165 頁（倒産百選 48 事件①）

本件では，弁済による代位により財団債権（破 149 条 1 項が定める使用人の給料の請求権）を取得した者が，代位取得した財団債権を破産手続によらずに行使することができるかが争われた。

X は，取引先である A から委託を受け，A の破産申立て後，その従業員 9 名の平成 19 年 7 月分の給料債権合計 237 万円余り（破 149 条 1 項により財団債権となる）を弁済し，それを受領した 9 名は，破産者の代理人弁護士宛の受領証に記名押印した（これが，民 499 条の債権者の承諾に当たるとされた）。A は，その後，同年 8 月 29 日に破産手続開始の決定を受けた。X が，破産管財人 Y を被告として，上記従業員らに代位して（民 501 条）上記給料債権の支払を求めたのが本件訴訟である。

第 1 審（大阪地判平成 21・3・12 民集 65 巻 8 号 3186 頁参照）は，原則的には，財団債権としての性格を否定しつつも，本件では，財団債権としての優先的な効力を付与すべき特段の事情があるとして X の請求を認容した。これに対して，**原審**（大阪高判平成 21・10・16 民集 65 巻 8 号 3197 頁参照）は，財団債権とはならないとして，X の訴えを却下した。これに対し，**最高裁**（第三小法廷）は，次のように述べて，財団債権としての権利行使を認めた。

「弁済による代位の制度は，代位弁済者が債務者に対して取得する求償権を確保するために，法の規定により弁済によって消滅すべきはずの原債権及びその担保権を代位弁済者に移転させ，代位弁済者がその**求償権の範囲内で原債権及びその担保権を行使することを認める**制度であり〔**最判昭和59・5・29民集38巻7号885頁**，**最判昭和61・2・20民集40巻1号43頁**参照〕，原債権を求償権を確保するための**一種の担保**として機能させることをその趣旨とするものである。この制度趣旨に鑑みれば，求償権を実体法上行使し得る限り，これを確保するために原債権を行使することができ，求償権の行使が倒産手続による制約を受けるとしても，当該手続における原債権の行使自体が制約されていない以上，**原債権の行使が求償権と同様の制約を受けるものではない**と解するのが相当である。そうであれば，弁済による代位により財団債権を取得した者は，同人が破産者に対して取得した求償権が破産債権にすぎない場合であっても，破産手続によらないで上記財団債権を行使することができるというべきである。このように解したとしても，他の破産債権者は，もともと原債権者による上記財団債権の行使を甘受せざるを得ない立場にあったのであるから，不当に不利益を被るということはできない。以上のことは，上記財団債権が労働債権であるとしても何ら異なるものではない。」（太字は筆者。以下の判決文で同じ）

弁済による代位を規定する民法501条柱書は，「自己の権利に基づいて求償をすることができる範囲内において」原債権を行使することができるとしている。この規定に関して，最高裁は，本判決に先立ち，弁済による代位の制度は，「代位弁済者がその**求償権の範囲内**で原債権及びその担保権を行使することを認める制度」であるとし（**最判昭和59・5・29民集38巻7号885頁**），また，代位弁済者が取得した原債権と求償権とは別異の債権ではあるが，「代位弁済者に移転した原債権及びその担保権は，求償権を確保することを目的として存在する**附従的な性質**を有し，求償権が消滅したときはこれによって当然に消滅し，その行使は求償権の存する限度によって制約されるなど，求償権の存在，その債権額と離れ，これと独立してその行使が認められるものではない」と判示していた（前掲最判昭和61・2・20）。

本判決は，これらの判例を参照しながら，弁済による代位の趣旨を「原債権を求償権を確保するための一種の担保として機能させること」であると捉える。仮に，上記昭和61年最判のいう「附従的な性質」を，原債権の内容と行使方法が実体的・手続的に求償権のそれに制限されるものと解すれば，原債権の財団債権としての性格は失われるという解釈も成り立ち得たのであるが，最高裁はこのような立場は取らず，原債権を「**一種の担保**」（田原睦夫裁判官の補足意見では，「**債権譲渡担保**」）と捉えることにより，原債権を元来の性格どおり財団債権として行使できるという結論を導いたのである[23]。

本判決は，以上に加えて，このような解釈をとっても，**他の破産債権者に不当な不利益を課するものではない**とする。この点は，原判決が，財団債権者としての行使を認めることは給料債権を財団債権とする政策的目的を超えて，総破産債権者の負担において給付債権者以外の第三者（代位弁済者X）を保護することになる，としたことを意識したものと解されるが，結論的には最高裁の立場を相当とすべきであろう。なぜなら，他の破産債権者は，元来，原債権者による財団債権の行使を認めざるを得ない立場にあったのであるから，仮に代位弁済者に財団債権行使を認めないと，他の破産債権者に根拠のない利益（優先弁済の原資となるべき財産が配当財団に入ることにより，配当額が増える）を与えることになるからである[24]。

以上と関連して，学説・下級審裁判例では，次のような論点も議論されている。

まず，債権の一般的な移転原因として，約定による**債権譲渡**（民466条）があるが，これと弁済による代位（民499条以下）との関係が問題となる。仮に，債権譲渡（さらに，裁判所の転付命令〔民執159条〕による移転も問題となる）の場合は，譲渡前の債権の性格が譲渡後に変更することはないという理解を出発点とすれば，弁済による代位が債権譲渡等と異なる理由があるかという問題設定が可能となる。これにつき，区別の合理的理由はないとして弁済による代位の場合にも財団債権としての行使を認める見解[25]，原債権者に契約上の義務を負っている代位弁済者による代位については，債権譲渡と区別すべきだから

23）　本判決以前に，弁済による代位の制度が，求償権を「担保する」という趣旨を含むという理解があったことについては，塚原朋一・最判解民事篇昭和59年度283頁等を参照。もっとも，学説では，このような弁済による代位制度の担保的理解だけでは，最終的な問題の解決には至らず，倒産実体法の観点からの考察が不可欠である，という考え方が有力に主張される（中島弘雅・倒産百選99頁，野村秀敏・金判1394号〔2012年〕11頁，潮見佳男「倒産手続における弁済者代位と民法法理――代位取得された財団債権・共益債権と求償権の関係」加賀山茂先生還暦記念『市民法の新たな挑戦』〔信山社，2013年〕321頁以下，351頁等）。

24）　榎本光宏・ジュリ1444号（2012年）94頁，田頭章一・金法1929号（2011年）55頁等参照。

25）　伊藤・破産民再298頁注143参照。

26）　杉本純子「優先権の代位と倒産手続――日米の比較による一考察」同志社法学59巻1号（2007年）222頁以下参照。なお，債権譲渡では原債権の優先性が維持されるという前提を疑問視した上で，債権譲渡と弁済による代位による原債権の取得は，等しく，財団債権としての行使

原債権を財団債権として行使することはできないとする見解[26]などがある。本判決は，この点についての判断を示すものではない。

次に，本件原判決（財団債権の行使を認めなかった）がその根拠として挙げるところであるが，法が破産者の従業員の給与債権等を財団債権とした目的（労働債権の保護）はすでにXの労働者に対する代位弁済の実施によって達成されたから，財団債権とする意味はすでに失われている[27]，といえるかという点である（第1審判決も原則としてかかる立場をとるが，「特段の事情」ありとして財団債権の行使を認めている）。この点については，代位弁済を促すことが労働債権の早期，確実な満足につながるという側面があるのであるから，弁済による代位に基づいて原債権を取得した第三者にも，倒産手続上給与債権者と同等の処遇を与えることが，労働債権を財団債権とした政策的目的にもかなうと理解すべきであろう。したがって，財団債権の行使を認める立場が妥当と考えられる[28]。

(2)　最判平成23・11・24民集65巻8号3213頁（倒産百選48事件②）

本件では，上記(1)と類似の問題が再生手続において争われた[29]。

本判決は，弁済による代位により**民事再生法上の共益債権を取得**した者につき，上記の破産手続における財団債権のケースと同様に，再生手続によらないで上記共益債権を行使することができると判示した。AはSから船舶用の断熱材の製造を受注し，請負契約を締結したが，Aの再生手続開始後，管財人に選任されたYが，上記請負契約を民事再生法49条1項に基づき解除した。Aは，再生手続開始前に，相手方Sから，請負報酬の一部として日本円で約

が否定されるという見解もある（山本和彦「労働債権の立替払いと財団債権」判タ1314号〔2010年〕6頁，8頁参照）。

27)　学説として，山本・前掲注26)5頁。

28)　関連して，**未払給料の立替払**（賃確7条）をした独立行政法人労働者健康福祉機構が給料債権（原債権）を財団債権として行使できるかという問題があるが，本判決により，これを肯定する実務が固まることになろう（吉田清弘＝野村剛司『未払賃金立替払制度実務ハンドブック』〔金融財政事情研究会，2013年〕148頁［吉田清弘］参照）。

29)　本件においては，原債権が請負契約の注文者の請負人（再生債務者）に対する前渡金返還請求権であった。同様なケースに関する裁判例として，**大阪地判平成23・3・25金法1934号89頁**（(2)事件と同じ再生債務者を請負人とするケース。代位弁済者の共益債権行使を否定），その控訴審である**大阪高判平成23・10・18金法1934号74頁**（控訴棄却）がある。

2億6000万円を前渡金として受領していたので，Sは，Yの解除により上記前渡金の返還請求権を共益債権として行使しうることとなった（民再49条5項による破54条2項の準用。破産事件における先例として，**最判昭和62・11・26民集41巻8号1585頁**〔倒産百選79事件〕参照）。上記前渡金の返還債務を保証していたX銀行は，Sに対して同債務を代位弁済の上，それによって前渡金返還債務を取得したとして，Yを被告とし，再生手続によらないでその履行を求める訴えを提起した。

第1審判決（**大阪地判平成21・9・4判時2056号103頁**）は，Xの訴えを却下したが，**原判決**（**大阪高判平成22・5・21判時2096号73頁**）は，第1審判決を取り消して事件を第1審に差し戻した。**最高裁**（第一小法廷）は，(1)で紹介した第三小法廷判決と同様に，共益債権としての権利行使を認め，弁済による代位により民事再生法上の共益債権を取得した者は，同人が再生債務者に対して取得した求償権が再生債権に過ぎない場合であっても，再生手続によらないで上記共益債権を行使することができる，と判示した。

本判決においても，弁済による代位制度の趣旨については，(1)の第三小法廷判決と同様の立場に立つ。もっとも，再生手続に関しては，再生債権としての求償権が再生計画によって変更された場合に，**原債権の行使が再生計画による求償権変更の制約を受けるか**という問題があり，本判決は，この点につき，「再生計画によって上記求償権の額や弁済期が変更されることがあるとしても，上記共益債権を行使する限度では再生計画による上記求償権の権利の変更の効力は及ばないと解される（民事再生法177条2項参照）」と述べている。これは，原債権の移転の目的が，求償権を確保するための担保的機能であるという基本的理解を前提に，**再生計画が担保権等に影響を及ぼさない**ことを規定している民事再生法177条2項の趣旨を斟酌して，求償権の権利変更の効力が及ばないことを導いているものと理解することができる[30)]。

30）民事再生法177条2項は，次のように定める。「再生計画は，別除権者が有する第53条第1項に規定する担保権，再生債権者が再生債務者の保証人その他再生債務者と共に債務を負担する者に対して有する権利及び再生債務者以外の者が再生債権者のために提供した担保に影響を及ぼさない。」なお，金築誠志裁判官の補足意見は，民法501条柱書の「自己の権利に基づいて求償をすることができる範囲内」が実体法上の制約だけ（原判決の立場）ではなく，手続法上の制約を含む可能性を完全に否定することはできないとする立場から，原債権の行使が求償権の再生計画による権利変更の制約を受けるのかどうかは，本件の結論を左右する重要なポイントであるとし，結論としては，法廷意見と同様に，原債権の代位弁済者への移転の目的は，求償権確保のた

(3) 租税債権の第三者による弁済と代位

最後に，破産者等に対する租税債権が第三者（私人）によって納付された場合（たとえば，商品の輸入業者に代わって，運送業者や金融機関が関税等の立替払をするケース。その許容性については，税通41条1項参照）に，当該第三者が，租税債権を財団債権または一般優先債権として行使できるか，という問題がある。議論は，2段階に分かれる。

まず，そもそも**租税債権が第三者の弁済による代位によって移転するのか**という点が問題とされる。移転を否定する裁判例は，国税通則法41条2項（「その国税を担保するため抵当権が設定されているときは，これらの者〔代位弁済者〕は，その納付により，その抵当権につき国に代位することができる」と規定する）等の規定は，抵当権に限って代位を認める趣旨であると解されること，および「租税債権が，倒産法制上優先的な地位を与えられている根拠は，租税が，国又は地方公共団体の存立及び活動の財政的な基盤となるものであり，租税を公平，確実に徴収するという政策的，公益的要請からであることに照らせば，」代位弁済者は，租税債権を弁済による代位により取得することはできない，と判示する[31]。前掲最判平成23・11・22の田原裁判官の補足意見も，租税債権については，「弁済による代位自体がその債権の性質上生じない」[32]とする。しかし，これに対しては，民法501条柱書の効果においても，代位弁済者が本来の債権者が行使できたすべての権利を行使しうるわけではないから，私人である代位弁済者が租税債権の自力執行力（行政行為の特別の効力の1つであり，行為内容を裁判所の執行手続によらずに自力で実現できること）を取得することはできないとしても，代位による租税債権の取得自体を否定する必要はないとする説[33]もある。

租税債権の代位取得の可能性を認めるならば，次に，**代位弁済者が租税債権の財団債権性や一般優先債権性を承継するか**，という点が問題となる。下級審

めの担保的機能であるということから，民事再生法177条2項の類推適用の正当性を説く。

31）**東京地判平成17・3・9金法1747号84頁**。その他，同旨の裁判例については，栗田隆「求償権者が代位取得した原債権の財団債権性・共益債権性」関西大学法学論集62巻1号（2012年）155頁以下参照。

32）民集65巻8号3170頁。

33）長谷部由起子「弁済による代位（民法501条）と倒産手続」学習院大学法学会雑誌46巻2号（2011年）243頁（ただし，優先権の承継については否定的），髙橋眞・リマークス46号（2013年）33頁。

裁判例は，租税債権が優先される理由は，租税の確実な徴収にあるから，その弁済によりその優先性保護の必要性は消滅したこと[34)]，租税債権は破産債権である求償権の限度で効力を認めれば足りる，などとして，否定説に立つ[35)]。上述(1)および(2)で紹介した最高裁判決の後においても，租税債権の第三者弁済に関しては，否定説がとられる可能性も指摘されている[36)]。

では，以上の問題についてどのように考えるべきであろうか。まず，第三者の弁済による租税債権の代位の可能性については，前述の学説もいうように，自力執行力の存在やその優先徴収に公益的要請があることなど租税債権の特殊性だけでは，必要な範囲での租税債権の代位取得自体を否定する理由としては十分ではなく，さらに議論の余地があるように思われる。そして，仮に租税債権についても代位が認められるとすると，少なくとも前記最高裁判決の立場に立つ限り，**租税債権の優先的地位についてだけ代位弁済者への承継を否定する根拠を見出すことは容易ではない**ように思われる。税法の有力説には，「代位納付をした第三者が取得する納税者に対する求償権（代位債権）には，租税債権の属性のうち，優先的に弁済を受ける権利（破産法における財団債権〔148条1項3号〕，民事再生法における一般優先債権〔122条〕等）が随伴し，代位債権者はそれを行使できると解すべきであろう（ただし，自力執行力は国家に特有のものであるから随伴しない）」と述べるものもあり[37)]，今後の学説・判例における議論の行方が注目される。

---

34)　注31)で引用した東京地判は，租税債権優先の理由が消滅している点を，弁済による代位自体を否定する根拠として述べるが，本文では，弁済による代位自体は認めた上で優先性承継を否定する理由として取り上げるものである。

35)　**東京高判平成17・6・30金法1752号54頁**参照。その他，**東京地判平成17・4・15判時1912号70頁**，**東京地判平成18・9・12金法1810号125頁**も参照。

36)　中西正・平成24年度重判解（ジュリ1453号）141頁参照。

37)　金子宏『租税法〔第20版〕』（弘文堂，2015年）856-857頁。引用文中「求償権（代位債権）には，……優先的に弁済を受ける権利……が随伴し」とする部分の意味については厳密には議論の余地があろうが，ここでは，弁済者が原租税債権の優先権を行使できるとされている点に注目したい。

第6章
破産手続および民事再生手続の申立て・開始・手続機関

6-1 はじめに

本書も第6章まできたので，この辺りでこれまでの学習内容を簡単に振り返っておこう。まず第1章「倒産手続の基礎」において私的整理を含む倒産処理手続の全体像を紹介した後，破産債権・再生債権の個別的権利行使の制限（第2章）と破産財団・再生債務者財産の管理処分権（再生の場合には事業遂行権も）の制限・再構築（第3章）を倒産手続の両輪としてより具体的に破産手続と再生手続の全体構造を説明した。この第3章においては，手続開始前の債務者財産に対する保全措置等と合わせて，手続開始後の財産管理・事業遂行態勢についても説明し，手続開始時に破産財団の管理処分権が破産管財人に専属する破産手続と，再生債務者が財産の管理処分権や事業遂行権を維持する再生手続の違いを明らかにした。破産管財人や再生債務者は，破産財団や再生債務者財産の管理処分権をもつ一方で，破産債権や再生債権の調査・確定手続においても重要な役割を果たす（第4章）。そして，様々な立法趣旨に基づいて，手続によらずに随時・優先的に弁済される財団債権や共益債権の内容を明らかにし，関連する解釈問題を検討した（第5章）。

このように，ここまでは，時系列的というよりも，構造的・体系的な視点に基づいて解説してきたが，本章は，これまで正面から取り上げる機会のなかった**申立てから手続開始決定に至るまでの手続の流れ**を概観するとともに，破産手続と再生手続における破産管財人・再生債務者以外の各種**手続機関**について基本的な整理をしておくこととする。次章からは，破産財団または再生債務者財産に関連する**倒産実体法**（倒産手続の申立てまたは開始により一般実体法が修整された実体法ルールの総体）の諸問題を取り上げるが，破産および再生手続がどのような手続機関によって運営され，それぞれの機関がどのような義務と権限を有するかは，それらの諸問題を理解する際の前提知識となる。

6-2　破産・再生手続の申立てと開始

(1)　破産手続および再生手続開始の申立てと開始

破産手続では，債務者（法人の場合には，その業務執行機関の決定による）または債権者のほか，法人である債務者の役員（準債務者）の管轄裁判所（破4条・5条参照）における申立て（破18条・19条）に基づいて手続が開始される[1)]。すなわち，裁判所が破産原因（破15条1項・16条1項に規定される，**支払不能**または〔**法人につき**〕**債務超過**）の存否等について審理（その方式につき，破8条参照）を行い，それが認められるときは，開始決定を行う。「**一般破産主義**」の下では，原則として手続の利用資格（**破産能力**）に制限はないから，自然人，各種法人および法人格なき社団・財団（破13条，民訴29条参照）などは，広く破産手続の利用適格を有する（ただし，清算がありえない国や地方公共団体は破産能力が否定される。**財産区**について，破産能力を否定するものとして，**大決昭和12・10・23民集16巻1544頁**〔倒産百選3事件〕参照）[2)]。その他，破産手続開始の申立てに関しては，債権者申立ての基礎とされた債権についての**時効中断効**（肯定：**最判昭和45・9・10民集24巻10号1389頁**〔倒産百選A1事件〕），**債権質設定者の破産申立権**の存否（否定：**最決平成11・4・16民集53巻4号740頁**〔倒産百選12事件〕）などの問題がある。

1）　金融機関等（保険会社等を含む）の破産手続に関する特例として監督庁の手続開始申立権が認められる（金融更生特490条参照。なお，再生手続は，金融機関〔銀行，協同組織金融機関または株式会社商工組合中央金庫〕だけにつき，監督庁の申立権が認められる〔金融更生特446条・2条3項参照〕）（Column ②〔本書15頁〕参照）。また，清算人等に破産申立義務が課される場合につき，一般法人215条1項，会社484条等を，職権で破産開始がなされる場合につき，民事再生法250条等（牽連破産）を参照。なお，債務者が自己破産の申立てをする場合を除き，手続開始の申立ての段階で，主として申立ての濫用を防ぐため，一定の事実の存在の疎明が要求されている（破18条2項・19条3項，民再23条1項・2項等参照）。たとえば，債権者が債務者の破産の申立てをするときは，自己の債権の存在と破産原因の存在を疎明しなければならない（破18条2項）。

2）　**相続財産**や**信託財産**には，特別に破産能力が認められる（破222条以下・244条の2以下参

再生手続の申立て（管轄につき，民再4条・5条参照）においても，債務者および債権者に申立権が与えられる点は破産と同様であるが（民再21条1項・2項），法人役員の申立権は認められない[3]。再建型手続である再生手続の開始原因は，破産原因よりやや緩やかに，「**破産手続開始の原因となる事実の生ずるおそれがあるとき**」とされ，債務者申立てに限り，さらに緩和されて「**債務者が事業の継続に著しい支障を来すことなく弁済期にある債務を弁済することができないとき**」にも手続が開始される（民再21条1項・2項参照）。再生手続においても，その利用適格（**民事再生能力**）は限定されないのが原則であるが（ただし，個人再生には利用制限がある〔第16章〕），監督命令や管理命令などを伴う民事再生手続の手続構造は，国・地方自治体の再建にはなじまないであろう[4]。

破産および再生手続開始の申立てに際しては，申立手数料（民訴費3条1項・8条・別表1の12等参照）のほか，手続費用の予納（破22条，民再24条）が必要である。特に大きな負担となるのは，**手続費用の予納**である（会社の破産管財事件で最低百万円程度，会社の再生手続で数百万円程度）。破産法23条の定める，破産手続費用の**国庫仮支弁制度**は，従来使われることはなかったが，最近，初の活用例が報道された[5]。

Practice　考えてみよう！【展開】

A株式会社（不動産管理・販売業，代表取締役B）は，2014年12月にメインバンクC銀行から支援停止通知を受けた後，厳しい資金繰りが続いたが，2015年3月初旬，建設会社DがA社の支援に名乗りを上げてから，A社とC銀行を含む金融債権者との間で私的整理の交渉が始まった（この間，金融機関の権利行使は事

照）。

3）破産手続では，総債権者の早期救済を図るために，申立権者の範囲を法人役員に広げる必要があったが，再生手続ではそのような必要が認められなかったことがその理由であると考えられる。

4）ただし，地方公共団体の再建手続を裁判所の手続により処理する法制は存在し（アメリカ連邦倒産法9章に基づいて処理されようとしているデトロイト市の再建手続など），制度論としては，議論の余地がある。なお，現行法上，財政的な危機に陥った地方自治体等向けには，「地方公共団体の財政の健全化に関する法律」（平成19年法律第94号）に基づく行政的な財政健全化・再生の仕組みが用意されている。

5）福岡地決平成25・4・26金法1978号138頁（2件），「偽装質屋：予納金，国が立て替え　福岡で初適用　債権者破産，円滑に」毎日新聞2013年5月1日東京朝刊25面参照。

実上停止された）。この交渉は，1か月ほど続いたものの，金融債権者の一部がA社には過去に不透明な取引があったとして，私的整理に反対したため，交渉は打ち切られた。そこで，A社はD社と相談のうえ，同年4月15日に民事再生手続開始の申立てを行ったところ，裁判所は監督委員Eを選任した。

Eは裁判所の指示に基づいて，手続開始の適否について調査をしようとしたが，A社は裁判所から求められた資料を一部提出しておらず，Eからの提出の求めにも応じなかった。Eが金融機関等から情報を収集した結果，資金繰りが苦しくなった2014年12月に，A社の代表取締役Bは，粉飾された決算書類等の偽造書類を使ってF信用金庫から運転資金の融資を受けており，これに起因する民事上の損害賠償責任や刑事責任を問われるおそれがあることが判明し，その旨裁判所に報告した（この報告自体は正しい内容であったとする）。裁判所の意見聴取に対して，金融機関ではF信用金庫のみが，また少数の取引債権者が申立棄却を求めたが，D社はスポンサーになる意思は変わらないと述べた。

裁判所は，A社の再生手続開始の申立てに対してどのように対応すべきか。

民事再生法25条各号の棄却事由があるか。この設例のポイントは，手続開始に反対しているのは，F信用金庫と一部の取引債権者のみであり，D社がスポンサーとなる意思を失っていないことである。

第1に，本問の設例が4号の「**不当な目的で再生手続開始の申立てがされたとき，その他申立てが誠実にされたものでないとき**」に当たるか。

参考となる裁判例：①申立前の違法行為等があった場合でも再生手続自体は開始すべきである（**東京高決平成19・7・9判タ1263号347頁，東京高決平成19・9・21判タ1268号326頁**参照）。不認可決定後の再申立てにつき，棄却を否定（**東京高決平成17・1・13判タ1200号291頁**〔倒産百選9事件〕）。②「専ら物上保証をした第1順位の本件根抵当権の抹消をすることを目的とした」申立て（**東京高決平成24・3・9判時2151号9頁**〔倒産百選11事件〕），または債務者がその連帯保証債務を否認する目的でなされた申立て（**東京高決平成24・9・7金判1410号57頁**）を棄却。学説については，伊藤・破産民再764頁等参照。

第2に，本問の設例が3号（「**再生計画案の作成若しくは可決の見込み又は再生計画の認可の見込みがないことが明らかであるとき**」）に当たる可能性はないか。3号棄却事由該当性を肯定した例として，**東京高決平成13・3・8判タ1089号295頁**（倒産百選10事件）がある。

田頭章一・法教355号（2010年）130頁参照。

(2) 破産手続および再生手続の開始

破産手続または再生手続開始の申立て後は保全措置等により暫定的な債権行使の停止や債務者の財産処分権の制限等の可能性があるが，これらの点はすでに解説したから[6)]，以下では，開始決定とその効果について概観しておく。

破産手続，再生手続ともに，開始決定においては，必ず**裁判書**が作成され

（破規19条1項，民再規17条1項），そこには，債務者の名称，主文（「○○（債務者〔再生債務者〕）について破産〔再生〕手続を開始する。」および次に述べる「同時処分」の内容等），決定理由，決定の年月日時（破規19条2項，民再規17条2項）等が記載される。**同時処分**は，当該手続の進行にとって重要な事項を開始決定と同時に行うものであるが，破産手続と民事再生手続では内容が異なる。破産手続開始決定においては，①破産管財人を選任し，②破産債権届出期間，③債権者集会（財産状況報告集会）の期日，および④債権調査期間または債権調査期日を定める（破31条1項。もっとも，財団不足のおそれがあるときは，②の債権届出期間と④の債権調査期間・期日を定めないことができるし〔破31条2項〕[7]，③の財産状況報告集会期日も一定の場合には指定しないことができる〔同条4項〕）。これに対して，民事再生手続では，管財人選任や債権者集会期日の指定はそもそも同時処分のリストにはなく，債権届出期間と債権調査期間（期日による調査は認められない）だけが同時処分となる（民再34条1項）。

以上の同時処分とは別に，破産裁判所または再生裁判所は，手続開始決定後「直ちに」または「遅滞なく」，いくつかの処分をしなければならない。これを**「付随処分」**という。付随処分には，①開始決定等の公告（官報に記載して行う），②知れている債権者等への通知（以上，破32条，民再35条参照），③法人債務者についての手続開始の登記・登録の嘱託（破257条1項，民再11条1項等参照。書記官の権限である）等がある。また，破産手続が開始されると，裁判所は，信書送達の事業を行う者に対して，破産者に宛てた郵便物等を管財人に転送すべき旨の嘱託（郵便物転送嘱託）を行うのが通常である（破81条参照。再生では管財人が選任された場合に限る〔民再73条〕）。

破産手続または再生手続開始決定に対しては，利害関係人は，**即時抗告**をすることができるが（破33条，民再36条参照），即時抗告がなされたときでも，開始決定の効果は停止しない（破30条2項，民再33条2項参照。民訴334条の特則である）。

6）**2-2**，**3-2**参照。

7）実務的には，②と④の指定を留保して手続を進行させることを「**留保型**」と呼び，これを原則として，配当可能な事案のみこれらの期間・期日を指定する裁判所もある（破産管財実践マニュアル426頁参照）。

(3) 手続開始の効果

破産手続または再生手続開始の効果には，たとえば，会社の解散事由になる（会社471条5号等）などのいわゆる人的効果もあるが，財産上の効果がより重要である。一部第3章の繰り返しになるが，以下要点を掲げる。

まず，破産手続では，破産者が破産開始時に有する原則として一切の財産は，**破産財団**に属する財産となり（破34条1項），それらの財産の管理処分権は，破産管財人に専属する（破78条1項）。財産上の訴訟手続の**当事者適格**も管財人へ移転する（破80条）。他方で，破産者に対する債権の行使も，破産手続開始により原則として制限され（破42条1項・100条。例外として，破101条がある），進行中の強制執行等は失効する（破42条2項）。

これに対して，再生手続では，開始決定があっても，原則として再生債務者（民再2条1号参照）の業務遂行権・財産管理処分権は維持される（民再38条1項）。もっとも，再生債務者には，申立て以後，**再生手続の円滑な進行に努める義務**が（民再規1条1項），また手続開始後には，債権者に対する**公平誠実義務**（民再38条2項）が課されるのであって，申立て前の単なる債務者とは異なった機関として手続に関与する。再生手続でも裁判所は管理命令を発して管財人を選任することができるが（民再64条），通常は裁判所が再生手続開始の申立後に**監督委員**を選任し，再生債務者が重要な行為をするときには監督委員の同意を要するものとすることによって（民再54条参照），財産の管理等がなされる。再生債務者に対する再生債権の行使が原則として制限される点は破産手続と同様であり（民再85条1項。ここでも，同条2項・5項等による例外がある），進行中の強制執行等は，開始決定により中止される（民再39条1項）。

Practice 考えてみよう！【展開】

次の訴えは適法か。破産管財人（破78条1項・80条）および再生債務者（民再38条1項）における財産管理処分権との対応関係に留意すること。

(1) 破産手続開始後に，破産管財人が，破産者とY間で手続開始前から争われていた土地につき，Yを被告として提起した所有権確認の訴え。

(2) 破産会社の株主が破産管財人を被告として，破産手続開始決定前に行われた株主総会決議の取消しを求める訴え。

大判昭和14・4・20民集18巻495頁，最判平成21・4・17判時2044号74頁（倒産百選16事件）参照。なお，名古屋高判平成24・1・17判タ1373号224頁（吸収合併無効の訴えについて，吸収合併存続会社の債

権者の破産管財人が原告適格を有するとされた事例）の意義も検討してほしい。

(3)　A社の破産手続終結の５年後，X社所有土地上にA社を権利者とする抵当権設定登記があることが判明したため，X社がA社破産手続管財人であったYを被告として提起した，当該登記抹消を求める訴え。

Hint　最判平成５・６・25 民集 47 巻６号 4557 頁（倒産百選 100 事件）を参照。

(4)　再生手続開始後に再生債務者が提起した土地の所有権確認の訴え。

Hint　民再 40 条１項参照。なお，再生債権者による詐害行為取消訴訟を不適法とする東京地判平成 19・3・26 判時 1967 号 105 頁との関係も検討すること。

6-3　破産手続および再生手続の機関

6-3-1　破産・再生手続の機関の概要

破産・再生手続が開始されると（場合によっては申立て後の段階でも），従前の財産・事業の管理・遂行方法は見直され，新しい財産管理・事業遂行体制が構築される。もっとも，破産手続と再生手続では，上記のような手続開始の効果の違いに対応して，異なった仕組みが採用され，破産では，中立的でかつ専門的な知識と経験を有する**破産管財人**（通常は弁護士）が強力な財産の管理処分権を有する仕組みがとられ（「**管理型**」手続と呼ばれる），再生では，債務者の管理処分権を温存した再生債務者という財産管理・事業遂行機関が予定され，それを中立的な**監督委員**（通常は弁護士）が監督するという手続枠組み（「**後見型**」手続と呼ばれる）が採用されている[8]。ここで登場する破産手続や再生手続の財産管理・事業遂行機関，すなわち破産管財人および再生債務者の地位についてはすでに取り上げたので[9]，ここでは，破産手続と再生手続に分けて，それらの機関を監督・監視し，または補助する他の手続機関の概要を説明する[10]。

6-3-2　破産手続の機関

(1)　破産裁判所

破産手続の機関としての破産裁判所（以下，**6-3-2** においては「裁判所」という）は，個別の破産手続を担当する**裁判体としての裁判所**である[11]。裁判所の重要な役割は，まず財産管理処分機関である破産管財人を選任し（破31条1項柱書），その職務を監督することである（破75条）。破産管財人は，破産財団の管理処分権をもつ機関として独立の地位を有するが，重要な財産の処分行為については，裁判所の許可を要するものとすることにより（破78条2項），管財人の適切な職務遂行が確保されている。また，手続開始（破30条）・終了（破216条以下）に関する裁判，債権査定申立てに対する裁判（破125条1項）など，手続進行上の重要な節目において，または争いがある事項に関して裁判（決定の形式による〔破8条〕）を行うこと，さらには，債権者集会の招集・指揮（破135条以下），債権者委員会の承認（破144条）等，他の機関の構成や進行に関する判断を行うことも重要な役割である[12)]。

(2) 破産債権者の関係機関

個々の破産債権者は，破産手続の利害関係人にすぎないが，一定の要件の下でグループ化され，破産債権者の全部または一部の集団的利益を代表するに至ったときには，手続機関として，破産手続上特別の地位が認められる[13)]。まず，届出破産債権者全員に対して破産手続に関する情報を開示し，債権者全体の意向を手続に反映させるための機関として，**債権者集会**がある。債権者集会は，裁判所によって招集され（破産管財人，知れている破産債権者の債権総額

8） この「後見型」手続は，アメリカの連邦倒産法第11章再建手続において，「占有を継続する債務者（Debtor In Possession）」による財産管理・事業遂行が原則とされていることと類似しているという意味で，最近は「**DIP型」手続**と呼ばれることも多い（アメリカ法におけるDIPの概念と，わが国における用法との比較については，中島弘雅＝田頭章一編『英米倒産法キーワード』（弘文堂，2003年）80頁以下［田頭］参照）。なお，会社更生手続では，常に管財人が選任されるから，本来「管理型」に属するが，最近は，従前の経営陣（代表取締役など）を管財人に選任して（ただし，役員等責任査定決定を受けるおそれがないこと〔会更67条3項参照〕，主要な大口債権者が反対していないことなどが要件となる），信頼性と迅速性を両立した手続を志向する運用が行われ，一般に「**DIP型会社更生**」と呼ばれている（その意義については，伊藤・会更33頁，107頁注10参照）。この運用は，管理型と後見型という従来の対立軸の見直しを迫るものであり，民事再生・会社更生手続双方の財産管理・事業遂行権の構造に関する見直し論へ影響する可能性も孕むものといえる。

9） **3-2-1** 参照。

10） 破産または再生手続開始の申立代理人は，法律上は手続の機関とはされていないが，それに準ずる地位に立つといってよい。とくに再生債務者代理人（弁護士であり，申立時だけでなく開始後も再生債務者の代理人となるのが通常である）は，再生債務者の適切な財産管理・事業の遂行を確保するためには，監督委員の監督だけではなく，代理人弁護士の適切な助言が有益かつ必要であることはすでに指摘されているとおりである（倒産概説405頁，427頁［笠井正俊］など参

の10分の1以上の債権を有する債権者等には招集申立権が与えられる〔破135条1項〕），裁判所の指揮の下で開催される（破137条）。債権者集会における議決権額の確定手続は期日を開く場合と期日を開かず書面等投票を行う場合とで異なる。ここでは期日を開く場合を例にとると，債権者の議決権の額はすでに債権額が確定しているときはその額が基準になる（破140条1項1号・2項ただし書）のに対して，未確定債権等は，破産管財人または他の破産債権者から異議がなければ届出債権額が（同項1号かっこ書・2号），異議があれば裁判所が議決権の有無および額を定める（同項3号・2項）。債権者集会において決議事項を可決するためには，議決権を行使することができる破産債権者で債権者集会期日に出席したものの議決権総額の2分の1を超える議決権を有する者の同意が必要である（破138条）。法が開催を予定する集会としては，手続開始後早期に行う**財産状況報告集会**（破31条1項2号），**異時廃止のための意見聴取集会**（破217条1項後段）および任務終了段階で行う**計算報告集会**（破88条3項。ただし，書面による計算報告によって代替することができる〔破89条参照〕）がある。現行法においては，債権者集会の開催は任意化され，その権限も制限されたが（その背景には，旧法の下での債権者集会の形骸化とともに，現行法における手続の機動化・円滑化の考え方があった），破産者等や管財人への説明請求（破40条1項柱書・159条等参照）など法定の事項のほか，破産債権者全体の意思を決定す

照）。また，破産手続の申立てを受任した弁護士につき財産散逸防止義務違反を肯定した裁判例（**東京地判平成25・2・6判時2177号72頁**）など申立代理人の責任に関する最近の事例は，申立代理人の地位につき考えさせる材料となっている。詳細は，松下祐記「再生債務者代理人の地位に関する一考察」現代的使命1069頁以下参照。

11）　これに対して，破産事件が係属している**官署としての裁判所**という意味の「破産裁判所」も観念できる。破産法において「**破産裁判所**」という表現が使われるときは，こちらの意味であり（破2条3項），本文で述べた裁判体としての破産裁判所は，単に「**裁判所**」と呼ばれている。

12）　法律の規定によって裁判所に提出され，または裁判所が作成した文書その他の物件は，利害関係人の裁判所書記官に対する請求に基づいて，**閲覧，謄写等**をすることが許される（破11条）。ただし，裁判所は，管財人等が提出した文書については，破産財団の管理または換価に著しい支障を生ずるおそれがある部分の閲覧の制限をすることができる（破12条1項）。

13）　破産法第3章「破産手続の機関」には，債権者集会に関する規定が含まれていないこともあり，債権者集会を手続機関と捉えるべきかについては，見解の対立がある（破産債権者団体の機関である説として，伊藤・破産民再216頁，条解破産939頁があり，破産債権者団体という考え方を否定し，債権者集会も期日ごとに成立する債権者意思表明のための組織的な機会として捉える説として山木戸86頁，加藤83頁などがある）。債権者集会には，本文で述べるように，単なる利害関係人としての破産債権者の地位を超える特別の権限が認められる点を直視すれば，手続機関としての性格を認めるのが適当であろう（債権者委員会など他の債権者関係機関も同様である）。

6-3-2

る機関として（たとえば，重要な財産の処分や管財人の解任等に関する決議は，たとえ裁判所に対する法的拘束力がなくても，事実上裁判所の判断や手続の進行に大きな影響を与えうるであろう），その役割は依然として重要といえよう。

次に，**債権者委員会**も，破産債権者全体の利益を代表する機関である点は債権者集会と共通の機能を有するが，より機動的に情報収集（破 40 条 1 項柱書・146 条等参照）と管財業務に対する意見表明（破 144 条 2 項 3 項・145 条 2 項）を行って，破産管財人の職務の監視を行う機関である点で独自の機能をもっている。債権者委員会は，裁判所が設置するものではなく，破産債権者によって自主的に設置された委員会を，裁判所が承認することにより，手続機関としての位置づけが与えられるものである（破 144 条 1 項柱書参照）。**承認の要件**は以下の 3 点である。すなわち，①委員の数が，3 人以上 10 人以内であること（同項 1 号，破規 49 条 1 項），②破産債権者の過半数が当該委員会が破産手続に関与することについて同意していると認められること（同項 2 号），および③当該委員会が破産債権者全体の利益を適切に代表すると認められること（同項 3 号）である。これらの要件のうち，とくに②の要件充足は容易でないことが予想されるほか，融資債権者，商取引債権者，不法行為債権者など様々な破産債権者が存在しうる中で，厳密な意味で③の要件を充足することは，さらに困難な場合が多いであろう。制度的には見直しの余地があるが，そもそも債権者委員会を活発化させようという実務的なインセンティブはそれほど大きくなく，債権者委員会は十分に機能していないのが現状である。

さらに，破産債権者は，裁判所の許可を得て，1 人または数人の**代理委員**を選任することができる（破 110 条 1 項）。債権者集会や債権者委員会が破産債権者全体の利益を代表する地位を有するのに対して，代理委員（破産債権者である必要はない）は，1 人または複数の破産債権者により選任され，それらの破産債権者のために，破産手続に属する一切の行為を行うことができる（同条 2 項）。もっとも，代理委員の手続機関としての意義が実質的な意味で発揮できるのは，同種の（しかも特徴ある）多数の債権者がグループとして選任する場合であろう。たとえば，詐欺商法の被害を受けた消費者や公害の被害者（損害賠償請求権者）が，破産手続の進行に意見を反映させる方法として，代理委員を選任する例などが考えられる。

⑶　その他の破産手続の機関

破産手続においては，破産管財人に強い管理権限が与えられているために，管財人を補助し，または監督する独立の機関は（監督機関としての破産裁判所を除き）存在しない。破産手続開始の申立て後の時点で，債務者（法人に限る）の財産の管理および処分が失当であるときなどには，裁判所は保全管理人を選任することができる（破91条1項）。ただし，**保全管理人**はあくまで保全措置として選任されるものであるから，債務者の常務に属しない行為をするには，裁判所の許可を要する（破93条1項）。

6-3-3　再生手続の機関

⑴　再生裁判所

再生手続の機関としての再生裁判所も，官署としての裁判所ではなく，個別の再生手続を担当する**裁判体としての裁判所**を意味する（**6-3-3**においては，法文と同様，単に「裁判所」という）。その権限も，開始前の保全措置（民再26条以下），再生手続の開始（民再25条）・終了（民再188条・191条以下），監督委員や管財人の選任（民再54条・64条）など手続の進行に関わる決定や，再生債権査定申立てに対する裁判（民再105条）など争いがある事項についての裁判を行う権限のほか，再生債務者等が重要な行為を行う場合の許可（民再41条1項），債権者集会の招集・指揮（民再114条等），債権者委員会の承認（民再117条）など，破産裁判所の権限とほぼ同様の事項が規定されている。

⑵　監督委員と調査委員

再生手続では，「再生債務者の財産の管理又は処分が失当であるとき，その他再生債務者の事業の再生のために特に必要があると認めるとき」に**管理命令**が発せられる場合（民再64条1項・2項）を除いて，**再生債務者**が管理機構と捉えられ（民再38条1項），**監督委員**（民再54条1項・2項）が再生債務者の財産管理・事業遂行を監督することになる[14]。具体的な監督委員の権限としては，裁判所が指定する事項について，再生債務者の行為に対して同意を与える

---

14)　監督委員には，管財人と同様に善管注意義務が課される（民再60条・78条）。個人再生においてのみ認められる補助・監督機関として，**個人再生委員**（民再223条）がある。これについては，第16章で取り上げる。

こと（民再54条2項），各種調査の実施（民再59条），再生計画遂行の監督（民再186条2項）などが挙げられる。実務においては，多くの裁判所で，開始の申立てと同時に職権で監督委員が選任され，開始前の段階から再生手続の適正な進行を確保するために重要な役割を果たしている[15)]。

やや特殊な監督委員の権限として，再生手続における否認権の行使権限（民再56条1項）がある。再生債務者は，破産管財人と同様の管理機構ではあるが，立法者は，自分が行った行為を自ら否認する（取り消す）権限を与えることは適当でないと考えた[16)]。しかし，否認権行使のためだけに管財人を選任することは合理的でないので，**監督委員に否認権を行使する権限を与え**たのである。もっとも，監督委員は本来管理機関ではないから，特定の行為について否認権を行使する権限を裁判所から与えられて初めて，その権限を行使することができる。また，監督委員が否認権行使権限を与えられたときは，当該権限の行使に必要な範囲内で，再生債務者のために，金銭の収支その他の財産の管理および処分をすることができる（民再56条2項）[17)]。監督委員の職務遂行に関しては裁判所により監督がなされること（民再57条），監督委員には善管注意義務が課されること（民再60条）などは，破産管財人と同じである。

さらに，再生手続においては，破産手続には存在しない**調査委員**（民再62条）という機関が存在する。この手続機関は，裁判所が選任（調査命令）時に指定した事項を専門的・中立的な立場で調査し，その結果を裁判所に報告すること（同条2項参照）を通して，客観的な情報の開示，ひいては適切な手続の進行に資することがその職務である。具体的には，開始決定前は，手続開始の可否に関する調査，手続開始後は再生計画案の内容等に関する調査などが考えられる。ただ，先に述べた監督委員の調査権限の範囲で事足りるときには，別に調査委員を選任する必要はないから，再生手続で調査委員が選任されることは，それほど多くないのが実情である[18)]。

---

15) 再生手続全体における監督委員の活動を俯瞰し，多角的に検討を加える文献として，民事再生実務合同研究会編『民事再生手続と監督委員』（商事法務，2008年）がある。

16) 一問一答民再85頁など参照。

17) 再生債務者に管理処分権を残したまま特定の行為に関する否認権限を監督委員に委ねる制度をとった結果，再生債務者を当事者とする訴訟（たとえば，通謀虚偽表示による意思表示の無効を

(3)　再生債権者の関係機関

再生債権者全体のために，情報を開示し，債権者全体の意向を手続に反映させるための機関として，**債権者集会**がある。債権者集会は，裁判所によって招集される任意の機関であり（民再114条。破産手続の場合と同様に，知れている再生債権者の債権総額の10分の1以上の債権を有する債権者などに招集申立権が与えられる），裁判所の指揮の下で開催される（民再116条）など，破産手続における債権者集会と共通点が多い。ただ，再生手続に特有でかつ最も重要なものとして，**再生計画案決議のための特別の債権者集会**（民再169条2項1号。ただし，集会期日を開かずに書面等投票によることも可能である〔2号〕）がある。再生計画案可決のための要件は，議決権者の過半数の同意と議決権者の議決権の総額の2分の1以上の議決権を有する者の同意である（民再172条の3第1項）。

その他，より機動的な活動が期待される機関として**債権者委員会**があること（民再117条以下），また再生債権者は，裁判所の許可を得て，**代理委員**を選任し，再生手続に属する一切の行為を行わせることができること（民再90条以下）も，破産手続と基本的には同様である。ただ，再生手続においては，破産手続と異なって，再生手続の円滑な進行を図るために必要があると認めるときは，再生債権者に対し，相当の期間を定めて，代理委員の**選任を勧告**することができる（同条2項）。また，共同の利益を有する再生債権者が著しく多数である場合において，上記の勧告にもかかわらず期間内に代理委員を選任しない者があり，かつ，代理委員の選任がなければ再生手続の進行に支障があるときは，裁判所が**職権で代理委員を選任**することができる仕組み（民再90条の2第1項）も用意されている。職権で選任される代理委員には，選任者である再生債権者の利益だけでなく，大規模再生手続の円滑な進行という公益的な目的にも寄与することが期待されることになろう。

理由とする売買目的動産の返還請求訴訟）と否認権行使訴訟（上記と同一の売買契約を否認し，同一の目的動産の返還を求める訴訟）との関係について，**特殊な訴訟参加制度**も用意されている（民再138条）（詳細は，**13-5-3**(2)参照）。

18)　東京地裁では，再生債権者の申立事件の場合などに調査委員が選任されることにつき，破産・民再の実務〔民事再生・個人再生編〕189頁以下参照。

第7章

破産財団・再生債務者財産をめぐる法律関係整理の基礎

――手続開始前後の法律行為等の効力――

7-1 はじめに

破産手続の開始によって，破産財団が形成され，そこに属する財産の管理処分権は破産者から破産管財人に移転する（破78条1項）。また，再生手続が開始されると，再生債務者は，開始前とは異なる手続機関としての立場で（民再38条2項参照）再生債務者財産を管理し，債務者の業務を遂行していくことになる。そして破産管財人または再生債務者は，それぞれの手続の開始によって**修整された実体法**（**倒産実体法**）**ルール**に沿って権利を行使し，または利害関係人の権利行使を受けてそれに対する適切な対応をすることにより，破産財団または再生債務者財産の確保を図り，再生手続では事業（業務）の再生を図っていくことになる。このように，破産財団または再生債務者財産の管理等に関する事項は，手続開始の効果や手続開始後の倒産実体法の規律を踏まえて処理される必要がある。法律上破産管財人の資格には特別の制限はないにもかかわらず，ほとんどすべてのケースで弁護士が選任され，また，再生手続における監督委員として通常は弁護士が選任されるのも，上記のような特別な財産管理のために倒産法等の法的知識が不可欠だからである[1)]。

これから本書では，手続開始後の破産財団および再生債務者財産をめぐる法的諸問題を検討していく。今後取り上げる問題点は，手続開始前後においてな

1）民事再生手続の円滑な進行には，債務者の代理人弁護士の役割も重要であることについては，**6-3-1**注10)参照。

された法律行為等の効果（双方未履行双務契約の処理を含む）およびその他の財産関係の変動に関係する権利関係（取戻権，別除権，相殺権，否認権等）など多岐にわたるが，本章は，破産手続・再生手続開始の財産上の効果のうち，開始前後の法律行為の効力[2)]および継続中の契約関係の処遇に関する基本的事項を取り上げる（なお，債務者として，原則的に株式会社を想定する点は，従前と同じである）。

7-2　破産手続・再生手続開始による財産管理処分権等の再構築に伴う効果

破産手続または再生手続が開始すると，破産財団または再生債務者財産の管理処分権（および事業〔業務〕遂行権）は，各手続固有の方法で再構成される。その具体的内容については，第3章で，「手続開始後の財産管理処分権等の制限」の観点から説明した[3)]。それに伴って生ずる財産上の効果のうち，まずは手続開始決定（確定を要しない）後に破産者または再生債務者がした法律行為等の効力について，破産手続と再生手続に分けて説明する。

7-2-1　破産手続開始後の破産者の法律行為等

(1)　破産手続開始後に破産者が行った法律行為――破産手続との関係で原則無効

破産手続の場合には，手続の開始により，破産財団所属財産に関する管理処分権は破産管財人に移転する（破78条1項参照）結果，破産者の管理処分権は失われるから，**手続開始後の破産者の法律行為**は，破産手続との関係ではその効力を主張できない（無効となる）（破47条1項）。原則として行為の相手方の主観的態様は問わない。その趣旨は，手続開始後の破産財団の変動（後述の破産管財人による追認の可能性を考えれば，財産の「減少」といってよい）を阻止することにある[4)]。

破産法47条1項にいう法律行為は，売買のような狭義の法律行為のほか，破産財団所属財産を変動させる弁済や債務の承認なども含む。また，破産者か

2）　破産手続・再生手続開始に伴ういわゆる**人的効果**については，**6-2**(3)参照。また，係属中の手続関係に関する効果については，破産法44条・45条等，および民事再生法40条・40条の2等参照（破産債権，再生債権に基づく訴訟，強制執行等については，**2-2-2**等でも言及している）。これらの「手続開始の効果」については，本章では取り上げない。

3）　**3-2**参照。

ら動産を買い受けた者につき即時取得（民192条）の要件が満たされる場合でも，売買に基づく破産財団の変動（減少）の阻止を目的とする破産法47条1項の適用が優先し，買受人の所有権の主張は認められないと解される。ただ，ここで法律行為の効果が否定されるということの意味は，あくまで破産手続との関係でその有効性を主張できないということであるから，破産手続開始決定が抗告審で取り消されたとき（破9条・33条1項参照），また破産手続が廃止されたとき（破216条以下参照）には有効となるし，破産管財人が財団に有利とみてその行為を**追認**するときは，その効力が認められる[5)]。

さらに，破産手続開始後に破産財団に属する財産に関して**破産者の法律行為によらないで権利を取得**した者がいても，その権利の取得は，破産手続との関係では，その効力を主張することができない（破48条1項）。同項の趣旨について，通説は，破産法47条と同様に，破産者の破産財団所属財産の処分権喪失との関連性を前提としつつ，破産債権者を害する財団財産に関する権利取得の効力を否定することにあるとし，同項の適用例としては，破産債権者である代理商が本人の破産財団に属すべき物の占有を破産手続開始後に第三者から取得した場合に，商事留置権（商521条，会社20条）の取得を破産管財人に対抗できない場合などが挙げられてきた[6)]。もっとも，通説によれば，時効取得，第三者からの即時取得（民192条），付合・混和・加工（民242条～246条）などそもそも破産者の処分権の有無とは関係ない権利取得は，破産手続との関係でその効力を主張できるとされる[7)]。

以上の破産法47条および48条のいずれの場合においても，破産手続開始の日に破産者がした法律行為または権利の取得は，破産手続開始後にしたものと推定される（破47条2項。48条2項による同項準用）。

⑵　善意者の保護

破産法47条1項の原則の例外として，**善意者の保護**に関する次の2つの規定が置かれている。

4）　条解破産386頁等参照。

5）　以上，伊藤・破産民再337頁，条解破産386頁等参照。

6）　破産手続開始前に破産者がした（真正な）債権譲渡について，破産手続開始後に当該債権の債務者がした承諾（対抗要件具備）の効力を，旧破産法54条（現48条）に基づいて否定したものとして，**盛岡地判昭和14・7・28新聞4458号7頁**がある。

まず第1に，破産手続開始前に生じた登記原因に基づいて破産手続開始後にされた不動産または船舶に関する**登記**または不動産登記法105条1号の仮登記（いわゆる**1号仮登記**）の効力についてである（破49条1項）。すなわち，破産法47条および48条の原則によれば，破産手続開始後に，破産者である登記義務者と共同でした登記または破産者の行為によらない登記[8)]は，破産手続との関係では無効となるのが原則であるが（破49条1項本文），登記権利者が破産手続開始の事実を知らないでした上記不動産登記等はその効力を主張できる（同項ただし書）。取引の安全の観点から，善意者による登記を保護する趣旨である。登記原因である実体的要件が手続開始前に充足されていることが必要であるから，不動産登記法105条**2号仮登記**（請求権保全のための仮登記等）は保護対象とはならない（破47条1項等により無効となる）。破産法49条1項の規定は，「権利の設定，移転若しくは変更に関する登録若しくは仮登録又は企業担保権の設定，移転若しくは変更に関する登記」について準用される（同条2項）[9)]。

以上に関連する問題として，**破産手続開始前に具備した1号または2号仮登記**に基づいて，手続開始後に登記権利者が破産者とした本登記が破産手続との関係で有効か，またかかる登記権利者が破産管財人に対して本登記を請求できるかという問題がある。破産法49条の適用対象を含め，問題を整理したのが［図7-1］である。

第2に，手続開始後の破産者に対する弁済について規定が置かれている。破産手続開始後は破産者の弁済受領権も失われるから，手続開始後に破産者に対して弁済をしても破産手続との関係では無効となるはずである。しかし，弁済者は弁済の相手方の資力に無関心であるのが普通であることも考慮して，弁済者が**手続開始について善意であることを要件に弁済の有効性を認める**ものであ

7） 山木戸115頁，谷口・倒産処理137頁（ただし，時効取得を有効とすることに疑問を呈するものとして，基本法コンメン破産81頁［中野貞一郎］）。本文で述べたような法48条1項に関する通説の説明に対して，伊藤眞教授は，旧法の沿革をも根拠にしつつ，同項の解釈としても，権利取得が否定されるのは，**破産債権者**が第三者の行為によって手続開始後に破産財団所属財産について担保権や給付の目的物についての所有権などを取得した場合に限定すべきである（時効取得等の有効性が認められるのは，同項とは関係なく当然のことである），と述べ，破産債権者間の公平を害することを防止することが同項の趣旨であると論ずる（伊藤・破産民再339頁）。これは，民事再生法44条1項の文言と同様の理解である（後述**7-2-2**(1)参照）。なお，賃貸人破産の事例で，対抗力を備えた賃借人が破産手続開始後に（転貸承諾特約に基づき）目的不動産を転貸した場合に，転借権の取得は，第三者の行為によって破産財団の減損を防止することを目的とす

［図 7-1］破産法 49 条およびそれに関連する問題

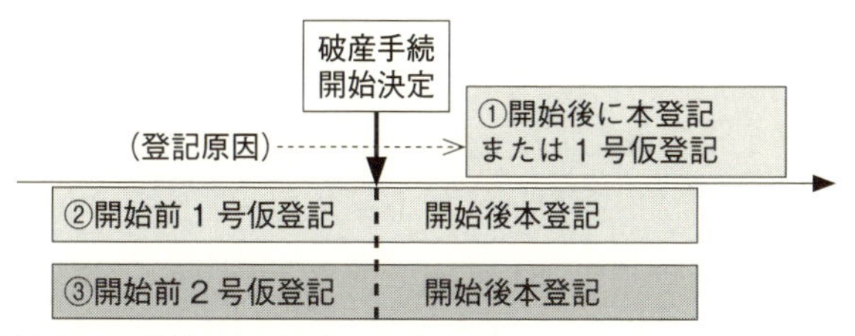

①開始後本登記または1号仮登記（不登 105 条1号）
→　法 49 条1項本文により原則無効，同項ただし書で善意の登記権利者保護
②開始前の1号仮登記に基づいて開始後にした本登記
→　手続開始の事実につき悪意でも有効，管財人への登記請求も可（通説。管財人への登記請求を認める判例として，**大判大正 15・6・29 民集 5 巻 602 頁**）
③開始前の2号仮登記（不登 105 条2号）に基づいて開始後にした本登記
→　無効説（ただし，法 49 条1項ただし書の保護はある）と有効説が対立。**最判昭和 42・8・25 判時 503 号 33 頁**〔倒産百選 A7 事件〕は破産管財人への登記請求を認容した原判決を支持）

る（破 50 条1項）。もっとも，破産手続開始を知って破産者に弁済された場合でも，財団の受けた利益の限度（たとえば，弁済受領額を破産管財人に引き渡したとき）では，弁済者は弁済の有効性を主張できる（同条2項参照）。

以上の善意者保護規定の適用における善意・悪意の証明に関しては，手続開始決定の**公告前は善意**が，**公告後は悪意**が**推定**される（破 51 条）。

7-2-2　再生手続開始後の再生債務者の法律行為等

(1)　再生手続開始後の再生債務者の法律行為等

民事再生手続では，手続開始後も再生債務者が財産の管理処分権を維持するので（民再 38 条1項），管財人が選任されるケース（民再 76 条1項参照）を除き[10]，再生債務者は有効に法律行為をすることができる。しかし，手続開始

る旧破産法 54 条1項（現 48 条1項）の適用対象ではないとした判例として，**最判昭和 54・1・25 民集 33 巻 1 号 1 頁**（倒産百選 73 事件）がある。

8）　登記官の職権による登記，判決による登記権利者の単独登記（不登 63 条1項）など。

9）　準用対象となる登録例は，自動車（道路運送車両法5条1項），特許権（特許 66 条）などである。その結果，法文上，破産法 49 条は，債権譲渡の対抗要件である確定日付ある通知・承諾（民 467 条2項）並びに動産および債権譲渡の対抗要件としての登記（動産債権譲渡特3条・4条）を適用または準用対象とはしていないことになるが，解釈による準用ないし類推適用の可能性を認めるべきであろう（対抗要件否認〔破 164 条〕とのバランスなど，考慮すべき論点につき，条解破産 394 頁注1など）。民事再生法 45 条に関する後掲注 15）も参照。

後は，法律上，再生債務者には債権者に対する公平誠実義務が課され（民再 38 条 2 項参照），再生債権者の公平な利益の実現のために職務を行うべき手続機関となる。再生債務者は，このような義務を前提にして，（再生）裁判所の監督（民再 41 条参照）を受けながら，再生債務者財産の管理処分権と業務遂行権を行使するのが，民事再生手続開始後の財産管理・業務遂行の原型的なスタイルといえる。ただ，実務上多くのケースでは，すでに申立て段階から選任されている**監督委員によってより直接的な監督**（民再 54 条参照）を受けることになる[11]。この実務上の財産管理・業務遂行方法の下では，再生債務者は，裁判所によって指定された行為をするためには，監督委員の同意を得なければならず（同条 2 項），その同意を得ないでした行為は，原則として無効とされる（同条 4 項）。

このように，手続開始後の再生債務者の行為は，一般的には公平誠実義務の拘束により，具体的には監督委員の同意を通した監督により，その適切性が担保される仕組みになっているといえる。

もっとも，再生手続開始後，**再生債権者が「再生債権につき」**，「再生債務者財産に関して再生債務者（管財人が選任されている場合にあっては，管財人又は再生債務者）の行為によらないで権利を取得しても」，再生債権者は，再生手続との関係で，その効力を主張することができない（民再 44 条 1 項）。この定めは，一見，破産法 48 条に対応するようにみえるが，同条を破産者の財産管理処分権喪失の効果とみる前述した通説の立場に立つと，手続開始による管理処分権の喪失が生じない再生手続においては，破産法とは違った説明が必要である。そこで，民事再生法 44 条 1 項の趣旨は，再生債権者の地位を手続開始時点で固定し，その後の事情によって**再生債権者間の平等・衡平**（民再 155

10）管理命令がなされた場合に関する民事再生法 76 条 1 項は，破産法 47 条 1 項に対応しているが，前者にのみ，管理命令につき善意の相手方を保護する規定（民再 76 条 1 項ただし書）がある点に注意が必要である。この違いの根拠としては，再生手続では手続開始後も原則として再生債務者が財産管理処分権を保持する結果，管理処分の発令を知らずに取引関係に入った善意の第三者が保護されないとなれば，再生債務者との取引に応じる者が現われなくなるおそれがあるなど，再生を阻害する懸念があるからであると説明される（花村・民再 219 頁）。

11）法人である再生債務者に関しては，管理命令（管財人の選任）の余地があることも含めて，再生手続の財産管理・事業遂行の枠組みが「メニュー方式」であることについては，**3-2-1**(2)参照。

12）新注釈民再(上) 244 頁［長沢美智子］，条解民再 238 頁［畑瑞穂］。

13）破産法 48 条の解釈として，民事再生法 44 条と同様に，権利取得者を破産債権者に限定しようとする有力説があることにつき，前掲注 7)参照。また，両条の関係については，前者の立法趣

条1項参照）が害されるのを防ぐことにあると説明されることが多い[12]。

ただし，破産法48条と民事再生法44条の規定内容には，はっきりしない部分も多い。まず，民事再生法では，再生債権についての（したがって再生債権者による）権利取得に限定されているのに対して，破産法ではそのような限定がないが，その相違が何を意味するのか，十分に明確とはいえない[13]。また，民事再生法44条1項は，上記のように管財人が選任されているときは管財人または再生債務者の行為によらない権利取得を適用対象としているのに対して，破産法では単に「破産者の法律行為によらない」権利取得が適用対象とされているから，破産管財人による行為も破産手続との関係では無効と捉えられかねない。しかし，破産管財人の正当な職務としての財産換価等を無効とするのは明らかに不適当であるから，破産管財人の行為による権利取得には破産法48条の適用は否定されなければならない[14]。これらの点は，立法政策的な判断を経て見直しがなされるべきであり，近い将来の法改正の課題の1つとなるであろう。

(2)　再生手続開始後の登記・登録等

再生手続開始後に，登記権利者等が手続開始前に生じた登記原因に基づき手続開始後にした登記等が，再生手続との関係でその効力を主張することができない点は破産法49条1項本文と同様であるが（民再45条1項本文参照），その趣旨については，(1)で述べた民事再生法44条1項本文と同様の説明がなされることになろう[15]。すなわち，再生債務者財産の固定によって，再生債権者やその他の権利者間の平等・衡平を害する（特定の権利者の地位を改善する）行為を防止することが，その目的といえる[16]。最近の裁判例には，登記権利者

旨を①特定財産に対する差押え後に当該財産につき権利を取得した者がこれを差押え債権者に対抗できないことに対応する点と，②特定の破産債権者が破産手続開始後に破産財団所属財産上に法定担保権を取得することを禁止する点に求めた上で，後者（民再44条）の趣旨は②の点のみであると説明する見解もある（破産・民再概論90頁以下，106頁［山本克己］）。

14）伊藤・破産民再340頁。

15）条解民再242頁［畑］。民事再生法45条においても，文言上，債権譲渡の対抗要件である確定日付ある通知・承諾（民467条2項）並びに動産および債権譲渡の対抗要件としての登記（動産債権譲渡特3条・4条）は適用・準用対象とされていないが，解釈による準用ないし類推適用の可能性を認めるべきである（新注釈民再(上)249頁［長沢］）。

16）条解民再242頁［畑］，倒産概説202頁［沖野眞已］等参照。

（根抵当権者）が再生手続開始後に再生債務者に対してした登記手続請求を排斥する判決理由の中で，再生手続開始の事実を知りながら登記手続を請求することは，「法45条1項の規定により，許されない」，と判示するものがある[17]。

これに対して，再生手続開始の事実につき善意で登記等をした登記権利者を保護する定め（民再45条1項ただし書。2項により1項が準用される場合も含む）の趣旨は，破産法49条1項ただし書と同様，原因行為と登記等との関連性や取引の安全の要請などに基づくものと理解される[18]。

なお，善意・悪意の証明に関して，手続開始決定の公告前は善意が，公告後は悪意が推定されることは，破産法51条と同様である（民再47条・76条4項参照）。

7-3　継続中の法律関係の処理の基礎

破産手続または再生手続開始前に行われた法律行為等に基づいてすでに一定の法律関係が形成されている場合には，手続開始により倒産債務者財産の管理処分権等が変更されても，その法律行為の効力が当然に消滅したり，一律に変更されたりするわけではない。しかし，破産管財人への管理処分権の移転または開始後再生債務者による財産管理への移行を反映して，手続開始前の法律関係は，手続開始によって一般に次のような効果を受ける[19]。

7-3-1　破産手続

(1)　手続開始前の法律関係と破産管財人の「第三者性」

すでに**3-3-1**(1)で述べたように，破産手続開始による破産財団管理処分権の移転の実質的意味が破産財団所属財産の包括的差押えとしての意味があることを踏まえて，破産管財人は破産債権者の利益代表機関として，物権変動の**対抗関係**（民177条）や通謀虚偽表示による意思表示の無効に関する**善意の第三者**

17）**大阪高判平成21・5・29判例集未登載**（評釈として，田頭章一・金判1361号34頁がある）。この事件の原判決（**大阪地判平成20・10・31判時2039号51頁**〔倒産百選21事件〕）は，再生債務者が民法177条の第三者であることを直接の根拠として（法45条1項の規律は，再生債務者の第三者性を前提にしているという），根抵当権者の登記請求を棄却した。

18）条解民再243頁［畑］等参照。なお，破産法50条（開始後の破産者に対する弁済の効力）に対応する規定は，民事再生法では，管理命令が発令された場面においてのみ存在する（民再76

の保護（民94条2項）の場面で，「**第三者性**」を有すると解されている。具体的には，まず対抗関係における第三者性として，民法177条の登記の欠缺を主張できる第三者としての地位だけでなく，**借地権**（建物保護法1条，借地借家10条1項）（**最判昭和48・2・16金法678号21頁**〔倒産百選17事件〕），**債権譲渡**（民467条2項）（**最判昭和58・3・22判時1134号75頁**〔倒産百選18事件〕）の対抗要件についても第三者としての地位が認められる。また，通謀虚偽表示などにおける第三者保護規定（民94条2項・96条3項・545条1項ただし書等）との関係でも第三者性は認められている（民法94条2項の適用例として，**最判昭和37・12・13判タ140号124頁**参照）。これに対して，**最判昭和46・2・23判時622号102頁**は，**融通手形の抗弁**（手17条・77条1項1号参照）については，破産管財人の第三者性を否定するが（抗弁の行使を認める），手形法上の抗弁切断の趣旨は**手形流通の保護**に限定されるから，その結論は妥当であろう。

この破産管財人の第三者性とは，破産手続開始による管財人への財産管理処分権の移転が，実質的には破産債権者の利益代表者としての地位を有する独立の手続機関となるという考え方に基づいて，従前の権利関係の再構成がなされるものとして理解することができよう。

(2)　共有関係に対する効果

ある財産につき共有関係が存在する場合，共有者の1人について破産手続が開始されたときは，その**共有財産の分割の請求**は，共有者の間で分割をしない旨の定めがあるとき（反対説はあるが，遺言により相続財産分割を禁止している場合は含まない）でも，することができる（破52条1項。ただし，この場合，他の共有者は，相当の償金を支払って破産者の持分を取得することができる〔同条2項〕）。破産者の共有持分は破産財団を構成し，換価の対象になるから，不分割の合意（民256条1項ただし書）があっても，破産管財人に換価またはその前提として分割請求を認めるのが合理的だからである。同項の文言上は分割請求

条2項・3項）。

19)　継続中の契約に対する法定の効果（本稿の検討対象に限定されない）に関する基本問題の1つとして，関係人間の合意によりかかる法定の規律をどこまで変更することができるか，という問題がある（たとえば，再生手続開始の申立てがあったことを解除事由とする特約の有効性につき，Column③〔本書111頁〕参照）。

の主体の限定はないとして，他の共有者も分割請求ができるとする説[20]もあるが，換価の方向での特別の権限は破産管財人にのみ認めれば足り，他の共有者には，破産法52条2項に基づく破産者の持分の取得請求権の行使により，自己に不利益な分割を回避する手段を認めれば足りるであろう[21]。そうすると，同条の趣旨は，破産管財人による共有持分の換価を円滑にし，他の共有者との利害を調整することにあるということができよう[22]。

(3) 双方未履行双務契約処理の原則

破産手続開始前に締結された契約に関して，その契約が**片務契約**である場合または**一方が履行済みの双務契約**である場合は，破産者，契約の相手方のいずれが債権を有するかに応じて，破産管財人が管理・行使する債権または破産債権として取り扱われる。また，契約に基づく義務がすべて履行済みであるときは，否認権行使の対象となる場合を除いて，破産手続開始によって処理すべき法律関係が改めて生ずることもない。

ただし，破産手続開始決定時に双務契約の当事者である破産者およびその相手方がいずれも履行を完了していないとき（かかる状態にある契約を「**双方未履行双務契約**」という）は，浮動的な状態を解消すべく，法は特別の規定を置いている。すなわち，破産管財人は，双方未履行双務契約を解除するか，または契約どおりの履行をして相手方の義務の履行を請求するかの選択をすることができる（破53条1項）。これは，双方未履行双務契約を破産管財人の目から見直す機会を与え，その履行か解除かの「**選択権**」を与えるものと理解できるが，現実的にみて重要であるのは**契約解除権**である。民法上，法定解除権は，履行遅滞等の事由がある場合（民541条以下）と契約ごとに定められた特別の解除要件（民561条等参照）を充たす場合に限り認められるが，破産法は，それに加えて管財人等の特別（無条件）の法定解除権を定めているのである（[図7-2] 参照）[23]。

---

20) 倒産概説194頁［沖野］。

21) 条解破産402頁参照。民事再生法48条1項では，分割請求の主体が「再生債務者等」と明示されていることについては，**7-3-2**(2)参照。

22) 組合員につき破産手続が開始したときに，組合から脱退するものとされ，（破産管財人へ）持分の払戻しがなされること（民679条2号・681条参照）も，破産財団の換価を円滑にする趣旨といえる。

23) 「解除」は，一般に，契約の効果を遡及的に消滅させる効果をもつとされ，当事者双方に原状

［図 7-2］契約処理の基本原則（破産の場合）

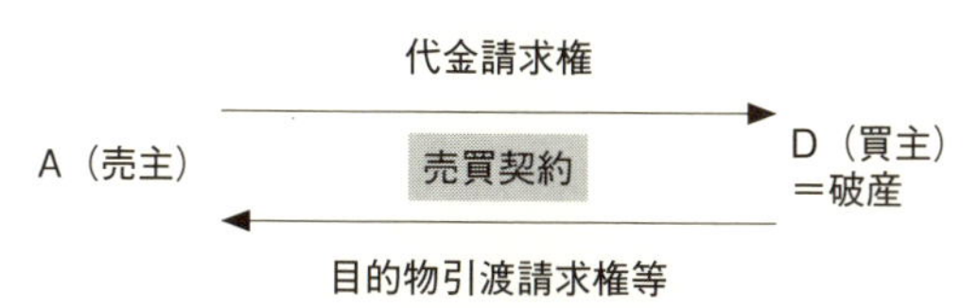

① 手続開始時にDが代金支払済み → 目的物引渡債権が財団所属財産
② 手続開始時にAが引渡済み → 代金請求権が破産債権（Aは，動産売買先取特権〔民311条5号・321条〕を取得する可能性がある）
③ 手続開始時に双方の義務が未履行（履行未完了） → Aの債権は破産債権で，Dの引渡請求権は財団財産？ →破産管財人に解除か履行かの選択権（破53条1項）を与え，他方で，破産管財人の選択に応じ，相手方の地位につき一定の保護（破54条・148条1項7号）を図った（通説）。

この破産管財人の選択権の根拠については，さまざまな説があるが，**破産財団の確保**と**破産手続の迅速・円滑な進行**の観点から，法が特別に認めた権利（破産管財人の**包括差押債権者としての地位を超えた特別の地位**）であると説明するのが最も合理的である。たとえば，破産者が締結した売買契約が破産手続開始決定当時双方未履行の場合には，破産管財人はその契約を破産財団や破産手続遂行にとっての得失の観点から再評価し，契約履行による利益が認められるときは履行を，認められないときは解除を選択するのである（破産では履行選択は例外だから，裁判所の許可を要することにつき，破産法78条2項9号参照）。もっとも，双務契約における双方の義務は，元来同時履行の抗弁権（民533条）によって相互に対価・担保関係にあったことからみて，破産法の規律としても，契約の**相手方の地位**に一定の配慮を示すことが適切である。

そこで，まず破産管財人が**解除**を選択したときには，解除による相手方の損害賠償請求権は――手続開始後の原因に基づく債権であるにもかかわらず――破産債権として行使が許され（破54条1項），相手方の原状回復請求権は最大限尊重される（破産者の受けた反対給付が破産財団中に現存するときは，その返還を請求することができ，現存しないときは，その価額について財団債権者としてそ

回復義務を負わせる（民545条1項本文参照）。倒産法による既存の契約の拘束力からの解放の方法としては，このような効果はやや過剰にもみえる。立法論としては，アメリカ法（連邦倒産法365条）のように，「契約（履行）の拒絶（rejection）」という構成もありうると考えられるが，その場合には拒絶の効果を一から法定するという作業が必要になる（伊藤・破産民再351頁注56参照）。他方で，現行の解除構成でも，各種契約の性格に応じて，解除の効果の倒産法的な再構成は避けられない。

の権利を行使することができる）こととされている（同条2項）。また，破産管財人が**履行**を選択したときには，相手方の権利を財団債権とすることにより（破148条1項7号），双方の義務の対価性に配慮した規定を置いている。さらに，相手方には，相当の期間を定めて管財人等の選択を催告する権利が認められる（破53条2項前段。確答がない場合には，解除されたものとみなされることにつき同項後段）。この「**確答請求権**」は，管財人が履行か解除かを選択するまでの不安定な状態（選択権の行使期限は法定されていないことに注意）を相手方のイニシアチブで解消する手段を与えたものである。

ところで，双方未履行契約の処理における相手方の保護の観点からは，「破産宣告〔現行法の用語では「破産手続開始決定」〕当時双務契約の当事者双方に未履行の債務が存在していても，契約を解除することによって**相手方に著しく不公平な状況が生じるような場合**には，破産管財人は同項〔現破産法53条1項〕に基づく解除権を行使することができないというべきである」（太字は筆者）とした最高裁の判例（**最判平成12・2・29民集54巻2号553頁**〔倒産百選80事件①〕）も重要な意味を持っている。ただし，この事例自体は，預託金制ゴルフクラブ会員契約における会員の破産の事例であり，解除を認めれば，ゴルフクラブ運営会社に，破産会員1人につきときには数千万単位にも上る預託金返還義務が生じてしまう（その結果，ゴルフクラブも破綻の危機に陥るおそれが大きい）事情があった。このように最判の事例はやや特殊といわざるをえないので，その射程範囲をあまり広く捉えることは避けるべきであろう。

7-3-2　再生手続

(1)　手続開始前の法律関係と再生債務者（開始後）の「第三者性」

再生手続では，破産手続のように，手続開始による債務者の財産管理処分権の管財人への移行は生じないが，手続開始後の再生債務者は，債権者に対して「公平誠実義務」（民再38条2項）を負う点で開始前とは異なった法的地位に立つことになる（**3-3-1**(2)参照）。そこで，再生債務者の法的地位は，次に述べる第三者性の点も含めて，管財人に準ずるとされることが多い[24]。再生債務者

---

24)　たとえば，伊藤・破産民再867頁以下参照。ただ，再生債務者には否認権が認められない（民再56条等参照）など，明らかに管財人と異なった面も認められる。

25)　松下・民再入門50頁以下参照。再生債務者の「第三者性」の根拠に関する諸説については，

が民法177条の第三者かという問題が扱われた事案において，**大阪地判平成20・10・31判時2039号51頁**（倒産百選21事件）は次のように判示する。「再生債権者が，登記をしなければ不動産に関する物権の取得を対抗できない民法177条の第三者にあたることはいうまでもない。そして，再生手続が開始された場合には，再生債務者は，その財産を管理処分する権限を失わないものの（民事再生法38条1項），債権者に対し，公平かつ誠実に，その財産を管理処分する権利を行使し，再生手続を追行する義務を負う（民事再生法38条2項）。すなわち，再生手続が開始された以上，再生債務者は，再生債権者のために公平かつ誠実に，財産を管理処分するとともに再生手続を遂行する責務を有する再生手続の機関として，**民法177条の第三者である再生債権者の利益の実現を図るべき再生手続上の責務**を有するのである。このように考えると，再生債務者は，登記をしなければ物権の取得を対抗できない民法177条の第三者である再生債権者の利益を実現すべき再生手続上の機関として，再生債権者と同様，民法177条の第三者にあたると解するのが相当である」（太字は筆者）。

この裁判例も述べるように，再生債務者の「第三者性」は，再生債務者が再生債権者の利益を代表する機関である（民再38条2項参照）ことを実質的根拠とするものとみられる[25)]。たしかに，このような理解には相当の根拠があるが，その反面，再生債務者（実質的には，その持分権者や経営陣）は，再生債権者の権利の変更（縮減）を得て事業を再生すれば（いわゆる100％減資や事業譲渡等による再生では事情が異なる），自らの存続とそれによる利益を確保しうるのであり，その意味では，再生債務者は，「債権者のために行動することがやがて自分のためにもなるといった発想で行動することが求められる」[26)]というのが，基本的な行動規範としてふさわしいであろう。最近の判例は，再生債務者財産について担保権者（所有権留保権者）が別除権の行使をするためには，再生手続開始時に登記登録等を要するか，という問題につき，再生債務者の「第三者性」に直接依拠することなく，「個別の権利行使が禁止される一般債権者と再生手続によらないで別除権を行使することができる債権者との**衡平を図るなどの趣旨**から」（太字は筆者），原則として当該の担保権につき登記登録等

近藤隆司・倒産百選45頁など参照。

26）　破産・民再概論46頁［佐藤鉄男］。

を具備する必要がある（民再45条を参照する），と判示した[27]。ここでいう「衡平」が「個別化的正義」[28]を意味するとすれば（民再155条1項ただし書等参照），本判決は，「第三者性」を認めるか否かといった二者択一的な基準とは異なる判断枠組みの可能性を暗示しているとみることもできるであろう[29]。

(2) 共有関係に対する効果

再生債務者と他人が共有する財産について，共有者間で不分割特約があっても，再生債務者等は，分割を請求することができる（民再48条1項）。他の共有者が相当の償金を支払って再生債務者の持分を取得できること（同条2項）を含めて，同条の趣旨は，破産法52条とほぼ同様であり，再生手続開始後の共有持分の換価の促進（ただし，配当ではなく，事業再生等を目的とする）と他の共有者との利害調整である[30]。分割請求権者が明確ではない破産法では，破産者以外の共有者が分割請求できるかが問題となったが（**7-3-1**(2)参照），民事再生法では，再生債務者等からの分割請求だけを認める趣旨が法文上も明らかになっている。

(3) 双方未履行双務契約処理の原則

再生手続開始時に，すでに存在している契約が片務契約または一方が履行済みの双務契約であるときは，残存する債権がいずれであるかに応じ，再生債務者財産に属する財産または再生債権となる点は，破産手続について述べたのと同様である。契約上の債務がすべて履行済みであるときは，当該契約が否認の対象となる場合を除いて，再生手続開始により影響を受けないことも変わりはない。

再生手続における双方未履行双務契約の処理の概略は次のとおりである。再生手続開始決定時に双務契約の当事者である再生債務者および相手方がどちらも履行を完了していないときは，再生債務者等に，再生手続の目的（民再1条

27） **最判平成22・6・4民集64巻4号1107頁**（倒産百選58事件）。

28） 伊藤・破産民再22頁参照。

29） 詳しくは，田頭章一・リマークス43号（2011年）137頁参照。別除権につき対抗要件が必要である理由につき，別除権としての保護を受けるための権利保護要件の問題であると説明する可能性につき，今中ほか・講義217頁を参照。

30） 条解民再248頁［畑］参照。なお，組合員破産の場合の組合からの脱退，持分の払戻しという処理（民679条2号・681条参照）は，民事再生の場合には適用されない。

参照）を実現するために，契約を解除するか履行を求めるかの選択権が与えられる（民再49条1項）。契約相手方の保護の仕組みは破産とほぼ同様であり，まず**解除選択**の場合は，相手方の損害賠償請求権は再生債権となり，また相手方の原状回復請求権も取戻権または共益債権として尊重されるし（以上，同条5項による破54条の準用），**履行選択**の場合には，相手方の権利は共益債権となる（同条4項）。相手方に，いずれを選択するかについての確答請求権が与えられる点も破産と同様である（同条2項前段）。

以上のように，双方未履行双務契約の処理方法は，基本的には破産手続と共通点が多い。ただ，再生手続においては，①管財人が選任されない大多数の事件では，この権限を行使するのは**再生債務者**である点，②再生手続では**解除が例外**と位置付けられるから，法律上，解除の方に裁判所の許可（民再41条1項4号）または監督委員の同意（民再54条2項）が必要とされている点，および③相手方の確答請求に対して再生債務者等が確答しなかった場合には，**解除権を放棄したものとみなす**点（同条2項後段）は，破産手続と異なっている。

Column③　契約相手方の「いちぬけた」は許される？

一般に，双務契約または継続的契約関係においては，一方当事者が破産手続や再生手続開始の申立てをしたときは，（催告なしに）契約を解除できるとする，いわゆる**倒産申立解除特約**が置かれることが多い。このような倒産申立解除特約の目的は，たとえば，契約当事者Aが相手方Bの倒産手続申立ておよび開始によって生ずる強行的な権利の制限・変更を，契約の解除（遡及的消滅）によって免れることにある。しかし，倒産手続の存在意義が，Bの倒産によって生ずる損失を，Aを含む利害関係人に公平に負担させることにある（破1条，民再1条参照）とするならば，単にAB間に合意があるというだけで，上記のような「いちぬけた」を無制限に認めるわけにはいかない。

判例も，動産の所有権留保売買の買主が会社更生申立てをしたケースで，倒産申立解除特約は，株式会社の事業の維持更生を図ろうとする**会社更生手続の趣旨，目的を害する**として無効とし（**最判昭和57・3・30民集36巻3号484頁**〔倒産百選75事件〕），さらに，フルペイアウト方式のファイナンスリース契約のユーザーの再生手続において，かかる特約は，担保の意義しか有さないリース物件を，民事再生手続開始前に債務者の責任財産から逸出させ，民事再生手続の中で債務者の事業等におけるリース物件の必要性に応じた対応をする機会を失わせるもので，**民事再生手続の趣旨，目的に反する**として，無効とした（**最判平成20・12・16民集62巻10号2561頁**〔倒産百選76事件〕）。

以上のような判例の射程が，破産手続における双務契約に及ぶかも争いがある点であるが，下級審裁判例には，賃貸借契約に関して，賃借人の破産申立てを解除事由とする特約の有効性を否定したもの（東京地判平成21・1・16金法1892号55頁）がある（8-3-3注21)参照）。

請負契約における倒産申立解除特約の効力については，9-1-2注11)を，また立法的課題として，18-4-2(2)を参照。

第8章
賃貸借契約

8-1　はじめに

前章で取り上げた破産法53条・民事再生法49条等に基づく双方未履行双務契約の取扱いの原則は，各種契約の性格に応じて特別の取扱いをされることがある。その特則は，破産法などの倒産立法中に規定されていることもあれば，民法などそれぞれの契約の根拠法において定められている場合もある。また，未履行双務契約の処理の局面にとどまらず，それぞれの契約に特有の倒産手続上の問題点が存在する。本章から第10章までは，重要な契約類型を取り上げて，破産・再生手続における特別な取扱いの概要を説明し，併せて各種契約をめぐる最近の主要問題を重点的に検討していくことにする。本章の検討対象は，**賃貸借契約**，すなわち「当事者の一方〔賃貸人：筆者注〕がある物の使用及び収益を相手方〔賃借人〕にさせることを約し，相手方がこれに対してその賃料を支払うことを約する」契約である（民601条）。

8-2　賃貸借契約の当事者の破産・再生に関する特則の概要

8-2-1　賃借人の破産・再生

賃貸借契約継続中に賃借人または賃貸人につき破産または再生手続が開始すると，賃借人の賃料支払義務と賃貸人の目的物を使用収益させる義務の双方が未履行状態であり，破産管財人または再生債務者が解除（解約）か履行かの選択権を有する（破53条1項，民再49条1項）ようにみえる[1]。

ところが，**賃借人に破産手続が開始**したときについては，かつて，民法において，賃貸人または破産管財人は解約の申入れをすることができ，それに伴う損害賠償の請求はできないという定めが置かれていた（民旧621条）。破産法53条等の規律と比較すると，賃貸人からの解約も認められている点と損害賠償が否定されている点が特徴であり，それぞれ賃貸人は賃料の徴収に不安を感ずるであろうこと，および双方からの解約をしやすくすることにその根拠があった。しかし，そもそも賃料の不払いがない場合にまで賃貸人の無条件解約を認めるのは不合理であるし，賃借権（とくに借地権）が財産的価値を有する場合には，その譲渡による財団充実の機会を奪うことにもなる[2)]。そこで，本条は現行破産法の制定に際して削除された[3)]。

その結果，賃借人について破産手続開始決定がなされたときは，原則どおり，破産法53条等が適用されることとなった。破産管財人としては，履行を選択して約定どおりの賃料を支払いつつ，譲渡性のある賃借権（借地権が典型）を売却することもできるし，賃借物がもはや使用することのない営業用動産であるような場合には契約を解除することもできる。履行を選択した場合の賃貸人の賃料請求権は，破産手続開始前に弁済期がすでに到来していた部分（破産債権となる）を除いて，財団債権（破148条1項7号）になる[4)]。解除がなされた場合には，破産法54条1項により賃貸人の損害賠償請求権は破産債権となる。また，同条2項（反対給付の原状回復）の適用に関しては，たとえば，破産管財人の解除によって生ずる賃貸人の賃借物返還請求権は取戻権と解されているが，その根拠は同項前段に基づく特別の取戻権か，それとも破産法62条の一般の取戻権かという点が議論される。この問題については，近時，破産法

1）賃貸借契約は，破産法55条，民事再生法50条の特則が適用される「継続的給付を目的とする双務契約」（継続的供給契約）には該当しないと解されている。伊藤・破産民再363頁注84，条解民再258頁［西澤宗英］など参照。

2）当時の判例は，本文に述べた観点から，土地の賃貸借につき，民法旧621条による解除のためには**正当事由**が必要であり，**賃借人の破産**の事実だけではその要件を満たさないとしていた（**最判昭和48・10・30民集27巻9号1289頁**）。

3）一問一答破産80頁参照。永小作人や地上権者の破産の場合に土地所有者が権利の消滅を請求できるという民法の旧規定（民旧276条1項・266条1項）も，民法旧621条と同様の問題があったために，破産を権利消滅請求原因とする部分が削除された（現民276条参照）（同書81頁参照）。

4）大コンメン破産234頁［三木浩一］など通説である。これに対して，開始前の賃料不払い分も含めて財団債権になると解する説として，伊藤・破産民再363頁がある。

54条2項の趣旨は，民法545条の定める解除の遡及効を前提とした原状回復であるから，それと無関係な賃貸人の賃借物返還請求権については，破産法62条を根拠とすべきであるとする有力説[5]があり，これに賛同すべきであろう[6]。

これに対して，**賃借人に再生手続が開始**した場合については，もともと民法には特則が存在しなかったのであり，民事再生法49条以下の一般原則が適用される。したがって，賃借人である再生債務者としては，事業継続のために必要かどうかなどを考慮して，解除か履行かの選択をすることになる。履行を選択した場合の賃貸人の賃料請求権（手続開始後に弁済期が到来するものに限る）は，共益債権（民再49条4項）として保護されるなど，上述の破産の場合とほぼ同様の処理がなされる。

8-2-2　賃貸人の破産・再生

賃貸人が破産した場合については，従前より民法等に特則がなかったから，条文上は破産法旧59条（現53条）が適用されるようにみえたが，賃借権の財産的価値の保護を理由にして，同条の適用を否定する学説もあった。しかし，この学説に対しては，管財人による無条件の解除権の行使によって相手方がある程度の不利益を被ることはやむを得ないとしてその行き過ぎが批判され，賃借権（不動産賃借権が念頭におかれた）について**第三者対抗要件**（民605条，借地借家10条1項・31条1項参照）が備えられ，物権的な権利に準ずると認められる場合にのみ管財人の解除権を否定すべきだとする説が多数説となった[7]。現行破産法56条1項は，このような学説の考え方を取り入れ，賃借人がその

5）水元宏典「賃借人破産と破産法53条1項に基づく破産管財人の解除選択――賃貸人の原状回復請求権・原状回復費用請求権を中心に」ソリューション22頁。

6）その他の論点として，解除により賃貸人は**目的物の原状回復**（目的物に附属させた物の収去などを指す）を求めることができるが（民616条・598条に基づく場合のほか，所有権に基づく場合もある），かかる権利が取戻権となるか，財団債権となるか，またそれぞれの場合の根拠条文は何か，などの問題もある。立法論的課題を含めて，詳細については，水元・前掲注5）が有益である。なお，原状回復を賃貸人が行ったときは，その費用償還請求権は，財団債権になるとする裁判例として，**東京地判平成20・8・18判時2024号37頁**がある（破148条1項4号または8号の適用・類推適用を根拠とする）。また，解除の場合の敷金返還請求権の扱いおよび違約金条項の効力については，**8-3-2**および**8-3-3**参照。

7）旧法下での議論状況については，基本法コンメン破産99頁［宮川知法］など参照。

権利について登記，登録等の対抗要件を備えている場合には，同法53条1項および2項は適用しないと定めた。この解除権の制限は，対抗要件の本来的な効力ではなく，対抗要件の存在が指標（**権利保護資格**）となって，当該賃借権について管財人の解除権を制約するものである[8)]。その結果契約が維持される場合には，賃借人の目的物使用収益権（民601条参照）および修繕・費用償還請求権（民606条・608条）（敷金契約は賃貸借契約とは別個の契約だから，敷金返還請求権はここには含まれない）は，財団債権となる（破56条2項）。

ところで，賃貸人の破産管財人が借地借家法上の**正当事由**（借地借家6条・28条）を理由として契約の更新拒絶や解約申入れができるかは，破産法53条の解除権とは別問題である。正当事由に基づく更新拒絶等は，借地借家権の対抗要件が備えられている場合でも，行うことができるが，**賃貸人の破産手続開始**という事実だけでは正当事由の根拠とはならないものと考えられる[9)]。また，**動産の賃貸借**について56条の適用があるかも問題となるが，近時の民法学説では，目的物の引渡しは第三者対抗要件として認められないと解する立場が有力であるから[10)]，その立場に立つ限り，動産賃借権について，賃貸人の破産管財人の解除権を制限することは困難であろう。

賃貸人につき再生手続が開始された場合についても，民事再生法51条により（一部文言の読替えをした上で）破産法56条が準用される。賃貸人の民事再生の場合に再生債務者の解除権から賃借人を保護する必要性とその保護要件は，破産手続と同様と考えられるからである。

8-3　賃貸借契約の処理に関連する重要問題

8-3-1　賃貸人の破産・再生と賃料債権の処分・相殺の範囲

賃貸人が破産した場合の賃料債権の取扱いについては，かつて貸借人の賃料の前払いまたは賃貸人の賃料債権の処分（譲渡等）は手続開始時における当期および次期（月払いであれば，2か月分）に関するもののみその効力を主張でき

8）一問一答破産85頁参照。賃借権の対抗要件が第三者である抵当権者等の権利に劣後する場合でも，管財人の解除権は制限される（倒産概説217頁［沖野眞已］参照）。

9）伊藤・破産民再365頁など参照。裁判例として，**東京高判昭和31・7・18下民集7巻7号1947頁**などがある。

10）幾代通＝広中俊雄編『新版注釈民法⒂〔増補版〕』（有斐閣，1996年）207頁以下［幾代］，田

るものとされていた（破旧63条参照）。賃貸人＝破産者が賃借人や第三者と通謀して（たとえば架空の前払いの事実をねつ造して），破産債権者を害することを防ぐことがその趣旨であった。しかし，この制度は，**将来の賃料債権の譲渡（担保）**等による資金調達を妨害しかねず，実体法上将来債権譲渡を広く認める判例の立場や特別の制限がない個別執行との整合性も説明しにくいとして廃止され，現行法の下では，賃料債権の譲渡は——実体法上公序良俗に反する場合や否認の対象となる場合を除いて——制限を受けない。この点は，民事再生手続でも同様である。

また，**賃料債権を受働債権とする賃借人側からの相殺**の範囲についても，これを無制限に認めると，破産財団に入るべき賃料が入ってこず，賃借人に過度の優先的地位を与えるとして，破産法旧103条は，受働債権を手続開始時の当期または次期の賃料債権に限定していた。しかし，広く相殺権の行使が認められている**破産手続**では賃料債権を受働債権とする場合にも賃借人の相殺期待を尊重すべきであるとして，上記規定は削除された。その結果，賃借人が賃貸人に100万円の破産債権を有し，賃料債権が月10万円だとすると，賃借人は手続開始以後10か月間の賃料債権を受働債権として（期限が到来していなくても相殺に供することはできる。破67条2項後段参照）相殺をすることができることとなる。これに対して，**民事再生手続**では，事業再生のために賃料収入の確保が必要であるとの配慮から，手続開始から6か月分の賃料債権についてのみ相殺が認められる（民再92条2項。なお敷金がある場合の処理に関する同条3項については，次項で述べる）。

8-3-2　賃借人の敷金関係の処理

(1)　賃借人の破産・再生の場合

賃借人の破産の場合，破産管財人が家屋等の賃貸借契約を解除する選択をしたときは，敷金返還請求権[11]は破産財団所属財産となる。ただ，上述のように，賃借権が財産的価値をもち，換価可能なものであるときは，履行の選択を

頭章一「賃貸借契約——賃貸人の破産」山本克己ほか編『新破産法の理論と実務』（判例タイムズ社，2008年）199頁参照。

11）　判例によれば，敷金返還請求権は，目的物の返還時において未払賃料等の被担保債権へ当然充当され，なお残額があることを条件として発生する**停止条件付債権**である（**最判昭和48・2・2民集27巻1号80頁，最判平成14・3・28民集56巻3号689頁**）。

して賃借権（実質的には敷金返還請求権も含む）を売却し，その売得金を破産財団に組み込むことになる[12]。**賃借人に再生手続**が開始された場合は，再生債務者等が，賃貸借契約の解除か（目的物が事業再生のために不要で，財産的価値もないときなど），履行か（目的物が事業再生に必要なとき，または譲渡による売得金の取得が事業資金の調達に役立つときなど）の選択をし，解除の場合には，再生債務者等が再生債務者財産に属する財産として敷金返還請求権を行使する。

(2) 賃貸人の破産・再生の場合

家屋等の賃貸人につき破産・再生手続が開始した場合，前述のように貸借人が賃借権につき対抗要件（借地借家31条1項）を具備しているときは解除ができないから，賃借人の敷金返還請求権が具体化するのは，**契約期間の満了や合意解除**等による明渡しの場合が中心となる。敷金返還請求権は，明渡し前は停止条件付債権であるが，その場合も含め，破産債権または再生債権となり，破産配当または再生計画による弁済の対象となるのが原則である。ただし，以下の特則がある。

まず，**賃貸人が破産**した場合についてみる。停止条件付の敷金返還請求権を有する賃借人は，賃貸人の破産管財人に対する賃料の弁済をするときは，「後に相殺をするため」（これは，敷金の未払賃料等への充当後その残額につき，敷金請求権が発生するという判例の理解の下では，**将来の充当**のためと解することとなろう[13]），その債権（敷金）額の限度において，破産管財人に対して**弁済額の寄託**を請求することができる（破70条後段）。賃借人が破産手続の最後配当の除斥期間満了までに目的物の明渡しをして敷金返還請求権の停止条件が成就すると，それが同時に解除条件の成就となって賃料の弁済は効力を失い未払状態

12）破産者が個人で借家に居住している場合，破産管財人が個人破産者の生活再建のために，あえて解除（および履行）の選択をせず，賃借権を財団から放棄することがある。ただ，解除による敷金返還額が低額の場合はともかく，それが多額に上るときには，財団の確保の要請とのバランスを考慮する必要がある（伊藤・破産民再364頁参照）（**15-2-1**(2)(エ)）。

13）条解破産547頁，松下・民再入門125頁注22も同旨。ただし，立法趣旨としては相殺が想定されていた（一問一答破産92頁参照）。

14）松下・民再入門126頁，野村剛司＝余田博史「賃貸人の倒産における敷金返還請求権の取扱い」倒産実務交流会編『争点 倒産実務の諸問題』（青林書院，2012年）373頁。寄託金請求の性格を取戻権と解するものとして，倒産概説251頁［沖野］がある。

15）倒産概説219頁［沖野］，条解破産547頁など参照。ただし，これにより破産債権であった敷金返還請求権が譲受人に対する通常債権となって他の破産債権者等との平等・公平を害する点，

に戻るから，当然充当ができることになる。仮にその未払賃料債務を含む被担保債権に敷金を充当した結果債務が消滅する場合には，寄託額は破産財団の不当利得となるから，賃借人は**財団債権**（破148条1項5号）として，その返還を求めることができる（逆に，敷金充当後も賃借人の債務が残るときは，破産管財人に対してその義務を履行しなければならない）[14]。なお，破産管財人が賃貸借の**目的物件を任意売却**したときは，一般に未払債務への充当を経て残額につき新所有者（新賃貸人）に承継されると解されている（**最判昭和44・7・17民集23巻8号1610頁**等参照）[15]。この場合，仮に賃料弁済額が寄託されていたときは，破産手続との関係では敷金返還請求権の停止条件成就（したがって，未払賃料債務の発生）の可能性が失われ，実質的にも保護されるべき敷金返還請求権が不在となるから，寄託された賃料は破産財団に組み込まれることとなろう（この点は，任意売却の価格に反映されることになると考えられる）。

一方，**賃貸人の再生手続**における賃借人の敷金返還請求権については，賃料の寄託請求ではなく，一定の範囲で敷金返還請求権を共益債権とすることによる保護手段がとられる（民再92条3項）。すなわち，賃借人が，再生手続開始後に弁済期が到来する賃料債務について，その弁済期に弁済をしたときは，賃借人が有する敷金返還請求権は，手続開始の時における**賃料の6か月分に相当する弁済額**（ただし，同条2項の規定に基づく相殺により消滅する賃料債務額は控除される[16]）の範囲内において，**共益債権**とされる。たとえば，賃貸人A社につき再生手続が開始されたが，A社は再生手続申立て前から甲ビルを，賃料月額100万円，敷金2000万円の条件でB社に賃貸していたとすると（〔事例①〕），B社が手続開始後3か月間の賃料を弁済して契約が終了・明渡しとなったならば，敷金返還請求権は300万円分が共益債権となる（残額は再生債権）。

および敷金返還請求権が新しい賃貸人の負担となることにより譲渡代金が低額になって，破産財団の減少をもたらすという問題がある（山本和彦「倒産手続における敷金の取扱い(1)」NBL831号〔2006年〕18頁参照）。この点に関する立法提言として，山形康郎「民事再生手続における敷金返還請求権の取扱いに関する改正提案」倒産法改正研究会編『提言 倒産法改正』（金融財政事情研究会，2012年）117頁，**18-4-1**(2)参照。

16)　敷金返還請求権は停止条件成就までは，自働債権として相殺に供することができないから，民事再生法92条2項による相殺の余地はないと解される（松下・民再入門123頁注20参照）。もっとも，その結果，10か月分の敷金があるときに，手続開始後1か月不払い，その後6か月賃料を支払った場合に，6か月分の共益債権を認めることにより，賃借人に，1か月の当然充当分を含め7か月分の優先的地位を認めてしまうという点を問題視すれば，3項かっこ書の「相殺」は「充当」を含むという考え方もありうる（後掲注18)参照）。

なお，再生手続中に賃貸借**目的物が任意売却**された場合，議論はあるが，一般に賃貸人の地位の移転に伴い，敷金返還請求権も移転する（これにより再生債権から通常の債権となる）と解されている[17]。

次に，敷金のうち，**再生計画によって権利変更の対象**となるのはどの範囲かという点も，破産手続には存在しない再生手続に特有の問題である。たとえば〔事例①〕と同様の賃貸借契約において，賃借人Ｂ社が手続開始決定後６か月分の賃料を滞納したまま，再生債権の90％カット（10％弁済）を内容とする再生計画の認可決定が確定し，その直後に賃貸借終了によりＡ社に甲ビルが明け渡されたとする（〔事例②〕）。この場合，Ｂ社の敷金返還請求権はどのように取り扱われるであろうか（敷金充当の対象は，未払賃料債務に限定されるものとする）。第１の見解として，再生計画認可決定確定後に明渡し（停止条件成就）があった場合でも，敷金の未払賃料等への当然充当が先であり，その結果具体化した敷金返還請求権の額につき再生計画による権利変更の効果（民再179条１項）が生ずるとする説（**当然充当先行説**）がある。これによれば，甲ビル明渡し時に当然充当により具体化した再生債権額（敷金額から未払賃料600万円を控除した1400万円）の再生計画による権利変更額，すなわち140万円をＢ社に支払うことになる。これに対して，再生計画による権利変更の効果を受けるのは停止条件付債権としての敷金返還請求権であり，権利変更後の金額が未払賃料等に充当されるとする説（**権利変更先行説**）もある。この説によれば，まず権利変更により200万円となった敷金債権を600万円の未払賃料に充当することになる（したがってＢ社には400万円の賃料債務が残る）。

当然充当先行説は，敷金返還請求権は，目的物の返還時において未払賃料等を当然充当した残額について発生するという前述の判例の立場と整合的であるという強みがある。しかし，同時に，①民事再生法155条１項本文の定める平

17）ただ，再生計画認可後に譲渡された場合に承継される敷金返還請求権額が計画による変更前の額か，それとも変更後の額かという問題がある。その点を含む実務上，理論上の問題点については，野村＝余田・前掲注14)383頁参照。

18）これらの点を根拠として，権利変更先行説の方が優れていると主張するものとして，伊藤眞「民事再生手続における敷金返還請求権の取扱い」青山善充先生古稀祝賀論文集『民事手続法学の新たな地平』（有斐閣，2009年）639頁以下がある。なお，当然充当先行説では，未払賃料があると賃借人に有利な結果が生ずる点への対応として，共益債権とされる６か月分の賃料額に当然充当される賃料相当額も加える（換言すれば，３項かっこ書の「相殺」に「充当」を含むものと解する。なお前掲注16）参照）見解，すなわち充当範囲限定説（山本和彦「倒産手続におけ

等原則の趣旨に反して敷金返還請求権者に優先的満足を与えたのと同様の結果を生じさせる，②賃借人に賃料を滞納し，敷金の当然充当によって経済的利益を得るインセンティブを与える（その結果再生債務者の事業資金が得られない）などの問題点も指摘される[18]。他方で，**権利変更先行説**は，敷金返還請求権は再生債権（停止条件付債権）であるという視点からみて，他の再生債権者との平等を実現できるメリットがあるが，再生計画認可決定確定前に目的物を明け渡した場合とのバランス（たとえば，〔事例②〕で，B社が計画認可前に甲ビルを明け渡した場合には，当然充当が先行せざるを得ず，明渡し時期によって大きな違いが生じてしまう）が問題視される[19]。このように，両説は，それぞれ一長一短があり，一方を違法と断ずることは躊躇されるから，どちらかの立場に一貫するならばいずれの説に基づく処理も許されると考えるべきであろう（実務上も，どちらの説に立った再生計画案も許容する運用であるとされている）[20]。

Practice　考えてみよう！【基礎・展開】

A（株式会社）は，不動産業者B（株式会社）から，B社所有ビルの一室を契約期間２年間，賃料１か月100万円，敷金2000万円の契約で賃借して，事務所として使っていた。B社は，A社の賃借期間中に，破産手続開始の申立てを余儀なくされ，破産手続開始決定を受けた。次の問題に答えなさい。

(1)　A・B社間の賃貸借契約は，破産法上どのように扱われるか。その処理方法の概要について説明しなさい。本問では，敷金についてはふれなくてよい。

Hint　破産法53条の適用はあるか。破産法56条の趣旨と具体的事例への適用を問う問題である。

(2)　A社は，B社の破産手続開始からちょうど４か月後の賃貸借契約期間満了時まで部屋を使いたいと考えている（A社は契約期間満了後直ちに部屋を明け渡すものとする)。A社は，B社の破産手続において，自己の権利の最大限の満足のために，どのような権利行使をすべきか。本問では，敷金2000万円から控除されるのは，未払賃料のみであるものとして解答しなさい。

る敷金の取扱い(2・完)」NBL832号〔2006年〕66頁）も主張される。これを立法論として支持する見解として，山形・前掲注15)120頁参照。

19)　野村＝余田・前掲注14)380頁参照。同論文382頁は，当然充当先行説を支持する。

20)　たとえば，東京地裁につき，破産・民再の実務〔民事再生・個人再生編〕145頁参照。なお，〔事例②〕に〔事例①〕で扱った民事再生法92条3項の処理の問題を取り込むと，再生計画による権利変更の対象となるのは，同項による共益債権化後の債権額か（共益債権化先行説），それとも共益債権化前の債権額か（権利変更先行説）という新論点も絡むより複雑な問題となる。詳細は，蓑毛良和「再生計画による敷金返還請求権の権利変更の範囲について」事業再生研究機構編『民事再生の実務と理論』（商事法務，2010年）95頁以下を参照。

A社の敷金返還請求権の性格を明らかにした上で，破産法70条の「寄託請求」の趣旨および本問における具体的対応を検討すべきである。

(3) B社が破産手続ではなく，再生手続開始決定を受けたものとする（開始決定日は，2015年2月1日）。この再生手続において，再生債権の90％をカットし，残額10％を5年間で弁済するという内容の再生計画案が提出され，債権者集会での可決を経て裁判所によって認可された（確定）。A社は，再生手続開始から6か月間（7月分まで）は賃料を支払ったが，それ以降は賃料を支払わず，再生計画認可確定後の10月末に賃貸借契約が約定期間満了によって終了して甲ビルをB社に明け渡した時点では，A社は，3か月分の賃料を滞納していた。この場合，A社の敷金に関する権利はどのように取り扱われるか。なお，敷金が充当される対象となるのは，この未払賃料債務に限定されるものとする。

本文で解説した「権利変更先行説」と「当然充当先行説」の当てはめを求める問題である。本文の設例と異なり，6か月分の賃料が支払われている点に注意してほしい（民再92条3項参照）。田頭章一・法教358号（2010年）160頁参照。

8-3-3 賃借人の破産・再生といわゆる「違約金条項」の管財人に対する拘束力

賃貸借契約においては，しばしば，賃借人が契約期間中に中途解約するときは，残契約期間の総額を違約金として弁済するものとする（預託していた敷金または保証金を全額〔または一部〕放棄〔没収〕する，と定めることもある）との条項（以下，「**違約金条項**」という）が置かれることがある[21]。この違約金条項は，債務不履行による損害賠償額の予定（民420条参照）とされる場合が多いと考えられ，一般実体法上は，公序良俗に反する場合でない限り，その効力が認められる。そこで，裁判例においては違約金条項の倒産手続における効力を

21） なお，建物賃貸借契約の賃借人に破産手続開始申立てがあったときは，賃貸人は契約を解除できるという条項（いわゆる倒産申立解除条項）は無効とする裁判例として，**東京地判平成21・1・16金法1892号55頁**がある（Column③〔本書111頁〕参照）。

22） 前掲注6）東京地判平成20・8・18。再生手続について同旨を説くものとして，**大阪地判平成21・1・29判時2037号74頁**がある。もっとも，公刊物に未登載の裁判例には，違約金条項を無効とし，またはその適用を制限するものが相当数存在するようである（全国倒産処理弁護士ネットワーク編『通常再生の実務Q&A120問』〔金融財政事情研究会，2010年〕306頁［小畑英一］参照）。なお，破産管財人等が破産法53条1項等に基づいて行う解除が，そもそも契約上「違約金」発生が予定される解除（約定の解除事由，解除権者）に該当するかという問題もあり，該当性が否定された例として，前掲東京地判平成21・1・16がある（なお，請負契約に関する同種の裁判例として，**名古屋高判平成23・6・2金法1944号127頁**〔倒産百選77事件②〕参

認めるものがあり，たとえば，「本件違約金条項が当事者間の自由な意思に基づいて合意され，その内容に不合理な点がない以上，破産管財人においても，これに拘束されることはやむを得ないと解すべきであるから，本件違約金条項が破産法53条1項に基づく破産管財人の解除権を不当に制約し，違法無効であるとはいえない」と説く[22]。

しかし，この違約金条項の効力（破産管財人等に対する拘束力）を認めることには，以下のような問題がある。まず，違約金条項に定められた賠償金額は，契約時の賃貸人の地位の優越を反映して，実際の損害額よりも高額に設定されているのが通常であるから，この条項が**破産管財人の解除権行使を制約する要因**として機能する点である。前述のように，破産法54条1項（民再49条5項で準用される場合も含む）の趣旨は，53条1項等によって破産管財人等に与えられた無条件解除権の行使によって生じうる相手方の不利益を最小限に抑えるために，特別に（破産手続開始後の原因に基づくにもかかわらず）解除による相手方の損害賠償請求権を破産債権として扱うものである。このように，破産法53条1項（民再49条1項）と破産法54条1項（民再49条5項）は，破産管財人・再生債務者等の解除権（破産手続・再生手続にとっての利益）と損害賠償請求の場面での契約相手方の保護のあり方を政策的に調整したものであるから，違約金条項の効力を認めることは，法が予定する利益のバランスをくずすおそれがある。また，賃貸人が法の予定する額より多額の破産債権を行使できるとすれば，破産債権者間の平等が害されるおそれも否定できない。このように考えると，違約金条項（ただし，敷金放棄条項等の効力については後述）の拘束力はこれを否定し，54条1項の損害賠償請求権は，実際に被った（相当因果関係が認められる範囲での）損害額を基準に決定されるべきであろう[23]。

照）。

23）　同旨を述べるものとして，全国倒産処理弁護士ネットワーク編・前掲注22)306頁［小畑］，井上計雄「賃借人破産における破産法53条1項による解除の規律」倒産実務交流会編・前掲注14）341頁，347頁参照。井上論文では，店舗の賃借人の破産管財人による解除の場合における「現に被った損害」の算定基準について，民法617条1項を参考に，解除から原則3か月の範囲の賃料相当額をベースに算定することを提案する。なお，破産管財人解除後明渡しまでの賃料相当損害額は，財団債権となるが（破148条1項4号），契約でその数倍の損害額を定めることがある。かかる条項についても，その直接的な効力は否定すべきであろう。詳細は，上記井上論文350頁，破産管財の手引182頁［島岡大雄］（東京高判平成21・6・25判例集未登載を引用し，財団債権額は賃料相当額とする）参照。

以上のように，違約金条項は，破産法 54 条 1 項等の適用場面での損害賠償額の予定としては効力をもたないと解すべきであると思われるが，実際に被った損害額が破産債権額になるという前提の下で，その額の範囲で賃借人が**敷金を放棄**する（または賃貸人が**敷金を没収**する）という条項が効力を有するかについては，さらに検討を要する。このような合意も破産管財人等の解除権行使の制約となりうる点は否定できないが，敷金には賃貸借契約から生ずる賃貸人の一切の債権を担保する機能が認められていることを考慮すれば，明示的に破産管財人等による解除の場合の損害賠償請求権を被担保債権としているときは，その合意の破産・再生手続における効力を認めざるを得ないであろうか[24)]。

24）井上・前掲注 23)351 頁。**名古屋高判平成 12・4・27 判時 1748 号 134 頁**は，民法旧 621 条廃止前に，違約金請求権を自働債権とし，敷金等を受働債権とする相殺契約につき，賃貸人の合理的な相殺の期待の範囲内でその効力を認めたものである。この裁判例は，解除による損害賠償請求を否定していた民法旧 621 条の下でも放棄条項の効力を認めたものであり，賃貸人からの損害賠償を認める現行法の下ではより強く敷金放棄条項の効力を肯定する先例となりうる点（園尾隆司ほか編『新・裁判実務大系㉘新版破産法』〔青林書院，2007 年〕222 頁［富永浩明］）はそのとおりであるが，他方で，同判決が，破産債権者全体の公平を害することを理由に，**権利濫用**を認め，敷金放棄条項の効力の一部を否定した点も忘れてはならないであろう。

第9章

請負契約・継続的給付契約・労働契約

9-1　請負契約

請負契約は,「当事者の一方〔請負人：筆者注〕がある仕事を完成することを約し，相手方〔注文者〕がその仕事の結果に対してその報酬を支払うことを約する」(民632条) 契約である。そこで，仕事の完成および引渡しと請負代金の支払いの双方が完了しない段階で，注文者または請負人が破産手続または再生手続開始決定を受けたときは，双方未履行双務契約としての処理が問題となる。もっとも，さしあたり次の２点については，あらかじめ注意しておく必要がある。

第１に，**労働，委任，売買（製造物供給）契約等との限界**が流動的な場合があるということである。たとえば，請負契約は仕事の完成を目的とする点で労務を内容とする労働契約とは異なると説明されるのが一般であるが，請負契約とされても，実質的には注文者が請負人に対して指揮命令権を有する継続的法律関係といえるときには，労働契約における労働者の保護のための措置を取り込む必要がある。

第２に，民法上，請負契約は，仕事の完成とそれに対する報酬を与える契約と理解され，仕事の完成後目的物を引き渡した時に初めて全体の報酬の請求ができるものと規定される（民633条)。このように請負を**一体的・不可分**な仕事の完成を目的とする契約と解するならば，請負契約の解除は，既履行（施工）部分も含めて遡及効をもち，当事者は，解除による原状回復として既履行の結果の除去および一部前払金返還を求めうることになる。しかし，土地の工作物の工事請負契約など，実際上よくみられる典型的な請負契約では，契約解除時の既履行（施工）部分は注文者に帰属するものと解し，注文者はその部分に対する報酬を請負人に支払うのが社会経済的にも，また当事者の公平の観点からも合理的であると考えられてきた。最高裁も，請負人の債務不履行による注文者からの解除の事例において，「工事内容が可分であり，しかも当事者が既施工部分の給付に関し利益を有するときは，特段の事情のない限り，」未施工部分についてのみ契約の**一部解除**をすることができるにすぎない，と判示している[1)]。

以上のような請負契約の特徴を踏まえつつ，破産および再生手続における請負契約の取扱いについてみていきたい。説明の便宜のため，次の**【設例】**を利用しつつ検討を進めていくことにしよう。

【設例】

小売業者Ａ社と建設会社Ｂ社は，小売店舗の建設を目的とする請負契約を締結した。それによれば，工期は５か月，請負報酬（費用含む）計１億円は，着工時に5000万円，店舗完成・引渡時に残額を支払うものとされた。しかし，Ａ社（注文者）またはＢ社（請負人）は，着工から４か月後，出来高８割の時点で，破産手続（再生手続）開始決定を受けた。

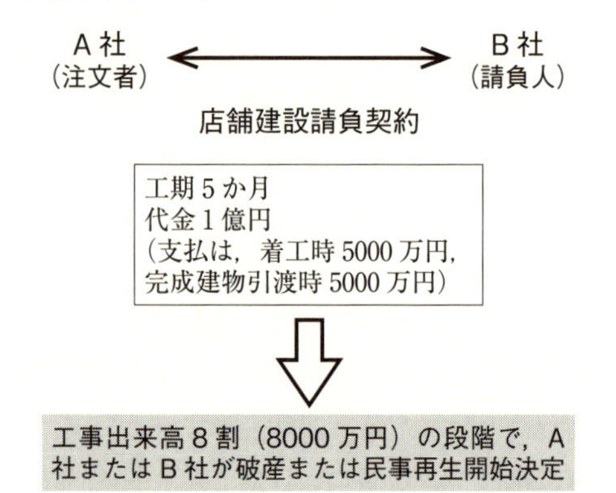

1）**最判昭和56・2・17判時996号61頁**（**大判昭和7・4・30民集11巻780頁**を引用する）。通説も，これを支持していることについては，瀬戸正義・最判解民事篇昭和62年度719頁，幾代通＝広中俊雄編『新版注釈民法⒃』（有斐閣，1989年）169頁［打田畯一＝生熊長幸］等参照。なお，上記昭和56年判決に先立ち，請負の対価が土地の譲渡をもってなされ，注文者が解除の効果として既になした一部土地の譲渡登記の抹消請求をした事例について，既施工部分を含めた全部解除を認めた判例がある（**最判昭和52・12・23判時879号73頁**）。本判決は，上記昭和56年判決がいう特段の事情の存在を肯定したものと解する余地があるとする指摘もある（判時996号61頁の同判決に関するコメント参照）。なお，民法642条に基づく解除の性格については，後掲注3)参照。

2）「既にした」とは，文言上解除前に行った意味と読めるが，注文者の破産手続開始の申立て後

9-1-1　注文者の破産・民事再生

(1)　注文者の破産

まず注文者の破産の場合については，民法（旧）642条は請負人または破産管財人の双方から解除が可能であり，契約が解除されたら，請負人は，既にした[2]仕事の報酬およびその中に含まれていない費用について，破産債権者として権利行使できること（1項），ならびに，解約による損害賠償請求ができないこと（2項）を規定していた。現行破産法制定に合わせた民法の見直し（2004年）において，1項については，旧法の内容[3]が維持されたが，2項については，**管財人が解除したときに限って**請負人の損害賠償請求権を破産債権として認めることとされた。

注文者破産の場合について，賃借人破産の場合の規律（民法621条の削除による相手方の解除権の否定）と異なる対応がとられた理由については，①請負人は，賃貸人と異なり，積極的役務の提供により仕事完成の義務を負う一方で，破産手続開始後の仕事に対する報酬等が財団債権になるとしても破産手続ではその弁済の保証はないから，それによる損害も多額に上るおそれがあること，②注文者の地位には，賃借権に匹敵する財産的価値が認められないこと，③請負契約では，役務の提供と報酬支払との間に同時履行関係を認めることは困難だから，信用不安の解消まで先履行である役務提供を拒むことはできても（**不安の抗弁権**），契約解消の手段がないことから，その解除権を維持したものと説明されている[4]。その結果，賃借人の破産の場合と比べると相手方（請負人）の保護が優先されることとなっている。また，民法642条1項後段は，請負人の報酬（およびその中に含まれていない費用）請求権を破産債権とするが，これも，旧法から変更はない。**最判昭和53・6・23金判555号46頁**（倒産百選78

に請負人が仕事を行うことは通常ないから（弁済禁止の保全処分があれば注文者側からの報酬支払もストップする），実質的には**破産手続開始申立てまでの仕事の報酬**等が対象となろう。

3）民法642条に基づく解除（なお，同条旧規定は1項で「解除」を2項で「解約」を使っていたが，現行法は，「解除」で統一している）は，将来に向かって契約の効力を消滅させる解約告知を意味すると解されてきた（**大判昭和6・11・28新聞3347号9頁**〔同条旧規定について〕，幾代＝広中編・前掲注1)194頁［打田＝生熊］参照)。債務不履行および民法641条（損害を賠償してする注文者の解除権）による解除についても，少なくとも建設請負契約については，未施工（未完成）部分に限定した一部解除の考え方により，契約全体の遡及的解除という結果を避ける判例・学説が存在することにつき，前掲注1)の文献を参照。

4）一問一答破産95-96頁。

事件）は，注文者の破産管財人が民法 642 条 1 項に基づいて請負契約を解除した事例につき，同項後段により請負人の報酬等請求権が破産債権とされている「反面として，すでにされた仕事の結果は破産財団に帰属するものと解するのが，相当である」と述べており，この判例の理解も現行法に受け継がれているものとみることができる。

これに対して，民法 642 条 2 項については，すでに述べたように，かつて解除に伴う双方の当事者からの損害賠償の請求を否定していたが，破産管財人が契約の解除をした場合における請負人に限ってこれを認める内容に見直しがなされた。双方未履行双務契約の解除の場合の相手方（請負人）の保護に関する破産法 54 条 1 項の趣旨は，民法 642 条 1 項による管財人の解除の場合にも妥当するからである[5]。

以上の点を，冒頭に掲げた**【設例】**（A 社が破産した例）で確認しよう。注文者 A 社の破産管財人と請負人 B 社は，いずれも民法 642 条 1 項（破産管財人による解除の場合も破産法 53 条 1 項に基づくものではない）に基づいて請負契約を解除できる。相手方の対応が明らかにされない場合，破産管財人または B 社は，履行か解除かの選択に関する確答催告ができ，確答がない場合には，解除が選択されたものとみなされる（破 53 条 3 項・2 項）[6]。**解除**が選択された場合，B 社の残請負報酬（出来高 8000 万円－前払金 5000 万円＝ 3000 万円）は，破産債権として行使される（なお，工事中の建物上に B 社の商事留置権等の別除権が認められる可能性はある）。他方で，破産では例外的であるが双方とも解除せず**履行が選択**されたと解されるときは，請負人は仕事を完成させる義務を負い，その報酬等請求権は，**【設例】**の建物建設請負などでは可分と解されるから破産手続開始前の仕事の報酬債権（3000 万円）を除いて，財団債権となる（破 148 条 1 項 7 号類推）[7]。

ところで，注文者の破産手続開始決定時に**請負人の仕事が既に完成**しており，その引渡しと請負代金の一部支払が未了であるときに，民法 642 条に基づ

5） 一問一答破産 95 頁。請負人の解除の場合の破産管財人の損害賠償請求を否定する理由については，解除の原因が注文者側の破産手続開始決定にあること，またこの場合の請負人の解除権は請負人を不安定な地位から救済する点にあるから，請負人には損害賠償の負担なしに解除権行使を許すべきことが挙げられる。

6） この確答催告を行う条件として，自らが履行選択することが必要か。この点を中心に，当事者双方が解除権を有し，どちらが解除するかでその効果が異なるという状況のもとで生ずる問題をめぐる論考として，高田賢治「注文者破産における確答催告」大阪市立大学法学雑誌 53 巻 4 号

いて破産管財人が請負契約の解除をすることができるであろうか。**東京地判平成12・2・24金判1092号22頁**は，まず，注文者（元請会社）の破産管財人が――請負人（下請会社）が工事目的物の引渡しを拒む意思を伝えたにもかかわらず――工事目的物の占有を自己に移し，さらに発注者（国）にそれを引き渡したことを，破産法（旧）59条（現53条）の**履行を選択**したものと解した上で，請負人は下請工事の残代金を破産法（旧）47条7号（現148条1項7号）による財団債権として権利行使することができる（履行選択により工事目的物の占有移転義務が履行された後に管財人が解除することは許されない）とした。そして，かっこ書の中で，「本件のように，注文者の破産宣告時に既に請負の仕事が完成しているという場合には，民法642条による解除の余地はないと解するのが相当である。けだし，請負の仕事が完成しているという場合，請負人は，その請負が仕事の目的物の引渡を要しないときには無条件で，目的物の引渡を要するときはそれと引き換えに報酬を請求できる地位に立っているのであるから，請負人の側からみて同条を適用する前提を欠くのであり，かつ，引渡を要する請負の場合に破産管財人側から同条の解除権を行使することを認めるとすると，前記のように，解除の結果仕事の目的物は破産財団に属することになるから，破産管財人が解除でなく履行を選択した場合と同じ状態になるのに，法的な効果としては履行選択の場合と異なり財団債権でなく破産債権として扱われることになって，同時履行の抗弁権によって本来保護されている請負人に逆に不利になり，請負人を保護するという本条の立法趣旨と矛盾する結果をもたらすことになるからである」と判示する。民法642条の解釈としては妥当といえるが，本件事案と異なって破産法53条に基づく履行選択の認定ができないときに民法642条不適用の結果どのような処理をすべきか，などの問題は残るであろう[8)]。

(2007年) 1125頁がある。

7）破産手続開始前の出来高に対する報酬は，破産債権と解すべき点については，基本法コンメン破産101頁［宮川知法］，大コンメン破産218頁［松下淳一］参照。これに対して，請負人の義務が不可分であること等を理由に，手続開始前になされた仕事の対価を含む報酬残額全体につき財団債権性を認める説も有力である（宮脇幸彦＝竹下守夫編『破産・和議法の基礎〔新版〕』（青林書院新社，1982年）135頁，138頁［福永有利］，伊藤・破産民再376頁注112等参照)。

(2) 注文者の民事再生

上記民法642条の規定は，注文者の再生手続の場合には適用されないので（注文者の事業再生の観点から請負人の解除権は認められなかった），注文者に再生手続が開始された場合には，双方未履行双務契約の処理の一般原則（民再49条）が適用される。したがって，再生債務者または管財人は，主として事業再生の観点から，履行か解除かの選択をすることになる。前掲の**【設例】**でA社が再生手続開始決定を受けたとすると，契約の**履行が選択**されたときには，仕事内容が不可分である場合（既履行部分だけでは経済的・社会的価値が認められない場合）には報酬請求権全体が共益債権となるのに対して，仕事が可分で出来高の査定が可能な事例では，再生手続開始（実務上はその申立て）前の請負人の仕事の未払報酬3000万円は再生債権として，開始後の仕事の報酬2000万円は共益債権（民再49条4項）として扱われることとなろう[9]。これに対して，**解除選択**の場合には，既になした仕事の結果は，再生債務者に帰属する一方で，請負人が既になした仕事の報酬残額（3000万円）は再生債権になり，解除による損害賠償請求権（民再49条5項による破54条1項の準用）も再生債権として行使することになろう[10]。

9-1-2 請負人の破産・民事再生[11]

(1) 請負人の破産

請負人が破産した場合には，特別の規定が，破産法にも他の法律にも存在しないから[12]，破産法53条以下の適用があるようにみえる。しかし，大工や庭

8） 請負代金の一部支払義務と引渡義務が双方未履行状態だとすれば，理論的には破産法53条の原則に戻ることも考えられるが，それでは民法642条の適用を否定した意味がなくなる。破産法53条も民法642条も適用されない状況での処理となると法的安定性に欠ける。請負人が別除権で請負代金を確保できる可能性は別論であるが，その請負代金請求権を財団債権とすることを目的とするならば，民法642条の不適用（管財人の解除権の否定）だけでは不十分ということになる。この問題については，倉部真由美「東京地判平成12・2・24評釈」ジュリ1240号（2003年）133頁，136頁も参照。

9） このように，手続開始（実務的には開始申立て）時点における出来高部分と未施工部分に分けて処理する方法は，ゼネコン（総合建設業者）の再生手続における下請業者との請負工事契約の処理の場面で実務上確立されてきたことにつき，全国倒産処理弁護士ネットワーク編『通常再生の実務Q&A120問』（金融財政事情研究会，2010年）134頁［中川利彦］。

10） 破産・民再の実務〔民事再生・個人再生編〕147頁参照。

11） 請負契約にも，倒産申立解除特約（一般には，請負人の破産・再生申立てを注文者の解除事由とする合意）が付される場合があるが，この条項は，破産管財人・再生債務者等に履行か解除か

師などが行う伝統的な仕事を前提に考えると，生計の維持のために仕事を行い，仕事の継続に関して請負人個人の自由な意思が尊重されるべき点において，**労働契約との共通性**がクローズアップされることとなる。もっとも，その一方で，会社等が請負人となって締結される請負契約は，経済的利益を目的としてなされるもので，特別な配慮は必要ないと考えられる。そうすると，破産法53条等の適用を全面的に肯定したり否定したりすることは適当でなく，請負人が個人でその仕事内容が個人的労務と解される場合には同条等の適用を否定し，請負人が法人（または相当規模で事業を行っている個人）でその**仕事内容が個人的労務とはいえないとき**（**請負契約を破産財団に属する財産に関わる契約と理解できるとき**）には同条等の適用を肯定すべきであろう（いわゆる**2分説**）。これに対して，判例は，同じく2分説に立ちながらも，「仕事が破産者以外では完成できない」場合と完成できる場合（**【設例】**の店舗建設は，通常は後者に属するであろう）を区別し，後者の場合にのみ破産法53条等の適用を肯定している（**最判昭和62・11・26民集41巻8号1585頁**〔倒産百選79事件〕）。この立場に立つと，**法人の非代替的な請負債務**の場合にも，破産管財人による介入を否定することになろうが，それが破産管財人の清算業務の支障にならないのかなど，議論の余地があるように思われる。

上記判例はまた，注文者が支払った**前払金返還請求権**（**支払額と仕事の出来高分との差額**）について，破産法54条2項によって財団債権となると判示している。もっとも，**【設例】**は出来高8000万円が前払額5000万円を超過するケースであるから，その差額支払請求権は破産財団所属財産になる。

の選択権を与えた法の趣旨を潜脱するもので，無効と解される（**8-3-3**注21)参照）。なお，工事請負契約約款上の注文者解除権の行使に伴う約定賠償金の定めが，破産法53条1項による請負人の破産管財人の解除の場合に適用されるかが，近時の裁判例で争われるが，当該約定賠償金の発生を否定する（したがって，注文者はそれを自働債権とする相殺をすることはできないとする）のが，最近の裁判例の傾向である（**名古屋高判平成23・6・2金法1944号127頁**〔倒産百選77事件②〕，**札幌高判平成25・8・22金法1981号82頁**等参照）。

12)　破産法（旧）64条は，請負人の破産管財人は，必要な材料を供して破産者に仕事をさせることができ（その仕事が破産者自らやることを要しないときは第三者にさせることもできる）（1項），その場合は破産者が相手方から受ける報酬は破産財団に属する（2項）ことを定めていた。しかし，この規定による破産管財人の権限の位置づけは明確でなく（管財人の請負契約に対する管理処分権を前提とした履行選択時の履行方法とする見解と，管財人の例外的な介入権とする説などが対立していた），その必要性が認められず，かえって混乱を招くと判断されて，削除された（一問一答破産96-97頁参照）。

(2) 請負人の再生

さて，請負人が再生手続開始決定を受けた場合はどうであろうか。この場合は，民事再生法49条の適用場面であることは異論がない。再生手続では，破産手続と異なり，再生債務者財産と区別された自由財産は観念されず，原則としてすべての契約が再生手続に服するから，再生債務者が個人（仕事内容も個人的労務）である場合，または仕事が非代替的な性格である場合でも，49条の適用は免れないと考えられる[13]。再生債務者等が**履行を選択**したら，仕事を完成させ，引渡しをした時点で報酬請求権をもつことになり，他方で，注文者の仕事の完成等を求める請求権は共益債権となる（49条4項）。これに対して，再生債務者等が請負契約の**解除を選択**したときは，注文者は，民事再生法49条5項による破産法54条の準用により，解除による損害賠償請求権は再生債権として権利行使でき，出来高を超える前払金を支払っているときは，その差額を共益債権として行使できると解すべきであろう（前掲最判昭和62・11・26参照）。さらに，請負人（再生債務者）が解除までに既になした仕事の報酬（前払金があるときは，出来高とその前払金の差額）については，注文者が既施工部分の利用により経済的利益を受けた限度で，再生債務者等に出来高相当の報酬請求権を認めるべきであるとする裁判例がある[14]。

9-2 継続的給付契約

9-2-1 特則の概要と問題点

破産法55条および民事再生法50条は，電気，ガス，水道などの供給契約のように，破産者または再生債務者に対して継続的給付の義務を負う双務契約の相手方の地位について，特別の規定を置く。上記法条の規定内容は，破産法と民事再生法で共通であり，①相手方は，手続開始申立て前の給付にかかる破産債権・再生債権について弁済がないことを理由としては，**手続開始後に義務履行を拒むことができない**こと（破55条1項，民再50条1項），および②相手方

13） 福永有利監修『詳解民事再生法』（民事法研究会，2006年）298頁注25［松下淳一］参照。個人再生手続においては，通常は債務者の経済的再生のため（民再1条参照），仕事を継続するであろうから現実にはあまり問題にならないが，制度的には民事再生法49条等の適用は除外されていない（民再238条・245条参照）。

14） **大阪地判平成17・1・26判時1913号106頁**参照（ただし，本件事案では，注文者が負担

が手続開始の**申立て後，手続開始前**にした給付に係る請求権を（手続開始前の原因に基づくにもかかわらず）**財団債権・共益債権**とすること（破55条2項，民再50条2項。同項かっこ書により，一定期間ごとに請求権額が決まるときは，申立日の属する期間内の給付にかかる請求権を含む）である。このうち，両条の第1項は，相手方のある期における代金不払を理由にして，給付者に次期以降の給付を拒絶できる権利を与える一般実体法上の処理を修正し，破産・再生手続の遂行に不可欠な給付の継続を可能にするものであり，破産者・再生債務者等が履行の選択をした場合（民再49条2項により解除権放棄が擬制される場合も含む）にのみその適用が問題となる。これに対して，両条の**第2項**は，給付者側の利益にも考慮した規定であり，従来，破産管財人・再生債務者等が**解除した場合にも適用**されると解されてきた。もっとも，近時，破産または再生手続開始直後に解除した携帯電話契約の利用料の処遇問題などをきっかけにして，解除の場合に2項を適用することは破産債権者等の犠牲のもと相手方に過度の利益を与えるものであるとして，再生債務者が**履行の選択をした場合に限って適用**されるという見解が強くなり，実務でもかかる見解が採用されている[15]。

9-2-2　特則の適用される契約の範囲

以上の特則が適用される継続的給付契約には，既に述べた電気・ガス等の供給契約のほか，**店舗警備・清掃等の役務提供契約**や機械等の**メンテナンス契約**も含まれるが，継続的な売買契約であっても，一定期間ごとに商品や数量を指定して双方の給付内容を決定するような契約内容の場合には，各期ごとの売買契約と考えられるため，破産法55条等の適用対象とはならない。また**労働契約**は，明文（同条3項）で本条の適用対象から除外される（1項〔上記**9-2-1**①〕の規律が労働者のストライキ権を奪うものと解釈されかねないことなどがその理由である）[16]。

した工事続行費用が増大し，なお損失ないし損害が生じているとして，出来高相当の報酬請求を棄却した）。

15）民事再生法55条2項につき，全国倒産処理弁護士ネットワーク編・前掲注9)119頁〔池上哲朗〕等参照。

16）大コンメン破産227頁〔松下〕等参照。

Practice　考えてみよう！【基礎・展開】

A 社は，関東地域に 10 店以上の音楽 CD 等の小売店を営業している株式会社であったが，同業他店との安売り競争にさらされて，数年ほど前から大幅な赤字になっており，事業および債務の整理をしなければ，今後の事業継続が極めて厳しい状況にあった。

そこで，2015 年 2 月 1 日に民事再生手続開始の申立てを行い，同月 15 日に開始決定を受けた。

A 社は次のような契約の当事者となっており，どちらの契約についても，2015 年 1 月分は，相手方の給付はなされているのに，A 社はその対価の支払いをしていない。それぞれの場合について，再生手続における A 社と相手方との法律関係を説明しなさい。

①業務用の携帯電話の利用に関する B 携帯電話会社との携帯電話契約。代金は月末に 1 か月分の使用料金を確定して，次月 10 日までに支払う約定であった。

② C 卸売会社との音楽 CD 等仕入契約。A 社と C 社は，2 年前から継続的な取引関係にあり，契約上は，A 社が月初めに商品や数量を指定し，通常は月の中旬に商品がそろった時点で C 社が納品し，月末に A 社が代金を支払うことになっていた。

本文で述べたように，民事再生法 50 条 1 項の適用対象たる契約範囲を明確にした上で，同項の適用あるときは，再生債務者等が履行か解除のいずれを選択するかを考え，同条 1 項および 2 項の適用結果を示すべきである。

9-3　労働契約

9-3-1　労働者の破産・再生

労働契約は，労働者が使用者に使用されて労働し，使用者がこれに対して賃金を支払うことを合意する労働者と使用者の間の双務契約である（労契 6 条）[17]。労働契約は，労働者の生計維持の手段であり，その継続・終了は，**労働者の自由意思**に基づく必要があるから，労働者につき破産または再生手続が開始したとしても，破産法 53 条，民事再生法 49 条等の適用はない。したがっ

---

17)　労働契約は，民法上の**雇用契約**（民 623 条）とほぼ同内容であるが，労働契約は雇用契約よりも使用者と労働者間の実質的不平等と組織的支配を反映しているといわれる（菅野和夫『労働法〔第 10 版〕』〔弘文堂，2012 年〕84 頁等参照）。本稿では，労働契約を念頭に置いて解説する。

18)　破産の場合，手続開始前の労働の対価としての将来の退職金請求権等は，差押禁止部分を除いて破産財団に属することになるが（破 34 条 1 項・3 項 2 号参照），本文で述べたように破産管財人にはこの退職金請求権を現実化するための労働契約解除の権限はない。そのため，財団財産の確保と破産者の再出発の基礎となる雇用の確保との調整が必要になる。詳しくは，**15-2-1** (2)(エ)

て，労働者は破産または再生手続（通常は個人再生）が開始されても，自己の意思に反して職を失うことはない（逆に，自主的な離職についても特別の制限はない）。手続開始後の給与は，破産では**新得財産**＝自由財産として破産者の経済的再生の基礎となるし，再生手続では再生債務者の**経済的再生に利用**されるほか計画弁済の原資となる[18]。

9-3-2　使用者の破産・再生

使用者が倒産手続開始決定を受けたときの労働契約の処理については，破産と民事再生で分けて考えなければならない。まず，使用者の**破産**の場合においては，民法631条により，破産管財人のみならず，相手方（労働者）からも，民法627条に基づく解約の申入れをすることができ（解約の意思の有無が明らかでないときは，各当事者は確答催告権を行使できる〔破53条3項・2項〕），この場合，いずれも解約に基づく損害賠償を請求することはできない（民631条後段）。使用者の破産管財人による解約の場合に労働者の損害賠償請求権を認めない点には，立法論的な疑問が残るが，労働者保護のための特別規定，すなわち，**労働契約法16条**（客観的に合理的な理由を欠き，社会通念上相当であると認められない解雇の無効。もっとも，破産清算の性格上，整理解雇法理の修正はやむを得ないであろう[19]），**労働基準法20条1項**（30日前の解雇予告，または解雇予告手当の支払）は適用されるものと解されている[20]。

これに対して，使用者が**再生手続の開始決定**を受けたときは，労働契約は双方未履行双務契約に関する一般原則に従って処理される。民事再生法49条による労働契約の解除に際しては，整理解雇法理および労働者保護のための労働関係法（労契16条，労基20条1項など）が適用される。なお，労働協約については，明文で解除権が否定されている（民再49条3項）。

を参照。

19）西谷敏ほか編『新基本法コンメンタール労働基準法・労働契約法』（日本評論社，2012年）403頁［荒木尚志］等参照。

20）労働契約が解約された場合，破産手続開始から契約終了までの給料債権（予告手当も含むと解される）（破148条1項8号），手続開始前3か月間の未払給料（破149条1項），原則退職前3か月間の給料相当額に対応する退職金請求権（同条2項）は財団債権となる。なお，労働協約の取扱いについては，伊藤・破産民再308頁等参照。

第10章 委任契約その他の契約・法律関係

10-1　委任契約

委任契約は，「当事者の一方〔委任者〕が法律行為をすることを相手方〔受任者〕に委託し，相手方がこれを承諾することによって，その効力を生ずる」（民643条。法律行為でない事務の委託＝準委任にも，委任に関する規定が準用される〔民656条参照〕）。他の契約との関係という視点からみると，**雇用**（相手方のコントロールの下で労務を提供する点に委任との違いがある）や**請負**（仕事の完成を目的とする点に委任との違いがある）との区別に留意する必要があり，また後述（**10-4-4**）のように，委任契約が他の契約との**複合契約**の中の一要素として取り込まれることも多い。

委任契約は，それが有償の場合には（民法上の原則は無償。民648条参照），双務契約となるが，その場合も含めて，「委任者又は受任者が破産手続開始の決定を受けたこと」が委任の終了事由になる（民653条2号）。その趣旨は，委任は**個人的信頼関係**に基礎を有するから，その破壊の一態様である破産手続開始決定を当然終了原因としたものとされる[1)]。その結果，委任の当事者の破産の場合においては，破産法53条等は適用されないこととなる。以上を前提に，委任者の破産・民事再生と受任者のそれに分けて，委任契約の処理をみていこう。

1）　幾代通＝広中俊雄編『新版注釈民法⒃』（有斐閣，1989年）293頁［明石三郎］等参照。

10-1-1　委任者の破産・再生

(1)　委任者の破産

委任者が破産した場合には，上記のように委任契約は終了すると規定されているが，委任者は，終了事由（破産の事実）を受任者に通知するか，受任者がこれを知って初めて，その終了を受任者に対抗できる（民 655 条参照）。これを受けて，破産法 57 条および 97 条 9 号は，受任者がその通知を受けず，しかも破産手続開始の事実を知らずに委任事務を行った場合には，それによって生じた債権は，――破産手続開始後の原因に基づく債権であるにもかかわらず――破産債権として行使できるものとしている。ただし，破産手続開始後に受任者がした行為が**事務管理**と評価できるときには，その費用は，破産法 148 条 1 項 5 号に基づいて，財団債権になると解される[2)]。また，委任終了後も，**急迫の事情**があるときは，受任者は，委任事務を行う義務があること（民 654 条），およびその事務遂行により破産財団が利益を受けることを踏まえて，そのような急迫の事情下で受任者がなした行為によって破産財団に対して生じた請求権は，**財団債権**とされている（破 148 条 1 項 6 号）（**5-2-1** (2)Ⓑ参照）。

もっとも，そもそも委任者の破産の場合に当然に委任契約を終了させることについては，異論も多い。たとえば，**株式会社と取締役**の関係も委任関係であるが（会社 330 条参照），判例は，破産会社の債権者らが提起した会社不成立確認訴訟（当時）に関して，「会社ノ人格ニ関スル訴」は破産管財人が権限を有する破産財団に関する訴えではないことを根拠に，被告となるのは破産管財人ではなく，従前の取締役に代表される破産会社であるとして，破産手続開始決定による取締役の地位の消滅を否定していた（**大判昭和 14・4・20 民集 18 巻 495 頁**）[3)]。ところが，その一方で，会社の同時破産廃止後の清算手続において，従前の取締役が当然に清算人になるかが争われた事件で，民法の規定により，委

2）　条解破産 1008 頁等。

3）　保険契約約款上の「取締役」の解釈が問題となった事例であるが，（有限）会社の取締役は，会社の破産手続開始決定によっては取締役の地位を当然には失わない，と判示するものとして，**最判平成 16・6・10 民集 58 巻 5 号 1178 頁**（倒産百選 15 事件）がある。

4）　**最決平成 16・10・1 判時 1877 号 70 頁**（倒産百選 59 事件）は，本文で紹介した最判昭和 43 年を引用しつつ，破産手続開始後において別除権放棄の意思表示を受領し，その抹消登記手続をするなどの管理処分行為は，取締役ではなく，商法 417 条 2 項（会社 478 条 2 項に対応）等の規定によって選任される清算人により行われるべきであるとする。

任は委任者の破産によって終了するのであるから，取締役は会社の破産により当然取締役の地位を失うと述べる判例（**最判昭和43・3・15民集22巻3号625頁**）[4]もあり，これらの判例の整合的理解が課題となっていた。この点については，最高裁は，破産会社の財産管理処分権に関連する範囲（上記最判昭和43年の事案における清算人の清算業務など）では，取締役の権限は失われるが，それ以外の権限（上記大判昭和14年の事案における会社組織等に関する権限）を行う限りでは，取締役の地位は維持されると解しているものと思われる（**6-2**⑶参照）[5]。

学説も，かつては民法653条2号の規定のほか，会社を破綻させた取締役がそのまま地位を保持すべきでないことを理由に**当然終了説**が多数であったが，近時は，会社の破産手続開始後も，会社組織法上の事項を中心に，従前の取締役の果たすべき職務も残るなどとして，取締役がその地位を失うわけではないとする見解（**非終任説**）が有力になっている[6]。

⑵　委任者の再生

双務契約である委任契約の委任者が再生手続の開始決定を受けたときは，民法に特則はないから，双方未履行双務契約処理の一般原則が適用される。そこで，再生債務者等は，民事再生法49条1項に基づいて委任契約の解除ができるが，継続的な委任契約においてはその効力は将来に向かってのみ生ずると解されるから（民652条・620条参照），受任者がすでに履行した行為に関する報酬請求権・損害賠償請求権（民再49条5項，破54条1項参照）等は再生債権となる反面，受任者の事務の成果は再生債務者に属することとなる。他方，履行が選択されたら，委任者の再生手続開始前に受任者がなした事務の報酬請求権は再生債権に，手続開始後の事務の報酬は共益債権になる（民再49条4項）ものと解される[7]。

5）　田頭章一・倒産百選33頁参照。

6）　伊藤・破産民再389頁，江頭憲治郎『株式会社法〔第6版〕』（有斐閣，2015年）394頁注4等参照。

7）　委任事務の性格が再生手続開始の前後を通じて一体のものであるときは，受任者の報酬債権全体が共益債権となることもありうる。民事再生実務研究会編『Q＆A民事再生法の実務⑴』（新日本法規，2008年追録）436ノ9頁参照。なお，関連する問題として，受任者側から民法651条1項に基づく委任契約の解除ができるか，という問題があるが，これは否定すべきであろう。

10-1-2 受任者の破産・再生

(1) 受任者の破産

上述の民法653条2号は，受任者の破産の場合にも適用されるが，この場合にも，契約の当然終了という規律には疑問が提示されている。破産手続開始は，必ずしも受任者の人格・能力の破綻を示すわけではないとされるのである[8]。このような問題意識は，会社法において，次のような形で取り入れられた。すなわち，旧商法は，取締役（受任者）が破産手続開始決定を受け，復権を得ていないときを，**取締役の欠格事由**としていたが（商旧254条の2第2号），会社法ではその**規定が削除**された（会社331条1項参照）。そこで，取締役はその破産によりいったんその地位を失うものの，当該会社または他の会社がその者を改めて取締役に選任することは妨げられないことになった[9]。

(2) 受任者の再生

受任者の再生の場合にも，委任者の再生の場合と同様，民事再生法49条等の適用があり，再生債務者等が履行か解除かを選択できる。**解除が選択**された場合，受任者の事務の成果が特定できるときは，その成果は相手方である委任者に属するとともに，委任者は損害賠償請求権を再生債権として行使できる（民再49条5項，破54条1項）。委任者が報酬を前払しているときは，その額が受任者の再生手続開始までの事務処理の報酬額を超えるときは，その超過部分について，委任者は共益債権として返還請求ができると解される（民再49条5項，破54条2項参照。また，最判昭和62・11・26民集41巻8号1585頁〔倒産百選79事件〕も参照）。逆に，受任者の報酬額が前払額を超えるときは，再生債務者財産として，再生債務者等はその超過額の支払を委任者に対して求めることができるものと解すべきであろう。

他方，再生債務者（受任者）等が**履行を選択**したら，再生債務者は契約通り

8） 中島弘雅『体系倒産法Ⅰ』（中央経済社，2007年）271頁等参照。

9） 信託における受託者の欠格者から破産者が除外されたこと（信託7条）も，同様の趣旨である。その結果，信託においては，信託行為により受託者（株式会社のように破産により解散するものを除く）が破産してもその任務が終了しない旨の定めがあれば，受託者の職務は破産者が行う（信託56条1項柱書・3号・4項）。

10） 民事再生実務研究会編・前掲注7）436ノ10頁参照。なお，ここでも，相手方である委任者側から民法651条1項に基づく解除が認められるかが問題となろう。

の報酬請求権をもつことになり，他方で，委任者の受任者に対する委任事務処理請求権は共益債権となる（民再49条4項）[10]。

10-2　市場の相場がある商品取引

10-2-1　市場の相場がある商品取引についての特別の処遇

「市場の相場がある商品の取引」とは，商品取引所における商品先物取引など**市場の相場がある取引**（旧法では，商品「売買」とされていたが，現行法では売買に限定されない）で，特定の日時または期間内に履行しなければ契約の目的を達成できないものをいう。このような取引の履行時期が当事者の破産・再生手続開始後に到来すべきときは，当該契約は，**解除されたものとみなし**，破産・再生債権として行使される損害賠償の額も市場の相場を基準に定めるものと規定されている（破58条1項〜3項，民再51条による同条項の準用）。この種の契約に破産法53条等を適用して履行・解除の選択を行わせると，破産管財人等に投機的判断を迫ることになるから，解除の擬制によってそれを避け，加えて損害賠償額も市場の相場を基準にすることにより，簡易・迅速な決済を定めたものである（ただし，これらの事項につき，取引所等において別段の定めがあるときは，その定めに従う〔破58条4項・民再51条〕[11]）。以下に具体例でみておこう。

> 売主Aと買主Bは，1月10日に，ある穀物（取引所取引の対象で市場相場がある）を1kg = 1000円で6月10日に売り渡す契約をしたとする。その後，4月10日に売主Aにつき破産または再生手続が開始され，その時点における上記穀物の6月10日引渡先物の相場は，1kg = 1200円であった。
>
> この場合，この契約は，手続開始時に解除されたものとみなされ，損害賠償は，「同一の時期[12]に履行すべきものの〔手続開始時点における〕相場と当該契約における商品の価格との差額」（破58条2項。民再51条により再生手続

11）**別段の定め**の例として，市場参加者が破産した場合の未決済取引の他の参加者への移管や転売・買戻しがある（東京商品取引所業務規程70条以下参照）。

12）本例では，「同一の時期」を6月10日（当初契約の引渡時期）として賠償額を算定したが，その時期を破産または再生手続開始時点とする見解もある（大コンメン248頁［松下淳一］等）。条文上，「同一の時期に履行すべきものの相場」とある以上，手続開始時点における6月10日引渡取引の相場と考えるべきであろう（基本法コンメン破産94頁［宮川知法］，条解破産461頁）。

に準用），すなわち1kgあたりの差額200円につき，当初の有利な契約を解除される（より高値で購入しなければならない）ことにより損失を被った買主Bが破産債権者として損害賠償請求権を行使できることになる。逆に，手続開始時相場が契約時より下落しているときは，損害賠償請求権は，破産財団または再生債務者財産に属することになる。

10-2-2　デリバティブ取引，一括清算ネッティング，交互計算

通貨や金利のスワップ取引などいわゆるデリバティブ取引も，市場の相場がある取引であるのが通例であるから，これらの取引の当事者に破産または再生手続が開始したときにも破産法58条が適用または準用（民再51条）される。また，そのような取引においてしばしば用いられる「**一括清算ネッティング条項**」，すなわちいずれかの当事者につき破産または再生手続等の申立て等があった時を基準時として，基本契約から生ずるすべての債権債務を差引計算して一個の債権とする条項についても，破産法は特にその有効性を認める規定（破58条5項。同項は，民再51条により準用される）を置いた[13]。

ところで，商法529条が規定する「**交互計算**」（商人間または商人と商人でない者との間で，一定の期間内の取引から生ずる債権および債務の総額について相殺をし，その残額の支払を約すること）も，迅速・簡易な決済を目的とする約定である。そこで，当事者の一方について破産または再生手続が開始されたときは，交互計算は当然終了するものとされ，決済後の差額支払請求権が破産者・再生債務者等側に生ずるか，相手方に生ずるかに応じて，それぞれ破産財団・再生債務者財産所属財産または破産・再生債権として扱われる（破59条2項，民再51条による同条の準用）。

13）一方の当事者が金融機関である取引については，すでに「金融機関等が行う特定金融取引の一括清算に関する法律」（平成10年法律第108号）が「一括清算ネッティング条項」の有効性を認めていたが，破産法の規定により，他の主体による取引にも同様の立法的手当てがなされた（一問一答破産97頁参照）。なお，金融機関の行政的な破綻処理手続の中で，**破産法58条の適用が排除**される場合があることにつき，Column②（本書15頁）参照。

14）判例によれば，差押債権者は，債務者＝保険契約者に代わって保険契約を解除できる（**最判平成11・9・9民集53巻7号1173頁**）。これによると，破産管財人等による解除も妨げられないと解される。

10-3　保険契約

10-3-1　保険契約者の破産・再生

保険契約は，保険者（保険会社）が一定の事由が生じたことを条件として財産上の給付（たとえば，偶然の事故による損害のてん補）を行うことを約し，相手方（保険契約者）がその一定の事由の発生の可能性に応じた保険料を支払うことを約する契約をいう（保険2条1号・6号・8号等参照)。保険契約は一般に双務契約と解されており，保険契約者が，保険期間中に破産または再生手続開始決定を受けたときは，その保険料支払義務と，保険者の損害てん補（損害保険の場合）・保険金支払（生命保険の場合）義務が未履行状態であるから，破産管財人または再生債務者等は，破産法53条1項等に基づき，**履行か解除かの選択権**を有する[14]（ただし，保険契約者は約款上**任意解除権**〔保険27条等参照〕をもつから，管財人はその行使も可能である)。そして，保険法は，破産管財人等による保険契約の解除がなされた場合には，その保険者への通知から1か月経過後にその効力が生ずるとし（保険60条1項・89条1項)，その間，保険料積立金がある死亡保険契約など一定の保険契約の保険金受取人（ただし保険契約者を除く。典型的には，被保険者の遺族など）に**解除の効力発生を防止する介入権**（保険60条2項・89条2項）を与えている[15]。

10-3-2　保険会社の破産・再生

保険者（保険会社）につき**破産手続**が開始したときは，保険契約者は保険契約を解除することができる（保険96条1項。なお解除は将来効のみ有することにつき，保険31条1項等参照)。また，解除されなかったときも，破産手続開始から3か月経過すると当然失効する（保険96条2項)。破産法53条の適用はない

15）具体的には，保険金受取人が，保険契約者の同意を得て，解除効が生じたとすれば保険者が支払うべき金額を破産管財人等に支払い，かつ，保険者にその旨の通知をすることにより，解除の効果は生じないこととなり（萩本修編著『一問一答保険法』〔商事法務，2009年〕201頁以下参照)，その場合には，破産手続等との関係では，保険者が破産管財人等に解約返戻金を支払ったものとみなされる（保険60条3項・89条3項)。なお，保険契約者（個人）の破産の場合に，破産管財人が――場合によっては破産者の親族等から解約返戻金相当額の支払を受けて――解約返戻金請求権を破産財団から放棄することもあるが，この場合には解除の事実が存在しないから，上記の介入権と直接の関係はない（萩本編著・前掲204頁注5参照)。

から，破産管財人からの解除はできない。生命保険契約者の解約返戻金等には，一般の先取特権が付与されるから（保険業117条の2），優先的破産債権として扱われる（破98条1項）。ただ，上述した契約の当然失効までの間に保険事故が発生した場合の保険金請求権は，財団債権と解する余地があろう[16]。

これに対して，保険会社につき**再生手続**が開始したときについては，特則が設けられていないから，再生債務者等は民事再生法49条等に基づいて保険契約の解除ができるとするのが理論的説明となる。ただ，上記のように，保険契約者の権利（その額は膨大となる）には**一般の先取特権**が付されるところ，再生手続では，一般の優先権付きの権利は再生手続外での行使が許されるので（民再122条参照），再生手続による保険会社の事業再生は現実的ではない。このように，再生手続の利用自体が想定できない結果，保険契約の処理について民事再生法49条等の適用の余地はほとんどないというのが実態に即した説明となる[17]。

10-4　その他の契約・法律関係の処遇

10-4-1　ライセンス契約

ライセンス契約は，当事者の一方（ライセンサー）が他方（ライセンシー）に特許その他の知的財産を使用することを認め，これに対して，ライセンシーが対価（ロイヤルティ）を支払うことを内容とする双務契約である。したがって，契約期間中，ライセンサーにつき破産または再生手続が開始したときは，破産法53条等または民事再生法49条の適用があるのが原則であるが，賃貸人・ライセンサー破産の場合に適用される破産法56条（同条は民再51条により準用される）は，ライセンシーが登録等の対抗要件を具備している場合には（ただし対抗問題そのものではなく，対抗要件が権利保護資格要件とされていると説明される），破産法53条等の適用を除外している。この現行法の規律の下でも，特許の**通常実施権**（**利用権**）などの登録が取引慣行上行われることが少ないという

16）倒産概説237頁［沖野眞巳］。沖野教授は，破産法148条1項7号の類推とされる。同項8号の類推も可能であろう。

17）山本・倒産処理268頁参照。それでもなお，再生手続の利用可能性がゼロではないことを踏まえ，再生手続においても，「金融機関等の更生手続の特例等に関する法律」（更生特例法）439条（会更61条1項〔民再49条1項に対応〕の適用除外規定）の類推適用の必要が説かれる（倒産

問題が指摘されていたが，平成23年特許法改正（平成24年4月1日施行）により，特許権の通常実施権の「**当然対抗制度**」（特許99条）が採用されたことにより，特許ライセンスについては，ライセンシーは，格別の措置をとることなく解除のリスクを免れることとなった[18]。もっとも，**商標権の「通常使用権」**のように対抗要件具備のために依然として登録を要する知的財産権も存在し（商標31条4項参照。実用新案，意匠における通常実施権については，特許99条が準用される〔実用新案19条3項，意匠28条3項〕），また，**著作権，ノウハウの使用権**など対抗要件具備の手段がないものもあり，これらの場合には，破産法53条等の適用可能性を認めざるを得ないこととなる。

これに対して，ライセンシ—の破産・再生に際しては，破産法53条等の適用を妨げる理由はないから，破産管財人または再生債務者等は，ライセンス契約の履行か解除かを選択できることになる。

10-4-2　信託契約

信託契約は，委託者が，受託者に対して金銭や土地などの財産を移転することを約し，受託者は委託者が設定した信託目的に従って受益者のためにその財産（信託財産）の管理・処分などを行うことを内容とする契約である（[図10-1] 参照）。

信託契約により信託の設定がなされた場合，契約当事者につき破産・再生手続が開始されたら，信託契約はどのように取り扱われるであろうか。まず，**受託者の破産・再生**の場合，信託契約につき，破産法53条等および民事再生法49条等の適用はないものと解される。なぜなら，信託法25条1項および4項によれば，受託者が破産または再生手続の開始決定を受けても，信託財産は破産財団または再生債務者財産に属しないから，信託契約も破産・再生手続に拘束されないと解され，その結果，破産管財人等の履行か解除かの選択権を認める基礎を欠くことになるからである[19]。

これに対して，**委託者が破産または再生手続開始決定**を受けた場合には，信

概説238頁［沖野］，新注釈民再(上)288頁［中島弘雅］）。

18)　特許法99条は，通常実施権発生後の特許権等の取得者に対しても当然対抗力を与えるから，破産管財人等の解除権との関係だけでなく，破産・再生手続中に特許権等の譲渡を受けた第三者との関係でも，通常実施権は保護される。

19)　寺本昌広『逐条解説新しい信託法〔補訂版〕』（商事法務，2008年）101頁参照。

［図 10-1］信託契約における受託者の破産・再生

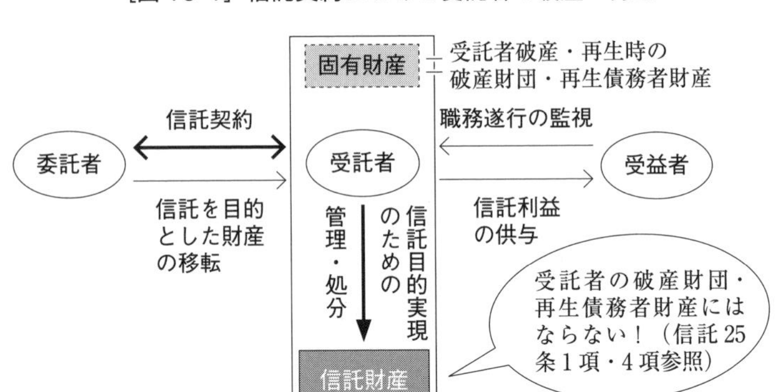

託法は，破産法 53 条 1 項および民事再生法 49 条 1 項の適用を前提にして，破産管財人等が信託契約を解除したときは，信託は終了するものと定めている（信託 163 条 8 号）。信託契約は，委託者にとっては，自己の固有財産に関連する契約といわざるを得ないから，その破産または再生手続においては破産財団，再生債務者財産にかかわる契約として破産法 53 条等の適用を免れることはできない。もっとも，委託者の破産・再生により，信託契約が解除される可能性が生ずることは，信託の基礎を不安定にするものであるから，解除権を生じさせない対策は必要とされ，具体的には，受託者の未履行義務を生じさせないよう契約上の手当てをすることで，対応は可能であるとされている[20]。

10-4-3　為替手形の引受けまたは支払等（破 60 条，民再 46 条）

破産法 60 条 1 項（民再 46 条 1 項も同旨）は，為替手形の振出人または裏書人について破産手続が開始された場合において，支払人等がその事実につき善意で引受けまたは支払をしたときは，その支払人等の振出人等に対する求償権は破産債権として行使できると定める（小切手等への準用につき同条 2 項

20） 寺本・前掲注 19）362 頁参照。なお，同書では，契約上の手当てによる対応のほか，「相手方に著しく不公平な状況が生じるような場合」に，破産管財人の解除権の行使を否定した，**最判平成 12・2・29 民集 54 巻 2 号 553 頁**（倒産百選 80 事件①）による対応も示唆されているようである。

21） 伊藤・破産民再 346 頁等。

を，破産手続開始決定の公告の前後による支払人等の善・悪意の推定につき同条3項，51条を参照。民事再生法46条も同旨)。この規定の趣旨は，破産手続開始後の原因（引受けまたは支払）に基づく債権を破産債権とすることにより，**支払人等を保護する**（ひいては手形の円滑な流通を確保する）ことにあるが，支払人等の権利を破産債権とすることにより，その目的を実現できるかどうかについては，疑問が示されている[21]。

10-4-4　混合契約ないし複合契約の処理

以上では，各契約ごとに破産・再生手続における処理の概要を説明したが，現在の社会において詳細かつ複雑な取引関係を規律する契約は，さまざまな性格を併せ持つ**混合契約**ないし**複合契約**となりがちである。たとえば，コンビニや薬局などのチェーン展開に関連してフランチャイザー（本部事業者）と個々のフランチャイジー（加盟店事業者）との間で締結されるフランチャイズ契約は，フランチャイザーからみると，受任者としてノウハウ等の開発を行う（同時に，フランチャイジーに統一的なイメージの下でのサービス提供を求める委任者としての側面もある）準委任，商標等の賃貸借（利用権設定），継続的売買契約など，複数の契約の要素を併せ持つ，継続的権利義務関係であるといわれる[22]。このような混合契約では，複数の契約要素が相互に関連しあいながら複雑に絡み合っているのが通常であるから，**契約の主たる内容**に着目して双方未履行双務契約性を判断せざるを得ず，それが肯定できる場合には，契約全体として破産法53条，民事再生法49条等の適用を認めてよいであろう[23]。

10-4-5　配偶者・親権者の財産管理権（破61条）

夫婦の財産関係に関して，他方配偶者の財産を管理する者につき破産手続が開始したときは，他方が自ら財産の管理をすることを家庭裁判所に請求でき，また，子の財産管理を行う親について破産手続が開始したときは，その親族等は，家庭裁判所に**破産者の管理権喪失の審判**を求めることができる（破61条，

22)　たとえば，西口元ほか編『フランチャイズ契約の法律相談〔第3版〕』（青林書院，2013年）333頁［西口］参照。

23)　西口ほか編・前掲注22) 335頁，343頁［西口］参照。旧法の下での議論であるが，先駆的業績として，福永有利編著『新種・特殊契約と倒産法』（商事法務研究会，1988年）136頁も参照。

民758条2項・835条)。破産が画一的に管理権変更・喪失事由とされている点については，批判が強いが，子の財産管理について，裁判例は，実際の管理状況とはかかわりなく，親権者の破産手続開始が当然管理権喪失の原因になるとする（東京高決平成2・9・17判時1366号51頁)。

以上の規律は，破産手続の場合にのみ適用があり，再生手続開始決定の場合については，適用されない。

10-4-6 その他の特別な処理がなされる契約，法律関係

その他，特に破産手続との関係で特別の処理がなされる契約等は次の通りである。まず，契約が当事者の破産手続開始決定によって**当然終了**すると定められている例としては，消費貸借の予約（民589条)，匿名組合契約（商541条3号)，代理人の破産による代理権の消滅（民111条1項2号）などが挙げられる。また，破産による**契約ないし法律関係からの脱退**の例として，破産した組合員の組合からの脱退（民679条2号)，破産した持分会社社員の当然退社（会社607条1項5号）などがある[24)]。

24) ファイナンス・リース契約や所有権留保契約の処理も重要な問題であるが，これらについては，別除権との関係で取り上げる。

第11章 取戻権・別除権

11-1 はじめに

本章から第13章までで取り上げるテーマは，破産財団または再生債務者財産の増減に直接かかわる倒産実体権である。前章までで取り上げた，破産または再生手続における各種契約，とくに未履行双務契約の処理の問題も，破産財団や再生債務者財産の構成，増減等に影響を与える側面があったが，これらは，権利と義務（債務）が組み合わさった契約の処理が検討対象であった。これに対して，これから取り上げる4つの「権利」の実体は，あるものは破産財団または再生債務者財産に対する第三者または破産・再生債権者の権利（取戻権，別除権，相殺権）であり，他のものは破産管財人または再生手続の監督委員（管財人が選任されたときは管財人）の権利（否認権）であって，それらの権利が認められるか否かは，**破産財団または再生債務者財産の増減**にダイレクトに影響を与える[1)]。

［図11-1］は，これらの権利が，破産財団の変動過程にどのようにかかわってくるかを説明したものである。

まず，破産手続開始時に破産管財人が管理に着手した時点（破79条参照）の破産財団（「**現有財団**」）には，第三者に返すべき財産があったり（「その者から

1） これらの権利が，「破産財団〔または再生債務者財産〕の法律的変動」というタイトルの下で取り上げられるのも（たとえば，伊藤・破産民再417頁，894頁参照），本文で述べたことの表れである。

［図 11-1］ 破産財団の変動過程

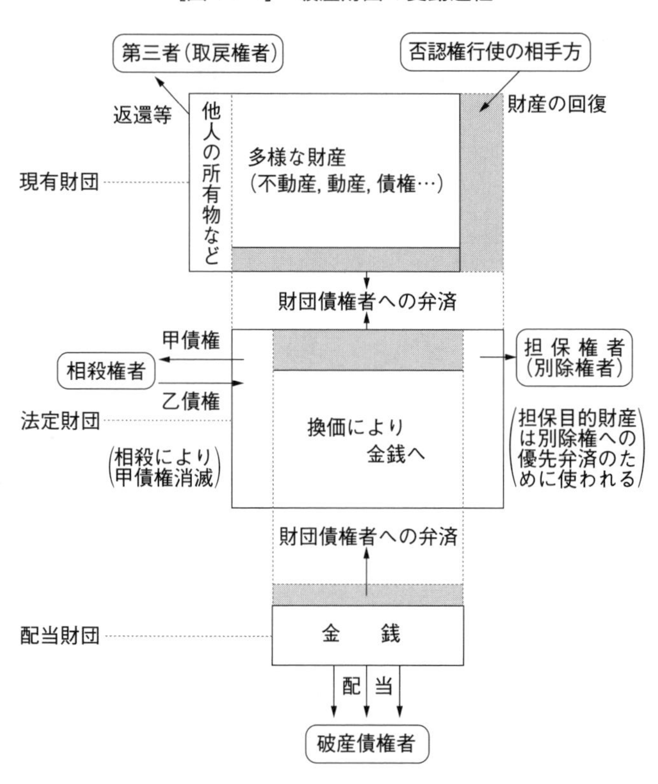

みて取戻権」という），逆に破産債権者を害する行為により財産が逸出していた場合などには，管財人にその財産を取り戻す権利が与えられる場合（「否認権」）がある。このように「あるべき」破産財団（破 34 条 1 項参照）を「**法定財団**」と呼ぶ。さらに，法定財団から，抵当権者等がその権利を破産手続外で行使しうる（破 65 条 1 項）権利（別除権）の対象となる財産や破産債権者の相殺権の行使によって消滅する破産財団所属債権（［図 11-1］の甲債権）などを除いて残った財産が，破産債権者への配当に使われる「**配当財団**」（破 193 条 1 項参照）となる。

再生手続における再生債務者財産は，上記の破産財団（法定財団）のように手続開始時に固定された（破 34 条 1 項参照）財産の集合体が観念されるわけではなく（自由財産との区別もない），再生債務者の事業継続に伴って，手続に服する財産は変動していくのが当然の前提とされている。ただ，そのような意味での財産の変動とは別の意味で，再生債務者財産を法定の範囲のものに確定していくプロセスは存在し，再生手続においても，上記の4種類の権利の行使範囲等をめぐる問題点は重要な問題となる[2)]。

11-2　取戻権（破62条以下，民再52条）

11-2-1　一般の取戻権

取戻権は，第三者が破産財団（法定財団）に属さないことを理由として，特定財産を取り戻す権利である（破62条）（取戻権は，破産手続と再生手続でほぼ共通の扱いがなされるので〔民再52条参照〕，以下では，破産手続を念頭に説明する）。そしてそのような権利のうち，そもそも一般実体法上，取戻しができる場合を**一般の取戻権**と呼び，倒産法が特別に認めた取戻権を**特別の取戻権**と呼ぶ。取戻権の行使により，目的財産は，（現有）破産財団・再生債務者財産から除外される[3)]。

一般の取戻権の基礎となる権利としては，**所有権**のほか，**用益物権**（地上権など），**占有を伴う担保物権**（質権，留置権）がある。これらの取戻権の基礎となる権利は，破産管財人に対抗できる権利でなければならないから，たとえば不動産の所有権の移転取得を取戻権の基礎にするときは，所有権移転登記の具備を要する[4)]。担保権目的財産の占有を伴わない担保物権（抵当権など）は，もっぱら後述する別除権の対象となる。破産者に対する債権的引渡請求権は，原則として破産債権として取り扱われるが，A→B→Cの転貸借のケースで，B（転貸人）が転貸借の終了を理由にC（転借人）の破産管財人に対して目的物

2）ただし，個人再生では，手続の迅速・簡略化のために，否認権は認められない（民再238条による第6章第2節の適用除外・245条）。

3）取戻権は，その名称により連想される有体財産の占有回復だけではなく，破産管財人等の返還請求に対して現占有者が受働的・抗弁的に行使する場合もあるし（後述参照），破産者から債権を譲り受けた者が破産管財人に債権者であることの確認を求める場合のように占有の取戻しとはいえない場合もありうる。このことを踏まえて，（破産手続を念頭に）「破産手続開始時に破産者に対して有する一定の請求権が，破産手続開始によって影響を受けず，そのまま破産管財人に対して行使できることを保障する制度が取戻権である」と説明されている（倒産概説181頁［沖野眞已］）。

4）対抗要件は，原則として破産手続開始前に具備しなければならないが（なお，否認可能性に注意〔破164条，民再129条参照〕），破産手続開始後の善意の登記等が認められる場合（破49条1項ただし書）にも取戻権が認められる。

の債権的引渡しを求める場合には，ＢはＡ（賃貸人・所有者）の所有権を背景として取戻権を有する。

離婚に伴う財産分与請求権（民768条）は，夫婦財産の清算または潜在的持分の行使，扶養料請求権，および慰謝料請求権という三要素からなると理解されているが，持分清算部分の理解については，取戻権の成否が争われている（残りの２要素に対応する部分は，破産債権としての処遇でおおむね一致している）。判例（**最判平成２・９・27 判時1363号89頁**〔倒産百選50事件〕）は，財産分与請求権が判決により確定された金銭債権の形で存在した事例で，分与の相手方は，分与者に金銭の支払を求める債権を取得するにすぎず，債権額に相当する金員が分与の相手方に帰属するものではない，として，清算部分を含む財産分与請求権は，取戻権の基礎にはならず，破産債権にすぎないとした。金銭債権としての財産分与請求権に関する上記判例の立場に対しては，取戻権の否定はやむを得ないとしても，清算部分については分与の相手方が実質的な持分権を有していたことを重視し，破産財団への組入れによる財団の不当利得の成立（破148条１項５号）などを根拠にして，相手方は**財団債権者**として清算部分相当額の金銭債権を行使できるとする有力説もある[5)]。これに対して，すでに破産手続開始前に清算部分として特定物を財産分与する協議等が成立している場合には，財産分与の目的物について，相手方の取戻権が認められるが[6)]，その権利取得につき**対抗要件**を備える必要があるかについては，原則どおり必要であるという多数説と不要と解する有力説が対立する[7)]。

次に，信託と関連して，倒産者の有する預かり金としての預金債権の破産手続における処遇も重要な問題である。考え方としては，まず前提問題として，預金債権が破産者に帰属していたのかが問題となり[8)]，破産者への帰属を肯定したら，次に，それが破産財団に帰属するかが問題になる。破産者の財産では

5） 学説の詳細は，条解破産481頁以下，山田文・倒産百選103頁参照。

6） 伊藤・破産民再423頁注14など（なお，不相当に過大な分与を認める合意は，否認される可能性があることにつき，**最判平成12・3・9 民集54巻3号1013頁**参照）。破産手続開始後に，特定物に対する清算的な分与請求権が成立する場合も，本文と同様の問題が生ずると考えられるが（大コンメン破産265頁［野村秀敏］），この場合には，財産管理処分権が破産管財人に移転することとの関係で，破産者がどこまで財産分与に関する協議等の当事者として関与できるかが問題とされる。

7） 必要説として，条解破産481頁等，不要説として，山田・前掲注5）103頁等参照。不要説の根拠として，民法254条（共有者の一人が共有物について他の共有者に対して債権を有する場合，その公示なくして債務者の持分の特定承継人に対して権利行使できるとする規定）の類推適用が

［図11-2］　公共工事の前払金と信託・取戻権（最判平成14・1・17の事例）

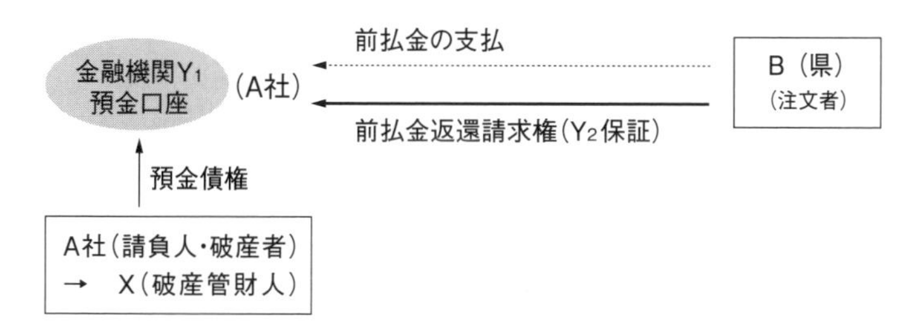

あるが，その**固有財産**ではなく，**信託財産**であることを理由に，破産財団に属さないとした判例が，次の**最判平成14・1・17民集56巻1号20頁**（倒産百選51事件）である[9]（［図11-2］参照）。

本件事案では，B（県）はA社に建築工事を発注し，前払金を支払ったが，その返還債務には「公共工事の前払金保証事業に関する法律」に基づき，指定保証事業会社Y_2の連帯保証が付されていた。A社はその前払金を，Y_2が指定するY_1信用金庫の口座に別口預金していた。A社の経営状態の悪化により工事続行が不能になったため，Bは請負契約を解除し，Y_2が前払金残金をA社に代わってBに支払った。A社の破産手続開始後，破産管財人XがY_1に預金残高の支払請求をしたところ，Y_1が拒絶したため，XはY_1に預金の支払等を，Y_2にはXが預金債権者であること等の確認を求めた。

この事件について，最高裁は，「BとA社との間で，Bを委託者，A社を受託者，本件前払金を信託財産とし，これを当該工事の必要経費の支払に充てることを目的とした信託契約が成立したと解するのが相当」とし，信託財産として分別管理や特定性をもった保管がなされていたことを踏まえた上で，本件預金はA社の破産財団に組み入れられることはないから，Xの請求は認められ

説かれる。

8）　預かり金預金債権が誰に帰属するかについての判断基準に関する判例・学説の状況については，内田貴＝佐藤政達「預金者の認定に関する近時の最高裁判決について(上)(下)」NBL808号14頁以下，809号18頁以下（以上2005年）等参照。

9）　信託受託者が法的整理開始決定を受けた場合に，信託財産が破産財団または再生債務者財産に属さないこと（信託の倒産隔離機能）については，**10-4-2**参照。なお，破産手続開始当時破産者に属する財産であるにもかかわらず，実質的利益を有する他人の取戻権の対象となることの根拠としては，問屋が破産した場合に委託の実行の結果問屋が取得した権利について，委託者の取戻権を認めた**最判昭和43・7・11民集22巻7号1462頁**（倒産百選49事件）に依拠する余地もある。

ないとした[10)]。

本件では，Xの請求を棄却するには，信託財産は受託者の破産財団に属さない（信託25条1項）という理由だけで足りたから，誰が取戻権者であるかについては，明確には言及されていない。ただ，最高裁の信託構成を前提にすれば，本来の取戻権者は委託者兼信託受益者であるBであり，本件では連帯保証人Y_2がBに対して前払金を返還したのであるから，Y_2は代位によりBの取戻権者としての地位を取得するとみることになろう[11)]。

本判決は，当事者が信託と明確に認識していなかった事例で，信託の成立を認めたものであり（**「黙示の信託」**などと呼ばれる），その射程の理解次第では，さまざまな分野での信託法理の活用可能性を感じさせるものである。今のところ，本判決後の最高裁の判例においては，そのはっきりとした方向を見出すことはできないが[12)]，信託自体の多方面での活用可能性と倒産隔離機能のインパクトの強さに鑑みると，今後の展開が注目されるところである。

11-2-2　特別の取戻権

破産法が創設した特別の取戻権として，運送中の物品の売主等の取戻権と代償的取戻権がある（破63条・64条。同2条は民再52条2項により再生手続に準用される）。

まず運送中の物品の売主等の取戻権とは，**隔地者間の売買**を念頭においた規定であり（ただし，物品の買入れ委託を受けた問屋がその物品を委託者に発送した場合についても準用される〔破63条3項参照〕），売主が目的物を発送したが，まだ買主が受け取っておらず，代金も完済していない間に買主につき破産手続開始決定があったときに，売主の売買目的物に対する取戻権を認めるものであ

10)　その後の下級審裁判例も，本判決と同様の判断を示していることについては，沖野眞已・倒産百選104頁参照。また，本判決の信託構成をとりつつ，公共工事の出来高が前払金を上回る場合に，金融機関が請負人（受託者）名義の預金債権を受働債権としてする相殺の許否との関係で，当該預金債権が受託者たる請負人の固有財産（破産財団）へ帰属する時期はいつか（破71条1項1号の相殺制限の適用を受けるか）という論点も裁判例に表れている（**福岡高判平成21・4・10判時2075号43頁**，**名古屋高金沢支判平成21・7・22判時2058号65頁**〔相殺の許否に関する結論は異なるが，いずれも請負工事の出来高の確認時に財団帰属債権になるとする立場をとる〕）。

11)　本件第1審判決（**名古屋地豊橋支判平成12・2・8金判1087号40頁②事件**）が，同様の判断を示す。

12)　注目される判例として，損害保険代理店名義の**保険料専用口座**（**最判平成15・2・21民集

る。売主の義務が発送により完了すると解するならば，売主は代金債権を破産債権として行使するしかないが，そのような取扱いは，遠方に所在する買主の信用情報の取得が一般にはむずかしく，しかも実際上先履行を迫られる売主に酷であるため，特別の取戻権が認められたものである。もっとも，この取戻権の行使により，売買契約が効力を失うわけではなく，売主は取戻権の行使により目的物の占有権原を回復することができるにとどまる。すなわち，売買契約自体は**双方未履行状態**に戻って，破産法53条等の適用ができる状態となる(破63条1項ただし書・2項参照)。

[図11-3]　代償的取戻権（破64条1項）

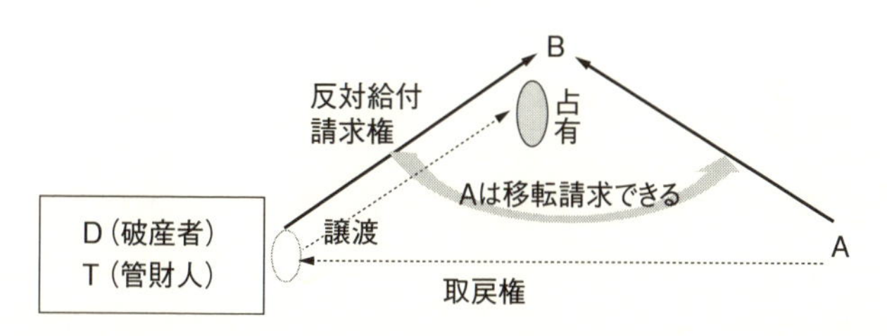

次に，**代償的取戻権**は，本来の取戻権の目的物の代わりに，特別の権利が与えられる点がポイントである，[図11-3] において，取戻権の目的物（動産）を譲渡（売却）した者（D）が，まだ代金債権を受け取らない間に破産手続開始決定を受けたとしよう。この場合，目的物を買主（B）が即時取得（民192条参照）するなどして目的物の取戻しができない場合でも，取戻権者（A）は**代金支払（反対給付）請求権の移転を請求**することができる（破64条1項前段)。目的物の譲渡が，破産手続開始後破産管財人（T）によってなされた場合も，同様である（同項後段）[13]。

57巻2号95頁）および弁護士名義の債務整理のための預かり金口座（最判平成15・6・12民集57巻6号563頁）につき，信託の可能性が指摘されたが，最高裁は，信託に全く言及しないか（損保代理店のケース），補足意見で仮定的に言及するにとどまる（弁護士の預かり金のケース)。これらの判例や最新の実務状況については，天野佳洋ほか「〔座談会〕預金の帰属をめぐる最新判例と実務対応」金法1686号（2003年）9頁以下，中森亘＝堀野桂子「信託関係者の倒産および黙示の信託に関する検討」銀法760号（2013年）28頁以下等参照。

13)　代償的取戻権は，本文で述べた例のように，本来の取戻権が行使できない場合にその「代償」として特別の権利を認める点に本来の趣旨があることはたしかであるが，売却後引渡しが未了で取戻権行使が可能な場合，また引渡しを受けた第三者に対する取戻権行使が不可能でない場合も，取戻権者の選択によって，代償的取戻権の行使を認めてよいとする見解もある（条解破産494頁)。

これに対して，反対給付が（**手続開始後**）**すでに管財人に対して**なされている場合，その給付物が特定性を保っているときは，取戻権者は反対給付として受けた財産（代位物）自体の給付を請求することができる（同条2項）。破産管財人への反対給付が金銭であるときは，特定性は失われるのが普通であるが，その場合は管財人の行為による財団の不当利得が生じていると考えられるから取戻権者は財団債権者としてその返還を請求できる（破148条1項4号・5号）。反対給付がすでに**破産手続開始前に破産者に対して**なされているときは，その財産は手続開始により破産財団に組み入れられることとなるから，（かつての）取戻権者は不当利得返還請求権を破産債権として行使しうるにとどまるものと解される。

11-2-3　取戻権の行使

取戻権は，破産・再生手続外で行使できる（破62条，民再52条1項）。もっとも，破産管財人が任意に返還等に応じないときは，取戻権者は**訴え**を提起して返還を求めなければならない（管財人からの引渡し訴訟等において，被告が取戻権を**抗弁**として主張することもありうる）[14]。これに対して，破産管財人が**取戻権を承認**するときは，裁判所の許可など必要な手続を経て（破78条2項13号，民再41条1項8号・54条2項参照）目的物の引渡し等を行うことになる。

11-3　破産・再生手続における担保権の処遇

11-3-1　破産・再生手続における担保権処遇の概要

(1)　債務者の倒産と担保権の存在意義

B銀行がD社に対して事業の運転資金として1000万円を融資するに際して，D社の工場・敷地に抵当権の設定を受けたとする。B銀行が時間とコストをかけて抵当権を設定した理由は，債務者が経営破たんした場合（信用リスク）

14)　債務者以外の第三者の財産に対して仮差押えがなされた場合，当該第三者の救済方法は，第三者異議訴訟である（民保46条，民執38条）。しかし，債務者の破産手続が開始した後は，仮差押えの執行手続は破産財団に対しては効力を失うから（破42条2項），執行目的物の所有権を主張する第三者は，第三者異議の訴えではなく，破産管財人に対する取戻権の行使によってその地位を主張しなければならない（**最判昭和45・1・29民集24巻1号74頁**〔倒産百選A8事件〕）。

15)　定義上明らかなように，人的担保は含まれない。また，手続開始時に債務者以外の第三者の所

に備え，被担保債権の履行を確実に受けるためである。担保権にこのような機能が保障されてはじめて，金融機関等は信用リスク（それは利息等に反映される）を計算した上で融資ができるし，企業側も担保設定によって有利な資金調達の可能性が与えられる。換言すれば，法的倒産手続において担保権の優先的地位が尊重されてはじめて，**担保制度が信用取引に関する重要なインフラとして機能**できるのである。上例では，抵当権者 B 銀行は，D 社が倒産しても，抵当物件である工場・敷地の価値の範囲内で，1000 万円（プラス利息）の優先的な満足を受けることを期待してよいし，D 社および B 銀行以外の債権者はそれを受け入れなければならない。

清算型の手続である破産手続では，このような担保権の優先的地位が比較的明確に表れる（ただし，担保目的財産も破産財団に属する財産であるから，後述のように，その換価に関しては破産管財人が一種の介入権を有する場合がある）。しかし，**事業再生型**の手続（通常再生手続等）においては，上例のように事業継続に必要な工場等に設定された抵当権の行使を無制限に許すと，事業再生が不可能になってしまう。債務者の事業再生という手続目的を実現するためには，少なくとも B 銀行の抵当権の実行を一時的にストップし，債務者と抵当権者の合意による処理を促したりすることが必要になろうし，あくまで抵当権者が担保実行に固執するときには，抵当権者の最低限の利益を保護しつつ，抵当権自体を消滅させる手段を用意することが望ましい。

破産手続および再生手続では，後述するように手続開始時において破産財団または再生債務者財産に属する財産につき存する担保権[15]は，「**別除権**」を有するものとされ，表現の上では，その「別枠」的性格が強調されるが，その実態は，かなりの程度，制限または介入（その目的や内容は，破産と再生では異なる）に服する権利といえる[16]。ただその一方で，実務的には，後述のように債務者別除権者間の合意による処理も広く行われており，破産法や民事再生法自身も，かかる合意（とくに再生手続における**別除権協定**）の締結を予定し，さら

有する財産につき担保権が設定されているとき（物上保証）も，別除権としては扱われない（通常の担保権として扱われる）。この場合には，物上保証人が債務者の破産手続等の開始後に債権者に弁済等をして求償権を取得した場合等の処理（破 104 条 5 項，民再 86 条 2 項参照）が，倒産手続上の問題となる（**4-3-5** 参照）。ただし，手続開始時には債務者の財産に設定されていた担保権が，その後の任意売却等によって第三者の所有財産によって担保されることになった場合でも，別除権としての性格が失われることはない（破 65 条 2 項，民再 53 条 3 項）。

にはそれを促す仕組みを用意している点にも注意する必要がある。

担保権または別除権をめぐる解釈問題は，個々の担保権の性格を反映したものとならざるを得ないが，それらの各論的問題については **11-3-2** で取り扱うことにし，以下では，まず，破産・再生手続における別除権（さしあたり，普通抵当権に基づくものを念頭におく）の意味と，その取扱いの概要について，破産手続と再生手続に分けて説明する。

(2) 破産手続における担保権の処遇

(ア) 別除権（破産手続）の意義

破産法2条9項は，「別除権」を「破産手続開始の時において破産財団に属する財産につき特別の先取特権，質権又は抵当権を有する者がこれらの権利の目的である財産について第65条第1項の規定により行使することができる権利をいう」と定義している（破産財団に属しない破産者の財産につき特別の先取特権等を有する者等は「**準別除権者**」と呼ばれ，別除権者と同様に処遇される〔破108条2項・111条3項等参照〕）。そして，そこで引用されている破産法65条は，「別除権は，破産手続によらないで，行使することができる」と定める。つまり，破産財団所属財産上の特別の先取特権者，質権者，抵当権者は，その権利を破産手続外で行使することができ，その地位を破産法は「別除権」と名付けているのである。なお，破産財団所属財産上の商事留置権は，特別の先取特権とみなされ（破66条1項），譲渡担保などの非典型担保も，解釈上一般に別除権として取り扱われている。

もっとも，同じ担保権でも一般の先取特権や企業担保権などは別除権ではない。これらの担保権の引当財産となっているのは，債務者の特定財産ではなく，その財産全体であるから，破産債権に属するものと分類され，その中で優先性をもつ**優先的破産債権**となる（破98条参照）[17]。以下では，特に断らない限り，「担保権」とは，別除権の対象となるものを指す。

16） 会社更生手続では，「別除権」は認められず，更生債権のうち担保権によって担保された範囲のものが「更生担保権」（会更2条10項参照）として手続に取り込まれる（田頭・入門154頁以下等参照）。他方，法的整理以外の再生型私的整理（事業再生ADR等の「準則型私的整理」を含む）でも——もちろん関係者の合意が前提であるが——担保権の制限が必要になる点は基本的に同様である。たとえば，私的整理に関するガイドライン等における一時停止の通知（ガイドライン4項(3)以下・6項等参照。なお，事業再生ADRにつき，経済産業省関係産業競争力強化法施行規則20条参照）による停止の対象には，担保権の実行も含まれる。特定調停手続における

(イ)　別除権の行使

上述のように，別除権は原則として破産手続によらずに行使できる[18]。ただし，破産管財人は，その管理換価権限に関連して，別除権に対して一種の**介入権限**をもつ場合がある。まず，破産管財人は，別除権者が占有する担保目的財産の提示を求め，その評価をすることができる（破154条）。管財業務の一環として，担保目的財産の価値を確認して，その管理処分方法（たとえば，財産価値が被担保債権額より高いときは，換価後の差額を破産財団に取り込む）を検討する必要があるからである。また，別除権者がなかなか実行手続を開始しないために，管財業務に支障が出る場合には，破産管財人は，別除権者に代わって**民事執行法等の規定に基づいて目的財産の換価**を求めることができる（破184条2項）。譲渡担保権のように，別除権の実行が法令によらず契約条項に基づく私的実行であるときは，破産管財人は，裁判所に対して別除権者の**権利実行期間の指定**を求めることができ，その期間内に処分をしないときは別除権者の処分権限は消滅する（破185条1項・2項）。ただし，以上の管財人の介入権は，あくまで円滑な管財業務のためであるから，換価金から優先弁済を受ける別除権者の地位に影響を及ぼすことはない。

破産法184条1項によれば，担保目的財産である不動産等の換価は原則として民事執行法等に基づいて行うものとされるが，現実には，多くのケースで，より高価でしかも迅速に換価できる「**任意売却**」が行われている。しかし，担保権を消滅させて売却するためには，後順位の担保権者も含めて全担保権者の同意が必要なため，円滑な任意売却ができない状況がかつて存在した。そこで，現行破産法は，以下に述べる「**担保権消滅請求制度**」（破186条以下）を設けている。

(ウ)　担保権消滅請求制度（破186条以下）

破産手続では，後述する再生手続の場合と異なり，担保目的財産の使用を継続することは，原則としてないから，担保権消滅請求制度は，財産上の担保負

担保執行の停止命令については，特定調停法7条1項参照。

17）　優先的破産債権を含む破産債権の分類については，**4-2-1**(1)参照。

18）　別除権者の破産債権行使については，別除権の行使によって満足を受けることができない債権の額についてのみ，権利行使できること（破産手続上の「不足額責任主義」〔破108条1項本文〕），そして破産配当の場面では，不足額が別除権実行または関係人の合意（「別除権協定」と呼ばれることがあることにつき，後掲注22)参照）により証明された場合（破198条3項参照）にのみ配当に参加できる点については，**4-2-1**(3)参照。

［図 11-4］　担保権消滅請求手続（破産手続）

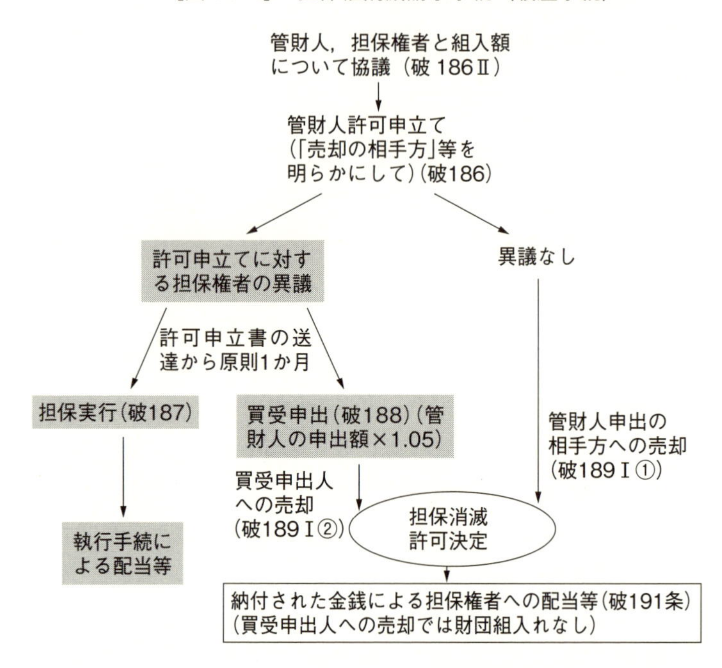

担をなくした上で任意売却する（それによる売得額の一部は破産財団に組み込まれる）ために利用されることが予定されている（破産法の規定の位置も，第７章「破産財団の換価」におかれている）。また，この制度は，それ自体が使われなくても，担保目的物の任意売却に向けた破産管財人と担保権者との合意を促す背景として機能する意義が認められる点も，見逃してはならない[19]。

担保権消滅請求制度の概略を図で示すと，［図 11-4］のとおりである。

担保消滅許可の要件は，**破産債権者の一般の利益に適合**することと，**担保権者の利益を不当に害しないこと**（破 186 条 1 項）である。破産管財人からの担保消滅許可の申出に対して，担保権者は，**担保権実行**または自己または他の者による**買受けの申出**（破 187 条・188 条。ただし，その買受申出額は，破産管財人申出の売得金額にその 20 分の 1 に相当する額を加えた額以上の額でなければならない〔破 188 条 3 項〕）によって，対抗することができる（［図 11-4］の網掛け部

19)　破産管財実践マニュアル 212 頁。
20)　詳しくは，**4-2-2**(2)を参照。

分）。売却の相手方から交付された金銭は，裁判所により民事執行手続に準じて配当等（その対象は，担保権者に限定される）が行われる（破 191 条）。

(3)　再生手続における担保権の処遇

(ア)　別除権（再生手続）の意義

民事再生手続における担保権の処遇については，制度的には会社更生手続のように担保権者も手続に取り込む方法と，原則として別除権としての処遇を維持する方法があったが，民事再生法は後者を採用している（53 条 1 項・2 項。ただし，破産手続のような「準別除権」の概念はない）。別除権付再生債権についても**不足額責任主義**（民再 88 条本文・94 条 2 項参照）がとられることは破産手続と同様であるが，再生手続では時間を区切って配当の対象を制限する必要がないから，再生計画における「**適確な措置**」に基づいて弁済を受けることができる（民再 160 条 1 項参照）[20]。

再生手続に特有の担保権の制限は，以下のとおりである。

(イ)　担保権実行手続の中止命令（民再 31 条）

民事再生法 31 条は，同法 53 条 1 項の定める担保権（特別の先取特権，質権，抵当権または商事留置権）の実行に関する制限として，裁判所は，再生手続開始申立て後（開始後も含む），**担保権実行手続の中止**を命ずることができると規定する。発令の実体的要件は，①**再生債権者の一般の利益**に適合し，かつ②**競売申立人に不当な損害を及ぼすおそれがない**ことであり（民再 31 条 1 項本文），手続的要件として，競売申立人の意見聴取が必要とされる（同条 2 項）。実体的要件のうち，①の要件は，担保権実行を中止することによって，最終的により債権者に利益となる再生計画が実現する見込みがあることを意味する。また，②の要件については，実行中止により競売申立人に不利益が生ずるのは避けられないから，どのような場合に「不当な」といえるかは困難な判断となるが，一般には，実行が中止されると競売申立人自身が倒産してしまう場合などが不当な損害のおそれが認められる典型例とされる[21]。

この中止命令は，「**相当の期間**」（実務上は，3 か月が限度とされ，延長されることもある）を定めて発令しなければならない。再生債務者等は，この中止期

21）民事再生法 31 条については，非典型担保（たとえば集合債権譲渡担保）の実行に関連して，その類推適用ができるか，などの問題がある。これらについては，**11-3-3** (3)で取り上げる。

間中に，担保権者と担保目的財産の受戻し等に関する合意（次に述べる「別除権協定」）に向けた交渉を行う。このように，中止命令の実質的機能は，再生債務者等に担保権者との交渉を進める余裕と時間を与えることにある。

(ウ) 別除権協定

再生債務者等は，必要ならば上記の担保権実行中止命令による助けを得て，別除権者といわゆる別除権協定に向けた交渉を行う。再生手続における**「別除権協定」**は，複合的な内容をもつが，その主要な項目は，①担保権によってカバーされる債権額の確定（その結果，「不足額」も確定する〔民再88条ただし書参照〕），②その被担保債権額の弁済方法（通常は，長期の分割弁済が合意される），③分割弁済期間中の別除権の不行使，④弁済完了時の担保消滅などである（[書式11-5] 参照）[22]。

別除権不足額の弁済を受ける条件として，**抵当権の変更登記**が必要かどうかについては，争いがある。必要説も有力であるが，実務上は，不要説に立ち，財産価額の弁済完了時点で担保権の抹消登記をする定めがおかれるにとどまることが多いようである[23]。また，別除権協定には，通常，その前提となっている再生手続の進行が目的を達成できずに挫折した場合には，協定の効力が失われることを定めた条項（**「解除条件条項」**）が置かれる。この条項には，基礎となっている再生計画が**不認可決定**等によってその効力を生じなくなった場合，再生**手続廃止決定**がされた場合などが規定されるが，その合意内容には，――特にそれを除外する趣旨と認められない限り――**再生計画の履行完了前に再生手続廃止の決定を経ずに破産手続開始の決定がなされた場合**も協定はその効力を失う旨の内容を含む（最判平成26・6・5民集68巻5号403頁）。

この別除権協定は，特定財産の担保権者全員と締結する必要がある。なぜな

22）別除権協定の意義については，松下・民再入門98頁も参照。協定の実例の分析としては，三上徹「別除権協定の諸問題」商事法務編『再生・再編事例集4』（商事法務，2005年）37頁以下が参考になる。なお，破産手続においても，破産管財人と別除権者が被担保債権の範囲を定める合意（前掲注18））を別除権協定と呼ぶこともあるが，その内容は，再生手続における協定ほど複雑ではないのが普通である。

23）三上・前掲注22)43頁参照。学説については，伊藤・破産民再900頁（破108条1項ただし書でも同様の問題が生じることを指摘），新注釈民再(上)472頁以下［中井康之］等参照。

24）なお，本文では，協定が継続利用される財産上の担保権について締結されることを想定して説明したが，実際には，担保物件を任意売却することを想定して協定を締結する場合もある。この種の協定では，物件売却額の数%を一般債権者への弁済資金に充てる条項を入れることもあるようである（谷津朋美「別除権合意（破産法）と別除権協定（民事再生法）」事業再生と債権管理

ら，一部担保権者との合意を欠くと，後順位の権利者の順位が繰り上がったり，担保権実行のおそれが残ってしまうからである。したがって，本来弁済の対象にはならない後順位別除権者であっても無視できず，合理的な範囲で，「**抹消料**」（俗に「ハンコ代」とも呼ばれる）の支払が合意される場合もありえよう[24]。

別除権協定により，目的物の受戻しがなされることになるから，再生債務者等は，監督委員の同意を得て協定を締結するのが通常である（民再 54 条 2 項参照。なお，41 条 1 項 9 号も参照）[25]。

［書式 11-5］　別除権協定書書式例

別除権協定書

株式会社○○銀行（以下「甲」という。）と再生債務者株式会社○○○○（以下「乙」という。）とは，乙の○○地方裁判所平成○年（再）第○号再生手続開始申立事件（以下「本再生事件」という。）につき，以下のとおり，合意した。

第 1 条（債権債務の確認）

甲及び乙は，甲の乙に対する下記の債権が別除権付再生債権であることを相互に確認する（以下「本件債権」という。）。

記

平成○年○月○日付金銭消費貸借契約に基づく債権

貸付金残元金　○円

利息　○円

遅延損害金　○円

開始決定以後の遅延損害金　額未定

---

109 号〔2005 年〕62 頁参照）。

25）　別除権協定には，本文に述べた問題以外にも，①別除権協定による**被担保債権額**と**不足額**の確定（たとえば本来の被担保債権 2000 万円を担保目的物評価額に対応する 1000 万円に減額し，残りを不足額＝再生債権額とする合意）の効果が，別除権協定解除・失効により失われるのか（被担保債権額は復活する〔**復活説**〕），それとも失われないのか（被担保債権額は，合意の額で固定される〔**固定説**〕），②協定による分割弁済を内容とする債権（協定債権）が再生債権か共益債権か（これについては，**5-3-1**（2）でふれた），などの問題が，別除権協定の類型論と併せて議論されている。これらの問題に関する文献としては，伊藤・破産民再 899 頁注 8），倉部真由美「別除権協定について」事業再生研究機構編『民事再生の実務と理論』（商事法務，2010 年）342 頁以下，山本和彦『倒産法制の現代的課題』（有斐閣，2014 年）121 頁以下などがある。

第２条（担保権の確認）
　甲及び乙は，本件債権について，別紙物件目録（略）記載の不動産（以下「本件不動産」という。）を目的として，別紙担保権・被担保債権目録（略）記載の根抵当権（以下「本件別除権」という。）が設定されていることを相互に確認する。
第３条（担保物件の評価）
　甲及び乙は，本件不動産の評価額が，下記のとおりであることを確認する。

記

①　別紙物件目録（略）記載１の土地　〇円
②　別紙物件目録（略）記載２の建物　〇円
　　合　計　〇円

第４条（別除権の受戻し）
1　乙は，甲に対して，前条の評価額の合計〇円を下記のとおり分割して，甲の指定する銀行口座に振込送金する方法により支払い，もって本件別除権を受け戻す。なお，振込手数料は乙の負担とする。

記

①　第１回　弁済額　〇円
②　第２回ないし第５回まで　弁済額　〇円
　本再生事件の再生計画認可決定確定日の属する月の翌月の末日を第１回の弁済期として，第２回以降の弁済期は，第１回の弁済期が属する年の翌年以降の毎年〇月末日とする。

2　甲は，前項の弁済を受けたときは，当該弁済日に，当該受領金を，本件債権の残元金に充当するものとする。
第５条（不足額の確定）
　甲及び乙は，本件債権の別除権の不足額は，下記（略）のとおり確定することを確認する。
第６条（担保権不行使）
　甲は，第４条に定める弁済の合意に従った支払が行われることを条件に，本件担保権を行使しない。
第７条（担保解除）
　第４条の弁済が完済された場合，甲は，本件別除権を解除し，その設定登記の抹消登記手続を行う。なお，抹消登記手続費用は，乙の負担とする。
第８条（解除条件）
　甲及び乙は，本再生事件につき，再生計画認可決定の効力が生じないことが確定すること，再生計画不認可決定が確定すること，又は，再生手続廃止決定がなされることを解除条件として，本協定を締結する。
第９条（停止条件）
　本協定は，本再生事件の監督委員の同意を停止条件として，効力を生じる。
第10条（権利義務の確認）
　甲及び乙は，本件債権及び本件別除権については，本協定書で定めるほかは，何らの債権債務を有しないことを相互に確認する。

平成○年○月○日
甲　株式会社○○銀行

乙　株式会社○○○○
代理人

出典：木内道祥監修『民事再生実践マニュアル』（青林書院，2010年）351頁

(エ)　担保権消滅請求制度（民再148条以下）

すでに担保権の一般的制限について述べたように，再生債務者等が，合意によって担保権の処理を実現しようとしたにもかかわらず，担保権者が強硬で担保権実行の方針を貫くときは，そのために社会的に意義がある事業再生が挫折してしまう。このような場合に備えて設けられたのが，再生債務者等が当該財産の価額に相当する金銭を裁判所に納付して，当該財産につき存するすべての担保権を消滅させる許可を裁判所に求める**担保権消滅請求制度**である。理論的には，民法における**担保権不可分の原則**（民296条・372条等参照。「被担保債権全額が弁済されるまで担保物権は目的財産全体に及ぶ」という原則）の例外（修正）を認めるものといえる。破産手続における担保権消滅請求制度は，上述のとおり，破産財団の換価（任意売却）を前提に利用されるのに対して，民事再生手続では，**事業の継続に不可欠な財産の確保**のために利用される（根拠条文も，否認権などと同じく，第6章「再生債務者の財産の調査及び確保」におかれていることに注意）[26]。

手続の流れは次のとおりである。再生債務者等は，担保目的財産の価額（基本的評価基準が「**処分価額**」であることにつき，民再規79条1項参照）等を記載した書面で担保権消滅許可の申立てをする（民再148条2項）。許可の要件は，「当該財産が再生債務者の事業の継続に欠くことのできないものである」（同条1項）ことである[27]。裁判所の許可決定があると，担保権者は，この不可欠性要件の不存在を主張して，即時抗告をすることができる（同条4項）。これに

26)　会社更生手続においても「担保権消滅請求制度」があるが（会更104条以下），これは破産手続および民事再生手続における同名の制度とはかなり機能を異にする。各手続における担保権消滅請求制度の比較表として，倒産概説160頁以下［沖野］，松村和德『倒産法概論』（法学書院，2014年）166頁がある。なお，担保権消滅請求に関する詳細かつ最新の文献として，佐藤鉄男＝松村正哲編『担保権消滅請求の理論と実務』（民事法研究会，2014年）を参照。

対して，申立書に記載された目的物の価額（申出額）に不服がある担保権者は，許可申立書（および許可決定）の送達から1か月内に**価額決定の請求**をすることができる（民再149条1項）。この価額決定の請求があったときは，裁判所は，評価人の評価に基づいて財産の価額を定めなければならず，この決定の効力はすべての担保権者に及ぶ（民再150条4項。ただし，この決定に対しては，再生債務者等および担保権者は，即時抗告をすることができる〔同条5項〕）。この裁判所による価額決定，または価額決定請求がないことによって目的財産の価額が確定したら，再生債務者等はその価額を裁判所へ納付し，その金銭は民事執行手続に準ずる手続により，配当等が行われる（民再153条）[28]。

再生手続における担保権消滅請求制度も，破産手続におけるそれと同様，実務的には，そう頻繁に使われるものではない。担保目的物の価額は一括納付しなければならないが，いわゆるスポンサーがいる場合を除いて，再生債務者自身がその資金の調達をすることは通常困難なことがその理由の1つである。しかし，この制度自体の利用例がそれほど多くなくても，この制度の存在により，担保権者との交渉，そして別除権協定の成立が促されているとすれば，本制度の存在意義は肯定されるといってよいであろう。

Practice　考えてみよう！【展開】

A は，土地付き戸建分譲等の事業を営む株式会社である。A 社の事業は，まず，金融機関からの融資を受けて用地を取得し，同土地に抵当権を設定した上で，当該土地上に住宅建物を建築し，土地付き戸建住宅として売り出し，売却時に売却代金から先の融資の返済を行い，抵当権を抹消させて，顧客に土地建物の所有権登記を移転するというものであった。

A 社は 2014 年夏に手抜き工事が発覚してから売上高が大きく減少したため，2015 年に入ると A 社の代表取締役 B は弁護士 C と相談し，同年 1 月 25 日に民事再生手続の申立てをし（申立て後，直ちに監督委員が選任された），裁判所は 2

27）遊休資産はこれに当たらないが，販売を予定している財産であるときでも，その財産上の担保権の消滅が再生債務者の「事業の仕組み」が機能するために不可欠であるときは，事業継続不可欠性要件を満たすと考えられる（**東京高決平成 21・7・7 判時 2054 号 3 頁**〔倒産百選 61 事件〕）。

28）基本的には，破産手続の担保権消滅手続と同様の配当手続となるが，本来優先弁済受領権をもたない商事留置権者（民事再生法には，これを特別の先取特権とみなす破 66 条 1 項のような規定はない）も配当に参加できる点は，この配当手続の特徴といえよう（条解民再 820 頁［富盛秀樹］参照）。

月 1 日に手続開始決定をした。C は，申立ての準備を通して，A 社の事業自体は，再生可能性があると判断していたが，事業運転資金の調達についての不安は大きいと考えていた。C の調査によると，次の事情が判明した。

〔事情①〕　販売用の甲地（評価額 1 億円）に D 銀行のみを抵当権者とする抵当権（被担保債権 1 億 5000 万円）が設定されており，D 銀行は話合いによる抵当権の抹消に応じていない。また，A 社は，社員の保養施設用に購入しておいた乙地（評価額 2000 万円）に E 銀行のみを抵当権者とする抵当権（被担保債権 4000 万円）を設定しており，E 銀行も抵当権抹消の交渉に応じていない。

〔問題〕(1)　戸建分譲地（甲地）に買い手がついたが，甲地に抵当権が設定されたままでは販売できないため，A 社は，再生手続開始後，甲地に設定されている抵当権の消滅許可の申立てを行った。裁判所はこれを認めることができるか。

(2)　仮に，A 社は D 銀行との将来の関係を慮って，甲地の抵当権消滅請求は差し控え，乙地を高額で売却して運転資金を得るため（その見込みはあるものとし，その売得金なしでは，A 社の事業の継続は困難な状況であるとする），同地につき E 銀行の抵当権消滅の許可を求める申立てをした場合，裁判所はどのように判断すべきか。

甲地と乙地どちらも売却を予定しているとすれば，それぞれの場合において，「当該財産が再生債務者の事業の継続に欠くことのできないものであるとき」（**事業継続不可欠性要件**）（民再 148 条 1 項）といえるか。

甲地については，売却が「**事業の仕組み**」の中に取り込まれている点（**東京高決平成 21・7・7 判時 2054 号 3 頁**〔倒産百選 61 事件〕が参考になる）に注意。担保目的財産を含む事業が譲渡される場合はどうか。

乙地については，運転資金獲得という目的が，強制的担保権消滅根拠となるか。伊藤・破産民再 971 頁，田頭章一・法教 357 号（2010 年）170 頁参照。

11-3-2　各種担保権の処遇（典型担保）

次に，個別の担保権の処遇内容について説明する。まず各種典型担保から始めよう（[図 11-6] は，それぞれの担保の典型的なイメージを示したものである）。

(1)　抵当権

(ア)　普通抵当権

普通抵当権は，破産・再生手続において別除権として扱われる権利の典型例である。合意による処理がなされる場合等を除き，担保不動産競売と担保不動産収益執行（そのいずれか，またはその双方）（民執 180 条参照）での実行が許され，担保によってカバーされない被担保債権部分について，破産または再生債

[図 11-6]　各種典型担保（別除権）のイメージ

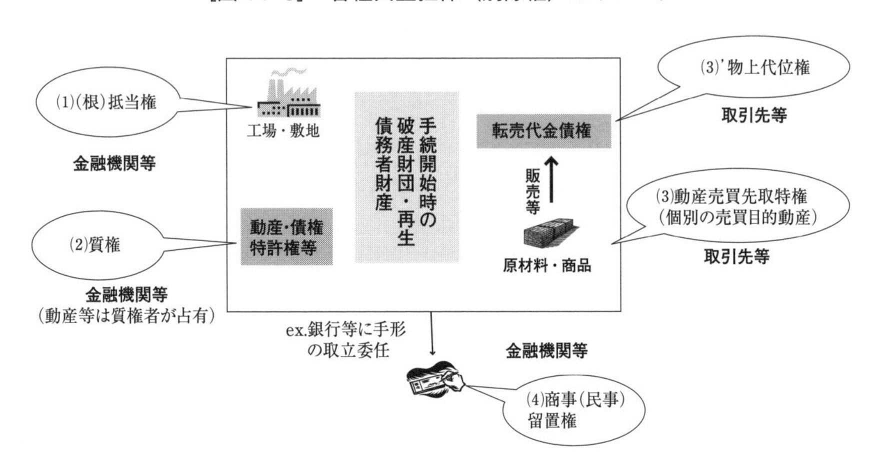

権者として権利行使をする（破 108 条 1 項本文。「不足額責任主義」）。被担保債権となる利息等の額は，抵当権実行時を基準にして「最後の 2 年分」の範囲内（民 375 条 1 項）に制限される（破産手続では，破産債権について手続開始決定後に生じた利息等は，劣後的破産債権になるが〔破 99 条 1 項 1 号・97 条 1 号・2 号〕，これは別除権に関する優先弁済権の範囲に影響を及ぼさない）。

抵当権に基づく**物上代位権**（民 372 条・304 条）の行使も一種の別除権の行使と考えられるから，破産・再生手続によらずに権利行使できるのが原則である。かつては，破産手続開始決定を「払渡し又は引渡し」（民 304 条）と解してその後の物上代位権の行使を否定する立場もあったが，判例（動産売買先取特権に基づく物上代位の例）も早くから，破産手続開始後も行使できることを認めており（**最判昭和 59・2・2 民集 38 巻 3 号 431 頁**〔倒産百選 55 事件〕），再生手続についても同様に解される。

(イ)　根抵当権

根抵当権は，一定の範囲内の不特定の被担保債権を極度額の範囲内において担保するために設定される抵当権であるが，根抵当権の担保すべき**元本**は，債務者または根抵当権設定者の**破産手続開始によって確定**する（民 398 条の 20 第 1 項 4 号）。したがって，その後は，被担保債権が特定されている一般の抵当権と同様の扱いがなされるのが原則となる（なお，極度額の範囲では，被担保債権となる利息等に制限がないことにつき，民 398 条の 3 第 1 項参照）。ただし，破産法は，配当参加につき特別の定めをおいており，根抵当権者については，不足額確定の証明がなくても，極度額を超える債権部分（正確には，最後配当の許可日における破産債権のうち極度額を超える額）については配当に参加できる（破196 条 3 項・198 条 4 項）。根抵当権者が準別除権者である場合も同様である（破196 条 4 項・198 条 4 項かっこ書）[29]。

では，**再生手続**において，根抵当権はどのように取り扱われるであろうか。まず，再生手続の開始によっては根抵当権の元本は確定しないから[30]，元本確定のためには，再生債務者等と根抵当権者との合意や根抵当権者による元本確定請求（民 398 条の 19 第 2 項）等が必要である。元本が確定した場合，被担保債権のうち極度額を超える部分については，再生計画における権利変更の一般的基準に従って「**仮払に関する定め**」をすることができ，その場合，後日不足額が確定した場合の**精算に関する措置**——たとえば不足額が増加したら根抵当権者に追加して支払う——も定めなければならない（民再 160 条 2 項）。この仮払の条項を含む計画案を提出する場合には，あらかじめ根抵当権者の書面による同意を得なければならない（民再 165 条 2 項，民再規 87 条 1 項・2 項参照）[31]。この根抵当権に関する仮払制度は，再生手続における別除権付再生債権の不足額については，再生計画における「適確な措置」で対応すること（民再 160 条 1 項参照）の例外であると同時に，破産手続における根抵当権の処遇との関係では，極度額を超える被担保債権部分が確定的に配当対象となる破産手続と異なり，民事再生では仮払・精算という仕組みが用意されている点が特徴となっている。

Practice　考えてみよう！【基礎・展開】

166 頁の設例において，そこで掲げた〔事情①〕の代わりに，次の〔事情②〕があったとする。

〔事情②〕 A 社は，G 銀行との銀行取引によって生ずる一切の債務の担保として，自社工場の敷地建物（不動産鑑定士によって 7000 万円と評価されているが，

29)　根抵当権についても，不足額の証明を要するとしていた旧法下の裁判例（**東京高決平成 12・1・20 金判 1087 号 3 頁①事件**等）の立場を，立法により改めたものである。

30)　更生手続開始による元本確定を否定した裁判例として，**東京地判昭和 57・7・13 下民集 33 巻 5=8 号 930 頁**。

31)　その趣旨については，新注釈民再(下)54 頁［長島良成］参照。

実際の取引価額を反映しているかについては疑問もある）に，根抵当権（極度額6000万円）を設定している（他の〔根〕抵当権者はいない）。このA社の行為について，否認の要件を満たす事実は見当たらない。

G銀行の根抵当権の元本がA社の民事再生手続開始前に確定し，手続開始時の被担保債権は1億円となった。A社の再生手続におけるG銀行の権利行使の選択肢にはどのようなものがあるか。

合意による解決（別除権協定）はどのような内容となるか。

再生手続における根抵当権の扱いについて，再生計画に「適確な措置」の定め（民再160条1項・182条本文）を置く可能性，極度額を超える部分について，再生計画に「仮払に関する定め」および不足額が確定した場合の精算に関する措置の定め（民再160条2項。民再182条ただし書も参照）を置く可能性などを検討すること。

(2) 質権

破産財団または再生債務者財産に属する財産につき設定されている質権も別除権となる（破2条9項，民再53条1項）。不動産または動産も質権の目的財産となるが，倒産手続上登場するのは，ほとんど**債権**（定期預金債権，敷金返還請求権等）および**その他の権利**（ゴルフクラブ会員権，特許権等）に設定される質権であるとされる[32]。質権の実行は，債権質については，目的債権を直接取り立てることによって行うことができる（民366条1項・2項）。また，特許権等を対象とする権利質の実行は，民事執行法上の売却命令（民執167条・161条）等により行われる。破産債権または再生債権の行使に関しては，不足額責任主義が適用される。

不動産や動産に設定された質権の実行手続は，いわゆる流質契約が認められる場合（商行為によって生じた債権を担保する商事質権〔商515条〕では可能だが，民事質権では法律上は禁止される〔民349条〕）を除いて，民事執行法等（民執180条・181条・190条等，民354条参照）に基づいて行われる。

(3) 動産売買先取特権（民321条）

破産財団または再生債務者財産に属する財産（動産，不動産）につき**特別の**

32） 条解破産504頁（ただし，直接には破産手続との関連で述べられている）参照。

33） 条解破産505頁（ただし，直接には破産手続との関連で述べられている）参照。

34） もっともその反面，動産売買先取特権は，占有を伴わず，公示性も欠く担保権であるから，破産財団や再生債務者財産の減少を招き，一般債権者の利益や事業再生に悪影響を与える面がある

先取特権を有する者も，明文（破2条9項等）で別除権者とされている。ただし，実際上問題となるのは，動産の先取特権，なかでも動産売買先取特権にほぼ絞られる[33)]。この動産売買先取特権は，買主の破産・再生手続開始の場面で，約定担保権を取得することが困難な取引債権者に，別除権者の地位を与えるもので，実務上重要な意味をもつ[34)]。

別除権としての動産売買先取特権の実行は，動産に対する担保権実行手続により行うが，民事執行法旧190条は，その開始要件として①目的物の執行官への提出，または②目的物占有者の差押承諾文書の提出を求めていたため，事実上先取特権の実行が困難であった。そこで，平成15年の民事執行法改正により，執行裁判所の**動産競売許可決定**に基づく動産売買先取特権実行の途が開かれることになった。具体的には，動産売買先取特権者は，「担保権の存在を証する文書」（先取特権者と破産者または再生債務者間の売買契約書，目的財産の納品書など）を示して，裁判所の競売許可を求め，取得した許可決定を執行官に提出して執行を開始してもらうことになる（民執190条1項3号・2項）。

なお，民法333条は，動産先取特権の目的動産の第三取得者に対する追及効を否定しているが，破産管財人や再生債務者等は，この第三取得者に当たらない[35)]。また，判例（前掲最判昭和59・2・2）および通説が，破産・再生手続開始後の動産売買先取特権に基づく物上代位の行使を認めていることについては，抵当権に基づく物上代位の場合と同様である。

(4)　商事・民事留置権

破産・再生手続における商事・民事留置権の処遇は，制度上も解釈上も，すっきりしているとはいい難い。以下では，まず破産手続と再生手続に分けて商事留置権の取扱いについて説明し，その後に両手続における民事留置権の扱いに簡単にふれる[36)]。

(ア)　破産手続と商事留置権

破産手続においては，商事留置権（商31条・521条，会社20条等参照）は，**特別の先取特権とみなされる**（破66条1項。ただし，民法上の特別の先取特権に

ことも忘れてはならない。かかる観点からの論考として，小林信明「動産売買先取特権の倒産手続における取扱い――優先弁済権の保障のあり方を中心として」田原睦夫先生古稀・最高裁判事退官記念論文集『現代民事法の実務と理論(下)』（金融財政事情研究会，2013年）174頁がある。

35)　伊藤・破産民再441頁参照。

は劣後する〔同条2項〕)。その結果，特別の先取特権として，優先弁済権を有するに至り，別除権としての地位を得る。しかし，特別の先取特権への擬制により，目的物の留置権能が奪われるのかというと，その権能は残る，というのが判例（**最判平成10・7・14民集52巻5号1261頁**〔倒産百選52事件〕）の立場である[37]。本判決は，この留置権能の残存を前提に，留置権者である銀行が目的物である手形の取立てによって取得した金員を，銀行取引約定4条4項に基づいて被担保債権の弁済に充当することを認めた。従来は，この留置権能の有無が重要な論点とされてきたが，近時は，銀行の手形引渡拒絶権は，特別の先取特権自体からも導くことができるとする説が有力である[38]。そこで，本判決の意義は，手形交換所における**手形の換価**は，銀行の任意の処分によっても，執行官による手形の提示・支払金の受領（民執192条・136条参照）と同等の**適正換価**が期待でき，そのような換価を前提とする弁済充当の合意にも有効性が認められる，とした点にあるとする考え方が優勢になっているように思われる[39]。

なお，破産管財人は裁判所の許可を得て，目的物の価額相当額を支払って，**商事留置権の消滅**を留置権者に求めることができる（破192条）。担保権消滅請求制度（破186条以下）が目的財産の任意売却を前提にしているのに対して，この商事留置権消滅請求は，「継続されている事業に必要なものであるとき」（破産では例外的）等に利用できる[40]。

(イ) 再生手続と商事留置権

再生手続においては，上記の破産手続と異なり，**商事留置権自体が別除権**であるから（民再53条1項），再生手続によらないで権利行使できることになる（同条2項）。もっとも，以下のように，再生債務者の事業の継続と再生を目的とする再生手続においては，事業を継続するために，留置権目的物の利用が必

36) 本稿では，留置権が成立するかどうかに関する議論には立ち入らないが，**建物建築請負人の敷地に対する商事留置権**が成立するかなど，判例・学説上争われている重要な問題が存在する。この点に関する最新の論考として，たとえば，植村京子「商事留置権に関する諸問題」ソリューション60頁以下がある。

37) ただし，注文者が破産した事例で，建築請負人の土地に対する商事留置権を認めた上で（前注参照），留置権者の留置権能を否定した裁判例（**東京高決平成10・11・27判時1666号141頁②事件**〔倒産百選54事件〕）もある。

38) 谷口安平「商事留置権ある手形と破産手続」銀法555号（1998年）11頁，鳥山恭一・平成10年度重判解（ジュリ1157号）111頁等。

39) 高橋宏志・倒産百選107頁（銀行取引約定書4条4項は，破産法185条1項にいう任意の処分

要な状況が一般的に生じうる。

まず，**申立てから開始決定まで**の期間であるが，再生債務者は，留置物の引渡しを受けるためには，留置権者と受戻しのための合意によるしかない（留置権に基づく競売〔民執195条〕に対する中止命令〔民再31条〕は可能）。これに対して，**再生手続開始後**は，再生債務者等が在庫財産が事業の継続に不可欠であることを主張して，裁判所に担保権消滅許可の申立てをすることができる[41)]。

再生手続においては，破産と異なり，商事留置権が特別の先取特権とみなされることはないので，商事留置権は留置的効力を有するにとどまるようにみえるが，問題はそれほど単純ではない。とくに，銀行が取引先（再生債務者）から取立委任を受けた手形が商事留置権の目的であるときに，その取立金を銀行取引約定（本件条項）に基づいて再生債務者の当座貸越債務の弁済に充当できるか，という点が，別除権の効力という観点から問題となったのが，次に紹介する判例（**最判平成23・12・15民集65巻9号3511頁**〔倒産百選53事件〕）である[42)]。

本判決は，まず留置権者である銀行が**手形の取立金**を商事留置権に基づいて留置できるか，という点については，留置権者は留置権目的物の換価のための競売（民執195条）による換価金を留置できるとした上で，手形の取立金についても留置できるとした。この判断の基礎には，手形交換が競売に準ずる客観的・公正な換価方法であるという理解（前掲最判平成10・7・14の基礎にある考え方でもあった）があったものと考えられる。

次に，本判決は，本件条項に基づく弁済充当の有効性を肯定するのであるが，商事留置権は本来優先弁済権をもたないから（前述のように，商事留置権を特別の先取特権とみなす規定は，民事再生法にはない），本件条項に基づく弁済充当を認めることは，手続外の行使（民再53条2項）を超える「上乗せ部分」を

方法と位置づける）参照。

40)　この制度は，破産手続開始後も留置的効力の存続を前提にするようにみえるから，前掲最判平成10・7・14と共通性をもつかのようであるが，立法趣旨としては，「留置的効力の議論の帰趨いかんにかかわらず，留置権者と破産財団との間の適切な権利調整を図る」ことを目的としてつくられた制度とされる（一問一答破産271頁参照）。

41)　消滅許可決定があった場合，商事留置権者は民再153条に基づく納付金の配当に参加できる。前掲注28)参照。

42)　本判決の評釈が多数存在するが，ここでは，中井康之・倒産百選108頁，中島弘雅・金法1953号（2012年）15頁を挙げておく。

認めることを意味するようにもみえる。しかし，本判決は，上述のように，留置権者は手形取立金の留置ができるという理解に基づいて，「その額が被担保債権の額を上回るものでない限り，通常，〔取立金を〕再生計画の弁済原資や再生債務者の事業原資に充てることを予定し得ない」こと，および民事再生法88条本文（不足額責任主義）および同法94条2項（予定不足額の債権届出）をも考慮すると，取立金を法定の手続によらず債務の弁済に充当できる旨定める銀行取引約定は，「**別除権の行使に付随する合意**」として，民事再生法上も有効であると判示する。そして，このように解しても，「別除権の目的である財産の受戻しの制限，担保権の消滅及び弁済禁止の原則に関する民事再生法の各規定の趣旨」や，民事再生法の目的（同法1条）に反するものではないという。

本判決の実務的な重要性は別として，その判断の射程や理論的な根拠については，いくつかの問題が残されている。第1に，手形取立金に関する留置権能の残存が手形交換（および競売）の公正さによって正当化されるとしても，手形交換**以外の換価方法**についてどこまでこの判断が維持できるかは問題として残る（競売換価金と同様に解しうる根拠として，本判決は「取立金が銀行の計算上明らかになっている」と述べるが，その意味も問題となろう）[43]。第2に，商事留置権者が弁済充当の定めを通して**優先弁済受領権**まで認められることの理論的根拠を明確にすることが必要である。別除権行使として取立金を留置できるということから導かれる法状況は，再生債務者が対策をとらなければ留置物を利用できないということにとどまり，必ずしも留置権者への優先弁済を認めることには直結しないはずである。本判決が弁済充当を定める条項の有効性を示すために用いる「**別除権の行使に付随する合意**」の意義についても，「**別除権を超える合意**」との境界はどこなのか，今後の議論により明確にされるべき課題である[44]。

43）　商法521条に基づく商事留置権の目的物は，「債務者の所有する物又は有価証券」とされていることとの関係で，金銭については占有と所有が一致するという**最判平成15・2・21民集57巻2号95頁**の判断との整合性（手形取立金の場合には，所持者である金融機関＝債権者の所有ということになるから，**「債務者の所有」とはいえない**）も問題となる。

44）　中井・前掲注42)109頁，伊藤眞「手形の商事留置権者による取立金の弁済充当――『別除権の行使に付随する合意』の意義」金法1942号（2012年）22頁等参照。その他，弁済充当は，機能的には**相殺**に類似することを踏まえ，手続開始後に負担された取立金の返還債務にかかる債権

(ウ) 民事留置権

民事留置権は，商事留置権とは全く異なった扱いがなされる。まず，**破産手続**では，民事留置権は，破産手続開始決定により，**破産財団に対してはその効力を失う**（破66条3項。係属中の留置権に基づく競売手続も当然失効する）。破産手続における民事留置権の処遇については，現行破産法の立案の過程で議論がなされたが，最終的には，旧法の立場が維持された。

他方で，**民事再生法**には，上記の破産法66条3項のような規定がおかれていないから，民事留置権は，再生手続開始後もそのまま効力を維持すると解されている45)。また，担保権消滅請求の対象にもならないと解されている（民再148条1項の類推適用は認められない）。ただし，民事留置権に基づく競売手続は，手続開始前は中止命令等の対象となるし（民再26条・27条），手続開始決定があったときは当然に中止され（破産のような「失効」ではない），新たな競売も禁止される（民再39条1項）。

11-3-3　各種担保権の処遇（非典型担保）

民法に規定がなく，特別法や慣習により認められる非典型担保については，倒産手続においても別除権として扱う考え方が概ね定着してきているが，上記の典型担保以上に問題が多い。伝統的に重要な非典型担保として，仮登記担保（仮登記担保法に基づくもの），所有権留保，譲渡担保が挙げられるが，以下では，それらに加えて，リース契約に基づく担保権についても，取り上げたい。[図11-7] は，以下で取り上げる各種非典型担保のイメージである。

(1) 仮登記担保

仮登記担保とは，「金銭債務を担保するため，その不履行があるときは債権者に債務者又は第三者に属する所有権その他の権利の移転等をすることを目的としてされた代物弁済の予約，停止条件付代物弁済契約その他の契約で，その

を受働債権とする相殺が許されるかどうかという問題（前掲最判平成23・12・15の金築誠志裁判官補足意見参照。商人ではないと解されている信用金庫や信用協同組合等の手形取立ての場合には，商事留置権が認められないから，相殺がより重要となる）も重要問題として残っている（**12-3-3**(1)(ア)注25）参照）。

45)　条解民再290頁［山本浩美］。同旨を述べる裁判例として，**東京地判平成17・6・10判タ1212号127頁**がある（なお，被担保債権は再生計画に基づいて縮減されるとする）。

[図 11-7]　各種非典型担保（別除権）のイメージ

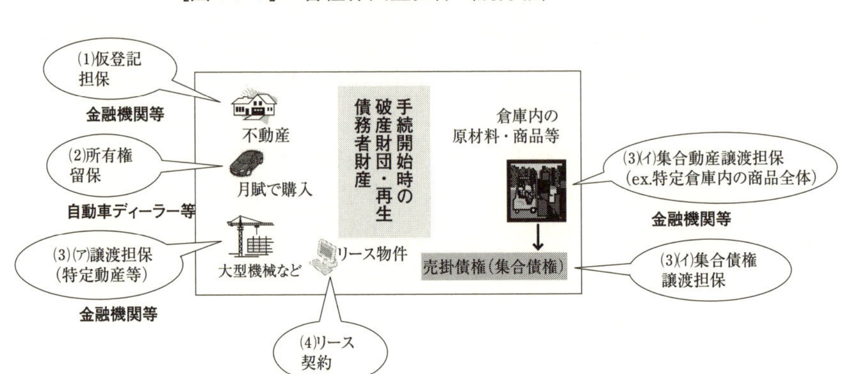

契約による権利について仮登記又は仮登録のできるもの」（仮登記担保 1 条），すなわち仮登記担保契約に基づいて成立する担保権である。仮登記担保は，譲渡担保のように目的物の所有権を担保権者に移転するのではなく，将来債務不履行があった場合に直ちに担保権者に所有権を移転できる条件を整えておくことにその特徴がある。

破産手続または再生手続における仮登記担保権者の地位については，破産法または民事再生法の**抵当権者に関する規定が適用**されるから（仮登記担保 19 条 1 項・3 項参照），それぞれの手続で，別除権者として扱われる。もっとも，破産または再生手続開始決定時に，仮登記担保権の実行手続が完了していた場合（清算金見積額の債務者等への通知とその到達後 2 か月の清算期間の経過〔清算金がないとき〕またはその期間経過後の清算金の支払〔清算金あるとき〕がなされたとき〔仮登記担保 2 条・3 条等〕）には，仮登記担保権者は所有権者となるから，**取戻権**を行使できる。なお，仮登記担保権の実行は，上記のとおり，法律に定められた方法によるが，実質的には代物弁済による簡易な実行・清算手段を認めるものであるから，破産管財人は，仮登記担保権者が実行しないときに民事執行法等の法令による換価手続（破 184 条 2 項）をとることはできず，むしろ譲渡担保権者等に対するのと同様に，**目的財産の処分をすべき期間の指定**を裁判所に申し立てる方法（破 185 条 1 項の準用）をとるべきものと解されている[46]。

(2) 所有権留保

所有権留保とは，自動車の売買等において，売主が買主に目的物の引渡しをするものの，代金の完済があるまで目的物の所有権を留保することである。被担保債権は，売買代金債権である。

売主に目的物の所有権が留保されるから，買主の破産・再生手続開始時には，取戻権と解する立場もかつては存在したが，現在は，所有権の留保が売買代金の履行確保のためになされることを直視して，**別除権として扱う**のが一般である（**最判平成22・6・4民集64巻4号1107頁**〔倒産百選58事件〕もこの理解を前提として判断している）。別除権としての所有権留保の実行は，目的物の引渡しを受けて，その価額と残債権との差額の清算により行う（破産手続開始時点ですでに売主が清算手続を完了しているときは，完全な所有権をもち，**取戻権者**となる）[47]。

前掲最判平成22・6・4は，所有権留保を別除権として行使する前提として，対抗要件を具備する必要があるか，という問題についても判断している。この問題は，再生債務者（または破産管財人）の「第三者性」との関係で議論されてきた問題であるが，本最判はこの点に直接ふれることなく，特定の担保権につき登記登録等を具備する必要がある，と判示した。対抗要件の具備を要するとする最高裁の立場は明らかにされたが，その理論的根拠（本来の意味での対抗関係とみることができるか，など）については，更に議論を深める必要がある[48]。

(3) 譲渡担保

(ア) 不動産・特定動産譲渡担保

不動産・動産を問わず，特定物に対する譲渡担保については，（取戻権ではなく）別除権として扱うのが現在の一致した扱いである（会社更生手続の例として，**最判昭和41・4・28民集20巻4号900頁**〔倒産百選57事件〕，再生手続の例として，**最判平成18・7・20民集60巻6号2499頁**参照）。所有権留保等の実

46）伊藤・破産民再450頁，条解破産511頁。

47）所有権留保を売買契約としてみると，売主に目的財産の登記・登録名義が留保されているときは，代金完済時にそれを買主に移転する義務が残っているとして，双方未履行双務契約に関する規定（破53条以下，民再49条以下）の適用を認める説もあったが，近時は，登記等が担保のための表章にすぎないときには，双方未履行双務契約性を否定する考え方が強くなっている（伊藤・破産民再447頁参照）。

48）**7-3-2**(1)も参照。

行手続は，約定による**私的実行**（一般に，目的物を処分して換価金額から清算する**処分清算型**と譲渡担保権者が所有権を取得し，その評価額から清算を行う**帰属清算型**に分類される）による。別除権と解する以上，不足額責任主義が妥当し，別除権で弁済を受けられない債権部分についてのみ破産債権者または再生債権者として権利行使できる（破108条1項および民再88条本文・182条本文の類推）。

破産手続では，破産管財人の申立てにより裁判所は譲渡担保権者による処分期間を指定でき，その期間を経過したら，譲渡担保権者は処分権を喪失し（破185条2項），破産管財人は自ら目的物を換価できる[49]。他方，**再生手続**においても，手続外での私的実行が可能であるが，目的物が事業継続に必要であるときなどに，実行手続の中止命令（民再31条）や担保権消滅請求（民再148条）が認められるかどうかが問題となる[50]。

(イ) 集合動産（債権）譲渡担保

集合動産譲渡担保は，特定動産ではなく，原材料や在庫商品などその内容が事業遂行に伴って変動する**集合物**（**流動動産**）に設定される譲渡担保であり，その種類・場所等により特定されると（たとえば債務者の特定の倉庫にある商品在庫）有効に成立する。同様に，債権の種類や期間等によって特定された将来債権を含む債権（売掛債権等）が一括して譲渡担保の対象となるのが，**集合（流動）債権譲渡担保**である。

集合動産譲渡担保により，目的財産である集合動産の所有権は譲渡担保権者に移転するが，通常，設定者は目的動産を利用（商品であれば売却）することが許される。反面，新たに倉庫に搬入された商品等は，当然に集合動産に組み入れられ，内容は新陳代謝を繰り返していくことが予定されている（ただし，設定者は担保価値を維持するために，商品を一定量確保すべき契約上の義務を負

---

49) この場合の破産管財人による換価方法（とくに対象財産が不動産の場合）については，議論がある。詳細については，条解破産512頁等を参照されたい。

50) 民事再生法31条および148条の類推適用の問題は，本書では一部しか取り上げることができないが（後掲注53)，55)参照），**非典型担保全体**にかかわる問題である。実務（東京地裁）の状況を含めて，破産・民再の実務〔民事再生・個人再生編〕80頁，176頁参照。また，担保権消滅請求制度の利用可能性を個別の非典型担保ごとに詳論した最近の論考として，佐藤鉄男＝松村正哲編『担保権消滅請求の理論と実務』（民事法研究会，2014年）78頁［山本研］がある。

51) このように集合動産譲渡担保は，事業遂行の過程で入れ替わっていく在庫等に着眼する意味で，固定的な財産上の担保とは異なる新しいタイプの担保であり，商品売却時の売掛金債権を担保目的財産とする後述の集合債権譲渡担保による融資も含めてABL（アセット・ベースト・レ

う)[51]。この担保の第三者対抗要件は，占有改定（民183条）のほか，動産及び債権の譲渡の対抗要件に関する民法の特例等に関する法律4条1項に基づく動産譲渡登記（ただし，譲渡人が法人である場合に限る）である。

設定者に債務不履行等（通常は，破産・再生の申立てを含む）一定の事由が発生すると，譲渡担保権者は担保権を実行することができ，破産・再生手続開始後は**別除権**として権利行使ができる[52]。問題は，**破産・再生手続開始後に集合物に組み入れられた財産（倉庫に搬入された商品等）に譲渡担保の効力が及ぶか**である。学説としては，①手続開始時に担保目的財産は，「固定化」するから，新たに搬入された商品等には担保の効力は及ばないとする説，②手続開始時ではなく，譲渡担保権者が担保権実行の意思を表明する時に固定すると考え，それまでに搬入された商品等には担保権の効力が及ぶとする説，③手続開始時の「固定化」は否定するが（したがって在庫商品の変動は認める），譲渡担保権者の把握する担保権の価値は手続開始時の価値の範囲内であるから，破産管財人または再生債務者等が新規に取得した財産については，譲渡担保の効力は及ばないとする説などに分類される[53]。

Practice　考えてみよう！【展開】

A社は，2014年10月1日，B社から1億円の融資を受けたが，担保となる不動産がなかったため，その債務の担保として，A社がC社を含む5社に対して有する現在および将来5年間に発生する売掛債権につき譲渡担保を設定し，「動産及び債権の譲渡の対抗要件に関する民法の特例等に関する法律」（以下，「特例法」という）4条1項に基づく登記をした。AB間の譲渡担保契約においては，(ア)破産の申立て等により被担保債権の期限の利益を喪失すること，(イ)期限の利益喪失まではA社による売掛債権の回収とその運転資金としての利用を認めること，および(ウ)A社はB社の要請があったときは，譲渡担保対象である売掛債権の明細および各取

ンディング）と呼ばれる。ABL全般については，池田真朗「ABL等に見る動産・債権担保の展開と課題――新しい担保概念の認知に向けて」伊藤進先生古稀記念論文集『担保制度の現代的展開』（日本評論社，2006年）275頁以下等を参照。

52）　実行方法に関しては固まっていない点も多いが，そこでの問題点や実務の状況に関しては，小林信明「非典型担保権の倒産手続における処遇――譲渡担保権を中心として」佐藤歳二ほか編『新担保・執行法講座(4)』（民事法研究会，2009年）213頁以下。

53）　条解破産514-515頁の分類である。なお，ここでも担保実行中止命令の利用可能性が問題となるが，集合債権譲渡担保に関してこれを肯定する裁判例として，**東京地判平成16・2・27金法1722号92頁，大阪高決平成21・6・3金法1886号59頁**（倒産百選60事件）がある。

引の証拠資料等をＢ社に交付しなければならないことが定めてあった。

Ａ社は，大口取引先の倒産や資金調達の不調のため，経営不振に陥り，2015年10月１日に破産手続の申立てを行った。そして，同月５日に破産手続開始決定がなされた（破産管財人Ｄ）。

この事例につき，次の問題に答えなさい。

(1) 条項(ア)と(ウ)は，破産手続との関係で効力を有するか。

(2) Ｂ社は，10月７日にＣ社など５社に対して，特例法４条２項に基づく担保実行通知を行った。その後，Ｄが，Ｃ社から譲渡担保の対象となっている売掛債権について500万円の弁済を受けた場合，Ｄ，Ｂ社およびＣ社相互間の法律関係はどのようになるか。弁済およびその受領が，10月６日であった場合と，同月８日であった場合に分けて考えなさい。

〔(2)について〕　Ｃ社の弁済が10月６日　→　破産手続開始決定（５日）後，Ｃに対する特例法４条２項通知（７日）の前。Ｂ社は，すでに特例法４条１項の債権譲渡登記（第三者対抗要件）を具備しているが，同条２項の債務者対抗要件を備えていない時点での弁済であることを出発点にして考える。

Ｃ社の弁済が８日　→　特例法４条２項に基づく担保実行通知後。Ｃ社はＢ社に，弁済を対抗できない。この場合，Ｃ社およびＢ社は，破産財団に対して何らかの権利を有するか。

田頭章一・法教362号（2010年）148頁参照。

(4) リース契約

いわゆるファイナンス・リースにおいて，ユーザーが法的倒産手続の開始決定を受けたときに，ユーザーとリース会社とのリース契約の性格をどのように理解するかについては，**双方未履行双務契約**とみる有力説[54]もあるが，最高裁は，いわゆるフルペイアウト方式のリース契約は，倒産手続では，**担保権**として扱われるものとしている（**最判平成20・12・16民集62巻10号2561頁**〔倒産百選76事件〕〔再生事件〕，**最判平成7・4・14民集49巻4号1063頁**〔倒産百選74事件〕〔更生事件〕参照）。

ただ，リース会社の地位を別除権者と解するとしても，いかなる担保権を有するかについては，リース物件を担保目的物（隠れた所有権留保）と考える説や，リース物件の利用権に担保権が設定されていると考える説などが対立する。**東京地判平成15・12・22判タ1141号279頁，東京地判平成16・6・10判**

54) 伊藤・破産民再374頁等。

55) **大阪地決平成13・7・19判時1762号148頁**（倒産百選62事件），前掲最判平成20・12・16の田原睦夫裁判官補足意見参照。

タ1185号315頁および**東京高判平成19・3・14判タ1246号337頁**は，後説を採り，リース会社は，リース料債権を被担保債権とする担保権（別除権）を有しており，その担保権の目的は**リース物件の利用権**であると判示した。そして，担保権の実行に関しては，「リース業者は，リース契約を解除してリース物件の利用権を消滅させ，利用権による制約のない完全な所有権に基づきリース物件の返還を求めることができる」とした（前掲東京高判平成19・3・14）。

別除権説に立つと，事業継続に必要なリース物件を確保するため，民事再生法31条（実行手続の中止命令）および同法148条（担保権消滅請求）の類推適用が問題となり，これを肯定するのが法の趣旨に合致するとはいえよう[55]。しかし，上記の裁判例の判示するように，リース会社が，契約解除により直ちに別除権の実行を完了でき，取戻権を有するに至るとすれば，その後は中止命令等の余地はないことになる。**担保権の実行終了時期**がより根本的な問題として議論されるゆえんであり，リース会社の利益にやや偏った状況を是正する方向で，清算義務完了時説，仮登記担保法2条1項（清算金見積額〔清算金がないときは，その旨〕の通知到達後2か月経過時）類推説など諸説が唱えられている[56]。

56）　養毛良和・倒産百選127頁。細かい運用上の問題点も含む類推適用の問題点については，たとえば，小林・前掲注52)242頁以下，佐藤＝松村編・前掲注50)117頁以下［山本研］（担保消滅請求について）を参照。

第12章 相殺権

12-1 倒産手続における相殺の意義と機能

12-1-1 相殺の意義

相殺とは，各債務者が互いに債務を負担している場合に，その一方の意思表示により，各債務の**対当額**につき債務を免れることである（民505条・506条1項)。相殺をするためには，両債務が，①同種の目的を有し，②弁済期にあり，③相殺が禁止される場合でないことなど，相殺をなすに適した状態（**相殺適状**）が存在しなければならない。

たとえば，AがBに対して甲債権（1000万円の金銭債権）を，BはAに対して乙債権（800万円の金銭債権）を有し，両債権ともに弁済期がすでに到来しているとする（[図12-1] 参照)。この場合，相殺が法律上または当事者の合意によって禁止されていない限り（民505条1項ただし書・同条2項本文等参照。法律上相殺が禁止される例として，受働債権が不法行為債権〔民509条〕や差押禁止債権〔民510条〕であるときなどがある)，A，Bのいずれからでも，相殺の意思表示をすることができる。仮にAが相殺の意思表示をしたとすると，相殺適状になったときに遡って（民506条2項)，対当額（800万円）で各債権（＝債

[図12-1] 破産・再生債権者からの相殺

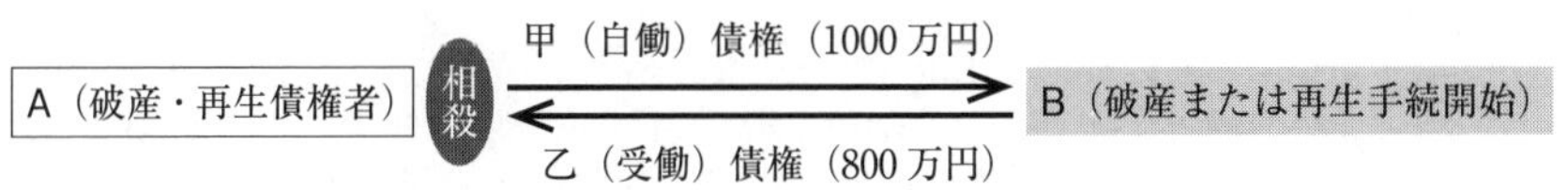

務）が消滅する結果，A の 200 万円の債権が残ることになる。

次に，上記の例で，**B が破産または再生手続開始決定**を受けた状況を想定すると（[図 12-1] 参照），A は破産管財人または再生債務者（管財人が選任されているときは管財人）に対して相殺の意思表示をすることによって，800 万円の債権（破産債権または再生債権である）を失う代わりに，同額の債務からも解放される（残った 200 万円の債権は破産債権または再生債権として行使できる）。なお，相殺は，例外的に破産管財人または再生債務者側からもなしうるが（後述），破産・再生手続における相殺の中心問題は，上例のように，A（**破産債権者または再生債権者**）**が相殺をする**場面である。

12-1-2　相殺の機能

相殺の基本的機能として，意思表示のみによって債権債務を消滅させる「**簡易決済機能**」がある。ただ，破産・再生手続との関係でより重要なのは，相殺の**担保的機能**である[1)]。上例で考えてみると，B が破産または再生手続開始決定を受けると，A の有する甲債権(自働債権)は破産・再生債権となり，その実質的価値は大きく下落する。しかし，乙債権(受働債権)があることによって，相殺が可能となり，A はそれによって 800 万円（ここでは，額面と同じ実質的価値があると仮定する）の債務を消滅させることができるから，甲債権のうち，800 万円分につき優先弁済を受けたのと同じ効果を得ることができる。これはあたかも甲債権の履行確保のために乙債権に設定された担保権(質権)が実行された場合と同様の効果（**優先弁済効果**）であり，しかも債権取立てのような実行手続をとることなく，意思表示のみでその効果を得ることができるのである。

このような相殺の機能は，とりわけ**金融機関と顧客**との間の金融取引の場面

1） 民法からみた相殺の担保的機能の評価については，中田裕康『債権総論〔第 3 版〕』（岩波書店，2013 年）391 頁等参照。

2） たとえば，「期限の到来，期限の利益の喪失，買戻債務の発生，求償債務の発生その他の事由によって，貴行に対する債務を弁済しなければならない場合には，その債務と私の預金，定期積金，その他の債権とを，その債権の期限のいかんにかかわらず，貴行はいつでも相殺することができます。」などと定められることが多いようである。

3） 最近の注目される事例として，X（再生債務者）・Y 間のデリバティブ取引（通貨オプション取引等）の基本契約において，期限前終了事由（本件では X の親会社のアメリカにおける倒産手続申立て）の発生によって取引が終了したときは，Y は，その「関係会社」である Z が X に対して有する債権を自働債権とし，X が Y に対して有する債権を受働債権として相殺することができる，とする特約がある場合に，その効力等が問題となった事件がある（[図 12-2] 参

で重要な意味をもつ（たとえば，融資債権を自働債権とし，預金債権を受働債権とする相殺）。そのため，顧客との融資取引の基本的約定（**銀行取引約定**等）には，顧客の経営危機状況が生じた場合の金融機関による相殺可能性について定めがおかれている[2)]。この定めは，金融機関が相殺の担保的機能をあらかじめ確保するものとして，基本的にはその有効性が認められるが，他方で，相殺の前提としての顧客側の期限の利益の喪失やいわゆる預金拘束（預金の払戻しを凍結すること）の要件などに関して，争いが生ずることもある。また，通貨スワップなどのデリバティブ取引においては，より複雑な相殺ないしそれに類似する決済に関する合意がなされる場合があり，かかる条項およびそれに基づく相殺の有効性などが争点となる事例も生じている[3)]。

12-2　破産手続および再生手続における相殺の規律の概要

12-2-1　破産手続における相殺の規律の概要

(1)　相殺の合理的期待の保護

上例において，Bが破産手続開始決定を受けた場合，すでに説明した担保的機能に立脚したAの**相殺の合理的**（正当な）**期待**は，破産手続においても保護する必要がある。破産法67条1項が，「破産債権者は，**破産手続開始の時において**破産者に対して債務を負担するときは，破産手続によらないで，相殺をすることができる」（太字は筆者）と規定するのは，破産手続開始時に債権債務の対立があり，かつそれらが相殺適状にある場合（ただし，自働債権については，「現在化」や「金銭化」がなされる点は次述）の相殺への期待を保証する趣旨である。しかも破産手続においては，民法の原則よりも相殺の範囲が拡張さ

照)。すなわち，この特約に基づいて，Yが，別法人であるZ（ただし，両者はいずれも共通の持株会社の100%子会社であった）の有する債権を自働債権として，相殺ができるかが争点となった。**東京高判平成26・1・29金判1437号42頁**は，Y側の相殺の合理的期待が存在すること，強固な関係を有するグループ会社同士が一括決済をする行為は，他の者においても十分想定でき，本件相殺は再生債権者間の公平・平等を害するとはいえないこと，などを根拠に，この相殺の効力を認めた（上告および上告受理申立てがなされている）。

[図12-2]

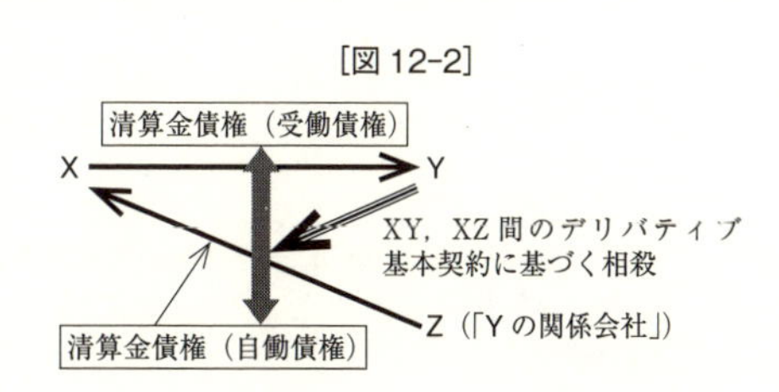

れている点が重要である。すなわち，民法上，非金銭債権や期限未到来の債権は，金銭債権である受働債権と相殺できないが，破産法によれば，自働債権（破産債権）が破産手続開始時に非金銭債権または期限未到来であっても非金銭債権の金銭債権化（「**金銭化**」：破 103 条 2 項）および期限付債権の期限到来債権化（「**現在化**」：同条 3 項）により相殺適状が形成され，相殺が可能になるのである。

さらに，破産法には，民法における相殺可能性を確認し，その手続を明確にする定めもおかれている。たとえば，自働債権が解除条件付であっても，対立する債権債務関係自体は存在するから相殺はできると解されるが，相殺後に解除条件が生じたときには，相殺は効力を失うから，債務を履行しなければならない。そこで，破産法は，**破産債権が解除条件付**である場合の相殺可能性を明確に認めつつ（破 67 条 2 項），解除条件成就時の債務の履行を確実にするため，相殺により消滅する債務額につき担保の供与または寄託を求めるものとしている（破 69 条）。また，**受働債権が期限付，条件（解除条件または停止条件）付**であるとき，または**将来の請求権**に関するものであるときは，民法上も，期限の利益および条件成就・不成就の利益を放棄して相殺ができるところ，破産法は，相殺可能性を明文で認めて疑義のないようにしている（破 67 条 2 項後段）[4]。

なお，**破産債権が停止条件付債権**または**将来の請求権**である場合には，そのままでは相殺はできないが（民 127 条 1 項参照），「後に相殺をするため」破産者に対する債務を弁済するときに，破産管財人に対して**弁済額の寄託**の請求ができる（破 70 条前段）。賃貸借契約に伴って敷金が支払われているときも，賃借人は賃料弁済の際に同様の寄託請求ができる（同条後段）[5]。

もっとも，破産債権者の相殺の範囲を必要以上に広げることは，破産財団の不当な減少と債権者平等の侵害という不都合な結果をもたらす。このような観点からみると，破産法 67 条 1 項が，破産手続開始時点で，相殺適状にあることを要求していることは，原則として，破産債権者が手続開始後に新たな債務を負ったり，他人の破産債権を譲り受けたときは，相殺は許されないことを意味している（破 71 条 1 項 1 号・72 条 1 項 1 号参照）。また，手続開始前でも，危機時期（破産者の支払不能後，手続開始前）に，それを知って，債務を負った

4） 倒産概説 253 頁［沖野眞已］，条解破産 539 頁等参照。なお，このような破産法 67 条 2 項後段の理解は，民事再生法 92 条 1 項後段の解釈にも関係する。**12-2-2**(2)参照。

5） **8-3-2**(2)参照。

り，債権を取得したりする場合には，一定の追加的要件の下で，相殺が制限されることがある（破71条1項2号〜4号・72条1項2号〜4号）。**12-3**で詳しく検討するように，これらの相殺制限に関する規定の解釈は，破産財団に与える影響も大きく，多くの論点が判例・学説上活発に議論されている。

(2)　破産手続における特別の相殺

すでに述べたように，破産手続における相殺の議論の焦点は，破産債権者が，破産債権を自働債権とし，破産財団に属する債権を受働債権として相殺をする場合におかれている。そこで，まず，それ以外の相殺の取扱いを，「特別の相殺」として，簡単にみておこう。

①　破産管財人が破産財団所属債権を自働債権，破産債権を受働債権としてする相殺

破産債権の実質的価値が低い通常の状況の下では，**破産管財人による相殺**は破産財団の減少（相殺によって失う債権の価値が免れる債務のそれより大きい）という結果をもたらす。そこで，かかる相殺は，破産債権者の一般の利益に適合する例外的場合（たとえば，相手方も倒産して，財団所属債権の実質的価値が破産債権よりも明らかに小さい場合）にのみ，裁判所の許可を得て行うべきものとされている（破102条参照）。

②　破産債権と個人破産者の自由財産所属債権の相殺

破産債権者からの相殺を許すと，**破産債権の自由財産からの取立て**を許すことになるから，相殺は認められない。これに対して，破産者からの相殺は，それが破産者の自由な判断により，任意になされる限り（自由財産からの弁済に関する**最判平成18・1・23民集60巻1号228頁**〔倒産百選44事件〕に照らし，その任意性は厳格に解さなければならない）については，これを禁じる理由はない。

③　非破産債権と財団所属債権との相殺

手続開始後の原因に基づいて生じた非破産債権（財団債権でもないもの）と財団所属債権については，そもそもこれらの**債権債務間に対立関係は認められないから**（非破産債権については，破産財団が責任財産となるわけではなく，管財人はかかる債権について履行義務を負うことはない），いずれの側からも相殺は許されない。なお，**破産免責の対象となった債権を自働債権として相殺ができるか**という問題については，その履行を強制することができなくなった債権を自働債権とする相殺は原則として無効であるが，「破産債権者であった者は，自

己の有する自働債権が免責の対象となっても，破産宣告〔破産手続開始決定〕の以前から受働債権との相殺につき合理的期待を有しており，かつ，当該受働債権が破産財団に属すべきものであった場合には，特段の事情がない限り，破産法所定の制約の下に相殺することができる」とした裁判例がある（**名古屋地判平成17・5・27判時1900号135頁**。本件では，受働債権が，破産手続開始前の共済契約に基づく返戻金等請求権，自働債権が破産免責の対象となった農協の貸金債権であった）。

④　財団債権と破産財団所属債権との相殺

財団債権は，随時・優先して弁済を受けうる権利であるが（破2条7項・151条），財団債権に基づく強制執行が禁止されること（破42条1項2項）との関係で，財団債権者からの相殺の可否が議論される（破産管財人からの相殺は，財団債権の承認〔破78条2項13号〕に準じて，裁判所の許可の下に許容されてよい）。ただ，相殺は，強制執行というより**担保的利益の実現**であるから，財団債権者からの相殺を認めるのが通説である（**大阪地判昭和45・3・13下民集21巻3=4号397頁**も同旨）。

⑤　財団債権と自由財産所属債権との相殺

財団債権に関する破産者個人の債務者性（**5-2-2**参照）を否定する立場に立つときは，財団債権者からの相殺は否定されるが，破産者からの相殺は，それが任意のものである限り，財団の利益のためにする第三者の弁済（民474条1項本文）に準じるものとして有効性を認めてよいであろう。

(3)　相殺権濫用・相殺否認論等

相殺濫用論とは，破産手続との関係では，破産法71条および72条による相殺制限に該当しない場合でも，相殺権が濫用的に行使され，不当な破産財団の減少や債権者間の不平等を導くときは，かかる相殺を認めるべきではないという議論である。この理論は，主として次のいわゆる**同行相殺**に対処するために発展してきた[6)]。

6）　かつて支払停止以後の破産債権の取得等が相殺制限の対象とされたが（旧破104条参照），現行破産法は，相殺禁止の範囲を（通常は支払停止以前の）支払不能時以降にまで拡張したから，少なくとも同行相殺に関する相殺濫用論の適用範囲は狭められたといえるが，その意義を失ったわけではない。

B銀行甲支店に預金（100万円）を有するD（破産者）がAに手形を振り出し，AはDの支払不能の直前にB銀行乙支店にその手形（100万円）の割引を依頼したとしよう。手形を所持するB銀行のDに対する手形金債権（破産債権）は，割引時＝支払不能前の原因に基づいて発生しているから，Dの預金払戻債権と相殺ができることになる（破産法72条による相殺制限の対象〔**12-3-2**(2)参照〕にはならない）。しかし，B銀行は，上記手形の不渡りによりAに対して買戻請求権を取得するから，Aが十分な資力をもっているにもかかわらず，あえてDに対する相殺権の行使を選択することは，Aの損失となるべきものを恣意的にDの一般債権者の負担に移し替えるものとして，相殺権の濫用になるという考え方がある。もっとも，この問題につき，**最判昭和53・5・2判時892号58頁**は，「約束手形の裏書を受けてこれを所持する者が，その手形の支払を受けることができなくなった場合において，そのまま当該手形を自己の手中にとどめて振出人に対し手形上の権利を行使することとするか，又は手形の買戻請求権ないし遡求権を行使することとするかは，その者が自由な意思により選択決定しうるところである」，と述べて，相殺権濫用論を採用しなかった[7]。

以上のほか，破産債権者の**相殺に対する否認可能性**を肯定する有力説も存在する[8]。この議論も，相殺禁止規定が適用されない不当な相殺の効力を否定しようとする点で，相殺濫用論とその趣旨を共通にするが（したがって，相殺制限の対象とならない支払不能前の債務負担等のケースで，破産法160条1項1号に基づく詐害行為否認ができるかが争われる），通説・判例（**最判昭和41・4・8民集20巻4号529頁，最判平成2・11・26民集44巻8号1085頁**等）は，相殺が否認権行使の対象になることを否定している。

(4) 相殺権の行使

相殺権は破産手続外で，破産管財人に対する意思表示により（民506条1項前段参照）行使することができる（破67条1項）。したがって，相殺をする破産債権者は，破産債権の届出をすることを要せず，債権の調査確定の手続を経

7）ただし，その後，同行相殺の例ではないが，相殺権の濫用を認めた裁判例（**大阪地判平成元・9・14判時1348号100頁**）もある（事案は，破産会社〔豊田商事〕の従業員が，未払報酬請求権等を自働債権とし，破産管財人の訴求に係る歩合報酬の返還請求権を受働債権として相殺を主張したもの）。

8）伊藤・破産民再496頁。

ることも不要である（相殺の有効性は，訴訟で争われる）。

相殺権行使の時期については，破産法は，明確な時期的制限を規定していない。もっとも，現実には，相殺権が行使されるかどうかはっきりしない状況が続くと，配当手続等に支障がでるため，破産法は，**管財人の確答催告制度**を用意している（破 73 条）。すなわち，破産管財人は，破産手続開始決定と同時に定められる破産債権調査期間または期日（破 31 条 1 項 3 号）の経過または終了後，相殺をすることができる破産債権者に対し，1 月以上の期間を定めて，その期間内に当該破産債権をもって相殺をするかどうかを確答すべき旨を催告することができる（破 73 条 1 項本文。もっとも，催告ができるのは，破産債権者が負担する債務が弁済期にあるときに限る。同項ただし書）。設定された確答期間内に確答がなかった場合には，催告を受けた破産債権者は，当該破産手続との関係では相殺の効力を主張することができなくなる（同条 2 項）。

12-2-2　再生手続における相殺の規律の概要

(1)　再生手続における相殺の規律の特色

再生手続においても，再生債権を自働債権とし，再生債務者財産所属債権を受働債権とする相殺が主論点になること，また相殺権者の相殺の合理的期待の保護と，倒産債務者財産の確保・債権者平等原則とのバランスが問題となる点は，破産手続と同様である。他方で，民事再生手続は，再生計画に基づいてその事業等の再生を実現するための制度であるから，財産関係の清算を目的とする破産手続とは異なる面があり，この点が，相殺に関する規律の違いをもたらしている。概して，民事再生手続では，破産手続よりも**相殺の可能性が制限**されているといってよい。

以下，破産手続との相違点を中心にみていくが，まず，基本的条文を押さえておこう。

> 民事再生法 92 条①　再生債権者が再生手続開始当時再生債務者に対して債務を負担する場合において，債権及び債務の双方が第 94 条第 1 項に規定する**債権届出期間の満了前に相殺に適するようになったときは**，再生債権者は，**当該債権届出期間内に限り**，再生計画の定めるところによらないで，相殺をすることができる。債務が期限付であるときも，同様とする。
> 〔太字は筆者〕

つまり，再生手続開始当時に再生債権者の債権と債務が対立的に存在することが要件とされている点は，破産法と同じだが，債権債務が**債権届出期間満了時までに相殺適状**になり，しかもその期間内に**相殺権を行使**しなければならないとされている点（太字部分）は，再生手続に特有である。なお，債権者平等を害する不当な相殺を禁止する規定（民再93条・93条の2）が定められていること（詳細は**12-3-3**参照），およびその制限範囲を超える場面でも相殺濫用論によれば相殺を制限すべき場合がありうることは，破産手続について述べたところと同様である。

(2) 債権届出期間満了前の相殺適状

上記のように，民事再生法92条1項は，自働債権および受働債権の双方が債権届出期間内に相殺適状になければならない，と定めている。再生債権（自働債権）については，破産債権の場合と異なり，前述した「金銭化」と「現在化」はなされないから，同種の債権，期限到来という点を含めた本来の意味での相殺適状が，債権届出期間内に生じなければならない[9)]。**自働債権が停止条件付**であるときも，停止条件が上記の債権届出期間満了前に成就して相殺適状が成立した場合に限って，相殺ができる。その後に停止条件が成就しても，相殺権は行使できない（そのため，破産法70条のような弁済金の寄託請求制度は用意されていない）。さらに，**自働債権が解除条件付**であるときは，債権自体は存在しているのであるから相殺自体は可能であるが，解除条件が成就したときは，相殺の効果は否定されるから，再生債務者等は受働債権を行使できることになる（破産法では受働債権の履行確保＝清算業務の迅速・確実な遂行のために，相殺の際に担保の提供または寄託を定めるが〔破69条〕，民事再生法にはそのよう

9）自働債権につき再生手続の申立て等を理由とする期限の利益喪失特約がある場合に，それに基づく相殺適状の発生を認めることができるか，という問題がある。主として会社更生手続においては担保権が手続に組み込まれることとの関係から，上記特約の有効性を否定する説が主張されたが，担保権は別除権として扱われる再生手続では，その有効性を認める見解も強い（松下・民再入門114頁，条解民再480頁［山本克己］参照）。しかし，再生手続でも，担保権実行の中止命令（民再31条）や担保権消滅請求制度（民再148条）など，別除権行使の制限はありうるのであるから（リース契約の倒産申立解除特約を無効とした**最判平成20・12・16民集62巻10号2561頁**〔倒産百選76事件〕も参照），別除権構成が有効説の決定的な論拠とはいえまい。むしろ重要なことは，相殺がもつ独自の担保的機能を認めるかどうかと考えられ，これを肯定するならば，別除権実行のための前提としての期限の利益喪失特約は無効であるが，相殺の前提としてのそれは有効であると考える余地もあるように思われる。

な規定はない)。

一方，**受働債権**については，破産法と同じく金銭化・現在化されることはないが，**受働債権が期限付**であるときは，平時の相殺の規律に基づいて再生債権者（受働債権の債務者）は期限の利益を放棄して相殺をすることができる（民再92条1項後段は，この旨確認的に規定する）[10)]。これに対して，**受働債権が停止条件付または解除条件付**であるときは，破産法のように明文で相殺を認める規定がないため[11)]，解釈上の争点となっている。事業の再生等を目的とする再生手続においては，相殺による決済をゆるやかに認める理由に乏しいとして，これらの債権を受働債権とする相殺を認めない説[12)]に対して，法文の違いの実質的な意味を否定し，相殺可能性を認める説もある[13)]。すでに破産法67条2項後段について論じたように，民法上も受働債権の停止条件不成就の利益または解除条件成就の利益を放棄して相殺はできると解すべきである（同条の定めは相殺可能性を創設するのではなく，確認するにとどまる）から，民事再生法にそれを認める明文の規定がないからといって，相殺可能性を否定しているとする根拠にはならない。したがって，相殺可能説に賛成すべきであろう[14)]。

(3) 再生手続における特別の相殺

12-2-1(2)で述べた，破産手続における「特別の相殺」のうち，破産管財人からの相殺に対応するのは，再生債務者等による相殺であるが，これも破産と同様の趣旨に基づいて，再生債務者財産所属債権と再生債権との相殺が「再生債権者の一般の利益に適合するとき」は，裁判所の許可を得て，その相殺が許される（民再85条の2)。

再生手続においては，破産手続の自由財産のような概念はないから，残るのは，まず，**共益債権と再生債務者財産所属債権との相殺**（**12-2-1**(2)の④に対応）

---

10) ただし，賃貸人の再生手続において再生債権者である賃借人による相殺の範囲は，再生手続開始後6か月分に相当する賃料債務額が限度となる（民再92条2項)。敷金がある場合の処理の問題（同条3項参照）も含めて，詳しくは**8-3-2**(2)以下を参照。

11) 前掲注4)とそれに対応する本文参照。破産法67条2項後段は，「破産債権者の負担する債務が期限付若しくは条件付であるとき，又は将来の請求権に関するものであるときも，同様とする〔相殺ができる〕」とするのに対して，民事再生法92条1項後段は，「債務が期限付であるときも，同様とする〔相殺ができる〕」と定めるのみである。

12) 伊藤・破産民再908頁。

13) 倒産概説269頁［沖野]，松下・民再入門115頁。

14) 手続開始後，受働債権の停止条件が成就したときでも相殺ができるかという問題につき，**最判**

である。再生手続においても，共益債権は，再生債務者財産から随時・優先して満足を受けうる権利であるから（民再121条1項2項参照），相殺による担保的利益の実現を妨げる理由はない。これに加えて，再生手続では，一般優先債権についても手続外での優先的随時弁済が認められるから（民再122条2項），それを自働債権とする相殺も，民事再生法上の相殺制限の適用を受けることはない。

さらに，再生手続における特別の債権類型として，再生手続開始後の原因に基づいて生じた財産上の請求権で共益債権，一般優先債権または再生債権でない「**開始後債権**」（民再123条1項）がある。この債権は再生計画による権利変更の対象にならないが，再生計画の定める弁済期間満了までは，弁済や強制執行等が禁じられる（同条2項・3項。「**時期的劣後（化）**」と呼ばれる）。これらの債権を自働債権とする相殺は，そもそも相殺の合理的期待を欠くから，再生計画の弁済期間満了まではすることができない。しかし，その後は，権利行使に制限はないというのであるから，理論的にはこれを自働債権とする相殺は許されると解する余地が出てくる。立法による明確化が求められる点であろう[15]。

⑷　相殺権の行使

再生手続においても，再生債権者の相殺権は再生手続外で（法文上は，「再生計画の定めるところによらないで」）再生債務者または管財人に対する意思表示により行使することができるが，前述のように，相殺ができるのは，**当該債権届出期間内**に限られる（民再92条1項前段）。この相殺の時期的制限の趣旨は，清算型の倒産手続である破産手続においては，配当に支障がなければとくに相殺の時期を制限する必要がないのに対して，再生型手続である再生手続では，再生債務者の財産（積極・消極財産）の範囲を明確にしておかなければ，再生

平成17・1・17民集59巻1号1頁（倒産百選63事件）は破産手続でこれを肯定するが，その結論が再生手続においても妥当するかについても，学説上争いがある。本文で述べたように停止条件付債権（条件成就前）による相殺が妨げられないという立場を踏まえて考えると，条件成就後の相殺についても，破産手続と区別する理由を欠くというべきであり，再生債権者による相殺の合理的期待が成立することを条件にして，相殺を認めてよいであろう（倒産概説269頁［沖野］，新注釈民再(上)504頁［中西正］等参照）。

15）開始後債権の「時期的劣後化」という取扱い自体についても，再生手続が早期に終了するケースなどを念頭に，立法論的な疑問が提示されている（松下淳一「民事再生法に関する立法論断想」東京弁護士会倒産法部編『倒産法改正展望』〔商事法務，2012年〕43頁以下参照）。

計画案の作成等の手続の進行に支障をきたすことになるからである16)。

12-3 破産・再生手続における相殺の制限

12-3-1 破産・再生手続における相殺制限の趣旨と解釈

破産・再生手続における破産・再生債権者からの相殺に関しては，前述したように，手続開始時において破産者等に対して債務を負担する破産債権者等の相殺への期待を保護する必要がある反面，相殺による破産財団または再生債務者財産の減少と債権者間の不平等を回避するという要請もある。相殺制限の目的は，後者の要請を実現しようとするものであり，倒産債務者財産の管理上重要な意義を有する。しかし，その解釈においては，破産債権者の相殺への正当かつ合理的期待を侵害することがないよう，十分な配慮が求められる17)。

次に掲げる［図 12-3］は，**債務（受働債権）の負担時期**と相殺制限に関する**破産法 71 条 1 項と民事再生法 93 条 1 項**の概要を示したものである。すでに債務を負担している者が自働債権（破産・再生債権）を取得する場合との関係でも，同様の時期的区分により，相殺制限が規定される（破 72 条，民再 93 条の 2）。

12-3-2 破産手続における相殺の制限

(1) 破産債権者の債務負担と相殺禁止（破 71 条）

(ア) 破産手続開始後の債務負担（1 項 1 号）

破産債権者が破産手続開始後に負担した債務（たとえば破産管財人との取引で生じた債務）に基づく相殺は禁止される。破産手続における相殺適状の基準時は手続開始時だから（破 67 条 1 項参照），その時点で受働債権が成立していな

16) 一問一答民再 122 頁等参照。ただし，実務上，相殺時期を制限することは必ずしも事業価値の維持に繋がらないとして，たとえば債権届出の追完（民再 95 条）のように，一定の要件の下で債権届出期間満了後の相殺を認める規定を新設すべきとの立法提案がある。日本弁護士連合会『倒産法改正に関する提言』（2014 年 2 月）（http://www.nichibenren.or.jp/library/ja/opinion/report/data/2014/opinion_140220_4.pdf）28 頁以下参照。

17) 当事者が相殺をしない旨を合意した場合（民 505 条 2 項）や不法行為債権を受働債権とする相殺（民 509 条）など，民法上相殺が禁止される場合には，破産または再生手続上も相殺は禁止される。なお，本稿で取り上げる破産法または民事再生法における相殺制限の定めは強行規定であるから，関係者の合意によっては回避することができない（**最判昭和 52・12・6 民集 31 巻 7 号 961 頁**〔倒産百選 68 事件〕）。

［図 12-3］　相殺制限の概要

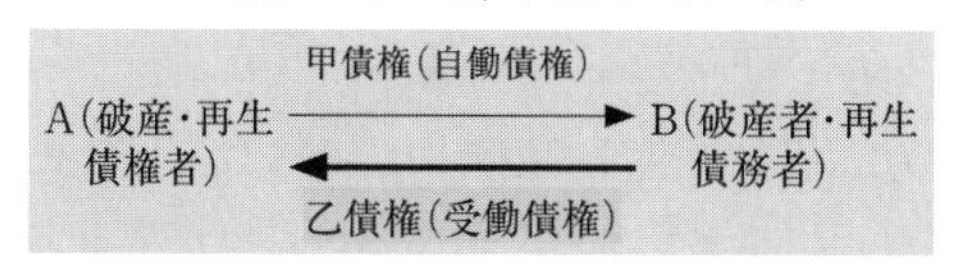

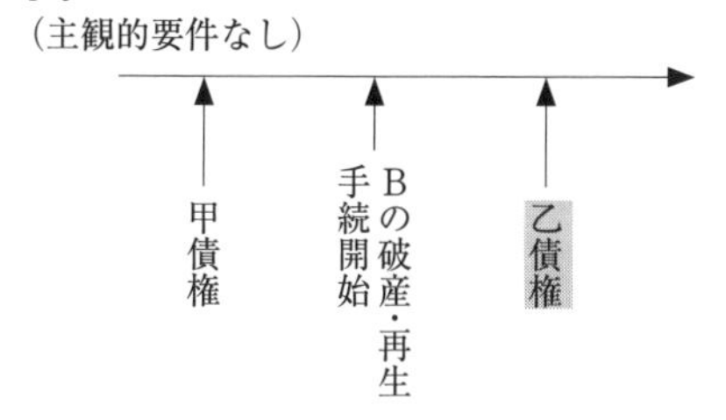

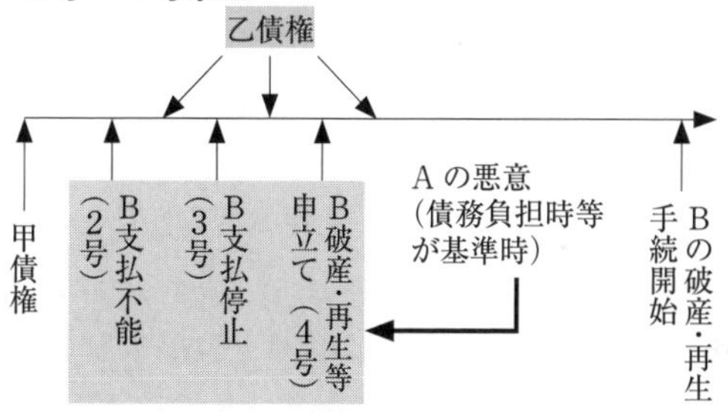

※1　破産法71条2項各号および民事再生法93条2項各号は，各条1項2号～4号禁止に関して，3つの例外（禁止解除事由）を規定する。
※2　破産法72条および民事再生法93条の2（自働債権取得と相殺禁止）は，図の甲債権と乙債権を逆にすれば，概要のイメージをつかむことができる。

い以上，破産債権者に相殺による債権回収への正当かつ合理的期待は認められず，他方で相殺を許すことは破産財団の充実および債権者の公平を害することになるからである。

問題になるケースとして，受働債権が停止条件付で，**手続開始後に条件が成就した**後に相殺できるかが争われるが，停止条件付債権を受働債権とする相殺も認められているのであるから（破67条2項後段），合理的な相殺への期待が認められる限りで，相殺は許容される。判例も，「〔破産債権者〕の債務が破産宣告〔破産手続開始決定〕の時において停止条件付である場合には，停止条件不成就の利益を放棄したときだけでなく，破産宣告後に停止条件が成就したときにも，同様に相殺をすることができる」として，破産手続開始後に保険契約の満期が到来し，または解約がなされた場合の返戻金債権を受働債権とする相殺を認めている（最判平成17・1・17民集59巻1号1頁〔倒産百選63事件〕）。ただし，相殺可能性は，相殺の合理的期待が認められる場合にのみ肯定されるべきであるから，**譲渡担保権者が破産手続開始後に担保権を実行した結果生じた剰余金返還債務を受働債権**として相殺をすることは，かかる受働債権の発生が確実ではなく，したがって譲渡担保権者＝破産債権者が合理的な相殺への期待を持っていたとはいい難いことを考慮すると，相殺は認められないというべきである[18]（現在は廃止された会社整理に関する例であるが，同様の結論をとる判例として，最判昭和47・7・13民集26巻6号1151頁がある。上記最判平成17・1・17は，この昭和47年判決について「事案を異にし本件に適切でない」と判示する）。

(イ) 支払不能後の債務負担（1項2号）

支払不能は，一般に，「債務者が，支払能力を欠くために，その債務のうち弁済期にあるものにつき，一般的かつ継続的に弁済することができない状態」（破2条11項）をいうが，その時点からいわゆる**危機時期**（倒産状態）に入るものと捉えられて，債権者平等など破産法的規律が適用される。破産法71条1項2号は，このような観点から，支払不能後に債務が負担された場合に相殺を禁止する（なお，同様の規律は，偏頗行為の否認〔破162条参照〕にもある）。

もっとも，2号は，破産債権者が新たな債務を負担する場合については，「契約によって負担する債務を専ら破産債権をもってする相殺に供する目的で破産者の財産の処分を内容とする契約を破産者との間で締結」したこと，およびその契約締結当時，破産者が支払不能であることを破産債権者が知っていたことを相殺禁止の要件としている。すなわち，破産債権者が，①「専ら」相殺をする目的（「**専相殺供用目的**」）で，②破産者と「**財産処分契約**」を締結し，③支払不能について**悪意**であったことが要件となっている。このうち，要件①と②

18） 伊藤・破産民再475頁等。

19） 一問一答破産114頁。なお，「将来のキャッシュ・フローを担保とした信用供与」の意味については，新注釈民再(上)528頁以下［中西正］が参考になる。

20） この点については，後に，民事再生法93条1項2号に関連する裁判例を取り上げて検討する（**12-3-3**(1)(イ)参照）。

21） 第三者が破産者の口座に振込みをした場合には，破産債権者と破産者との財産処分契約を観念しにくい点が問題となるが，振込みにより預金額（銀行にとっては債務額）が増額するという意

によって相殺禁止の範囲を限定したのは，支払不能の事実は，第三者が外部から把握することが困難であり，とくに金融実務において行われている将来のキャッシュ・フローを担保とした信用供与（信用供与者が一定期間内に自らが負担すると予測される債務を相殺による担保と把握して，それに見合う信用を供与すること）に萎縮的効果が生じるおそれがあるという指摘を考慮し，禁止の範囲を「悪質な場合に限定」した結果であるとされている[19]。

そこで，たとえば，支払不能後に破産債権者が破産者から財産を購入して代金債務を負うに至った場合，それが「**専ら**」相殺だけを目的にした取引の場合（それまで金融取引だけを行ってきた破産債権者が，相殺だけを目的に不動産を購入し，代金債務を負担するケースなど）には相殺は禁止されるが，それが従前からの継続的取引の延長としてなされる場合には相殺が禁止されることはない。また，破産者が支払不能後に破産債権者である銀行にある自己名義の預金口座に預入れをし，または破産者の取引先から当該口座への振込みがあったときに，「専相殺供用目的」の要件を満たすかは，銀行がその預入れ等にどのように関わったかについての事実認定を踏まえて判断することになろう[20]。このような事例では，銀行と破産者との**財産処分契約**（②の要件）の存在を認めることができるかも問題であるが，この場合の受働債権の発生は銀行と破産者との消費寄託契約に基づくものとして，これを肯定することができよう[21]。

以上に対して，破産者との財産処分契約ではなく，**他人の既存債務の引受け**を内容とする契約による支払不能後の債務負担については，それ自体専ら相殺を目的とするものと評価されるから，支払不能についての悪意（③の要件）だけが相殺禁止の要件とされている（破71条1項2号）。

(ウ)　支払停止後の債務負担（1項3号）

支払停止とは，債務者が，支払能力を欠くために一般的かつ継続的に債務の支払をすることができないと考えて，その旨を明示的または黙示的に外部に表示する行為であり（**最判平成24・10・19判時2169号9頁**等参照），破産債権者が

味で，銀行・破産者間の消費寄託契約との実質的関連性は否定できない。また，銀行と破産者が，銀行による相殺を可能にする目的で，第三者に破産者名義の口座への振込みをさせた場合に相殺を許すのは，破産法71条1項2号の相殺制限の趣旨に反するというべきであろう。したがって，財産処分契約該当性は，強い「専相殺供用目的」が認められるときには，緩やかに解釈されてよく，銀行と破産者との法律関係（消費寄託契約関係）を基礎にして，銀行の債務負担への銀行および破産者の関与の程度をみて実質的に判断されるべきであろう（第三者への振込依頼が実質的に「財産処分契約」に当たるという見解を呈示するものとして，条解破産558頁がある）。

破産者の支払停止の発生後，その事実を知って債務を負担した場合にも，相殺は禁止される（本号本文）。この場合には，支払停止が外部から認識しやすいことから，2号のような債務負担の原因についての加重要件は存在しない。支払停止ではあっても支払不能ではないときには，本号による相殺禁止は適用されないが（本号ただし書参照），このようなケースは，債務者が，支払能力を有するにもかかわらず，誤解によって支払を一般的に停止した場合など，ごく例外的にしか生じない。

㈤　破産手続開始申立て後の債務負担（1項4号）

破産手続開始申立て後の債務負担の場合も，その負担当時破産債権者が破産の申立てがあったことを知っていたときは，相殺は許されない。この場合には，破産手続開始申立てという手続的に明確な事実が基準とされているから，支払不能でなかったとしても，相殺禁止を免れない。

㈥　1項2号～4号に基づく相殺禁止の例外（2項各号）

上記の1項2号～4号（1号を含まないことに注意）の相殺禁止には，3つの例外（禁止解除事由）が定められている。すなわち，債務負担が，(i)**法定の原因**に基づくとき（2項1号），(ii)破産債権者が支払不能等について悪意になった時より**前に生じた原因**に基づくとき（同項2号），および(iii)**手続開始申立てより，1年以上前に生じた原因**に基づくとき（同項3号）である。このうち，(i)は，債務負担が法定の原因によるときは，債務負担につき破産債権者等の作為や意思が介在しないため，例外とされたものであり，相続，合併，事務管理などがその例として挙げられてきた[22]。また，(iii)は，債務発生原因が破産手続申立てから1年以上前に存在するときにまで，相殺を禁止すると，あまりにも長期間破産債権者を（相殺可能性に関して）不安定な状況におくことになるから，相殺禁止の例外としたものである。

---

22)　ただし，法定の原因といっても，会社の合併や会社分割などその基礎に関係者の意思が介在している場合には，同号の適用を否定する見解が有力である（条解破産559頁。合併につき，倒産概説259-260頁［沖野］も参照）。また，単に法定の原因であることを理由に相殺禁止の例外を認めることは，立法論的に適切を欠くとする指摘もある（大コンメン破産309頁［山本克己］）。

23)　本件では，一部の手形取立てが破産手続開始決定（当時は破産宣告）後になされていたが，これについては，原判決で旧破産法104条1号（現破71条1項1号）により相殺は許されないと判断され，最高裁もそれを維持した。しかし，本文で述べたように，2項2号は，1項1号の例外を定めるものではないが，手形取立委任の段階では同等の相殺の期待が存在していたとすれば，取立ての時期（破産手続開始決定の前か後か）によって，相殺の効果についての結論が異なることになるのは疑問を禁じ得ない（破産・民再概論279頁注21［畑瑞穂］参照）。なお，本件に

解釈上重要な問題が生ずるのは，(ii)（2号）である。この例外の根拠は，債務負担の原因が破産債権者の悪意より前にあるときは，その時点で**相殺への正当かつ合理的期待**が成立していると考えられることにある。旧法下の事件であるが，最高裁は，信用金庫が破産者の支払停止等の前に，破産者の手形等を取り立ててその取得金を債務の弁済に充当できる旨の合意をした上，実際に手形の取立てを委任されて裏書交付を受け，その後支払停止等のあることを知って取り立てたケースにつき，手形取立てによって生じた取立金引渡債務は「前ニ生ジタル原因」(旧破104条2号但書。現破71条2項2号に該当）に基づき負担したものに当たると判示した（**最判昭和63・10・18民集42巻8号575頁**〔倒産百選64事件〕)[23]。また，金融機関が顧客（破産者）から，第三者からの弁済を代理受領する権限が与えられていた場合や，金融機関，破産者および破産者の取引先の三者間で，取引先は破産者への支払を特定の銀行口座に振り込んで行うとする「**(強い）振込指定契約**」が締結されていていた場合においても，「前に生じた原因」があったものとして，金融機関が支払不能等の後に預金返還義務を負担したときにも，相殺は許されるとする説が多い（振込指定の場合につき，同じ結論をとる裁判例として，**名古屋高判昭和58・3・31判時1077号79頁**)[24]。

(2)　自働債権としての破産債権取得と相殺禁止（破72条）

破産者に対して債務を負担する者が，破産債権を取得してそれを自働債権として相殺をする場合にも，ほぼ破産法71条1項の時期区分に対応した相殺禁止規定がおかれており（破72条1項各号)，その相殺禁止の根拠も，実質的には71条1項各号と同様である。

以下では，各号に関する基本問題をみていくことにする。

おける手形取立金引渡債務が破産手続開始時に停止条件付債務として存在していたと考えることができれば，破産法67条2項後段を根拠にして相殺が許されるという解釈も可能となるが，破産手続開始決定によって取立委任が終了する（民653条2号）結果，銀行に取立権限がなくなるのではないかという問題がある。また，本件では，手形を取り立てたのが判例上商人性が否定されている信用金庫であったために，手形取立金に対する商事留置権は，認められていない。再生手続における商事留置権等に関して，後掲注25)も参照。

24)　伊藤・破産民再483頁等参照。なお，破産者と第三者間での振込指定の合意は，「弱い振込指定」と呼ばれ，銀行に相殺の合理的期待を生じさせるものではないから，一般に「前の原因」とはいえないと解されている。

(ア) 破産手続開始後の他人の破産債権の取得（1項1号）

本号については，まず，「他人の破産債権を取得したとき」の解釈に関連して議論がある。なかでも，問題は，第三者が破産者に代わって破産債権者に対して弁済をした（民474条参照）結果，破産手続開始後に**求償権を取得**した場合に相殺が許されるかという点である。弁済者は求償権の範囲で破産債権者の原債権を代位行使できるが（民501条柱書前段），この債権は他人の破産債権と解されるため，1号による相殺禁止の対象となると考えられる。しかし，**委託を受けた保証人**が弁済によって得た求償権は，**自己の破産債権**（**手続開始前の原因に基づく将来の請求権〔破104条3項本文〕**）**が現実化**したものと捉えることができるから，「他人の破産債権を取得したとき」とはいえず，相殺は許されると考えるべきである（後掲最判24・5・28も一般論として相殺を認める）。

これに対して，利害関係のない**第三者が弁済**したとき（民474条2項参照）は，それによる求償権は，実質的には，破産手続開始前から存在する自己の債権の現実化ではなく，手続開始後に得た債権（他人の債権の取得に類似）というべきであって，それを自働債権とする相殺は，1号の類推適用によって許されないと解される（名古屋高判昭和57・12・22判時1073号91頁参照）。では，破産手続開始前に**主債務者の委託を受けずに保証人**となった者が，主債務者の破産手続開始後に保証債務を履行して得た事後求償権を自働債権として相殺ができるか。この問題について，**大阪高判平成21・5・27金法1878号46頁**は，破産法72条1項1号の適用または類推適用を否定して相殺を許容したが，その上告審である**最判平成24・5・28民集66巻7号3123頁**（倒産百選69事件）は，かかる無委託保証人の求償権を自働債権とする相殺を認めることは「破産者の意思や法定の原因とは無関係に破産手続において優先的に取り扱われる債権が作出されることを認めるに等しいもの」であるとして，破産法72条1項1号の類推適用を認めた。無委託保証人の側からみれば，保証契約時に相殺への期待が生じているともいえ，形式的には「他人の債権を取得した」わけでもないが，最高裁は，相殺への期待は一方的なものでは足りず，破産者の意思（関与）または法定の原因が必要としているものといえる。

(イ) 支払不能，支払停止，破産手続開始申立て後の債権取得（1項2号〜4号）

破産法72条1項2号の相殺禁止規定は，破産者に対して債務を負う者が，破産者の支払不能を知りながら，実質的価値が著しく低下した他人の債権を廉価で取得して相殺をし，債務を免れることを許さない趣旨である。債権取得の場合は，円滑な信用供与の確保に配慮する必要はないことから，同号には，債権取得の目的等を限定する定め（破71条1項2号参照）はおかれていない。

破産者の支払停止後に悪意で破産債権を取得した場合（3号），および破産手続開始申立後に悪意で破産債権を取得した場合（4号）は，それぞれ71条1項3号および4号に対応するものである。

(ウ)　1項2号～4号に基づく相殺禁止の例外（2項各号）

破産法72条2項も，4号を除いて，71条2項（**12-3-2**(1)(オ)）にほぼ対応する規定であり，破産法72条1項2号～4号までの相殺禁止に関して，その例外（禁止解除事由）を定めている。

このうち，2項2号（支払不能等があったことを破産者の債務者が知った時より前に生じた原因によるとき）に関しては，旧法下の判例であるが，破産者の支払停止後に金融機関が**割引手形の買戻請求**をしたことによって生じた手形買戻代金債権は，支払停止以前に締結されていた手形割引契約を原因として発生したとして，その債権と預金返還債権との相殺は許されるとしたものがある（**最判昭和40・11・2民集19巻8号1927頁**〔倒産百選65事件〕）。

4号（破産者に対して債務を負担する者と破産者との間の契約によるとき）は，破産法71条2項にはみられない規定である。同号により，たとえば，支払不能後に締結した融資契約に基づいて発生した（破産）債権は，72条1項2号の要件を充たすときでも相殺に供することができることになる。このようなケースでは，融資金の受領という財団の利益と引換に債権を取得しているから（いわゆる「**同時交換的行為**」），既存の破産債権を譲り受けて相殺に供するような場合と異なって，財団を不当に減少させたり，債権者平等を害したりすることがないからである。

Practice　考えてみよう！【展開】

中堅の建設業者であるA株式会社は，競争の激化などにより，2014年夏までの1年で売上高が半減した。

A社は，メインバンクB銀行の資金援助によって何とか事業を継続してきたが，資金繰りは厳しい状態が続き，2014年12月25日に，すべての債権者に支払停止の通知を行った。そこでA社の経営陣は，B銀行と相談のうえ，2015年1月10日に，破産手続を申し立てたところ，裁判所は同月17日に破産手続開始決定をした。

12-3-2

A 社の経営危機が顕在化する前の 2014 年 7 月，A 社が E 社と取引をするに際して，F 銀行は E 社から委託を受け，A 社が E 社に対して負う債務 5000 万円について連帯保証人になっていた。この保証について，A 社は反対したわけではないが，自ら F 銀行に保証の委託をしたことはなかった。

(1) F 銀行は，2015 年 1 月 20 日に保証債務を全額弁済し，それによって生じた求償権を自働債権とし，かねてから A 社が有していた預金債権 5000 万円を受働債権として A 社に対して相殺の意思表示をした。この相殺は許されるか。保証債務の全額弁済が，2015 年 1 月 15 日であった場合はどうか。

求償権の発生が手続開始後（破 72 条 1 項 1 号禁止）か，それとも申立後開始前（同項 4 号禁止）かでいかなる違いが生ずるか。後者では，同条 2 項 2 号の適用により禁止解除の可能性があるか（栗田隆・倒産百選 141 頁参照）。

(2) (1)と同様に手続開始後に保証債務の全額弁済がなされたとして，F 銀行が保証する A の債務が 5000 万円の財団債権であった場合には，F 銀行はどのような権利実現の手段をとるべきか。

弁済による代位による財団債権の取得につき，**5-3-2** 参照。それを踏まえて，F 銀行による相殺の可能性を検討してほしい。

12-3-3　再生手続における相殺の制限

民事再生法における相殺の規律と破産法のそれには，**12-2-2**(1)でみたように相違点も存在するが，相殺制限の規定（破 71 条・72 条，民再 93 条・93 条の 2）に関する限り，その内容はほぼ同じである。そこで，条文の解説は最小限にとどめ，各条項に関連する判例を中心にみていくことにしよう。

(1)　再生債権者の債務負担と相殺禁止（民再 93 条）

(ア)　再生手続開始後の債務負担（1 項 1 号）

再生債権者が手続開始後に負担した債務に基づく相殺は禁止される。再生手続においても，手続開始時に債権債務関係が存在しなければならない（民再 92 条 1 項）から，開始後に受働債権が成立したときは，相殺はできない。

受働債権が停止条件付である場合に，停止条件が手続開始後（ただし債権届出期間内〔民再 92 条 1 項参照〕）に成就した場合に相殺ができるか。この点については，民事再生法 92 条 1 項後段の解釈として，停止条件付債権を受働債権とする相殺を可能とする立場（**12-2-2**(2)）に立つならば，ここでも相殺への合理的期待が認められることを条件に，相殺を許して（民再 93 条 1 項 1 号の適用を否定して）よいと考える[25)]。

(イ)　支払不能後の債務負担（1項2号）

本号は，破産法71条1項2号と同趣旨の規定である。再生手続でも，専ら再生債権をもって相殺に供する目的でされた財産処分契約であるかどうかが解釈問題の中心になるが，ここでは，「専ら」の要件に関して，**再生債務者による再生債権者（銀行）の自己名義預金口座への預入れ**が，この要件に該当するかが問題となった2つの裁判例を紹介しておこう。

まず，同号の適用肯定例（相殺の効力を否定）として，**大阪地判平成22・3・15判時2090号69頁**がある。本件においては，再生債権者は，再生債務者に対して，すでに差し入れられていた手形の額面金額と当該預入れに係る金額の合計が再生債権相当額となるように金員の預入れを要求し，また，再生債務者はこれに応じて，預入れ前日に新たに口座を開設した上で同口座に上記金員を入金したなどの事実があった。これらの事実を踏まえて，本判決は，本件預入れは，「専相殺供用目的」でされた財産処分契約に該当すると判断した。

他方，**東京地判平成21・11・10判タ1320号275頁**（倒産百選67事件）においては，「原告〔再生債務者〕が差押え回避を目的として誤って本件振込先口座に15億円の本件振込みをしたものであって，本件振込みが原告により一方的に行われたことは明らかであり，本件振込みについて，被告〔再生債権者〕が原告に働きかけを行うなどの何らかの関与をしたことをうかがわせる証拠は一切存在しない」という事実認定を基礎に，相殺をした再生債権者に「専相殺供用目的」があったとは認められない，と判断した。民事再生法93条1項2号

25)　**12-3-2**(1)(ア)参照。これに対して，**東京地判平成23・8・8金法1930号117頁**（再生手続からの牽連破産の事件であるが再生手続についても判示する）は，「仮に本件取立金相当額の返還債務を停止条件付債務であると解したとしても，破産者の財産及び債権債務を清算し，債権者間に平等に弁済することを目的とする破産手続とは異なり，再生手続は，債務者とその債権者との間の民事上の権利関係を適切に調整し，もって当該債務者の事業または経済生活の再生を図ることを目的とするものであること（民再法1条参照），また，民再法には破産法67条2項に相当する規定がないことを考慮すれば，再生手続開始後に停止条件成就により負担した債務については，一律に民再法93条1項1号所定の相殺禁止の対象になると解するのが相当である」と判示する。銀行による取立委任手形の取立てに関しては，相殺のほかに，手形取立金上の商事留置権の成立→銀行取引約定による弁済充当というルートでの満足が許されるかという問題がある（**11-3-2**(4)(イ)参照）。上記東京地判は，商事留置権の成立を否定したが，控訴審判決（**東京高判平成24・3・14金法1943号119頁**）は，控訴審係属中に登場した**最判平成23・12・15民集65巻9号3511頁**（倒産百選53事件）の判断に沿って，取立金上の商事留置権を肯定して，銀行による弁済充当を認めたため，相殺に関しては判断をしなかった。最判における弁済充当と相殺の関係についての理論的整理として，伊藤眞「手形の商事留置権者による取立金の弁済充当――『別除権の行使に附随する合意』の意義」金法1942号（2012年）31頁以下参照。

が，相殺をする再生債権者の不当な目的（悪質性）を基準に相殺を禁止していることはたしかであるが，本件のような「棚ぼた」まで認める趣旨なのか，疑問が残る事例ではある[26]。

(ウ) 支払停止・再生手続開始申立て等後の債務負担（1項3号・4号）

3号および4号は，基本的には，破産法71条1項3号および4号と同一内容の規定である。ただし，4号に関しては，再生手続開始の申立てだけでなく，破産手続開始または特別清算開始の申立ても含む点は，破産法と異なる。

(エ) 1項2号～4号に基づく相殺禁止の例外（2項各号）

上記の民事再生法93条1項2号～4号の相殺禁止には，破産法71条2項各号と同様の3つの例外が定められている（民再93条2項）。

解釈上重要であるのは，ここでも2号（債務負担が，再生債権者が支払不能等について知った時より前に生じた原因に基づくとき）であり，再生手続において，同号の適用を否定した例として，最判平成26・6・5民集68巻5号462頁（2号の適用を認めた名古屋高判平成24・1・31金判1388号42頁〔倒産百選66事件〕を破棄した）がある。本件においては，X（再生債務者）が，その支払停止の前に，Y銀行から購入した投資信託受益権（以下，「本件受益権」という）につき，支払停止の後（再生手続開始の申立て前）に，Y銀行がXの有する本件受益権の解約実行請求を代位行使したことにより，信託契約の一部が解約され，信託会社からY銀行に本件解約金が振り込まれ，Y銀行は，Xにつき再生手続開始の申立てがされる前に，Xに対する保証債務履行請求権を自働債権，Xに対する本件解約金の支払債務（以下，「本件債務」という）に係る債権を受働債権として，これらを対当額で相殺する旨の意思表示をした（以下，「本件相殺」という）。

XがY銀行に対し，その解約金（以下，「本件解約金」という）の支払等を求めたが，Y銀行は，本件債務の負担が，民事再生法93条2項2号にいう「支払の停止があったことを再生債権者が知った時より前に生じた原因」に基づく場合に当たるとして，本件相殺の有効性を主張した。

---

26) この点の評価は，同号の加重要件の解釈態度として，「専相殺供用目的」が積極的に認定される必要があると考えるのか，それとも継続的信用供与に対して萎縮的効果を与えるケース（通常の業務範囲内）と認められない事情があれば要件を充足するとみるのか，という問題と関わる。立法趣旨の解釈が前者に傾くことは本文で述べたとおりであるが，後者の方向での解釈をとるならば，本文の事例では，「専相殺供用目的」を認める，またはその類推適用を認めるという解釈の余地が出てこよう（新注釈民再(上)530頁以下［中西］，籠池信宏・倒産百選137頁参照）。

[図12-4]　投資信託の仕組みと最判平成26・6・5の事例

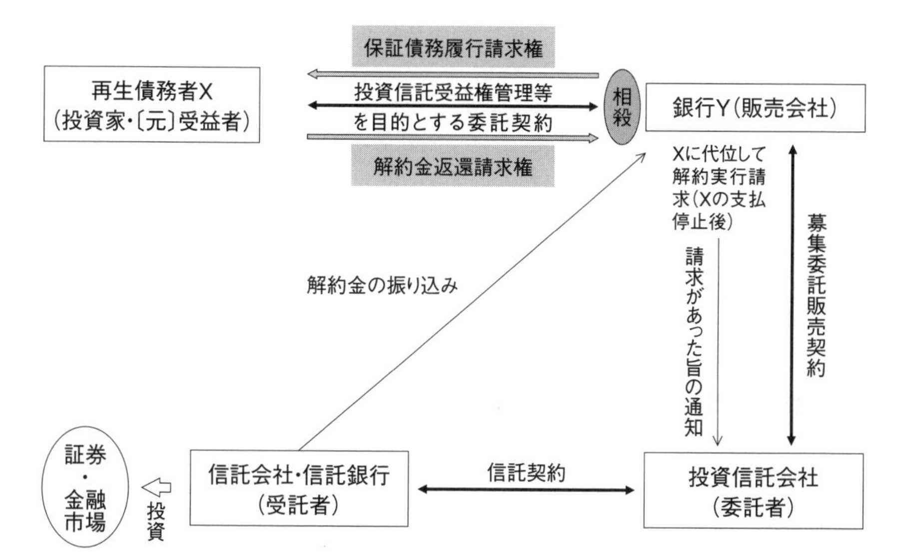

最高裁は，本件相殺が民事再生法93条1項3号本文の適用を受けるとしつつ，下記①～③のような判断を踏まえて，「銀行が本件債務をもってする相殺の**担保的機能に対して合理的な期待**を有していたとはいえず，この相殺を許すことは再生債権についての**債権者間の公平・平等な扱いを基本原則とする再生手続の趣旨に反する**」(太字は筆者) として，本件債務の負担が同条2項2号にいう「支払の停止があったことを再生債権者が知った時より前に生じた原因」に基づく場合に当たるとした原審の判断は是認できないとした。

①少なくとも解約実行請求がされるまでは，Xが有していたのは投資信託委託会社に対する本件受益権であって，これに対しては**全ての再生債権者が等しくXの責任財産としての期待を有しているといえる**ところ，Xが本件受益権の解約実行請求により取得した解約金の支払請求権は本件受益権と実質的には同等の価値を有するものとみることができる。その上，上記**解約実行請求**はY銀行がXの**支払の停止を知った後にされた**ものであるから，Y銀行において同請求権を受働債権とする相殺に対する期待があったとしても，それが合理的なものであるとはいい難い。

②Xは，Y銀行が本件受益権を管理している間も，本件受益権につき，原則として自由に**他の振替先口座への振替をすることができた**のであり，このよ

うな振替がされた場合には，Ｙ銀行がＸに対して解約金の支払債務を負担することはないのであるから，Ｙ銀行がＸに対して本件債務を負担することが確実であったということもできない。

③本件においては，Ｙ銀行がＸに対して負担することとなる本件受益権に係る解約金の支払債務を受働債権とする相殺をするためには，**他の債権者と同様に，債権者代位権に基づき，Ｘに代位して本件受益権につき解約実行請求を行うほかなかった**ことがうかがわれる。

⑵ 自働債権としての再生債権取得と相殺禁止（民再 93 条の 2）

民事再生法 93 条の 2 は，破産法 72 条に対応する規定である。

㈠ 再生手続開始後の他人の再生債権取得（1 項 1 号）

すでに紹介した[27]**東京高判平成 26・1・29 金判 1437 号 42 頁**は，再生債務者Ｘに対して債務（のみ）を負担するＹが，従前から存在していたXY間およびXZ間の特約に基づき，Ｘの再生手続開始後にＹの関連会社ＺがＸに対して有する債権を自働債権として相殺をした場合につき，当該相殺の効力を認めた。**グループ内他社の債権を自働債権とする相殺**が許容されるか，という別の重要論点も含む事件であるが，民事再生法 93 条の 2 第 1 項 1 号との関係では，特約に基づいてＹがＺの債権を相殺に供する権限を取得するための停止条件が同手続開始後に成就したケースにつき，同号によって相殺が禁止される場合には当たらない，と判示した点に本判決の意義がある。

㈡ 支払不能後・支払停止後・再生手続開始申立て等後の債権取得（1 項 2 号～ 4 号）

2 号～ 4 号についても，4 号につき，再生手続開始申立てだけでなく，破産手続開始または特別清算開始の申立ても含む点以外は，破産法 72 条 1 項 2 号～ 4 号と同様の規定である。

㈢ 1 項 2 号～ 4 号に基づく相殺禁止の例外（2 項）

これらの規定も，上記と同一の理由で，同項 2 号と 3 号では，再生手続開始の申立て「等」とある点が異なるほかは，破産法 72 条 2 項に対応する規定であるので，同項についての解説（**12-3-2**⑵㈢）を参照されたい。

27）前掲注 3）参照。

第13章 否認権

13-1 はじめに

13-1-1 否認権の意義と機能

破産手続や再生手続の申立てに至る債務者が，その財産状況・経営状況が悪化してくると，将来の倒産手続による管理処分権の剝奪や制限を見越して重要財産を知人等に贈与したり，不当に安値で売却したりすることは往々にして起こる。しかし，このような行為（**詐害行為**）を許すならば，債権者の満足や事業等の再生のために使われるべき財産が減少し，倒産債権者全体の利益が害される結果になる。また，債務者につき支払不能等の状態が生じた後（「危機時期」）において，債務者が特定の債権者へ弁済したり担保権を設定したりすること（**偏頗行為**）は，債権者間の平等を害する結果をもたらす。否認制度は，手続機関としての管財人（破産手続）や監督委員・管財人（再生手続）が，破産・再生手続開始後にこれらの行為の効力を破産・再生手続との関係で失わせ，それによって逸失した財産ないし利益を破産財団や再生債務者財産に回復する権利である（破160条以下，民再127条以下）[1]。

1） 否認権は強力な権利である反面，その実行には慎重な調査と重い手続負担が伴う。そこで，簡易性・迅速性が求められる特別清算手続や個人再生手続（民再238条・245条参照）では，否認制度は設けられていない。ただ，これらの手続においては，詐害行為や偏頗行為が許されるということではなく，否認を免れるための上記手続の利用に対しては，申立ての棄却（または却下）（民再25条4号，会社514条4号等参照）等によって対応することになろう（一問一答個人再生269頁，萩本修編『逐条解説新しい特別清算』〔商事法務，2006年〕76頁参照）。

13-1-2 詐害行為取消権との関係

否認権のうち，詐害行為の否認制度は，民法424条の**詐害行為取消権**と共通の制度趣旨を有している。ただ，(i)管財人等の倒産手続の機関が行使すること，(ii)詐害行為だけでなく偏頗行為も対象になっていること，(iii)詐害行為についても詐害意思を不要とする類型（破160条1項2号）があることなど，否認は詐害行為取消権よりも強力かつ広範な権利である[2)]。詐害行為取消訴訟が係属中に破産・再生手続開始決定があったときは，訴訟手続は中断し，管財人等が否認訴訟として訴訟を受継することになる（破45条参照。民事再生手続でも係属中の詐害行為取消訴訟は中断するが〔民再40条の2第1項〕，受継は，否認権限を有する監督委員または管財人が行う〔民再140条1項〕）[3)]。

13-2 否認の一般的要件

13-2-1 「有害性」と「不当性」

「**有害性**」の要件とは，法規定上は否認の要件をみたしているようにみえても，破産・再生債権者を害さない場合には，否認の対象にはならないとされるものである（したがって，有害性の不存在が否認の成立阻却事由として機能し，その証明責任は原則として否認の相手方にあると解される）。否認の目的は，**破産・再生債権者の利益保護**にあるから，その利益を害さない行為は否認対象から外すのが適当だからである。たとえば，破産者が支払不能後に代物弁済をすることは，原則として偏頗行為否認（後述**13-3-4**）の対象となるが，その代物弁済が破産・再生手続において別除権とされる担保権の目的物（抵当権の目的不動産等）によってなされた場合には，もともとその代物弁済の目的物は，一般債権者の共同担保となるものではなかったのであるから，――その価値が被担保債権額を上回るものでない限り――債権者に対する有害性を欠き，否認の対象にはならないと考えられている（破産手続における動産売買先取特権目的物による代物弁済につき，**最判昭和41・4・14民集20巻4号611頁**〔倒産百選31事

2） 民法改正案424条以下においては，詐害行為取消権に関する規定内容を破産法等の否認に関する規定に倣ったものに改めようとする方向が示されている。

3） 再生手続開始決定があった後は，再生債権者が詐害行為取消権を行使することはできないと解される（**東京地判平成19・3・26判時1967号105頁**〔倒産百選72事件〕）。

件〕)。また，破産者が，特定の債権者への弁済のために借り入れた金銭による当該債権者への弁済の否認を認めなかった**最判平成5・1・25民集47巻1号344頁**（倒産百選29事件）も，かかる弁済は，（本件の事実関係の下では）「破産債権者の共同担保を減損するものではなく，破産債権者を害するものではない」と述べており，やはり「有害性」の要件を問題にしていると解される。

他方，「**不当性**」要件の意義は，**倒産法秩序より高次の法秩序や社会経済秩序**により保護されるべき利益が存在するときは，否認権の成立を否定するという点にあると説明される[4]。たとえば，債務者が危機時期に，その生活に不可欠なライフラインの供給停止を回避するために電気料金等を支払ったり，医療機関である債務者が診療に不可欠な医療機器の利用継続のためにリース料を支払うなどの行為は，仮にそれが形式的には偏頗否認の要件を満たすことがあっても「不当性」を欠き，否認の対象にはならないとされる。「不当性」というあいまいな要件を一般的な形で導入するのは適当でない（否認権行使を否定すべき場合には，権利濫用等の一般法理で解決すれば足りる）とする見解もあるが[5]，否認の制度は強力な効果を伴うものであり，倒産法外の法的価値との衝突のおそれは大きいというべきであるから，それらの対立する利益の調整のための「不当性」要件の存在意義は否定できないというべきであろう。

13-2-2　債務者の行為であることが必要か

否認に関する法律の規定（破160条1項各号，民再127条1項各号等）をみると，債務者の行為であることが要件であるように読める。最高裁の判例も，一般には，**債務者の行為またはこれと同視すべきもの**にかぎって，否認の対象になることを認めているものと解される（**最判昭和40・3・9民集19巻2号352頁**等参照)。もっとも，最高裁は，上記の原則的立場に立ちつつも，仮登記権利者が仮処分に基づいて行う仮登記（**最判平成8・10・17民集50巻9号2454頁**〔倒産百選39事件〕）や債務者と相通じて債権者が行った代物弁済予約完結行為（**最判昭和43・11・15民集22巻12号2629頁**）について否認可能性を認めてきた。また，公務員の個人破産のケースで，給与支払機関から破産債権者である

4）伊藤・破産民再506頁。この要件に関しても，不当性を欠くことにつき，相手方が証明責任を負うと解すべきである（伊藤・同所参照)。

5）山本・倒産処理100頁。

共済組合への弁済（地方公務員等共済組合法115条2項に基づく）の否認可能性が問題となった**最判平成2・7・19民集44巻5号837頁**（倒産百選28事件①）（国家公務員破産事件である**同日判決〔民集44巻5号853頁〕**〔同事件②〕も同旨）においては，給与支払機関からの弁済は，組合員（破産者）の債務の弁済を代行するものにほかならないという理由で，否認を認めている。さらに，旧法における危機否認を根拠とする執行行為の否認（現破165条等参照）などに関して，破産者の害意ある加功行為は必要ないとする判例（**最判昭和48・12・21判時733号52頁**など）もある。

以上のように，判例は債務者の行為という要件をゆるやかに解する方向にあるとはいえそうであるが，その全体像は捉えにくい。有力学説は，否認の要件として**債務者の詐害意思等が必要な場合**（破産法でいえば，160条1項1号・161条1項2号）には債務者の行為もしくは加功行為またはそれと同視される第三者の行為が必要だが，**債務者の主観的要件が必要とされない否認類型**（破160条1項2号・162条1項）においては，第三者の行為でも，その効果において債務者の行為と同視されるものであれば，否認の対象となるとしている[6)]。判例の立場の整理としても合理的と考えられ，これに賛成すべきであろう。

13-2-3　その他の一般的要件

否認一般の要件と関連する先例として，否認訴訟において総破産債権の不存在を主張して否認権行使の効果を否定することは許されない（破産債権に関しては，その届出・調査・確定，配当など特別の処理方法が定められていることなどを理由とする）と判示する**最判昭和58・11・25民集37巻9号1430頁**（倒産百選27事件）がある。

6）　伊藤・破産民再509頁，条解破産1066頁等。この立場からは，本文で引用した最判昭和40・3・9が，債権譲渡における債務者の承諾の否認可能性を否定したことは疑問である（大コンメン624頁，647頁［山本和彦］)。なお，相殺の否認可能性（判例・通説は否定）に関しても，相殺が債権者の行為であることが問題となるが，ここでより重要なのは，法規定または解釈による相殺制限に加えて否認による対応が必要か，という点についての判断であろう。

13-3　否認権の基本類型

13-3-1　概観

旧破産法の下では，否認権の類型は，故意否認（旧72条1号等），支払停止または倒産手続開始申立てを基本的な危機時期とする危機否認（同条2号～4号等）および無償否認（同条5号等）に分かれていたが，現行破産法および民事再生法は，**詐害行為否認**（破160条，民再127条），**相当な対価による処分行為の否認**（破161条，民再127条の2，会更86条の2）および**偏頗行為否認**（破162条，民再127条の3）に再編成した。現行法における否認法の基本的な枠組みの特色は，否認対象を詐害行為と偏頗行為に二分したことにあり（相当の対価による処分行為は詐害行為の一類型），これにより，否認法の全体的理解がずいぶん容易になったといえる。また，偏頗行為の否認については，否認の時期的要件として，支払不能基準が採用された点が大きな特徴である。これは，相殺禁止とパラレルに，原則として支払不能をもって債権者平等原則の効力発生時期とするもので，理論的により合理的な仕組みが採用されたといえる。

破産手続における否認権と再生手続におけるそれとは，行使主体などの点で異なる点もあるが，上記の条文引用によっても明らかなように，破産法と民事再生法における否認関係規定の内容（要件と効果）はほぼ共通といってよい。実務的には，清算手続としての破産手続と事業再生を目的とする再生手続においては，否認権の行使方法に違いが生じうる（たとえば，否認相手方が主要取引先であるときに，事業再生への悪影響を避けるために否認権行使を控える）という議論もありうるが[7]，否認制度が存在する以上，あるべき破産財団および再生債務者財産を形成すべき必要性は共通であるべきであるから，かかる相違を正面から認めることには慎重であるべきであろう。

否認権の基本類型を，根拠条文と対象行為の時期を基準にして分類してみた

7）　今中ほか・講義349頁以下，823頁以下に，破産・再生手続における否認権行使の実態（行使例が少ないことの理由）が分析されており，参考になる。ちなみに，最近の実態調査によると，全国の裁判所の事件から抽出した313件の再生事件のうち，監査委員等の意見書等で否認対象行為の存在が指摘されたのが10件であり，そのうちの1件のみにつき否認の請求の申立てがなされた（ただしその事件も和解で終了した）とされる（山本和彦＝山本研編『民事再生法の実証的研究』〔商事法務，2014年〕16頁参照）。

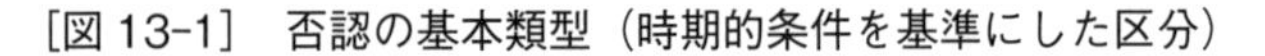
[図 13-1] 否認の基本類型（時期的条件を基準にした区分）

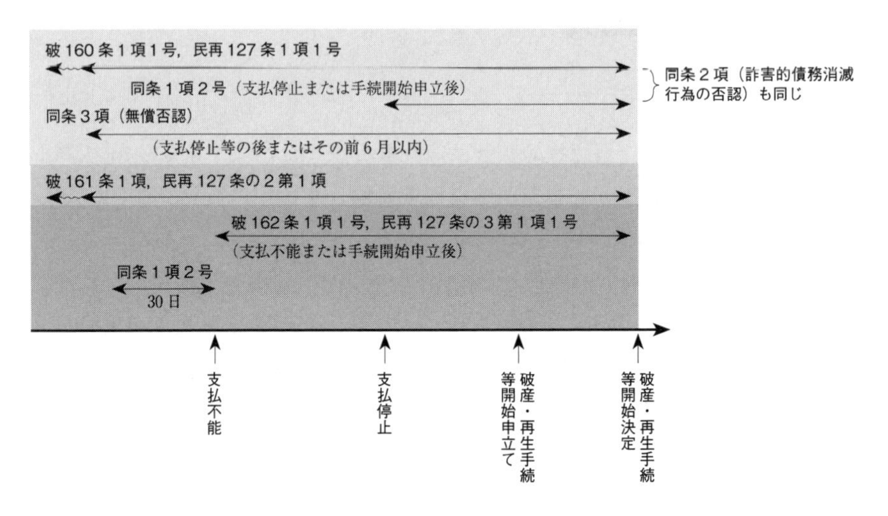

ものが，[図 13-1] である。

13-3-2　詐害行為の否認（破 160 条，民再 127 条）

まず，基本的な詐害行為否認の類型は，債務者が破産・再生債権者を害することを知りながら行った行為の否認である（破 160 条 1 項 1 号，民再 127 条 1 項 1 号。各条 1 項柱書かっこ書には，「**担保の供与又は債務の消滅に関する行為を除く**」とあり，偏頗行為と峻別されていることに注意)。債務者が，債権者への弁済原資が減少することを知ってその財産を不当に安価で売却した場合などが典型例である。法定の要件としては，時期的制限は定められていないが，詐害行為とされるためには，その行為が支払不能や債務超過が発生し，またはその発生が確実に予測される時期（**実質的危機時期**）になされたことを要すると解されている[8]。同号の詐害行為否認については，取引の安全への配慮から，受益者が行為の当時，破産・再生債権者を害する事実を知らなかったときは，否認はできない（善意の証明責任は受益者側にある)。本号に基づく否認が認められた例の

8）伊藤・破産民再 516 頁参照。細かくは，「無資力」が直接意味する債務超過に加えて支払不能も基準としうるか，また債務超過（等）の発生が確実に予測される時期を含むとしてよいのか，などが議論される。詳しくは，伊藤眞ほか編『新破産法の基本構造と実務』（有斐閣，2007 年）384 頁以下参照。

うち注目されるものとしては，いわゆる**濫用的な会社分割**（新設分割）の否認が認められた例（東京高判平成24・6・20判タ1388号366頁等），破産者が申立代理人に対して，実際に提供された役務の提供と合理的均衡を失する報酬を申立代理人に支払った場合につきその支払合意の一部を否認した例（東京地判平成22・10・14判タ1340号83頁）などがある。

第2に，債務者が支払停止または**破産・再生等手続開始の申立て**（「**支払停止等**」）**があった後**にした破産・再生債権者を害する行為の否認である（破160条1項2号，民再127条1項2号）。本号否認は，支払停止等により危機状態が外部に表出された後になされた詐害行為につき，債務者の意思を問うことなく否認の対象とした点にその意義がある。たとえば，破産者と金融業者の間の過払金返還請求権の放棄を内容とする和解につき，本号の否認を認めた例として，神戸地伊丹支決平成22・12・15判時2107号129頁がある。1号否認と同様，受益者に支払停止等があったことおよび破産・再生債権者を害する事実を知らなかったときは，否認できない（証明責任は受益者側にある）。

第3に，**対価的均衡を欠いた代物弁済等**（**詐害的債務消滅行為**）に関しても，明文で否認が認められている（破160条2項，民再127条2項）。「債務の消滅に関する行為」は本来偏頗行為否認の対象であるが，債権者の受けた給付の価額が消滅した債務の額より過大である場合には，その過大部分につき詐害行為として否認できる。たとえば，破産者または再生債務者が支払停止等の後に30万円の債務に対して100万円の財産で代物弁済した場合には，70万円の範囲で（通常は価額の償還請求となろう）詐害行為否認の対象となる[9]。

最後の**無償否認**は，支払停止等の後またはその前6月以内に債務者が行った無償行為またはそれと同視すべき有償行為を否認するものである（破160条3項，民再127条3項）。無償行為のもつ強い詐害性（取引の安全を考慮する必要もない）から，債務者の詐害意思も受益者の悪意も不要（純客観的要件）とされている点がポイントである。無償否認については，**中小企業の経営者等**であった破産者が会社の債務について保証料を受け取らずに**保証人**となったり，**物上保証**をする行為が，無償行為になるかどうかが旧法下から争われてきた。この

9）この代物弁済が偏頗行為否認の対象にもなるときは，原則として代物弁済全体を偏頗行為として否認した方が，要件・効果双方の点で破産財団等にとって有利であることについては，条解破産1077頁以下等参照。

問題について，**最判昭和62・7・3民集41巻5号1068頁**（倒産百選34事件）は，無償否認における「無償性」は，専ら破産者について決すれば足りるとする立場から，破産者がその対価として経済的利益を受けない限り，無償行為に当たるとしている[10]。しかし，この最高裁の立場に立つ場合にも，単に同族会社における（オーナー）経営者と会社が一般的な意味で利益共同体であるというにとどまらず，連帯保証等の対象となった借入金によって個人的な利益を直接的・具体的に得ていると事実認定されたケースについては，破産者にとっての無償性を否定すべきであろう[11]。

以上のほか，無償否認が認められた例として，賃借人たる破産会社が保証金（敷金）の残金を放棄して賃貸借を解約した行為が否認された事例（**東京地判平成23・7・27判時2144号99頁**）などがある。

13-3-3　相当の対価による処分行為の否認（破161条，民再127条の2）

債務者の重要な財産（たとえば不動産）を相当の対価で売却した場合，当該不動産がその価値に対応する金銭に変わるだけで，財産の減少は生じないようにみえる。しかし，古くから判例（**大判昭和8・4・15民集12巻637頁等**）は，このような取引は安定した財産を隠匿・処分しやすい金銭に変えるもので，原則として一種の詐害行為であるとしており，旧法下の通説もそれを支持してきた。もっとも，このような立場に対しては，取引の安全を重視する立場から，相手方にとって正当な取引が否認の危険にさらされるとする批判があった。現行法は，以上のような議論状況を踏まえて，否認による破産財団等の確保と取引の安全等の要請の調整を図ったのであるが，結果的にみると，後者の要請がより重視されて，否認可能性はかなり狭められることになったといえる。

相当の対価[12]**を得てした財産の処分行為**を否認するためには，次の3つの要件をすべてみたす必要がある（破161条1項1号～3号，民再127条の2第1

---

10)　本判決に従って，無償否認を肯定した例として，**東京地判平成23・3・1判時2116号91頁**（再生事件），**東京高判平成25・7・18判時2202号3頁**などがある。なお，**最判平成8・3・22金法1480号55頁**（会社債務についての代表取締役〔破産者〕の連帯保証は，すでに破産者が，会社の債務につき包括保証をしている状況では，破産者の財産を減少させるものではないという理由で無償否認を否定）は，前掲最判昭和62・7・3を変更するものではない。

11)　**東京高判平成4・6・29判時1429号59頁**，**大阪高判平成22・2・18判時2109号88頁**（いずれも，無償性を否定すべき「特段の事情」について具体的に判断）参照。

12)　対価の相当性は，原則として，処分行為時の市場価格を基準に判断するが，一定の幅があるも

項1号～3号)。すなわち，(i)その行為が不動産の金銭への換価等の処分による財産の種類の変更により，債務者において，隠匿，無償の供与その他の破産・再生債権者を害する処分（「**隠匿等の処分**」）のおそれを現に生じさせるものであること，(ii)債務者が行為当時対価として得た金銭その他の財産について，隠匿等の処分をする意思を有していたこと，および(iii)相手方が債務者の隠匿等の処分をする意思の存在を知っていたことである。(i)については，財産処分行為の範囲が問題となり，とくに相当額の被担保債権につき債務者が所有不動産に担保を設定する行為や適正賃料での賃借権の設定などがこれに含まれるかが争われている[13)]。また，(ii)の要件については，「隠匿等の処分」に債務の弁済（実際上はそれが偏頗弁済の対象にならない場合が問題となる）が含まれるかなどが議論される。仮に，直接にはこれを否定するとしても，財産処分行為がその対価を債務者の関係者への弁済に使うためになされた場合などには，隠匿等と同視することによって本要件の充足を認める余地はある[14)]。(iii)の相手方の悪意の要件については，否認権行使者側にその存在に関する証明責任があるが，相手方が債務者の関係者（破産法人の役員など）であるときは，悪意推定規定がある（破161条2項，民再127条の2第2項参照）。

破産法161条に基づく否認が認められた例として，次のケース（**福岡地判平成22・9・30判タ1341号200頁**）がある。本判決は，まず，会社分割による土地の所有権の移転に対して，破産法160条1項による否認を認める。そして，仮に，破産会社による新設会社の株式の取得が本件土地の所有権移転の相当な対価といえるとしても，①「本件土地を，流出しやすく，保全，財産評価，適正な価格での換価などに著しい困難を伴う株式に変更することをもって，破産債権者を害する処分をするおそれを現に生じさせ」たこと，②破産会社が，会社分割の5日後に，新設会社の全株式を破産会社の代表者の妻である新設会社代表者に譲渡していることからすれば，本件会社分割の当時，破産会社において

のといわざるを得ない。相当対価による売買であっても，債務者の代金債権が買主の債権と直ちに相殺される場合には，相殺制限の対象となったり，実質的代物弁済として偏頗行為否認の対象とされる場合がある（大コンメン破産638頁［山本和彦］参照）。

13)　条解破産1083頁参照。

14)　条解破産1084頁，倒産概説289頁［沖野眞已］等参照。事業譲渡の対価が破産会社の債権者（譲渡対象事業に係る債権者）に対する弁済に使われたというケースで，破産法161条1項1号にいう「破産債権者を害する処分」（本文の(i)の要件）に該当しないとした裁判例（**東京高判平成25・12・5金判1433号16頁**）があるが，その結論は本文の立場からみても妥当であろう。

破産債権者を害する処分をする意思を有していたこと，さらに③新設会社が破産会社の上記意思を知っていたことが認められるとして，破産法 161 条 1 項の適用可能性をも認めた。

13-3-4　偏頗行為の否認（破 162 条，民再 127 条の 3）

(1)　総論

13-3-1 で述べたように，現行破産法および民事再生法においては，債務者が支払不能になった後で，一部の債権者に弁済等をすることは，（弁済等を受けた債権者の悪意を要件に）偏頗行為否認の対象となる。

偏頗行為の否認に関しては，まず，否認の対象が「**既存の債務についてされた担保の供与又は債務の消滅に関する行為に限る**」（破 162 条 1 項柱書かっこ書，民再 127 条の 3 第 1 項柱書かっこ書）とされる点に注意する必要がある。このうち，「担保の供与又は債務の消滅に関する行為」に否認対象が限定される点は，詐害行為否認との峻別を意味し（**13-3-1** 参照），「既存の債務についてされた」担保の供与等に限定される点は，債務者の支払不能後に金融機関等が行う新規融資と同時に行われる担保設定など（「同時交換的行為」）が，偏頗行為否認の対象にならないことを明らかにするものである[15]。

(2)　原則的類型

偏頗行為の否認の第 1 の類型（原則的類型）は，既存の債務についてされた担保の供与または債務の消滅に関する行為一般を対象とする（破 162 条 1 項 1 号，民再 127 条の 3 第 1 項 1 号）。債務者の支払不能後または手続開始申立後の偏頗行為（本旨弁済等）が対象になり，前者では支払不能または支払停止の事実を，また後者では手続開始申立ての事実を債権者が知っていたことが必要である（証明責任は原則として否認権行使者側にあるが，債権者が債務者の関係者である場合や対象行為が非義務行為であるときは，債権者の悪意が推定される〔破 162 条 2 項，民再 127 条の 3 第 2 項〕）。

---

15)　一問一答破産 229 頁。

16)　伊藤眞「第 3 極としての事業再生 ADR」事業再生実務家協会・事業再生 ADR 委員会編『事業再生 ADR の実践』（商事法務，2009 年）20 頁以下参照。これに対しては，支払停止とみる考え方からの反論もあり（松下淳一「一時停止通知と『支払停止』」現代的使命 1047 頁以下，金春「私的整理における一時停止の制度についての一考察」現代的展開 535 頁以下など），理論的に

支払不能は直接的な証明が困難であることを考慮し，法は，支払停止（ただし，手続開始の申立前1年以内のものに限る）があった後は，支払不能を推定する規定をおく（破162条3項，民再127条の3第3項）。この意味で，**支払停止**時点の判定は重要であるが，その解釈に関しては，次のような判例の展開がある。まず，**最判昭和60・2・14判時1149号159頁**（倒産百選26事件）は，否認要件としての支払停止の意義について「債務者が資力欠乏のため債務の支払をすることができないと考えてその旨を明示的又は黙示的に外部に表示する行為をいう」と述べ，**債務者が弁護士との間で破産申立ての方針を決めただけ**では，他に特段の事情のない限り，債務の支払をすることができない旨を外部に表示したとはいえず，支払停止とはいえないとした。他方，同様の支払停止の理解に基づいて，個人債務者の代理人弁護士がした**債務整理開始通知**が支払停止（破162条1項1号イ・3項）に当たるとした例として，**最判平成24・10・19判時2169号9頁**がある。もっとも，本判決の法廷意見では，破産者が「単なる給与所得者」であることが強調されているし，須藤正彦裁判官の補足意見ではより意識的に，「一定規模以上の企業，特に，多額の債務を負い経営難に陥ったが，有用な経営資源があるなどの理由により，再建計画が策定され窮境の解消が図られるような債務整理の場合において，金融機関等に『一時停止』の通知等がされたりするときは，『支払の停止』の肯定には慎重さが要求されよう」と述べる。たしかに，一定規模の企業が合理的な再建計画を呈示して行う権利実行停止の申出（**事業再生ADRにおける「一時停止」の通知**がその代表例である）は，支払能力回復の合理的見込みが示されている限りにおいて，支払能力欠乏の外部への表出ということはできないであろう[16]。ただ，一時停止の申出が合理性を有する手続や再建計画を伴わず，法的整理への移行を余儀なくされたような場合には，支払停止と認定されることもありうるというべきであろう[17]。

も，実務的にも重要な論点となっている。なお，「一時停止の通知」の意義については，**1-4-2**参照。

17）事業再生ADRから会社更生手続への移行を念頭に，支払停止の認定について検討したものとして，田頭章一「事業再生ADRと法的整理の関係について――最近の裁判例を手掛かりとして」法の支配170号（2013年）49頁以下参照。

(3) 義務なき偏頗行為の否認

第2の類型は，**義務なき偏頗行為**（「破産者〔再生債務者〕の義務に属せず，又はその時期が破産者〔再生債務者〕の義務に属しない行為」）の否認である（破162条1項2号，民再127条の3第1項2号）[18]。この否認については，否認対象行為の時期的範囲が支払不能から30日前までの期間に拡張されている。支払不能必至の状況でまだ**弁済期の来ていない債務を弁済する行為**や，既存の債務について義務なくして債務者が**自己所有財産に担保権を設定する**行為などが，本号による否認対象行為の典型である。また，債権者がその行為当時他の債権者を害する（すなわち，支払不能に至ることが確実であるという）事実につき善意であれば否認を免れるが，その証明責任は否認の相手方である債権者にある（破162条1項2号ただし書，民再127条の3第1項2号ただし書参照）（再生手続における否認の請求認容決定に対する異議訴訟において，善意の立証が認められなかった例として，東京高判平成23・10・27判タ1371号243頁参照）。

Practice 考えてみよう！【展開】

Aは，不動産管理・販売等を事業内容とする株式会社であるが，2014年夏ごろから厳しい経営状態になっていた。そして，2015年1月以降，さらに深刻化して一部取引先への弁済ができなくなり，5月末には，メインバンクをはじめいくつかの取引金融機関から新規融資の拒絶通知と債務の即時支払要求を受けるにいたった。しかし，6月初旬，同業のB社がスポンサーとなる意思を表示すると，金融機関は事実上支払を猶予する態度に変わり，A社とメインバンクその他の金融機関との間で私的整理の交渉が始まった。この交渉は，1か月ほど続いたが，A社が，多額の簿外債務を隠していたことが判明してB社が支援を拒絶したことから，7月初めまでには，私的整理のための交渉は決裂した。

A社はその後，7月11日に2度目の不渡手形を出し，同月15日に破産手続開始の申立てを行った。裁判所は同月20日に破産手続開始決定を行い，破産管財人Cを選任した。

18） ここには，「**方法」が破産者等の義務に属しない場合**を含まない。これに対して，破産法162条2項2号および民事再生法127条の3第2項2号においては，行為自体および時期が破産者等の義務に属さない場合に加え，「方法」が義務に属さない場合も，債権者の悪意を推定するものとされている。要するに，代物弁済のように「方法」が義務に属さない行為については，破産法162条1項2号および民事再生法127条の3第1項2号は適用されない（支払不能30日前までの時期の拡張はない）が，いずれの条項についても，1号の適用対象となった場合には債権者の悪意を推定する（証明責任を転換する）効果が生ずることになる。

この事例につき，以下の問題に答えなさい。

(1) 本問破産手続との関係で，A社の支払不能はどの時点で生じているか。支払不能の意義を明確にした上で答えなさい。

(2) A社は，2015年5月ごろ，長年の取引先であるD社への債務2000万円の弁済が遅延していることを気にしていたところ，6月中旬にD社から遊休資産である甲地を研修施設建設のために購入したい旨の申込みがあった。甲地は不便な場所にあって，参考となる不動産の取引事例がなく，金融機関から評価額算定が困難とされたため，担保は設定されていなかった。A社の経営陣は，独自に，甲地については3000万円の価値があるとの不動産鑑定士による鑑定を得ていたが，2500万円での売却を決め，6月20日にD社と売買契約を締結し，即日甲地をD社に引き渡し，登記名義も移転した。一方，D社は，2000万円の代金債務については，上記の債権と相殺するとして，残額500万円のみ売買代金としての支払いを行った。

手続開始後に破産管財人Cが調べたところ，D社は，買い受けた甲地に研修施設を造る予定はないことが判明した。以上のような状況において，Cは，破産財団確保のため，D社に対してどのような法的主張をすることが考えられるか。(ア)D社が行う相殺の効力と，(イ)Cによる否認権の行使の観点から検討しなさい。

相殺制限も偏頗行為の否認も，**支払不能が基準時**になることはすでに学習した（**12-3-2**(1)(イ)，**13-3-4** 参照）。(1)は，支払不能の具体的時期の特定の問題，(2)では，相殺と偏頗行為否認の双方について，事例への法規の的確な適用を求める問題である。

相殺については，破産法71条か72条かという点から出発して，適用条文を絞りこみ，適切に当てはめをする。**否認**については，甲地売却が廉価売却であるか適正価格による売却なのか，甲地の売却を実質的にはD社に対する代物弁済と考えることはできないか，など幅広く考えてほしい。

田頭章一・法教359号（2010年）150頁参照。

13-4　特別な否認類型

否認権には，前述した基本類型のほか，いくつかの特別の場面，要件の下で適用される特別の類型が用意されている。その内容は，破産法と民事再生法で基本的には同内容であるから，以下では2つの手続に共通のものとして説明していくことにする。

13-4-1　手形債務支払等に関する否認権の制限（破163条，民再128条）

(1) 手形債務支払に関する否認権の制限

「破産者〔再生債務者〕から手形の支払を受けた者がその支払を受けなけれ

［図 13-2］ 約束手形の支払と否認権の制限

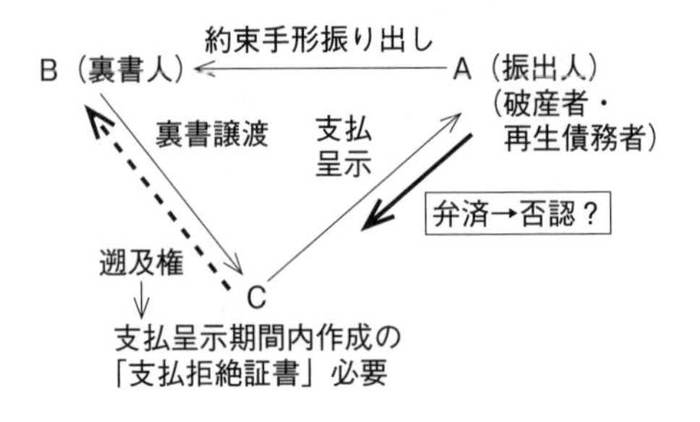

ば手形上の債務者の１人又は数人に対する手形上の権利を失う場合には，」偏頗行為否認の一般規定（破 162 条１項１号，民再 127 条の３第１項１号）は適用されない（破 163 条１項，民再 128 条１項）[19]。たとえば，［図 13-2］において，約束手形の所持人Ｃは，振出人Ａに対して手形金の支払いを求めるほか，満期にその支払いがないときは裏書人Ｂに対しても手形金額の支払いを求めることができる。このＢに対する権利を遡及権（手 43 条・77 条１項４号等参照）といい，上記の破産法 163 条１項等の条文にいう「手形上の権利」はこれを指す。ただし，この遡及権を確保するためには，支払呈示期間内に作成された法定の「支払（引受）拒絶証書」によって証明することが要求される（手 38 条・44 条・77 条１項４号）。そうすると，仮に手形所持人ＣがＡから支払いを受けると否認されることが分かっていても，――Ａが任意に支払うときは支払拒絶証書を作成できず，受取の拒絶はできないから――支払いを受けざるをえないが，その支払いが後に偏頗行為として否認されると，そのときには支払呈示期間経過によりもはや支払拒絶証書の作成はできず，裏書人Ｂに対する遡及権を失うことになる。つまり，Ｃは，**支払いを受けても受けなくても遡及権を失う**というジレンマを抱えるわけである。上記破産法および民事再生法の規定は，このようなＣの地位を考慮し，また手形制度の信用性を確保

19）破産法 162 条１項１号，民事再生法 127 条の３第１項１号だけを適用除外し，２号の適用除外を規定していないのは，引受けのない為替手形の支払いなど債務者の非義務的行為については，支払いに応じなくても，遡及権を失うことはないことによると説明される（大コンメン破産 660 頁［山本和彦］参照）。

20）**最判昭和 37・11・20 民集 16 巻 11 号 2293 頁**（倒産百選 35 事件）（破産のケース）。学説も，否認されると――すでに債務者が買戻手形を振出人等に返還している場合には――所持者の権利行使が不可能になるという事情はあるものの，買戻しを要求しないと後の権利行使が不可能

する趣旨で，手形金の支払いを受けた所持人に対する否認を制限することにした（この規律は，小切手についても適用ないし準用される）。したがって，手形金の支払いを受けた者がこのようなジレンマを抱える立場にない場合，すなわち，手形所持人が手形受取人である場合（遡及権が生じない）の手形金支払い，約束手形の受取人である債務者が，割引手形を買い戻す行為[20]などについては，否認の制限の余地はないと解される。また，このような場合でなくても，手形流通の実務では，支払拒絶証書の作成は免除されているのが通例であるから，この規定の実際上の意義は，ほとんど失われているのが実情である[21]。

ところで，上記の破産法163条1項等による否認の制限を特定の破産・再生債権者が悪用するならば，破綻状態にある債務者に約束手形を振り出させ，それを第三者に裏書譲渡してその者に手形金の取立てをさせることにより，実質的に債権の優先的満足を得ることができることになる。破産法163条2項および民事再生法128条2項は，このような事態に備え，上記の破産・再生債権者（条文では，「最終の償還義務者」）が手形の振出の当時支払停止等があったことを知り，または過失によって知らなかったときは，破産管財人等は，その破産債権者等に，債務者が（第三者に）支払った金額を償還させることができるものとしている[22]。

(2)　租税等・罰金等の請求権

破産手続における「**租税等の請求権**」（破97条4号・148条1項3号等参照），破産および再生手続における「**罰金等の請求権**」（破97条6号，民再97条等参照）に関して，その徴収の権限を有する者に対してした担保の供与または債務の消滅に関する行為には，偏頗行為の否認に関する破産法162条1項および民事再生法127条の3第1項は適用されない（破163条3項，民再128条3項）。

これらの請求権に係る債務の消滅等に関する行為は，財団債権となる部分への弁済等を除いて，本来偏頗行為否認の対象になるのであるが（なお，再生手

になるという意味でのジレンマが存在しないことを根拠に，この判例に賛成する（伊藤・破産民再536頁，条解民再681頁［加藤哲夫］等）。

21）　破産・民再概論255頁［畑瑞穂］等参照。

22）　この償還請求権は，否認権の存在を前提にするものであるから，管財人等は，第三者の手形金の受取りにつき否認要件が存在することを，主張立証しなければならない（伊藤・破産民再537頁）。

続では租税債権等は手続外行使が可能な一般優先債権となり〔民再122条参照〕，偏頗行為否認の対象外である），特別に否認を免れるものとされている。その趣旨は，公法上の請求権を政策的に保護したものなどと説明されるが，立法論的には，再考の必要性も指摘される[23]。

13-4-2　対抗要件の否認（破164条，民再129条）

対抗要件の否認制度は，本来否認の対象とはならない対抗要件具備行為を否認対象とするもの（創設説）ではなく，もともと否認の対象となりうる対抗要件具備行為を特別の要件の下で否認対象とするもの（制限説）と考えられている（**最判昭和45・8・20民集24巻9号1339頁**〔倒産百選36事件〕）。すなわち，対抗要件具備は権利変動を完成させる重要な財産処分行為であって，本来否認の対象となりうる行為ではあるが，**原因行為ではなく対抗要件の具備行為を否認対象**にすることは，例外と位置づけられるので，①債務者の支払停止等が生じた後に対抗要件が具備された場合で，②それが権利の設定，移転または変更（原因行為）から15日経過した後に，③受益者[24]が支払いの停止等のあったことを知ってしたものである場合に限って，対抗要件自体を否認することができるものとした（破164条1項本文，民再129条1項本文）。ここでいう対抗要件には，仮登記または仮登録が含まれ（破164条1項本文かっこ書，民再129条1項本文かっこ書），これらが否認されたときは，それに基づく本登記や本登録も否認の対象となる[25]。しかし，否認対象とはならない仮登記等があった後にこれらに基づいて本登記等がなされた場合は，否認はできない（破164条1項ただし書，民再129条1項ただし書）。以上の定めは，権利取得の効力を生ずる登録（たとえば，特許権の登録〔特許66条1項〕）について準用される（破164条2項，民再129条2項）。

この対抗要件否認に関しては，次のような判例およびそれをめぐる議論がある[26]。

23）条解破産1104頁。

24）法文上，悪意の主体は明確にされていないが，本文のように受益者と解するのが通説である。これに反対し，対抗要件の具備行為者と解する説として，伊藤・破産民再545頁，大コンメン破産670頁［三木浩一］がある。

25）条解破産1108頁。

26）なお，債権者取消権については，債務者がした確定日付のある債権譲渡の通知は，詐害行為取消権行使の対象とならないとする判例（**最判平成10・6・12民集52巻4号1121頁**）があ

(1)　仮登記仮処分命令による仮登記（不登108条）の否認

裁判所の仮登記仮処分命令に基づく仮登記が否認の対象となるか。これを肯定するのが判例の立場である（**最判平成8・10・17民集50巻9号2454頁**〔倒産百選39事件〕）[27]。本判決は，否認の対象となる対抗要件具備行為は，「破産者の行為又はこれと同視すべきものに限」るとする先例（**最判昭和40・3・9民集19巻2号352頁**）を踏まえつつ，仮登記仮処分命令による仮登記は，仮登記権利者が単独で申請するが，その効力において共同申請による仮登記と異なるところはないこと，および仮登記仮処分命令は，仮登記義務者の処分意思が明確に認められる文書等が存するときに発令されるのが通例であることなどから，**破産者の行為があった場合と同視できる**とする。しかし，対抗力を備えるという効力において同じであるのは，本判決が引用する上掲最判昭和40・3・9が否認を認めなかった**債権譲渡における債務者の承諾**（民467条2項）も同じであるから，やや苦しい説明といわざるをえない。また，仮登記義務者の明確な処分意思という点も，原因における破産者の関与の表れとはいえても，対抗要件具備の際の「破産者の行為と同視」できる事情とはいいにくい。このように，本判決の結論には賛成できるものの，否認の一般的要件としての破産者の行為の要否に関する説明に関しては，すっきりしない部分が残っている[28]。

(2)　停止条件付集合債権譲渡担保契約等の否認

停止条件付集合債権譲渡担保契約は，もともと原因行為から15日経過後の対抗要件具備行為という対抗要件否認の要件（上記②の要件）を回避するために考案された契約方法であった。担保権の効力の発生を支払停止などの停止条件に係らしめ（15日の起算日を，権利移転の効果が発生した日とする**最判昭和48・4・6民集27巻3号483頁**を基礎とする），かつその停止条件成就後直ちに対抗要件を備えることにより，対抗要件否認の期間要件の充足を回避することができると考えられたのである。しかし，このような停止条件付集合債権譲渡担保契

り，破産法164条の対抗要件否認に関していわゆる制限説を採った判例（本文で引用した最判昭和45・8・20）との整合性が問題となっている。

27)　当時の破産法74条1項は，仮登記を否認対象として明定していなかったから，仮登記が否認対象になることを明らかにした点も，本判決の意義とされた。この点は，本文で述べたように，立法により解決された。

28)　長谷部由起子・倒産百選81頁，**13-2-2**以下参照。民事再生手続でも同様の問題がある。

約について，最高裁は，次のように述べて否認の対象になると判示した（最判平成16・7・16民集58巻5号1744頁〔倒産百選37事件〕〔その事案につき，[図13-3] 参照〕。この判決は，別の小法廷による最判平成16・9・14判時1872号64頁②事件でも確認されている）。

「債務者の支払停止等を停止条件とする債権譲渡契約は，その契約締結行為自体は危機時期前に行われるものであるが，契約当事者は，その契約に基づく債権譲渡の効力の発生を債務者の支払停止等の危機時期の到来にかからしめ，これを停止条件とすることにより，危機時期に至るまで債務者の責任財産に属していた債権を債務者の危機時期が到来するや直ちに当該債権者に帰属させることによって，これを責任財産から逸出させることをあらかじめ意図し，これを目的として，当該契約を締結しているものである。

上記契約の内容，その目的等にかんがみると，上記契約は，〔改正前〕破産法72条2号の規定の趣旨に反し，その実効性を失わせるものであって，その契約内容を実質的にみれば，上記契約に係る債権譲渡は，債務者に支払停止等の危機時期が到来した後に行われた債権譲渡と同視すべきものであり，上記規定に基づく否認権行使の対象となると解するのが相当である。」

以上のように，停止条件付集合債権譲渡担保契約による債権譲渡を，対抗要件の否認としてではなく，**支払停止等の後に行われた債権譲渡と同視**して否認を認める最高裁の立場によれば，現行法においても，破産法162条1項1号（および民事再生法127条の3第1項1号）イの支払停止後の部分およびロに基づく否認権行使を認めることになろう。そして，上記最判の趣旨は，いわゆる**予約型の集合債権譲渡担保契約**にも妥当すると考えられる（「予約型」のケースで破産法162条1項1号イによる否認を認めた例として，東京地判平成22・11・12判タ1346号241頁がある）[29]。

13-4-3　執行行為の否認（破165条，民再130条）

否認権は，①「否認しようとする行為につき，執行力のある債務名義があるとき」，または，②「その行為が執行行為に基づくものであるとき」において

29）集合債権譲渡担保（停止条件付・予約付でない場合も含む）の否認に関する基本問題については，田頭章一「債権譲渡と否認・詐害行為取消権」事業再生と債権管理129号（2010年）38頁以下参照。

[図13-3]　最判平成16・7・16民集58巻5号1744頁（倒産百選37事件）の事案

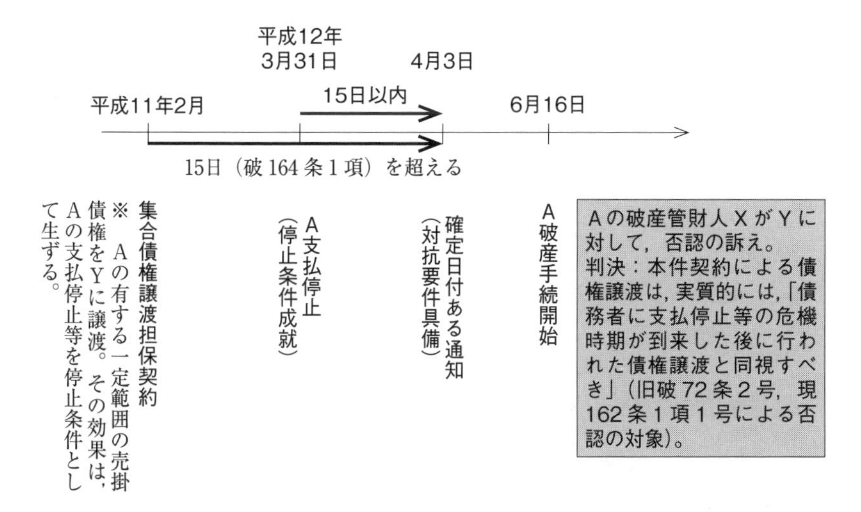

も，行使することを妨げられない（破165条，民再130条）。①は，たとえば否認対象となった債務者の（任意）弁済につきその履行を命ずる確定判決があっても，その弁済を否認できるということである。また，②は，もともと強制執行に基づく強制履行（民414条1項）も否認できることを意味するが，強制執行行為としてなされる**転付命令**（差し押さえられた債務者の債権を差押債権者に移転することによって債権の満足を与える執行裁判所の命令〔民執159条参照〕）自体も否認対象になると解されている。

この執行行為の否認に関する規定は，特別の否認類型を創設したり制限したりするものではなく，本来否認対象となるものを確認的に定めたものと位置づけられる[30]。もっとも，本条の適用範囲に関して，次のような点が議論される。

まず，上記①に関しては，**債務名義自体の成立に係る行為**，たとえば裁判上の自白（民訴179条），請求の認諾（民訴266条），訴訟上の和解（民訴267条・275条）等についても，否認可能性を認めるのが一般であるが，債務名義の成立のための訴訟行為（たとえば請求の認諾）自体は財産減少行為とも偏頗行為

30）　同規定の前身である旧破産法75条につき，司法省編纂『改正破産法理由』（中央社，1922年）47頁参照。

ともいいにくいこと，また裁判上の自白は詐害再審の問題として議論すべき問題であることなどが問題点として指摘される[31]。他方，②との関係では，**競売手続による売買**が詐害行為否認の対象になるかという問題があるが，競売手続がそれ自体自己完結的で合理性が確保された制度であることを考慮すれば，原則として否認の対象とはならないと解される。ただし，例外的に，競売による売却が無償行為と同視すべき場合（浦和地判昭和30・2・26下民集6巻2号358頁）などには，否認の対象となりうるというべきであろう[32]。

13-4-4　転得者に対する否認（破170条，民再134条）

債務者の詐害行為によって受益者に売却され，その行為が否認できる場合でも，目的財産がさらに第三者に転売等された場合，その転得者に対して目的物の返還を求めることはできないのが原則である（否認権は，受益者に対する後述の**価額償還**を求めるという形で行使するしかない）。しかし，次の場合には，転得者に対しても否認権を行使することができる（破170条1項，民再134条1項。以下，号番号の引用は，双方の条文に共通である）。

すなわち，上記の例でいうと，①転得者が転得の当時，その前者（受益者）に対する否認の原因のあることを知っていたとき（1号），②転得者が第161条2項各号または民再127条の2第2項各号に掲げる者のいずれか（破産・再生債務者会社の取締役など）であるとき（ただし，転得者が転得の当時，その前者に対する否認原因のあることにつき善意であったときは否認を免れる）（2号）[33]，および③転得者が無償行為またはこれと同視すべき有償行為によって転得した場合には，それぞれその前者に対して否認の原因があるとき（主観的要件は不要）（3号）である。

転得者に対する否認が認められる場合においても，**否認の対象は債務者の受益者に対する行為**であり，その取消しによって，転得者は目的物上の権利を失い，財産権が破産財団または再生債務者財産に復するものと解される[34]。受

31）　破産・民再概論259頁・263頁注90［畑］参照。

32）　破産者が詐害行為として特定の債権者のため抵当権を設定し，その抵当権実行手続で抵当権者自ら競落人となった事案について，破産者の抵当権設定行為等とともに，抵当権者の財産取得についても否認を認めた裁判例（東京高判昭和31・10・12高民集9巻9号585頁）もある。

33）　2号の文言上は，転得者が内部者であることのみが否認の請求原因であるかのようにみえるが，前者についての否認原因（の不存在）まで転得者に証明責任が転換されるかについては，議論がある（破産・民再概論263頁注94［畑］参照）。なお，1号および2号において前者について

益者からの否認目的財産の移転を予防する方法としては，破産・再生開始申立て後開始前の保全処分（破171条，民再134条の2）があり，手続開始後であれば，民事保全法上の通常保全処分が利用できる。

13-4-5　支払いの停止を要件とする否認の制限（破166条，民再131条）

否認の対象となる行為が，**破産または再生手続開始の申立ての日から1年以上前**にした行為（ただし，破産法160条3項等が規定する「無償行為」であるときは除く）であるときは，支払いの停止があった後にされたものであること，または支払いの停止の事実を知っていたことを理由として，否認することはできない（破166条，民再131条）。問題となる行為から1年以上たって破産等の申立てがなされたときに支払停止等の後の行為であること等を理由に否認を許すことは，相手方をあまりにも長期間不安定な地位に置くことになり，政策的に適当ではないと考えられたからである。

13-5　否認権の行使

13-5-1　否認権の行使主体

否認権の行使主体は，破産手続と民事再生手続で異なる。まず，破産手続では，**破産管財人**が否認権を行使する（破173条1項）。これに対して，再生手続では，**裁判所から特別に否認権限を授与された監督委員**または管財人が行使する（民再56条・135条）。管理命令がなされた場合を除き，再生手続における財産管理機関は再生債務者であるから（民再38条1項），破産手続からのアナロジーからは，（第三者性を有する）再生債務者が否認権を行使するというのが筋であるが，再生債務者自身が「自ら行った法律行為を否認することについては，その適正・公平な権限行使を期待することができない場合も相当程度あると考えられること等から，」そのような制度はとり入れられなかった[35]。しか

の否認の要件の存在について転得者の悪意が要求されている点は，「**二重の悪意**」を要求するものとして，疑問視されており，民法改正案424条の5は，詐害行為取消権に関して，転得者と受益者（または転得者の前者）につきいずれも債権者を害すべき事実に関する悪意とする規律を提案する。民法改正整備法案による破産法170条および民事再生法134条の改正案も同内容となっている。

34）　条解破産1157頁等参照。

35）　一問一答民再85頁参照。

し，双方未履行双務契約の解除権は再生債務者に与えながら（民再49条1項参照），否認についてのみその権限を否定することの説明は困難であり，これまでの再生手続の運用状況を踏まえて，制度的な見直しをすべきであろう。

13-5-2　否認権の性格とその行使方法

否認権の性格は，意思表示のみによって権利関係の変動を生ぜしめる形成権とされるが，その行使は，訴え，否認の請求または抗弁によらなければならない（破173条。ただし，後述のように，再生手続で監督委員が否認権を行使するときは，抗弁による行使はできない）。**訴え**による場合には，対象行為の取消しとともに，給付目的物の返還やそれに代わる金銭の給付命令等を求めることになるから，形成と給付の双方の性格を併有する訴訟になる。「**否認の請求**」制度（破174条，民再136条）は，決定手続による簡易迅速な否認権行使手段であり，それを認容する（一部認容含む）決定に対しては，さらに異議の訴えを提起して争うことができる（破175条1項，民再137条1項）[36]。

否認権は，破産手続または再生手続開始の日（再生手続開始前に破産手続が開始されている場合にあっては，破産手続開始の日）から**2年**，否認しようとする行為の日から**20年**[37]を経過したときは，行使することができない（破176条，民再139条）。この期間は，除斥期間である。破産・再生手続開始の申立て時点で，手続開始後の否認権の行使が予想される場合，否認目的財産の保全のため，「**否認権のための保全処分**」制度（破171条以下，民再134条の2以下）が利用できる。

13-5-3　民事再生手続（管財人が選任されないとき）における否認権行使

(1)　裁判所による否認権限の監督委員への付与（民再56条）

すでにふれたように，再生手続においては，管財人が選任された場合を除き，否認権は，裁判所から特別の授権を受けた監督委員が行使する。すなわち，裁判所は，利害関係人の申立てによりまたは職権で，監督委員に対して，

---

36)　否認の請求が棄却または却下されたときは，異議の訴えはできないが，否認権者は，改めて訴えを提起することを妨げない。また，一部認容時は，否認権者の側からも異議の訴えを提起できるとするのが多数説である。

37)　民法改正整備法案による破産法176条の改正案は，これを10年に短縮する（民法改正案と併せて，**18-4-3**(1)参照）。

特定の行為について否認権を行使する権限を付与することができ（民再56条1項），この権限が付与された場合には，監督委員は，当該権限の行使に関し必要な範囲内で，再生債務者のために，金銭の収支その他の財産の管理および処分をする権限が与えられる（同条2項）。

否認権限は，**訴え**または**否認の請求**による行使を前提とする。訴訟の場合には原告適格だけが与えられ，被告適格は与えられないから，管財人による行使と異なって**抗弁による行使は認められない**（民再135条1項・3項参照）。

(2)　再生債務者を当事者とする訴訟と監督委員の否認権行使（民再138条）

否認権限が監督委員に与えられる場合，再生債務者が否認と同じ目的物の返還を求めるときは，2人の原告適格者が同じ請求をするという事態が生じうる。たとえば，動産の売主である**再生債務者**が通謀虚偽表示や錯誤等を理由として，買主に対して当該動産の返還を求める訴訟（**①訴訟**）と，監督委員が，その契約を廉価売却（詐害行為）であるとして，権限付与を受けて**否認権を行使**し，同じ動産の返還を求める訴訟（**②訴訟**）の双方が行使されるケースである。

この例においては，訴訟物は，いずれの訴訟でも物権的請求権としての動産返還請求権であるから，次のような手続上の調整が必要になる。まず，**①訴訟**が係属中の場合には，監督委員は，その訴訟の被告（否認の相手方）に対して，**②訴訟**の請求を立てて当事者参加ができる（民再138条1項）。

また，逆に，**②訴訟**が先に係属したときは，再生債務者から**①訴訟**の請求を立てて**当事者参加**ができる（同条2項）。そして，いずれの場合にも，参加後の訴訟では必要的共同訴訟における合一確定のための手続原則（民訴40条1項～3項）が準用される（民再138条4項）。さらに，同じく**②訴訟**が係属中に，相手方（買主）が，――否認について争うとともに――売買の有効を前提に，再生債務者に対して動産返還債務の不存在確認訴訟を提起しようとするときには，**否認訴訟と併合**してその訴えを提起できる（否認訴訟の相手方による**再生債務者の引込み**）（民再138条3項。同条4項による民訴40条1項～3項の準用も同じ）。

以上のような再生手続における特殊な訴訟参加制度および引込制度は，再生債務者財産の管理処分権者と否認権者を分けたことから必要になるものであり，破産手続であれば，いずれの訴訟も破産管財人が当事者適格を有する訴訟である。この参加制度をめぐっては困難な解釈問題が存在することを考慮すると[38]，否認権の行使主体自体を見直す必要性（6-3-3(2)参照）が改めて感じられる。

Practice 考えてみよう！【展開】

A 電器株式会社は，配線・照明器具等の製造および販売を営業の柱としてきたが，今後は，ホームセキュリティー設備関係の事業に経営の重点を移そうとしている。しかし，A 社は，過去の借金の負担が重く，コスト削減策も裏目に出て 2014 年 9 月 10 日には，弁済期が到来した債権者全員に対して，支払の停止を通知せざるをえなくなった。その後，A 社の依頼により，弁護士 B が調査したところ，債権者の多くは A 社との取引継続を希望しており，ホームセキュリティー設備など有望な分野に事業を集中すれば再建の可能性はあることが判明したため，A 社は，民事再生手続の申立てをし（同年 10 月 1 日），裁判所から開始決定を受けた（同年 10 月 10 日）。

(1) A 社は，2014 年 9 月 15 日，万一のため密かに保有していた骨董品のコレクション（公正な評価額 500 万円とする）を代表取締役 C の知人 D に 200 万円で売却し，引渡しも完了した。再生手続開始申立後に選任されていた監督委員 E の調査によれば，C は，D への本件骨董品の譲渡は，売却を装っているが，実際には，B の示唆と D の協力の下，強硬債権者の差押えを避けるために一時的に所有権を D に移しただけであり，代金 200 万円も受け取っていないと主張している。これに対して，D は，間違いなく売買は行われ，代金も支払ったと主張した。

再生手続開始後，A 社は，法的手段を尽くして，D に対して本件骨董品の返還を求めたいと考えているが，考えうる手段としてどのような手段があるか。

Hint　再生債務者A社の立場からどのような手段をとるべきか，という問いである点に注意してほしい。

再生債務者財産の管理処分権者としての自らの権利行使手段と，廉価売却（詐害行為）としての否認権を利用する方法（民再 56 条 1 項の手続に着眼する）をどのように組み合わせて返還を求めるか。

(2) 本設問の事例において，次の手続が係属中に，再生計画案の否決によって A 社の再生手続が廃止されたときは，各手続はどのように取り扱われることになるか。本問については，当該手続以外に倒産債務者財産に関する手続は存在しないものとする。

(ア) E が D に対して提起した否認の請求の手続。

(イ) E が D に対して提起した否認の請求を認容する決定に対して D が提起した

---

38) その他，民事再生法 138 条に関連する問題点（その中には，債権確定プロセスと否認権との調整という，同条の守備範囲を超えるかにみえる問題もある）については，伊藤・破産民再 923 頁以下，松下・民再入門 65 頁以下等参照。

39) 判例は，否認の効果が及ぶ範囲に関して，債務者（本件では更生会社）の親会社のための根抵

異議訴訟。

民再136条5項・137条6項・254条1項参照（各条文の趣旨を理解することが大事)。民事再生法254条1項に基づいて，破産管財人が中断した訴訟を受継した例として，**札幌地判平成17・4・15金判1217号6頁**がある。田頭章一・法教361号（2010年）134頁参照。

13-6　否認の効果

13-6-1　否認の効果

否認権の行使によって，破産財団または再生債務者財産は**原状に復する**（破167条1項，民再132条1項。無償否認における善意の相手方の償還義務の特則につき，破167条2項，民再132条2項参照)。したがって，財産の廉価売却が否認された場合には，目的物は当然に**破産財団等に復帰**することになる（ただし，この効果はあくまで破産・再生手続との関係で生じる相対的効果である)[39)]。不動産の登記原因である行為（売買，贈与など）が否認された場合には，破産管財人・監督委員等は，否認の登記を申請しなければならない（破260条1項，民再13条1項。否認権行使により受益者等に否認の登記手続を求め，判決等に基づいて破産管財人，監督委員等が登記を申請する[40)]。破産者の給付が金銭であるときには，受益者（債権者）は給付額に加えて，受領日から起算した法定利息（商事・民事）を支払う義務を負う。

本来の否認権行使の対象たる財産が転売されたり，滅失したりしているために，それに対する否認権の行使ができないときには，目的物の価額の償還を請求することができる（破167条2項・169条，民再132条2項・133条参照)。この場合，**価額算定の基準時**をどこにおくかについては議論があるが，判例（**最判昭和61・4・3判時1198号110頁**〔倒産百選42事件〕等）は，**否認権行使時説**（たとえば，訴えによる場合には，訴え提起時）をとっている。

当権設定行為により債務超過が生じた場合につき，否認の目的物が複数で可分であったとしても，否認対象は債務超過額に相当する部分に限定されるのではなく，目的物全体に及ぶとする（**最判平成17・11・8民集59巻9号2333頁**〔倒産百選43事件〕)。

40)　破産につき，条解破産1740頁参照。

[図 13-4] 詐害行為否認における相手方の権利等（破 168 条，民再 132 条の 2）

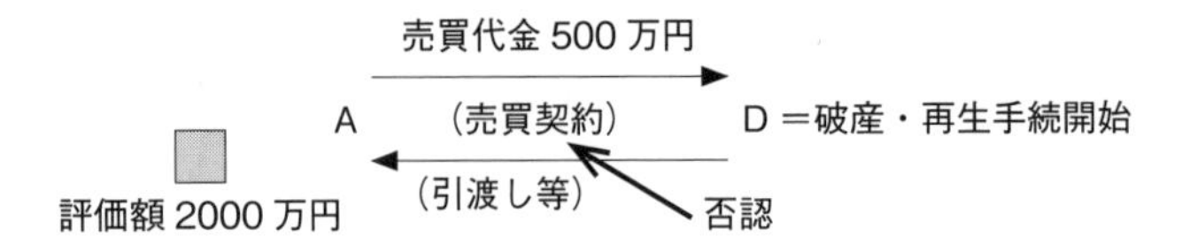

①原則　　反対給付現存　→　返還請求（各条 1 項 1 号）
　現存せず　→　価額につき財団・共益債権（同項 2 号）
②債務者隠匿等の意思，相手方の悪意の存在　（特則）
　現存利益あり　→　財団・共益債権（同条 2 項 1 号）
　現存利益なし　→　破産・再生債権（同項 2 号）
③破産管財人・監督委員等は，目的物返還請求の代わりに，1500 万円（目的物の価額から財団・共益債権額を控除した額）の支払請求ができる（同条 4 項）。

13-6-2　否認の相手方の権利等

詐害行為（廉価売却）に対して否認権が行使された場合における相手方の原状回復等に係る権利等の取扱いは，[図 13-4] に示すとおりである。

否認の相手方 A は，自ら行った**反対給付が破産財団または再生債務者財産中に現存**する場合には当該反対給付自体の返還請求ができ，**現存しない**場合には財団・共益債権者として反対給付の価額の償還を求めることができる。これは，D が反対給付をどう扱ったかとは無関係に，原状回復を求める A の地位は基本的に保護されることを意味する。ただし，反対給付目的物自体が**現存しない場合**において，D が対価として取得した財産につき隠匿等の意思を有し，かつ，A がその意思を知っていたときは，**現存利益**がない場合にまで A を保護する必要はない。そこで，A は，――現存利益があるときは，財団・共益債権者となる反面，――現存利益がないときは目的物の価額について破産・再生債権者として権利行使できるにとどまるものとされた（[図 13-4] の②）[41]。

[図 13-4] の③に示した特別の否認権行使の方法は，管財人・監督委員等の業務の円滑化・合理化（返還を受けてさらに管理・換価しなければならない手間を省く）のための特則である。したがって，否認の相手方に同様の原状回復の方法を認めるものではない。

他方，否認すべき行為が**偏頗行為**であるときは，相手方が破産者から受けた給付の返還等をすることよりその**債権は原状に復し**（破 169 条，民再 133

条)，改めて破産・再生債権者として権利行使ができることになる。否認によって復活した債務に係る**連帯保証債務も復活**する（破産の例として，**最判昭和48・11・22 民集 27 巻 10 号 1435 頁**〔倒産百選 41 事件〕)。

Practice　考えてみよう！【展開】

A 社は B 社（建設業者）の完全子会社で，不動産管理・販売・仲介等を事業内容とする株式会社である（代表取締役 C）。2014 年初めごろから，建売事業が不振で運転資金を欠く状態になったため，A 社は，メインバンク D 銀行の助言を受けて事業再建計画を立て，D 銀行からその計画の実行のため 3000 万円の融資を受けた。

しかし，その後も，信用回復は順調に進まず，2015 年 1 月になって，A 社は，D 銀行に対して弁済期限の変更と追加融資を求めたが，D 銀行は A 社の事業・財務状況等の精査の結果，いずれの要請も断った（1 月 20 日）。このような状況の下で，A 社は 2 月 10 日にファックスで債権者に支払停止の通知を発し，2 月 15 日には破産の申立てをしたところ，同月 20 日に破産手続開始決定がなされた。

次に述べる事情の中で否認の対象となる A 社の行為を特定し，管財人が否認権に基づいて請求すべき内容と，否認の相手方の地位について述べなさい。

(1)　A 社は，2014 年 12 月中旬に，B 社の経営陣に相談したところ，遊休資産を売却して債権者に知られない資金を確保すべきだと内密のアドバイスを受けた。そこで，当時，専門家によって 2200 万円と評価されていた甲土地（担保権は設定されていない）を B 社に 2100 万円で売却し，さらに B 社はそれを転売して利益を得た（転得者は，A 社の経営不振や甲地の譲渡の事情はまったく知らなかった)。A 社は売買の代金を，これまで A 社と取引のなかった E 信用金庫に新設した口座に入金した。その後の管財人の調査により，この資金は，200 万円は従業員の給与の支払いに充てられたが，多くは使途不明か私的な遊興費に使われたことが判明し，破産管財人がこの口座にたどり着いたときは，口座残高は，500 万円になっていた。

甲地の売却が**相当対価による売却**にあたるか。転得者に対する否認（破 170 条）の可能性はどうか。破産法 161 条の要件と本問の事例への当てはめ，否認の具体的請求（**価額償還請求**，価額算定の基準時)，相手方 B 社の地位（破 168 条 2 項柱書・同項 3 号等参照）などを意識して検討してほしい。

(2)　A 社は 2015 年 2 月 11 日に，支払停止通知をした債権者の 1 人で長年の取引先である F 社からの強い求めに応じて，F 社に対する 300 万円の債務の弁済

---

41)　反対給付による現存利益の一部が破産財団または再生債務者財産中に現存する場合には，その部分につき財団・共益債権者として，また反対給付と現存利益との差額につき破産・再生債権者として，権利行使することになる（破 168 条 2 項 3 号，民再 132 条の 2 第 2 項 3 号)。

に代えて，500 万円で購入して社長室に飾ってあった日本画をＦ社に譲渡した。

詐害的債務消滅行為（破 160 条 2 項），偏頗行為否認（破 162 条 1 項 1 号イ・2 項 2 号・3 項）の可能性を検討し，否認を可とするときは，管財人の否認権に基づく請求の内容および相手方の地位（破 169 条等）に必ずふれること。

第14章

破産・再生手続の進行と終了，手続間の相互関係等

14-1　破産手続の進行と終了

破産手続の最終的な目的は，破産管財人による適切な破産財団の管理・換価によって形成した配当財団を，届出・調査手続を経て確定した破産債権者へ配当することによって実現される。破産債権の確定手続については，すでに解説したので（**4-2-1**），以下では，破産財団の管理・換価，そして配当手続を経て破産手続終了に至る流れをみていくことにする。

14-1-1　破産財団の管理

(1)　破産管財人の破産財団管理

破産管財人は，破産手続開始決定による就職後，直ちに破産財団に属する財産の管理に着手し（破79条），遅滞なく破産財団所属財産の価額評定を行い（破153条1項），破産手続開始時における**財産目録および貸借対照**表（作成免除される場合につき同条3項参照）を作成して裁判所に提出しなければならない（同条2項。破産債権者等利害関係人の閲覧可能性につき，破11条参照)。また，破産管財人は，破産手続開始に至った事情等一定の事項について裁判所に**報告書**を提出し（破157条1項），**財産状況報告集会**でその要旨を報告する（破158条)。

破産管財人は，財団管理のための具体的措置として，裁判所書記官等に破産財団に属する財産につき封印等をさせることができる（破155条。封印等破棄罪につき，刑96条参照)。破産者（会社である場合には取締役等の役員も）は管財

人の財団管理に協力しなければならず（破40条・41条参照），義務違反があるときは，刑罰を科されることがある（破268条・269条等参照）。破産者が破産財団に属する財産を破産管財人に引き渡さないときは，裁判所は管財人の申立てまたは職権で**引渡命令**（裁判の性格は「決定」）をすることができ（破156条1項），管財人はこれにより簡易な手続で引渡しの強制執行をすることができる。

(2) 破産法人の役員の責任追及

会社等が破産に至るまでには，その役員の違法行為等により破産会社が損害を受けている場合も多く，その場合の役員に対する損害賠償請求権の行使は，否認権と並んで，積極的に破産財団の増殖を図ることができる重要な管理行為の1つである。そこで，破産法も，民事再生法（民再142条以下参照）と同様，決定手続による特別の**役員責任追及手続**を用意して，その円滑な行使を可能にしている（破177条以下参照）。役員の責任査定の申立ては破産手続開始後に破産管財人によってなされるが，裁判所は，破産手続開始決定後（破177条1項），そして「緊急の必要」あるときは，手続開始前においても（同条2項），役員の財産に対する保全処分をすることができる。裁判所（破産事件を担当している手続法上の裁判所である）は，審尋手続を経て，役員責任査定決定または申立ての棄却決定を行うが，役員の審尋は必要的とされ（破179条2項），査定決定は必ず当事者に送達される（同条3項）など，通常の決定手続よりも慎重な手続で審判がなされる[1)]。さらに，責任査定決定に対して不服がある者は，その送達を受けた日から1か月の不変期間内に，**異議の訴え**を提起することができる（破180条1項。管轄は，官署としての破産裁判所である〔同条2項〕）。最終的には，訴訟（判決）手続による審理を保障する趣旨である。この判決は，原則として，査定決定の認可，変更または取消しを内容とし，給付を命ずる判決と同様の執行力を有する（同条4項・5項）。

(3) 破産財団に属する財産の放棄

破産財団に属する財産の中には，市場価値がなかったり，換価が難しかった

1） 民事訴訟法の下では，法律上決定手続でも口頭弁論を開くことは禁じられるわけではないが（任意的口頭弁論：民訴87条1項ただし書），査定決定の審理では口頭弁論を開くことは許されないと解されている（伊藤・破産民再594頁注396参照）。

2） その後，具体的な事例において「特段の事情」を否定した裁判例として，**名古屋高決平成**

りして，保管・管理費用を考慮すれば，破産管財人の管理下に置いておくことが破産財団の不利益になるものもある。その場合には，管財人は，その財産を破産財団から放棄することを検討しなければならない。ある財産が破産財団から放棄されると，理論上は依然として所有権者である破産者の管理処分権が復活することになる。財産を財団から放棄するときには，裁判所の許可が必要である（破78条2項12号）ほか，破産規則56条後段は，破産者が法人である場合において，破産管財人が**抵当権等の目的不動産を放棄**するときは，担保権者への通知を要求している。これは，別除権の放棄を考えている別除権者に，目的不動産の破産財団からの放棄前に，**破産管財人に対する別除権放棄**の機会を与えようとするものである。判例によれば，別除権目的不動産がいったん破産財団から放棄されると，別除権の放棄の意思表示は管財人ではなく破産会社に対してしなければならず（**最決平成12・4・28判時1710号100頁**），しかも手続開始当時の代表取締役に対する別除権放棄の意思表示は特段の事情の存しない限り無効である（**最決平成16・10・1判時1877号70頁**〔倒産百選59事件〕[2]）とされる。そうすると，別除権目的財産の破産財団からの放棄後に別除権を放棄しようとする者は，わざわざ裁判所に清算人の選任を求めて（会社478条2項），その清算人に対して放棄の意思表示をしなければならないからである。

ところで，破産財団に属さない破産者の財産を**自由財産**と呼ぶとすれば，破産者が法人である場合も，放棄対象財産は自由財産になるといえそうである。しかし，個人破産者の自由財産が，その経済的再生の基盤となることと比較すれば，解散（消滅）の運命にある破産法人につき自由財産を仮に認めるとしても，その意味が異なることは明らかであろう。破産法人にも自由財産は観念しうるが，その意味は，個人破産の場合とは全く異なると整理しておくべきであろう[3]。

14-1-2　破産財団の換価

破産管財人による破産財団所属財産換価の方法については，まず，**不動産**に関する物権，特許権等の知的財産権などの換価は，法律上は原則として民事執

16・11・30判タ1253号307頁がある。

3）条解破産311頁参照。これに対して，破産法人の自由財産を否定する説として，伊藤・破産民再247頁がある。なお，**最判昭和60・11・15民集39巻7号1487頁**（差押禁止とされていた簡易生命保険契約上の還付金請求権につき，破産法人の自由財産となることを否定）を参照。

行法その他の法令の規定によるとされているが（破184条1項），現実には，破産管財人が裁判所の許可を得て（破78条2項1号・2号）**任意売却**で換価するのが一般である。また，ある破産財団所属財産が別除権の目的となっているときは，別除権者が破産手続外で換価・満足の手続（民事執行法に基づく実行または約定による私的実行）をとるのが原則であるが（破65条1項），破産管財人は所定の方法により，換価プロセスへの介入が認められる（破184条・185条）[4)]。

これに対し，**動産や債権等**の換価は，裁判所の許可を得て破産管財人が動産の任意売却，債権の回収・譲渡等をすることにより行うが（破78条2項7号・8号参照），任意売却等をする場合，100万円以下の価額のものについては，裁判所の許可は不要とされている（同条3項1号，破規25条参照）。

14-1-3　配当

破産管財人は，破産財団の管理・換価を通じて配当に充てる財産（配当財団）が形成されたら，配当を実施する。配当の順位は，優先的破産債権，一般の（特定の類型に該当しない）破産債権，劣後的破産債権，約定劣後破産債権の順であり（破194条1項），優先的破産債権間の優先順位に関して，民法，商法その他の法律に定め（たとえば，税徴8条，民329条1項参照）があるときには，それに従う（破98条2項）。同一順位の破産債権内部で全額の弁済ができないときは，それぞれその債権の額の割合に応じて配当がなされる（破194条2項）[5)]。

配当手続は，**中間配当**，**最後配当**および**追加配当**に分類され，さらに，現行法においては，簡易配当・同意配当という迅速・柔軟な特別の配当手続も用意されている。

(1)　中間配当，最後配当および追加配当

中間配当は，財団所属財産の換価終了前において配当するのに適当な金銭があるときに，裁判所の許可を得て最後配当に先立って行う配当手続である（破

4）　詳しくは，別除権の取扱いについての解説（**11-3-1**(2)）を参照。別除権目的財産を任意売却する際に利用される担保権消滅請求制度（破186条），逆に目的物を利用するために用いる商事留置権消滅請求制度（破192条1項）についても，**11-3-1**(2)(ウ)および**11-3-2**(4)(ア)で取り上げた。

5）　会社のオーナー兼代表者等が破産会社に対して債権を有する場合，再生手続では再生計画において劣後的処遇を考慮すべきところであるが（後掲注35）参照），破産手続では，衡平を理由とする劣後的扱いはできないとする裁判例（**東京地判平成3・12・16金判903号39頁**。債権確

209条1項・2項)。一部の配当を早期に行うことは破産債権者に安心感を与える意味で有意義であるが，一定の配当率が見込めないとき（5%程度の配当ができることが実施の目安とされる)，最後配当を早期に行うことができるときは，中間配当は行われない。**配当実施までの手続**は，①中間配当の実施に関する裁判所の許可（破209条2項)，②破産管財人による配当表の作成・裁判所への提出（破209条3項・196条1項)，③配当の公告・通知（破209条3項・197条1項)，④「中間配当に関する除斥期間」（原則として公告の発効日から2週間〔破209条3項・198条1項参照〕）の経過，⑤配当表に対する届出債権者の異議申立期間（除斥期間経過後1週間）（異議申立てについての裁判に対しては，即時抗告が可能。破209条3項・200条1項・3項）の経過，⑥破産管財人による配当の実施と進んでいく。**別除権者**は，上記の「除斥期間内に」実行に着手したことを証明して不足額（担保でカバーされない債権額）を疎明しなければ配当に参加できず（破210条1項)，疎明により配当の対象となる場合でも，その配当額は寄託される（条件未成就の停止条件付債権等も同様に寄託される。破214条1項3号・4号等参照)[6)]。

これに対して，**最後配当**は，破産財団所属財産に対する換価が終了し，配当すべき金額が最終的に確定した状況で行う配当手続である。その手続は，上記の中間配当とほぼ同じであるが，最終的な配当であるから配当額の寄託の処理は行われず（ただし，係争中の破産債権等に対する配当金の供託の可能性については，破202条参照)，**停止条件付債権**は最後配当の除斥期間内に条件が成就しなければ配当から除斥されるし（破198条2項：「打切主義」)，**別除権者**も実行完了または破産管財人との同意等に基づいて不足額を証明しない限り，配当を受けることはできない（破198条3項)。このほか，中間配当との違いは，最後配当は配当の必要性やタイミングなどの実質的判断が不要であるから書記官の許可で行うこと（破195条2項)，および配当の通知等が配当率ではなく配当額でなされること（破197条1項・209条3項参照）にもある。なお，最後配当額が

定訴訟で争われたケース）がある。もっとも，管財人等として全く対応策がないわけではなく，かかる届出債権の確定手続において信義則違反を主張したり（**広島地福山支判平成10・3・6判時1660号112頁**参照)，当該債権者に対する損害賠償請求権との相殺を主張するなどによって，一定の効果は期待できる（伊藤・破産民再283頁注101参照)。

6）根抵当権の配当参加に関する特則（破196条3項・198条4項）など，別除権者の配当参加全般については，**11-3-2**を参照。

1000円未満のときは，債権届出時に受領の意思表示（破111条1項4号参照）をしていない債権者への配当は，他の破産債権者への配当原資に回される（破201条5項，破規32条1項）。少額の配当は，破産債権者にとって利益にならないことがありうること（配当金債務が取立債務であることにつき，破193条2項参照），また配当手続の合理化・簡素化に配慮した制度であるが，実務的には，かえって配当事務が複雑になるとして，原則として1000円未満でも配当を受けるという内容の定型債権届出書式を使い，原則として配当をする運用が行われているようである[7]。

最後に，**追加配当**は，最後配当手続における配当額の通知を発した後（破産終結決定後も含む）に，新たに配当に充てるべき相当の財産が確認されたときに，裁判所の許可を得て行う特別の配当手続である（破215条）。

(2) 簡易配当と同意配当

破産法は，簡易な配当手続として，簡易配当と同意配当を用意している。**簡易配当**は，①配当可能金額が1000万円に満たないとき（破204条1項1号），②手続開始決定時において，簡易配当につき異議があるときはその申出を促す公告をしたにもかかわらず，破産債権者から異議がなかったとき（同条同項2号，破32条1項5号参照〔開始時異議確認型〕），および③その他相当と認められるとき（破204条1項3号。この場合，206条により，配当段階で簡易配当について破産債権者の意思を問い，一定期間内に異議がなかったことが簡易配当の要件となるから，「配当時異議確認型」と呼ばれる）に，裁判所書記官の許可を得て実施することができる（破204条1項柱書）[8]。簡易配当においては，独立の配当額の通知が不要であること（破205条・201条7項参照），除斥期間が1週間に短縮されること（破205条・198条1項参照）など，手続が簡易化される。

同意配当（破208条）は，債権者数が少ないケースでの利用が見込まれているもので，裁判所書記官の許可を前提に，管財人と破産債権者全員の同意に基

7）大コンメン471頁［林圭介］等参照。

8）中間配当まで行った破産事件では，簡易な配当の必要性は後退すると考えられるから，そのようなケースでの簡易配当は禁じられる（破207条）。

9）実際の配当手続の運用の細部は，各地方裁判所によって異なる。たとえば，東京地裁では，配当可能金額が1000万円未満の場合には，簡易配当（破204条1項1号）を行うが，配当可能金額が1000万円以上の場合には，原則として，最後配当（ただし，配当公告はしない「通知型」。例外的に，債権者が多数でなく異議が出ないと見込まれるときは「配当時異議確認型」の簡易配

づく柔軟な配当（配当時期・方法など）を認める制度である[9]。

14-1-4　破産手続の終了

破産手続の終了事由は，破産手続終結決定，破産手続廃止決定およびその他の終了事由に大きく分けられる。

第1に，**破産手続の終結決定による終了**は，最後配当（またはこれに代わる簡易・同意配当）を完了後，管財人の報告（破88条以下参照）等の手続を経て，裁判所が行う裁判による終了である（破220条）。

第2に，**破産手続の廃止**とは，配当に至る前にそれぞれの要件が満たされたときに破産手続を終了することである。破産手続廃止には，同時廃止（破216条），異時廃止（破217条），および同意廃止（破218条）の3つの種類がある。

まず，破産財団をもって破産手続の費用を支弁するのに不足すると認められる場合には，裁判所は破産手続開始決定と同時に破産手続廃止決定をしなければならない（「**同時廃止**」）。個人破産の場合には，財産がほとんどない場合が多く，かつてはほとんどの事件で同時廃止がなされる状況であったが，いわゆる少額管財のための事件処理の工夫が行われて事情は変わってきた。また，法人破産の場合には同時廃止はしないという裁判所が多い[10]。

これに対して，**異時廃止**は，破産手続開始の決定後に，裁判所の決定により，手続を終了する制度である。財団不足という点では「同時廃止」と共通であるが，破産手続開始決定とは異なる時期に行うので「異時廃止」と呼ばれる。否認による財産の増殖が見込まれたが訴訟に敗訴して手続費用支払いに必要な財団が形成されなかった場合等がその例であるが，実務上は，破産手続開始時に配当ができないと見込まれる事件においては，手続開始時に債権調査期間または調査期日の指定をせずに（いわゆる「留保型」），財産状況報告集会・破産廃止の意見聴取集会・管財人の計算報告集会（個人破産の場合には免責審尋期日も）の期日を併合して指定し，集会期日後直ちに異時廃止決定を行う場合

当〔同条1項3号〕）を実施しているとのことである（破産管財の手引301頁［井上昌一朗］）。全国的な配当手続の運用の状況については，裁判所職員総合研修所監修，重政伊利＝大林弘幸『破産事件における書記官事務の研究』（司法協会，2013年）259頁以下参照（なお，同書253頁以下には各種配当手続の比較表が，また同書〈書86頁〉以下には，配当に関する書式等の実務資料があり，配当プロセスを具体的にイメージするための助けになる）。

10）たとえば，東京地裁では，法人については，財産状況の把握が困難であることから，同時廃止を認めないとされている（破産管財の手引38頁［片山健］）。

があるとされている[11]。

さらに，**同意廃止**（破 218 条）は，届出破産債権者の全員の同意があるとき（同意しない債権者があるときは，他の届出債権者の同意を得てその者に相当な担保を供しているとき）に，裁判所が廃止決定をする手続であるが，実務的には稀とされる。

最後に残った「その他の破産手続終了原因」の具体例としては，**破産手続開始決定を取り消す決定**（**の確定**）による終了と，再生・更生計画認可決定の確定によって，再生・更生手続開始決定により中止していた**破産手続**（開始後のもの）**が失効**する場合（民再 184 条，会更 208 条参照）が挙げられる。

以上の各原因によって法人の破産者につき破産手続が終了すると，裁判所書記官は，職権で，遅滞なく**破産手続終結等の登記**を，主たる営業所の所在地の登記所に嘱託しなければならない（破 257 条 7 項，破規 78 条 5 項）[12]。

14-2　民事再生手続の進行と終了

14-2-1　再生債務者による財産管理および業務の遂行

(1)　再生債務者財産等の管理

民事再生手続（再生債務者が法人である場合に限る）では，裁判所の管理命令（民再 64 条 1 項）によって管財人が選任される場合もあるが[13]，通常は，再生債務者が財産の管理処分権および業務遂行権を維持し（民再 38 条 1 項参照），監督委員が監督するという形がとられる。以下では，このような原則的手続進行を念頭において，論述を進める。

再生債務者は，手続開始後遅滞なく，再生債務者財産について手続開始時の価額を評定し（評価基準は原則として処分価額による〔民再規 56 条 1 項本文〕），**財産目録等**を作成して裁判所に提出する（民再 124 条 1 項・2 項）。再生手続開

11）　裁判所職員総合研修所監修・前掲注 9)291 頁など参照。

12）　破産法 257 条 7 項は，再生計画認可決定等の確定によって，破産手続が失効する場合を登記対象にしていない。この場合には，登記官が，裁判所書記官の嘱託により再生計画等認可決定確定の登記をする際に，職権で破産手続開始の登記を抹消することになる（民再 11 条 8 項等参照）。

13）　管財人は，再生債務者が法人である場合で，その「財産の管理又は処分が失当であるとき，その他再生債務者の事業の再生のために特に必要があると認めるとき」に，利害関係人の申立てによりまたは職権で選任される。手続的には，原則として再生債務者の審尋が必要的である（民再 64 条 1 項～3 項参照）。再生手続における財産管理・業務遂行権およびその監督等の仕組みにつ

始に至った事情等に関する裁判所への報告（民再125条1項），財産状況報告集会におけるその要旨の報告（民再126条1項）等は，再生債務者が行う点を除いて，破産管財人の職務と共通である[14]。再生債務者が行う業務遂行や財産管理処分のうち，常務に属さない財産の譲渡，金銭の借入れなど重要な行為（中立的な第三者の判断を介在させることが相当である行為）については，裁判所の監督命令において，**監督委員の同意**を要するものと指定されるのが一般である（民再54条2項参照。監督委員の同意事項は，裁判所の許可事項を定めた民再41条1項各号の行為を参考に指定されることが多い[15]）。監督委員の同意を得ないでした行為は原則として無効である（民再54条4項。ただし，善意の第三者には対抗できない）。また，再生債務者には，双方未履行双務契約の解除権は与えられるが（民再49条），否認権は，自ら行使することはできず，裁判所から特別の権限を与えられた監督委員だけが行使できる（民再56条・135条1項）[16]。

裁判所は，必要があるときは，再生債務者の申立てによりまたは職権で，法人である再生債務者の**役員に対する損害賠償請求権**の査定の裁判をすることができる（民再143条1項）。その趣旨は，破産について述べたのと同様であるが，再生債務者財産に組み入れられた賠償金は，配当ではなく，事業再生のために用いられることはいうまでもない。役員の財産に対する保全処分（民再142条1項・2項），査定決定に対する異議の訴え（民再145条）などに関する規定の内容は破産の場合とほぼ同様である。ただし，再生手続において管財人（または保全管理人）が選任されていないときは，再生債務者自身による役員の責任追及が期待できない場合もあることから，再生債権者に査定および保全処分の申立権が与えられること（民再143条2項・142条3項）は，再生手続の特色となっている[17]。

さらに，再生債務者財産の中に，別除権の目的となっている財産があり，その財産が再生債務者の事業の継続に不可欠であるときは，再生債務者は，担保

いては，**3-2-1**(2)，**6-3-3**(2)も参照。

14）実務的には，財産状況報告集会は開かず，（開始申立ての直後に）債権者説明会（民再規61条）を開いて情報開示等を行うことが多いようである（東京地裁の運用につき，民事再生の手引10-11頁［鹿子木康］参照）。

15）同意事項指定の（東京地裁における）実情については，民事再生の手引59頁以下［吉田真悟］参照。

16）**13-5**参照。

17）一問一答民再183-184頁参照。

権消滅の許可を裁判所に求めることができる（民再148条以下）。再生手続における**担保権消滅請求制度**は，破産手続におけるそれと異なり，目的物の継続的利用を目的とした再生債務者財産確保のための手段である[18]。

(2) 再生計画によらない営業等の譲渡

再生債務者の事業の再生のために，**営業等**[19]**の第三者への譲渡**という手段がとられることがある。この場合，再生可能性ある事業を譲渡することになるから，再生債務者自体は清算されることも多いが，事業の維持再生という再生手続の目的（民再1条参照）は達成される。この営業等の譲渡は，再生計画によってもできるが，実務的には，できるだけ早期の譲渡が望ましいものとされ，法もそれを前提に，**再生計画によらない営業等の譲渡**について，特別の規定を置いている[20]。

まず，再生手続開始後において，営業等の全部または重要な一部の譲渡を行うためには，**裁判所の許可**を要する（**民再42条1項**）[21]。この許可は，裁判所が，営業等の譲渡が「再生債務者の事業の再生のために必要であると認める場合」（同項後段）に限ってすることができ，手続的にはその許可をするときは，原則として知れている再生債権者および労働組合等の意見を聴かなければならないとされている（同条2項・3項）。「**事業の再生に必要**」という要件はかなりオープンなものであるが，裁判例はその内容につき「一部譲渡により残った事業の再建継続に必要な資金を得る必要がある場合，現在の経営陣に対する取

---

18) **11-3-1**(3)(エ)参照。担保権消滅請求に関する規定は，破産法では第7章（「破産財団の換価」）にあるのに対して，民事再生法では第6章（「再生債務者の財産の調査及び確保」）にあることは，本文に述べたことを反映している。現実の再生手続では，別除権者との合意によって事業に必要な工場等を確保する場合が多いが（詳しくは，**11-3-1**(3)(ウ)参照），この場合には，再生債務者は監督委員の同意を得て「別除権協定」（別除権目的物の受戻しの性格を有する）を締結することになる（民再54条2項・41条1項9号参照）。

19) 会社法等は，「**事業**」の譲渡という表現を用い（会社24条・467条，一般法人201条参照），商法は「**営業**」の譲渡という（商16条参照）。すべての再生債務者に適用される民事再生法42条においては，2つの表現を併用（「営業又は事業」の譲渡）しており，両者を合わせて「営業等」の譲渡という用語が使われる（同条見出し，同条1項参照）。これに対して，民事再生法43条は，株式会社たる再生債務者のみに適用されるから，「事業」の譲渡という言葉が使われる。本文でも，それらの用語法に従う。

20) 再生計画で営業等の譲渡を定めることもできるが，更生計画と異なり（会更210条参照），計画に定めても，会社法上の手続は不要とならないから，その意味でも，わざわざ計画による営業等の譲渡を行う理由に乏しい。ただし，本文で述べる民事再生法42条の許可の要件は，再生計

引先等の信用が失われて全部譲渡し，第三者の下で営業を続ければ取引の継続が見込まれ，事業そのものの再建が可能である場合をいう」と説く[22]。裁判所の許可に対する即時抗告は認められていない（民再42条・9条参照）。この許可は，再生事件を担当する裁判所が再生債務者の事業再生の複数の選択肢を考慮した上で裁量的に行う裁判だからである[23]。

次に，再生債務者が株式会社である場合，事業の譲渡をするためには，本来株主総会の特別決議を要するが（会社467条1項1号・2号・309条2項11号参照），再生手続が開始すると，株主の関心は失われ，協力を得ることが困難になるのが通常である。また，仮に株主の同意を得ることが可能である場合でも，そのための交渉のコストおよび株主総会開催の招集手続の負担などは，事業再生の障害となりかねない。そこで，再生債務者が債務超過であり，かつ，当該事業譲渡が「事業の継続のために必要である」ときには，裁判所は，再生債務者等の申立てにより，**株主総会の特別決議による承認に代わる許可**（**代替許可**）を与えることができる（**民再43条1項**）[24]。債務超過の状況にあるときは，株主は再生債務者会社の財産に関する実質的な持分権を失っているとみることができるから，再生債権者等の利益を考慮した裁判所の代替許可を認める根拠となる。債務超過の判断の基礎となる財産の評価は，譲渡される営業等については継続企業価値基準によるべきであろう。それ以外の再生債務者財産については，再生債務者の下で事業継続のために利用されるときは同じく継続企業価値基準が，また清算されることが見込まれるときは処分価額基準が採用さ

画の認可のそれと実質的に重なると考えられるから，認可決定が確定したときは，42条許可は不要と考えてよいであろう（伊藤・前掲注1）758頁）。また，再生手続開始前の保全段階での営業等譲渡への民事再生法42条・43条の類推適用が説かれることもあるが，営業等の譲渡は保全措置には馴染まず，たとえ保全管理命令（民再79条）がなされた場合でも，類推適用は妥当ではない。

21）営業等の譲渡は，破産では，重要な財団所属財産の処分行為としての位置づけであり，裁判所の許可を得て行う（破78条2項3号）。この許可をする場合，労働組合等の意見聴取を要するが（同条4項），知れている破産債権者の意見聴取は不要である。

22）**東京高決平成16・6・17金判1195号10頁**（倒産百選24事件）。

23）松下・民再入門62頁参照。

24）債務超過の会社等に関して，株主総会等の（特別）決議に代えて，裁判所の許可により事業譲渡等を可能にする法技術は広く利用され，たとえば，預金保険法87条1項3号・2項2号（被管理金融機関の事業譲渡），保険業法249条の2第1項3号・2項1号（被管理保険会社等の事業譲渡）などにみられる。

れるべきであろう[25]。

「**事業の継続のために必要**」という要件については，事業譲渡をしないと当該事業が早晩廃業に追い込まれざるを得ない場合として厳格に捉える説[26]と，より緩やかに譲渡をしなければ当該事業の価値や規模に大きな変化が予想される場合も含めて考える説[27]に分かれる。この点につき，ある裁判例は，「営業譲渡をしないと，当該事業が遅かれ早かれ廃業に追い込まれるような事情がある場合」に加えて，「当該営業の資産的価値が著しく減少する可能性がある場合」にも許可を与える可能性を認めるから[28]，後説に近い考え方を採用しているとみられる。民事再生法43条に基づく代替許可の決定に対しては，株主は即時抗告をすることができる（同条6項。公告はなされないから〔民再9条後段参照〕，抗告期間は，株主への送達から1週間〔民再18条，民訴332条参照〕）。ただし，代替許可決定は，再生債務者等への送達のときから効力を生じており（民再43条3項），抗告は執行停止の効果を生じない（同条7項）。その結果，代替許可決定に対して株主から即時抗告があっても，事業譲渡のプロセスが滞ることはないが，抗告審で許可が取り消されたときは，代替許可の存在を前提とする事業譲渡契約は無効になるものと解さざるを得ないであろう[29]。

14-2-2　再生計画案の作成・決議・認可等

再生手続が破産手続と明らかに異なる点は，再生計画案の作成・提出，債権者集会等による決議，可決された計画の裁判所による認可，そしてその遂行という一連の手続が存在する点である（以下では，通常再生手続を念頭に置き，個人再生手続は除外して考える）。再生計画の条項については後に述べることとして，まず手続の流れとそれに関する問題点についてみていこう。

25）　以上，松下・民再入門60頁参照。

26）　一問一答民再73頁，花村・民再141頁等。

27）　条解民再236頁［松下淳一］。

28）　前掲東京高決平成16・6・17（本決定は，再生債務者の債務超過と事業の継続のための必要性のいずれも否定して，43条許可を与えた原決定を取り消して許可をしないという判断をした）。

29）　条解民再237頁［松下］，新注釈民再(上)243頁［三森仁］。

30）　東京地裁の標準スケジュールによれば，再生計画案の提出期限は申立てから3か月程度後に設定されるが，申立てから2か月後に再生計画案の草案を提出させて，問題点について協議するようにしているということである（民事再生の手引12頁，269頁［鹿子木］参照）。計画案最終提

(1) 再生計画案の提出・決議

再生債務者等は，裁判所の定める期間（通常，申立てから3か月程度）内に，**再生計画案を提出しなければならない**（民再163条1項）[30]。これに対して，管財人が選任された場合の再生債務者および再生債権者は，**計画案提出の権利**をもつ（同条2項）。

裁判所は，計画の遂行可能性がないなどの事情が認められる場合を除いて，**決議に付する決定**（**付議決定**〔民再169条〕）[31]をし，債権者集会期日での投票，書面等投票またはその併用により決議を行う（同条2項各号参照）。再生計画案の可決要件は，①議決権者（債権者集会に出席し，または書面等投票をしたものに限る）の過半数（**頭数要件**）（民再172条の3第1項1号），および②議決権者の議決権の総額の2分の1以上の議決権を有する者の同意（**議決権要件**）（同項2号）である。

(2) 再生計画案の認可

再生計画案の可決によって，「案」がとれて「再生計画」となり，裁判所は，次に述べる不認可事由が認められる場合を除いて，再生計画の認可決定を行う（民再174条1項参照）。不認可事由は，大きく，①再生手続または再生計画内容の違法（同条2項1号），②再生計画の内容が不適切であること（計画遂行の見込みがないこと，「再生債権者の一般の利益に反する」こと）（同項2号・4号）および③決議が「不正の方法」によって成立したとき（同項3号）に分けられる。①については，手続上の違法も含むが，実際には，再生債権者間の平等原則（民再155条1項）の違反などが問題になるケースが多く，たとえば，ゴルフクラブの再生計画における会員間の処遇の差が民事再生法155条1項違反であるとした**東京高決平成16・7・23金判1198号11頁**（倒産百選90事件）など

出後，書面等投票期間等を経て，申立てから5か月程度で債権者集会および認可決定に至るスケジュールである。なお，計画案の事前提出（再生手続開始申立て後債権届出期間満了前の提出）の可能性につき，民事再生法164条参照。

31) 付議決定後は，特定の再生計画の決議に向けて代理投票のための委任状の提出等が開始されるために，もはや修正が許されなくなる（民再167条ただし書）など，その決定時は手続的には重要である。関連して，共益債権につき付記なく再生債権として届出がなされ，その届出を前提とする再生計画案を決議に付する旨の決定がされた場合には，当該債権を再生手続によらずに行使することは許されない，とした最近の判例として，**最判平成25・11・21民集67巻8号1618頁**がある。

がある。また，②のうち，「**再生債権者の一般の利益**」の意義については，集団としての再生債権者にとって，再生計画による利益の方が破産配当よりも有利であることを意味するものと解されてきた（「**清算価値保障原則**」）。ただ，**東京高決平成15・7・25金判1173号9頁**（倒産百選92事件）は，監督委員が再生手続開始時に係属していた債権者取消訴訟を受継していれば，再生債権者に対してより多額の弁済が可能となる蓋然性が高いと認められるケースで，当該再生計画を「再生債権者の一般の利益に反する」ものとして不認可とした。ここで行われているのは，破産清算との比較ではなく，いわば**あるべき再生手続が実行された場合との比較**であり，この不認可事由の意味が拡張されたものと評価できる。

さらに，③については，**最決平成20・3・13民集62巻3号860頁**（倒産百選91事件）が重要な解釈基準を示している。この事例では，再生債務者会社の取締役が，再生申立てから1か月ほど前（すでに根抵当権の実行が避けられない状況であった）に実質的価値を失った第三者の債権を譲り受け，その一部を他の取締役に譲渡した結果，上記の再生計画の可決要件のうち，いわゆる頭数要件が満たされることになった。これが「不正の方法」による決議といえるかが争われたのである。従来，民事再生法174条2項3号の適用対象は，議決権の行使が詐欺，強迫または不正な利益の供与等によってなされた場合等であるとされてきた[32]。しかし，本決定は，民事再生法38条2項（再生債務者の公平誠実義務）を引用しつつ，民事再生法174条2項3号の適用対象には「再生計画案の可決が**信義則に反する行為**に基づいてされた場合も含まれるものと解するのが相当である」（太字は筆者）と判示した[33]。信義則を問題にすることは，3号の適用範囲が詐欺等によって議決権行使がなされた場合に限定されないことを意味すると同時に，同号適用の可否が争われたときには，多くのケースで信義則の観点からの事例分析が不可欠になったことを意味する。その結果3号不認可事由の守備範囲を広げすぎることにならないかという懸念が残る。本決定は，「本件再生計画の決議は，法172条の3第1項1号〔上記「頭数要件」〕の少額債権者保護の趣旨を潜脱」することを根拠に信義則違反を導くのであるが，再生計画を不認可とすべき理由は，再生債務者（またはその内部者）が，

32） 伊藤・破産民再1015頁参照。
33） 本決定の意義については，条解民再921頁〔三木浩一〕参照。

実質的に**公平誠実義務**（民再38条2項）に反する行動によって計画案の可決を得たことにあるというべきであろう。そうすると，本決定の事例では，信義則を理由とする3号不認可事由の判断の前に，まずは**民事再生法38条2項違反**（民再174条2項1号本文）を問題にすべきであったといえるのではなかろうか。

Practice　考えてみよう！【基礎・展開】

前掲最決平成20・3・13の事案では，再生債務者所有ビルの一部の賃借人が敷金返還請求権を有していたが，破産では，賃借人はその額を上限に賃料弁済額の寄託を破産管財人に請求できるのに対して（破70条），再生手続では，賃料の支払いを条件に6か月分に相当する額の範囲内で共益債権とされるにとどまる（民再92条2項・3項）。しかし，これでは，その賃借人の地位は，破産手続の方が再生手続より有利に扱われる可能性がある。そうすると，民事再生法174条2項4号の不認可事由（「再生計画の決議が再生債権者の一般の利益に反するとき」）に当たる可能性はないだろうか。

前掲最決平成20・3・13の原決定は，上告審である最高裁より幅広く利害関係人の地位を比較しており，4号不認可事由についてもふれている。是非，決定文を読んでほしい。田頭章一・法教363号（2010年）134頁参照。

Column④　「債権者の一般の利益」の意義

本文で述べたように，民事再生法174条2項4号（再生計画の不認可事由）の文脈では，「**債権者の一般の利益**」は，伝統的に，再生計画による権利変更後の債権者の権利が，再生債務者が破産したと仮定した場合に債権者が受けるであろう配当額を下回ってはならないこと，すなわち**清算価値保障原則**を意味すると考えられてきた（その内容に見直しが迫られていることも本文で述べた）。しかし，「債権者の一般の利益」は，破産管財人または再生債務者等による相殺の許容要件（破102条，民再85条の2），再生手続開始の申立ての棄却事由（民再25条2号「裁判所に破産手続又は特別清算手続が係属し，その手続によることが債権者の一般の利益に適合するとき」），再生手続開始申立て後の担保権実行の中止命令の要件（民再31条1項），破産手続における担保権消滅許可の申立要件（破186条1項柱書）など，多様な場面で使われており，個別にその内容を検討しなければならない。

ただ，この概念の共通の機能として，債権者全体の利益の確保が，**手続間の選択**（たとえば破産手続か再生手続か）または**手続上の重要な判断**（たとえば破産手続で，別除権者の意思に反して担保権を消滅させることの許可）の判断基準とされていることはたしかであろう。このような機能だけを取り上げてみても，「債権者の一般の利益」が倒産法上重要な概念であることは明らかといわなければならない。

「債権者の一般の利益」の多義性とその類型化，各場面における議論の現状等については，高田賢治「倒産法における債権者の一般の利益」現代的展開 486 頁以下，佐藤鉄男「倒産法における債権者の一般の利益」現代的使命 861 頁以下参照。

14-2-3　再生計画の条項[34]

(1)　絶対的必要的記載事項

この記載事項は，どのような再生計画においても必ず記載しなければならない（それを欠くと不認可となる）事項である。

(ア)　再生債権者の権利の変更に関する条項（民再 154 条 1 項 1 号）

再生債権者の権利の変更は，再生債権者と再生債務者との権利調整（民再 1 条参照）の具体化であり，再生計画の核となる記載事項である。この記載事項は，「債務の減免，期限の猶予その他の権利の変更の一般的基準」（**一般条項**。民再 156 条）と，届出再生債権者および再生債務者等が自認して認否書に記載された再生債権者の権利のうち変更されるべき部分の明示およびそれが上記の一般的基準に従って変更した後の権利の内容に関する条項（**個別条項**。民再 157 条 1 項本文）に分けて記載される。すなわち，**権利変更の一般的基準**（「5 割免除，残債権を 5 回に均等分割し，5 年間にわたって各年○月末日限りで支払う」など）と**個別的・具体的な権利変更の内容**（通常「別表」形式で記載されるが，内容的には，「再生債権者 A には，5 割免除後の残額 50 万円を各年○月末 10 万円ずつ 5 年に渡って支払う」など）の双方を記載しなければならない。権利変更の内容は再生債権者間で**平等**でなければならないが（民再 155 条 1 項本文），不利益を受ける再生債権者の同意がある場合や，少額の再生債権，さらには再生手続開始後の利息請求権など民事再生法 84 条 2 項所定の債権（破産では，劣後的破産債権に当たるもの）については別段の定めをすることができるし，その他これらの者の間に差を設けても衡平を害しない場合にも，**平等原則の例外**が認められる（民再 155 条 1 項ただし書参照）[35]。再生計画による弁済の期間は，原則として 10 年以内である（同条 3 項参照）。

---

34)　具体的な計画案のイメージについては，後掲の「再生計画案書式例」を参考にしていただきたい。再生計画の条項の詳細については，伊藤・破産民再 980 頁以下，民事再生の手引 268 頁以下［鹿子木］など参照。

35)　本項ただし書の適用が問題となる例として，再生債務者の倒産の原因に何らかの形で関与して

(イ)　共益債権，一般優先債権の弁済に関する条項（民再154条1項2号）

共益債権および一般優先債権の弁済は，再生手続によらないで随時優先して行われるので（民再121条1項2項・122条2項），一見再生計画とは関係がないようにみえる。しかし，随時優先して弁済されるがゆえに，再生計画による再生債権の弁済計画の遂行可能性に影響し，再生債権者にとって重要な情報になるから，必ず記載しなければならない。

(ウ)　知れている開始後債権の内容（民再154条1項3号）

開始後債権（民再123条）は，再生計画による権利変更の対象ではなく，再生計画で定められた弁済期間中は弁済を受けられないという制限（同条2項に基づく「時期的劣後化」）を受けるにとどまる債権である。したがって，計画による弁済に影響を与えるものではないが，弁済期間後に債務者の負担となるものであるし，破産に移行した場合には破産債権となるので，再生債権者への情報として開示するものとされた。

(2)　相対的必要的記載事項

これらの事項は，記載事項が存在するときには，それを再生計画に記載しておかないと所定の効果が認められない事項である。

(ア)　手続開始前の罰金等計画によって影響を受けない権利（民再157条2項）

再生手続開始前の罰金（民再155条4項）や，上記のように債権者平等原則の例外が認められる場合など，再生計画によってその権利に影響を受けないものがあるときは，それを明示しなければならない（民再157条2項）。例外的取扱いを明らかにするとともに，可決・認可の判断の際の参考に供する趣旨である。

(イ)　第三者による債務引受け等（民再158条）

再生計画では，計画弁済を確実にするなどの目的から，再生債務者以外の第三者が債務を引き受けたり，保証人となることがある。また，再生債務者または第三者が，再生のために担保を提供することもある。このように再生のために債務を負担したり，担保を提供する者があるときは，再生計画において，そ

いるオーナー兼代表者や親会社などの債権の劣後的取扱いがある。同趣旨の規定である会社更生法168条1項ただし書に関しては，代表取締役（東京高決昭和40・2・11下民集16巻2号240頁）や親会社（福岡高決昭和56・12・21判時1046号127頁〔倒産百選95事件〕）の債権を他の債権との関係で劣後的に扱うことが衡平であるとした例がある。

の者を明示し，かつ，その債務や担保の内容を定めなければならない（民再158条）。

(ウ) 異議等のある再生債権でその確定手続が終了していないもの（民再157条1項ただし書・159条）

再生債権の確定手続が計画案作成時点で終了していないものについては，確定債権として権利変更の内容を定めることはできないので，計画に**「適確な措置」**を定めなければならない（民再159条）。「適確な措置」とは，通常，再生債権が確定したときには，権利変更の一般的基準により変更した額を，弁済計画に従って弁済する（すでに他の債権者に一部弁済した後であるときは，確定後最初の弁済期に過去の弁済期も含めた合計額を弁済する），などの内容となろう。

(エ) 別除権者の未確定不足額債権（民再160条1項）

別除権者が権利の実行を完了しておらず，「不足額」が確定していない場合には，破産における配当からの除外（破198条3項）とは異なり，将来不足額が確定した場合に備えて再生計画に**「適確な措置」**を定めなければならない（民再160条1項）。「適確な措置」は，(ウ)と同様の内容となる。

(オ) 債権者委員会による再生計画の履行監督をする場合の費用負担（民再154条2項）

債権者委員会が再生計画の履行を監督する場合において，再生債務者がその費用の全部または一部を負担するときは，その負担に関する条項を定めなければならない。

(3) 任意的記載事項

任意的記載事項とは，再生計画に記載しなくても所定の手続を履めば実行できる行為を，再生計画に記載して行うために記載する事項である[36]。

(ア) 資本金の額の減少等に関する事項（民再154条3項）

再生手続は，株主を手続に取り込まないシンプルな手続構造が選択されたこと，および中小企業を対象とすることから経営者（多くの場合株主を兼ねる）を温存した方が再生可能性が高まると考えられたことなどから，再生計画による

36） 再生計画による事業譲渡等もここに分類されることがある（民事再生の手引303頁以下［鹿子木］参照）。なお，再生計画の記載事項には，本文の3つの分類のほか，記載により法的効力は生じないが，再生計画案を理解しやすくするための事項として「説明的記載事項」が加えられる

再生債務者（株式会社）の資本構成の変更は，当然には予定されていない[37]。しかし，事業再生のためには既存株主の地位を縮小して，後述のように新しい資本を注入することが適当な事例も多い。そこで，民事再生法は，**選択的・制限的に資本構成の変更を認める**立場をとっている。

まず，既存株主の地位の変更の前提となる事項，すなわち，**再生債務者の株式の取得に関する条項**，**株式の併合に関する条項**，**資本金の額の減少に関する条項**または**再生債務者が発行することができる株式の総数についての定款の変更に関する条項**を再生計画に定めることができる（民再154条3項。各条項の記載内容については，民再161条参照）。これらの事項を定めるためには，再生計画案の提出者（再生債務者，管財人，再生債権者）はあらかじめ裁判所の許可（民再166条1項）を得なければならず，許可のためには再生債務者の債務超過が要件となる（同条2項）。債務超過であれば，株主の実質的持分は否定され，株主総会決議を不要とする条件が整うからである（民再43条と同趣旨）。

(イ)　募集株式を引き受ける者の募集に関する条項（民再154条4項）

株主責任を実質的に問うには，(ア)で述べた措置だけでは足らず，それと合わせて新株式の発行または自己株式の処分（会社199条1項）（自己株式を引き受ける者の募集）をする必要がある。ところが，公開会社の場合（会社201条1項）を除いて，募集事項の決定には原則として株主総会の決議が必要であり（会社199条2項），さらに募集株式が譲渡制限株式である場合には，株式の割当ても原則として株主総会決議によらなければならないこと（会社204条2項）から，既存株主の理解を得なければ募集ができないという問題があった。そこで，現行破産法制定と同時に民事再生法も改正され，裁判所の事前の許可により**再生計画に募集株式を引き受ける者の募集に関する条項を定める**ことができるようになった（民再154条4項）。これにより，取締役の決定または取締役会の決議で募集事項の決定ができることになる（民再183条の2第1項2項）。もっとも，裁判所の事前許可の際には，(ア)の条項の場合と同じ「**債務超過**」の要件に加え，**増資が事業の継続に不可欠**であることも要件とされている（民再166条の2第2項3項参照）。また，募集条項を含む再生計画案の**提出は，再生**

ことがある（同書270頁参照）。

37)　資本構成の変更に関する会社更生法と民事再生法の違いにつき，松下・民再入門139頁以下参照。

債務者のみがなしうる点（同条1項）も(ア)の条項と異なる。その趣旨は，既存株主の地位に影響を与える資本構成の変更は，再生債務者（＝経営者）の意思に基づいてのみなしえ，管財人や再生債権者に強制されることはないという点にあり，ここに資本構成の変更に関する民事再生法の特質と限界が存在するものといえる[38]。

(ウ)　**根抵当権者に対する仮払の定め（民再160条2項）**

元本が確定している根抵当権によって担保された再生債権については，不足額が確定していなくても，当該根抵当権者の同意を得て極度額を超える債権額について**仮払に関する定め**をすることができる（民再160条2項前段・165条2項，民再規87条）（**11-3-2**(1)(イ)も参照）。この定めは再生計画でなす必要はないが，計画に定めたらそれにより効果が生ずる。この定めを置く場合は，最終的に不足額部分が確定した場合における精算に関する措置をも定めなければならない（民再160条2項後段）。

[書式14-1]　再生計画案

平成○年（再）第○号　再生手続開始申立事件

再　生　計　画　案

平成○年○月○日

○○地方裁判所第○民事部　御中

再生債務者　　株式会社　○　○　○　○
　　　　　　　代表取締役　○　○　○　○
再生債務者代理人　弁　護　士　○　○　○　○

第1　再生債権に対する権利の変更及び弁済方法
　1　再生債権
　　再生債権者総数，確定債権等は，次のとおりである。
　(1)　再生債権者数　○○○名
　(2)　確定再生債権総額　○○億○○○○万○○○○円及び額未定
　　（内訳）
　　元本　○○億○○○○万○○○○円
　　再生手続開始決定日の前日までの利息・遅延損害金
　　　○○○万○○○○円

38)　東京地裁では，管財人が選任されている事例において，管財人と再生債務者が連名で募集条項を含む再生計画案の提出を認めた例があるということである（民事再生の手引302頁［鹿子木］）。

再生手続開始決定日以降の利息・遅延損害金

〇〇万〇〇〇〇円及び額未定

2　一般条項

(1)　権利の変更

再生計画認可決定が確定した時に，次の金額について，免除を受ける。

ア　再生手続開始決定日以降の利息・遅延損害金の全額

イ　元本及び再生手続開始決定日の前日までの利息・遅延損害金（以下，「元本等再生債権」という。）のうち次の通り算出した額

①　20万円以下の部分については，0パーセント

②　20万円を超えている部分については，80パーセントに相当する金額

(2)　弁済の方法

ア　元本等再生債権が20万円以下の場合

再生債権について，前記(1)による免除後の金額を，平成〇年〇月末日限り，全額支払う。

イ　元本等再生債権が20万円を超える場合

再生債権について，前記(1)による免除後の金額を，次の通り，10回に分割して支払う。

第1回　　　平成〇年〇月末日に限り，20万円及び前記(1)による免除後の金額から20万円を控除した額の10分の1に相当する金額(以下，「分割弁済額」という。）を合計した金額

第2回以降　平成〇年から平成〇年まで毎年〇月末日限り，分割弁済額を支払う。

3　個別条項

(1)　権利の変更

別表1「再生債権弁済計画表」（一般再生債権）記載の再生債権については，同表「再生債権免除額」欄記載のとおり，再生計画認可決定が確定した時に，免除を受ける。

(2)　弁済の方法

免除後の金額を，別表1「弁済方法」欄記載のとおり支払う。

4　別除権付債権に関する措置

再生債権者E及びFの再生債権について（別表2-2）

ア　別除権が行使されていない。

イ　別除権の行使によって弁済を受けることができない債権の部分（以下，「不足額」という。）が確定したときは，前記2（一般条項）の定めを適用する。

ウ　前記2（一般条項）の適用にあたって，再生債務者が不足額が確定した旨の通知を受けた日において，既に再生計画認可決定が確定している場合には，免除の効果発生の時期は，当該通知を受領した時とする。

エ　前記2（一般条項）の適用にあたって，再生債務者が不足額が確定した旨の通知を受けた日において，既に弁済期が到来している場合には，当該通知を受けた日から1カ月以内に前記2（一般条項）適用後の弁済期の到来した債権を支払うものとし，これに対する遅延損害金は付さないものとする。

5　弁済に関するその他の事項

(1)　免除における端数の処理

再生債権の免除をする際に生じる免除額の1円未満の端数は切り捨てる。

(2)　分割弁済における端数の処理

再生債権に対する分割弁済において生じる1円未満の端数は，最終弁済期日の分割弁済分以外は，それぞれ切り捨て，最終弁済期日の前回までの分割弁済額の合計額を総弁済額から控除した金額を，最終弁済期日の弁済額とする。

(3)　弁済の方法

再生計画における弁済は，再生債権者が弁済日の2週間前までに文書により指定する金融機関の口座に振り込む方法により支払う。なお，振込手数料は再生債務者の負担とする。ただし，再生債権者が振込先の金融機関を指定しなかった場合は，再生債務者の本店において支払う。

(4)　弁済期日が休日の場合の取扱い

弁済期日が金融機関休業日に該当するときは，当該弁済期日の翌営業日をもって弁済期日とする。

(5)　反対債権がある場合の処理

再生債務者は，再生債権者に対して前記1ないし5の定めに従って弁済する際，相殺適状にある反対債権を有するときは，これを控除して弁済することができる。

(6)　再生債権移転等の場合の処理

再生計画提出日（平成〇年〇月〇日）以降，再生債権等の譲渡又は移転があったときは，譲渡又は移転前の債権額を基準として権利を変更し弁済する。一部譲渡又は一部移転の場合，権利の変更による免除額は，新旧債権者双方がその債権額に按分して負担する。

第2　共益債権の弁済方法

平成〇年〇月〇日時点における共益債権の未払残高は，合計約〇〇万円であり，その内訳は，〇〇〇〇である。

未払共益債権及び同日の翌日以降に発生する共益債権は，随時支払う。

第3　一般優先債権の弁済方法

平成〇年〇月〇〇日時点における一般優先債権の未払残高は，約〇〇円であり，その内訳は，〇〇〇〇である。

未払一般優先債権及び同日の翌日以降に発生する一般優先債権は，随時弁済する。

第4　開始後債権

平成〇年〇月〇日までに発生した開始後債権は存在しない。

以　上

出典：藤本利一＝野村剛司編著『基礎トレーニング倒産法』（日本評論社，2013年）232頁

14-2-4　再生計画認可の効力とその後の手続

(1)　認可決定確定の効力

再生計画は，認可決定の確定によりその効力を生ずる（民再176条）[39]。この効力は，再生債務者，すべての再生債権者および再生のために債務を負担し，または担保を提供する者に及ぶ（民再177条1項）。これに対して，別除権者が有する担保権，再生債権者が再生債務者の**保証人等に対して有する権利**および**再生債務者以外の者が再生債権者のために提供した担保**（**物上保証**）に影響を及ぼさない（同条2項）。

認可決定確定の中核的な効力として，①再生計画の定めまたは民事再生法により認められた権利を除き，再生債務者は，すべての再生債権について，その**責任を免れること**（＝計画または法律上認められていない再生債権者の**失権**）（民再178条1項本文），②届出再生債権等の権利が計画内容に従って**変更**されること（民再179条）がある。もっとも，①の効果は，再生手続開始前の罰金等については生じないし（民再178条1項ただし書），民事再生法上特別の規定がある場合（民再181条1項各号参照）にも認められない[40]。②の効果により，認可決定確定の効力を受ける各再生債権者は，**14-2-3**(1)(ア)で述べた個別条項に従い，権利内容が変更される。そこで掲げた例でいうと，再生債権者Aが有していた100万円の債権は，「5割免除後の残額50万円を各年○月末10万円ずつ5年に渡って支払う」という内容の権利へと変更されるのである。

認可決定の確定は，以下の効力も有する。

(ア)　認可決定の確定を受けて裁判所書記官が再生計画の内容を再生債権者表に

39)　認可（および不認可）決定に対しては即時抗告ができるから（民再175条1項），抗告がなされたら，それが却下または棄却された時点ではじめて認可決定の効果が生ずる。迅速な計画の遂行開始の要請を重視すれば，確定を待たずに認可決定時点で効力を発生させる制度設計（会更201条参照）もありえたが，民事再生法はそのような制度設計をとらなかった。なお，再生債務者会社の株主が，即時抗告権を有する利害関係人（民再9条）といえるかという問題があるが，減資を定める再生計画の認可決定の場合に株主の即時抗告を認める裁判例として，前掲東京高決平成16・6・17がある。

40)　罰金等は減免できない権利であるから（民再155条4項参照），免責の効果は生じないのに対して，民事再生法181条1項各号の債権は，一般的基準に従って免責および権利変更を受ける。ただし，罰金等債権および再生債務者が届出のない再生債権があることを知りながら認否書に自認の記載をしなかった債権（同項3号）は，原則として再生計画の定める弁済期間の終了まで弁済を受けることはできない（同条2項3項）。なお，共助対象外国租税の請求権に対する免責の効力については，民再178条2項参照。

記載すると，その内容（権利変更後の権利）につき，「**確定判決と同一の効力**」（民再 180 条 2 項）および**執行力**（同条 3 項）が認められる[41]。

(イ) 手続開始の効果（民再 39 条 1 項）により中止していた破産手続，強制執行等の手続は，再生計画認可決定の確定により失効する（民再 184 条）。

(2) 再生計画認可後の手続

認可決定が確定したら，再生債務者等は，速やかに再生計画を遂行しなければならない（民再 186 条 1 項）。管理命令が発せられたケースを除いて，ほぼ例外なく監督委員が選任されているのが現状であるから，**再生債務者が再生計画の遂行主体**となり（民再 38 条 1 項），**監督委員がその監督**（民再 186 条 2 項）を行うことになる。債権者委員会が履行の監督をすることも可能であるが（民再 154 条 2 項参照），実際にはこのような例はほとんどないようである[42]。

再生計画の遂行中に事業環境の変化等やむを得ない事情によって，計画に定める事項を変更する必要が生じたときには，**再生計画の変更制度**（民再 187 条）を利用できる[43]。ただし，再生計画の変更は，再生手続の終了前に限って認められ（同条 1 項），変更が再生債権者に不利な影響を及ぼすときは，変更計画案について改めて決議をし，裁判所の認可を経て効果が生ずる（同条 2 項）。もっとも，決議に関しては特則があり，不利な影響を受けない債権者は議決権を与えられないし，変更計画案について議決権を行使しない者で従前の再生計画に同意したものは，変更計画案に同意したものとみなされる（同項ただし書）。

履行確保の手段についても，旧和議手続の反省から，現行法は相当の配慮を加えている。すでに述べた監督委員等による履行の監督のほか，再生計画の内容につき執行力が認められること（民再 180 条 3 項），計画遂行を確実にするた

41) **不認可決定が確定**した場合にも，確定した再生債権については，再生債権者表の記載につき，確定判決と同一の効力および執行力が与えられる（民再 185 条。本条は，189 条 8 項，190 条 2 項，195 条 7 項で準用される）。これは，権利変更前の原債権確定の効力である。

42) 条解民再 829 頁［松嶋英機］。

43) 付議決定前の再生計画案の修正（民再 167 条。なお，前掲注 2）も参照），および債権者集会において裁判所の許可を得て行う再生計画案の変更（民再 172 条の 4。債権者に不利な影響を与えない場合に限る）とは異なる点に注意されたい。

44) 民事再生研究会の実態調査によれば，再生手続開始後の終了事件 297 件のうち，終結決定によるものが 232 件（約 78%），手続廃止によるものが 65 件（約 22%）であったと報告されている

めの担保提供命令の制度（民再186条3項），後述する再生計画の取消しの制度（民再189条）などがその例である。

14-2-5　再生手続の終了

民事再生法上は，計画認可決定が確定したときは，監督委員または管財人が選任されている場合を除き裁判所の手続終結決定により手続は終了することになっている（民再188条1項）。しかし，監督委員が選任されている通常の事件では，原則として，**認可決定確定後3年間経過**したときに裁判所の終結決定により手続は終了する（同条2項。なお，管財人が選任されている場合については，同条3項参照）[44]。

再生手続終結決定以外の手続終了事由としては，再生手続開始決定の取消決定（民再37条）の確定，再生計画不認可決定（民再174条2項）の確定，更生計画認可決定による中止中の再生手続の失効（会更208条）もあるが，以下では，再生手続の廃止と再生計画の取消しを取り上げる。

(ア)　再生手続の廃止（民再191条以下）

再生手続の廃止とは，再生手続開始後に，再生手続の本来の終結決定によることなく，裁判所の裁判により再生手続を**将来に向かって終了**させることをいう[45]。廃止決定は確定してはじめて効力を生ずる（民再195条5項）。廃止事由は，民事再生法191条～194条に定められている。ここでは，実際上も事例が多い191条と194条の廃止事由を説明する。

まず，**191条の廃止事由**は，①決議に付するに足りる再生計画案の作成の見込みがないことが明らかになったとき（同条1号），②裁判所の定めた期間もしくはその伸長した期間内に再生計画案の提出がないとき，またはその期間内に提出されたすべての再生計画案が決議に付するに足りないものであるとき

（山本和彦＝山本研編『民事再生法の実証的研究』〔商事法務，2014年〕268頁）。

45）　廃止決定には，遡及効や原状回復効はないから，民事再生法194条等の規定に基づき再生計画の認可決定確定後に手続廃止があっても，再生債権の変更（民再179条1項）や，再生計画の条項の再生債権者表への記載による執行力の付与（民再180条3項）等の効果が消滅することはない（民再195条6項参照）。ただし，このような手続廃止後に，再生債務者について破産手続が開始されたときは，新債権者を含む債権者間の平等を図る必要があるから，認可決定により変更された再生債権者は，従前の再生債権の額をもって破産手続に参加できる（民再190条4項参照。なお，配当調整についても，同項参照）。

（同条2号），③再生計画案が否決されたとき，または一定期間内に再生計画案が可決されないとき（同条3号）である。いずれも再生計画の不成立が明らかになったことを示す事由であり，これらの存在が認められるときは，裁判所は職権で手続を廃止する決定をしなければならない（同条柱書）。次に，**194条の廃止事由**は，再生計画認可決定の確定後に再生計画が遂行される見込みがないことが明らかになったときであり，この場合には，裁判所は，職権のほか，再生債務者等または監督委員の申立てにより廃止決定を行う。

(イ) 再生計画の取消し（民再189条）

再生計画の取消しは，再生手続の終了の前後を問わず認められるもので，手続終了前に取消しの裁判がなされた場合のみ，手続の終了事由となる。再生手続の廃止は，前述のとおり，手続の本来の目的が実現できないことが明らかになったときに，職権によってでも手続を将来に向けて終了させるものである。これに対して，再生計画の取消しは，①再生計画が不正の方法により成立したとき，②再生債務者等が再生計画の履行を怠ったとき，または③再生債務者が裁判所の許可や監督委員の同意を要する行為について許可や同意を得ないで行ったときに（民再189条1項1号～3号），再生債権者の保護のために再生計画による権利変更の効果を消滅させて**原状回復の効果**（再生債権者の権利は変更前の状態に戻り，従前の権利内容で執行力も認められる〔同条7項8項・185条2項〕）を認めるものであり，再生債権者の申立てが前提になる（民再189条1項柱書）[46]。再生計画の取消制度は，履行の懈怠を要件とする場合（上記②）を念頭に置けば，再生手続の終了後も含めて履行確保の重要な手段となることが期待されるが，債権者が申立てをするためには，再生計画による変更後の債権のうち，未履行部分について，**裁判所が評価した額の10分の1以上を有するなどの要件**が課されることもあり，実際の利用は容易ではない[47]。

14-3 破産手続と再生手続の相互関係（再生手続から破産手続への移行を中心に）

わが国の倒産法制は，破産手続，再生手続など複数の種類の手続を設け，申

46) 再生手続の廃止と再生計画の取消しの相違点については，松下・民再入門169頁，伊藤・破産民再1066頁等も参照。

47) 民事再生研究会の調査でも，再生計画の取消事件は存在しなかった（山本＝山本編・前掲注44）

立人に特定の種類の手続を選択させる制度設計を採用している。このような複線型の制度では，**手続間の相互関係**，すなわち，①複数の手続が競合する場合に**各手続の優先関係**をどのように決めるか，および②ある手続から**他の手続への移行**をいかにスムーズに行うかなどを制度論として検討しておく必要がある[48]。破産手続と再生手続の関係でいうと，①の点については，再建型の手続である**再生手続優先**という原則（民再26条1項1号・39条1項参照）を踏まえつつ，再生手続が開始前の段階であるときにおいて，民事再生法25条各号に該当するときには，開始申立てを棄却するものとして，調整を図っている。

これに対して，②の手続進行中または終了後の手続間の移行に関しては，破産手続から再生手続への移行に関して，破産手続は開始したが，まだ再生手続の見込みがあるときに備え，破産管財人が裁判所の許可を得て再生手続の開始申立てができるものとされている（民再246条1項）。もっとも，このような事例はまれであり，より重要なのは，**再生手続から破産手続への移行**である。優先的に進行する再生手続が途中で挫折してしまった場合には，破産手続への移行が円滑に行われ，相殺や否認など倒産実体法の規律が適切に行われるように，移行前後の手続の連続性と一体性を確保するための特別の規律が必要である。法はこのような観点から，円滑な手続間の移行や手続の重複を避けるために，再生手続が廃止された場合等における職権による破産手続の開始決定（**牽連破産**）（民再250条），再生手続の廃止決定等の後破産手続開始までの間における**職権による保全処分**（民再251条1項）および先行する再生手続における**債権届出の破産手続での再利用**（民再253条）などの仕組みを用意している。また，否認・相殺の基準時について，先行する**再生申立て等を破産手続開始の申立てとみなしたり**（民再252条1項），先行する再生手続で**共益債権とされた債権を破産手続において財団債権**としたりする（同条6項）のは，権利関係の実体的処理につき，移行前後の手続を一体として取り扱うための措置である。

273頁）。

48）申立段階での手続間の調整問題への対応も含め，手続相互関係の規律の全体像については，倒産概説35頁以下［水元宏典］，松下・民再入門172頁以下等を参照。

Practice 考えてみよう！【基礎・展開】

A社（代表取締役B）は不動産の販売，仲介等を営む株式会社であったが，2014年の夏ごろから不動産販売の売上げが落ち込んで，深刻な資金不足に陥ったため，A社は，顧問弁護士Cの勧めにしたがい，民事再生手続の開始を申し立てたところ（2015年1月20日），裁判所は直ちに監督委員を選任し，2月1日には再生手続開始決定がなされた。

ところが，再生手続開始後，A社が事業に関連して多額の損害賠償を求められていることなど，Bら経営陣が監督委員および裁判所に隠していた事実が次々と明らかになり，結局再生計画案作成の見込みがなくなったために，裁判所は監督委員等の意見を聴いた上で職権で再生手続廃止決定をし，その確定後，同じく職権で，破産手続開始決定をした（5月1日）。

⑴ A社従業員への給与は，再生手続開始後の2015年2月，3月分は支払われたが，再生手続開始直前の2014年12月分および翌年1月分の給与，さらには再生手続廃止で混乱が生じた4月分の給与は，未払いのままであった。この3か月分の給与債権は，牽連破産手続においてどのように取り扱われるか。

給与債権の処遇における破産と再生の違い。手続の一体性の観点からどのような処理が適切か。使用人の給与請求権の特別の処理を定める民事再生法252条5項（2014年12月・2015年1月分）および6項（2015年4月分）を，設問の事例に適用するとどうか。

⑵ A社は，再生手続開始申立て前に，D社に甲地を売却する契約を締結していた（開始時には双方とも債務を履行していなかった）。この売買の価格は適正価格といえ，甲地は再生計画でも売却されることが予定されていたため，A社は，当該売買契約の履行を請求した（民再49条1項参照）。牽連破産への移行後，破産管財人が調べたところ，当該売買契約が未履行のままであること，および再生手続開始当時とは異なって，甲地の価格が上昇しており，より高額での購入を提示する引き合いもいくつかあることが分かった。そこで，破産管財人は，破産法53条1項に基づいて上記売買契約を解除したい。この解除は許されるか。

破産手続における双方未履行双務契約の履行か解除かの選択と再生手続におけるそれとは，趣旨が異なるといえるか（肯定すれば，異なった対応も許される余地がある）。本問の事例ではどうか。
再生債務者と破産管財人の法的地位の違い，相手方の地位の保護という観点から考えてみてほしい。

田頭章一・法教364号（2011年）152頁参照。

Column⑤　複数の再生計画案の提出と議決権の不統一行使

再生債務者等は再生計画案提出の義務があるから，裁判所の指定する期限までに必ず計画案（「**再生債務者案**」という）を提出しなければならないが，最近の再生事件では，提出権者である大口債権者が対案（「**債権者案**」という）を出す事例がみられるようになってきた。このような事例の1つであるとともに，**議決権の分割**（**不統一行使**）が行われたケースが，2015年2月に再生申立てがなされたスカイマーク航空事件である。議決権の不統一行使をするためには，付議決定において裁判所が定める期限（民再169条2項前段）までに，裁判所に議決権を不統一行使する旨を書面で裁判所に通知しなければならない（民再172条2項。不統一行使がなされた場合の議決権者の頭数の算定方法につき，民再172条の3第7項参照）。報道によれば，スカイマーク事件で議決権の不統一行使を通知した債権者の狙いは，どちらの計画案が可決認可されても，将来の取引への悪影響が生ずることを避けることにあったようである（日本経済新聞2015年7月24日朝刊12面）。

同年8月5日に開催された債権者集会の結果は，スカイマークの提出した再生債務者案に軍配が上がったが（同日裁判所の認可決定もなされた），今後は，複数の再生計画が提出されて，各案の提出者による債権者の同意の獲得競争が繰り広げられる事例が珍しくなくなるかもしれない。そうなると，同意勧誘のルールを明確にすることも必要になろうし，より根本的には，再生計画案提出権者である債権者や実際の提出者に，計画案策定や提出された計画案に対する同意勧誘のための情報開示を適切になしうる態勢が整えられているかなども，これからの検討課題となろう（立法的課題としての情報開示のあり方については，**18-3-5**も参照）。

第15章 個人破産・免責手続

15-1 個人の多重債務問題とその処理方法

15-1-1 個人の多重債務問題とは

一般に，**多重債務状態**とは，個人[1]が，複数（平均的には5～8名程度）の者から信用の供与（借金，販売信用など）を受け，返済が困難になっている状況をいい，それに伴って生ずる諸問題を多重債務問題という。多重債務問題は，消費者信用残高が戦後ほぼ一貫して拡大していく中で，多様な形で表れてきた[2]。1990年代以降は，バブル経済崩壊を経て2003年には個人の破産事件数が空前の24万件に上るなどの状態に至った後，貸金業の規制等に関する法律（現在は貸金業法）の改正などと合わせて，多重債務問題に対する本格的な対応が開始された[3]。広範囲にわたる多重債務対策の中で，破産手続を含む債務整理手続は，多重債務者と債権者の利害を適切に調整しながら，多重債務者の再生の足かせとなっている過大な債務の処理を図るものとして，重要な役割を果

1）「個人」と「消費者」とは厳密には異なる。たとえば，消費者契約法2条1項は，消費者を，「個人（事業として又は事業のために契約の当事者となる場合におけるものを除く。）」と定義する。ただ，事業者としての個人も消費者としての側面を有するのであるから，本稿では，その消費者としての側面を念頭に，個人という言葉を用いる。

2） 戦後の多重債務問題の歴史を概観したものとして，田頭章一「消費者倒産処理手続の現状と課題」倒産大系305頁以下参照。

3） 政府に多重債務者対策本部が設置されて，総合的な対策が本格化したのは，平成18（2006）年のことであり，現在も各種対策が継続して実施されている（http://www.kantei.go.jp/jp/singi/saimu/）。個人（そのほとんどが消費者）の破産申立件数も，本文で述べた2003年のピーク以降は一貫して減少し，2014年には，約6万5000件になっている（第1章［**表1-5**］参照）。

たしている。個人の債務整理手続は，たとえ清算型法的整理である破産手続を利用する場合においても，常に**債務者の再生が目的**とされている点に注意しなければならない。法人が倒産し，再生の見込みが認められないときは，「淘汰」されてよいが，個人の場合には，常に債務者の「経済生活の再生」（破1条，民再1条）の実現が債務整理制度の目的に組み込まれなければならないのである。

15-1-2 では，破産・免責手続を含めた各種債務整理方法の概要を簡単に紹介しておきたい。

15-1-2　多重債務の整理方法の概要

(1)　任意整理

債権債務関係の当事者同士が返済期間の延長や金利の見直し等について交渉し，返済条件の変更（和解）を求める過程および成立した合意を「**任意整理**」と呼ぶ（「私的整理」ともいわれるが，会社等の裁判外債務整理手続と区別して，このように呼ばれることが多い）。任意整理は債務者自らすることもできるが，多くの債権者を相手に交渉をする場合には，弁護士・司法書士等の関与の下で行われるのが普通である（この場合，弁護士等による**債務整理受任通知**により債権者の取立行為が禁止されること〔貸金業21条1項9号参照〕により秩序だった交渉が可能となる）。ただし，この任意整理では，利息制限法による金利への引き直しと分割払いは可能となっても，元本の減免が認められることは通常ない。

個人債務者と（複数の）債権者との債務整理への交渉を中立的な第三者が仲介する手続（「倒産 ADR」と呼ばれることがある）も展開をみせている[4]。次に述べる**特定調停**もその一種（司法型 ADR）であるが，公益財団法人日本クレジットカウンセリング協会が中心となって運営されている**民間型のクレジットカウンセリング**（弁護士と消費生活アドバイザーが，無料で，法律問題，弁済計画の策定，債権者との交渉等につき助言等を行う）も重要な機能を果たしている。さらに，東日本大震災により被災した個人（事業者含む）については，2011年7月，「**個人債務者の私的整理に関するガイドライン**」が作成され，「一般社団法

4）　山本・倒産処理43頁以下参照。

5）　このガイドラインの性格は，事業者（法人）向けの「私的整理に関するガイドライン」（2001年）と同様，弁護士会，金融機関団体等，関係者間の紳士協定であるが，事実上の拘束力があり，2014年10月3日現在で1105件の債務整理成立の実績がある（http://www.kgl.or.jp/

人個人版私的整理ガイドライン運営委員会」によって運営されている5)。

(2) 特定調停

債務者は，「特定債務等の調整の促進のための特定調停に関する法律」（平成11 年法律第 158 号）（特定調停法，2000 年施行）に基づいて，簡易裁判所に調停を申し立てることもできる。この手続では，同一の特定債務者が申し立てた複数の特定調停事件を一括して処理するために移送・自庁処理（特定調停 4 条）や事件併合（特定調停 6 条）を促す規定，特定調停の円滑な進行を妨げる担保権実行を含む民事執行手続の停止（特定調停 7 条 1 項本文），専門知識を有する調停委員の確保（特定調停 8 条）のための規定など，集団的な多重債務整理のために必要な特別の規律が用意されている。ただし，あくまで債権者との合意を前提とする点は，任意整理と同じであり，通常は，合意内容が残元本のカットにまで踏み込むことはない。

(3) 個人再生手続

法的手続である再生手続の中で，個人向けに特則が適用されるのが個人再生手続であり，**小規模個人再生**（民再 221 条以下）と**給与所得者等再生**（民再 239 条以下）に分かれる。詳細は，次章で検討するが，将来の収入から一定の基準によって定められた債務額を計画弁済していく点に，破産と異なる本手続の特色がある。

(4) 破産・免責手続

個人破産手続は，債務者の財産を換価して破産債権者への配当に充てる手続であるが，通常は免責手続とセットで利用される。支払不能に陥った個人債務者の財産は，手続費用も賄えない場合が多く，破産債権者の権利行使方法としての破産手続の意味は小さい。むしろ，個人債務者を多重債務から解放し，**再出発**（フレッシュスタート）の機会を与える**免責**の機能が，破産・免責手続では重要となる。

---

kensuu/）。このガイドラインは，東日本大震災の被災者向けに策定されたもので，専門家の費用が国の補助により無料となるなど特別の救済手続としての性格は否めないが，今後は平時ヴァージョンへの転換に向けて，具体的検討が進む可能性がある。

以下では，個人破産手続に特徴的な点，および免責制度の諸問題を中心に，個人の破産・免責手続について説明する。

15-2 個人破産・免責手続

15-2-1 個人破産手続

(1) 個人破産手続の概要

債務者または債権者の申立てにより裁判所が破産手続開始決定を行い，破産管財人が破産財団の管理と換価を行うとともに，破産債権の届出・調査・確定手続を進めて，形成された破産（配当）財団から，確定した債権への配当を行うという破産手続の基本的な手続は，個人の破産手続でも同様である。しかし，次のような特色を有する。

(2) 個人破産手続の特色

(ア) 自己破産の申立てが圧倒的多数であること

既に述べたように，個人破産手続では，債権者は配当を期待できないのが通常であるため，債務者自身が破産手続開始の申立てをするケースがほとんどである（2014年では，個人破産新受件数6万5393件中99.7％以上の**6万5189件が自己破産申立事件**）。法人等の破産申立てでも自己破産の申立ての割合は多いが（約97％），免責制度の利用を見据えた積極的な自己申立てがほとんどであることが，個人破産の場合の特徴である。

(イ) 事件の性格に応じた手続の工夫

破産手続開始決定の時点で，破産財団が手続費用を弁済するのに不足する場合は，破産手続開始決定と同時に破産手続を廃止する（**同時廃止**）（破216条）。

6） 各地裁における破産事件（法人破産含む）の処理体制の詳細については，「〔特集〕平成25年の破産事件の概況をみる」金法1989号（2014年）6頁以下が参考になる。東京地裁で行われている「即日面接手続」，すなわち弁護士が申立代理人となった個人の自己破産事件において，申立日またはその後3営業日内に裁判官が申立代理人と面接し，その結果に基づいて，即日開始決定・同時廃止決定を行うか，または速やかに開始決定・管財人選任（管財事件）を行うかを決定する手続も，弁護士に対する信頼に基礎をおく手続であるとされている（望月千広「東京地方裁判所における破産事件の運用状況」同号27頁）。申立代理人の役割を誠実かつ公正に職務を遂行しなければならないとする弁護士法上の義務（弁護1条2項・30条の2第2項，弁護士職務基本規程5条参照）から根拠づけるか，それとも破産手続の準機関としての義務から位置づけるか

かつて同時廃止は個人破産申立事件の9割以上を占めたこともあったが，この取扱いでは管財人が選任されないため，財産の調査や免責不許可事由等の調査なしに破産・免責手続が進行することになり，手続の信頼性が低下するおそれがあった。しかし，他方で，管財手続を前提に高額の予納金（最低50万円程度）を納めなければ破産手続の開始申立てができないとなれば，個人債務者の破産手続利用を実質的に否定することになる。そこで，各地の地方裁判所では，**予納金を低廉**（**最低20万円程度**）にして，管財人に簡易な管財（および免責調査）業務を行わせる運用や，申立代理人の申立前の活動とそれへの信頼を基礎にして，スムーズな破産手続の進行を図る運用などにより，多数に上る個人破産事件の適切な処理のための工夫がなされている[6)]。

(ウ)　破産による資格制限の問題

破産手続開始決定（同時破産廃止がなされた場合を含む）を受けても，破産法上は破産者に制裁が加えられることはないが（**非懲戒主義**），破産法以外の諸法令により，個別的に**資格制限**を受けることがある。たとえば，弁護士，弁理士，宅地建物取引主任者，警備業者，遺言執行者，その他多くの資格・地位が破産手続開始決定によって失われる（ただし，後述する「**復権**」により資格は回復される）。資格制限の問題点は，破産者というだけで，十分な根拠なく各種資格が制限され，それにより破産者の経済的再出発を困難にしてしまうおそれがある点である[7)]。見直しの例として，会社法制定時に，同法331条が，取締役の欠格事由から「破産手続開始決定を受け，復権していない者」を除外したことが挙げられる。

(エ)　自由財産の重要性

自由財産とは，破産財団に含まれない破産者の財産であり，適切な範囲においてそれを確保することは，破産債権の免責と合わせて，個人破産者の経済的

は別として，申立代理人弁護士の職務を手続開始後の手続と適合的に遂行することを求めることは根拠のあることであるが，申立代理人弁護士の選任が前提とされることにより（個人破産者の報酬負担を伴う）申立てを躊躇させる要因となったり，また弁護士に対する要求が過大になることにより手続運営の責任の所在があいまいになることは避けなければならないであろう。

7）　アメリカの判例の分析に基づいて，資格制限の根拠ごとに一般予防的な制限の問題点を指摘し，各資格ごとに資格制限の理由を具体的に問い，それが認められる場合に限って個別予防的な制限に転換すべきことを説くものとして，宮川知法『消費者更生の法理論』（信山社，1997年）92頁以下がある。なお，個人破産者の資格制限の詳細なリストとして，条解破産・巻末資料別表1（1864頁以下）参照。

再生のために不可欠である[8)]。

自由財産は，いくつかの種類に分かれる。第1に，破産者が破産手続開始後に取得した財産（**新得財産**）である。破産財団は，手続開始時の財産に限定されるから（固定主義〔破34条1項〕），手続開始後に取得した財産（開始後の労働の対価である賃金等がその典型である）は，自由財産である。ただし，破産手続開始前の原因に基づく将来の請求権は，破産財団に属する（同条2項）。破産者である保証人等の事後求償権など停止条件付債権や期限付債権がその例であり，手続開始時点での退職金債権（ただし差押え可能部分）や生命保険金の解約返戻金請求権，建物賃貸借契約に伴う敷金返還請求権などがそれに含まれる[9)]。

第2に，**差押禁止財産**である（破34条3項2号本文）。ここには，法律上差押えが禁止される場合（民執131条・152条，生活保護58条等）のほか，解釈上，一身専属性（帰属上・行使上）が認められる債権についても，差押えが禁止される[10)]。ただし，民事執行法132条1項（同法192条において準用する場合を含む）の規定により裁判所が差押えを許した動産および破産手続開始時に差押禁止財産であっても，その後差し押さえることができるようになったものは，財団に組み込まれる（破34条3項2号ただし書）。

第3に，破産法は，差押えが禁止される66万円（民執131条3号，民執令1条）の1.5倍（**99万円**）の現金を，特別に自由財産として認めている（破34条3項1号）。民事執行法上の差押禁止の対象となる金銭の額より多額の自由財産を認めたのは，包括執行（原則として一切の財産を対象とする執行）としての性格を有する破産手続では，個別執行の場合よりも，破産者の生活維持のために多額の現金が必要であるとの配慮に基づく[11)]。

第4に，破産者の個別の事情に対応するために，破産裁判所が**自由財産の拡張の裁判**（決定）をすることができる制度がある（破34条4項参照）。すなわ

8）法人破産者の自由財産に関しては，**14-1-1**(3)参照。

9）伊藤・破産民再239頁。退職金債権については，管財人が労働契約を解約できないために（これに対して生命保険契約については管財人による解除〔破53条1項〕が認められることにつき，**最判平成11・9・9民集53巻7号1173頁**参照），破産者が自らの意思で退職しないときは，一定の額（原則8分の1）を自主的に破産財団へ支払うことで，退職金債権を財団から放棄する（破78条2項12号）扱いがなされてきた。ただ，最近は，後述する自由財産拡張（破34条4項）の問題として処理されることが多くなっている（谷口安平監修『レクチャー倒産法』〔法律文化社，2013年〕180頁［野村剛司］など参照）。

ち，裁判所は，「破産者の生活の状況，破産手続開始の時において破産者が有していた前項各号〔99万円の金銭および差押禁止財産〕に掲げる財産の種類及び額，破産者が収入を得る見込みその他の事情を考慮して，」自由財産の範囲を拡張できる（ただし，破産手続開始の決定からその確定後1か月後までの間に限り，またその決定にあたっては破産管財人の意見を聴かなければならない〔同条5項〕）。実務的には，あらかじめ類型化された拡張適格財産（預貯金，生命保険解約返戻金，敷金返還請求権，退職金債権など）につき，現金を含めた99万円の範囲で，自動的に（黙示の裁判により）自由財産とし，99万円を超える自由財産拡張の申立てについては，当該財産が破産者の経済的再生に不可欠であるかを個別的に考慮して拡張の裁判を行うなどの対応がなされている[12)]。たとえば，東京地裁では，法定された自由財産以外の財産について，弁護士会との協議に基づいて「**換価基準**」を定め（[**図15-1**]），換価対象外の財産については，特別の事情がない限り，自由財産の拡張の裁判があったものとして扱っている[13)]。

最後に，破産管財人が，破産者のために，**破産財団から放棄した財産**である。一般に，換価や保管費用を考えれば，財団にとって利益にはならない財産については，破産管財人は，裁判所の許可を得て財団から放棄できる（破78条2項12号）。これに対して，上記のように個人破産者の差押え可能な退職金債権を――一定額の財団への任意組入れを条件に――財団から放棄することは，**破産者の職業上の地位を維持し，その経済的再生を促すという特別の目的**をもった行為となる。

15-2-2　免責と復権

(1)　免責の意義と根拠

破産法における免責とは，個人破産者の財産の清算と配当（可能な場合）を条件にして，破産債権について，破産者の責任を免ずることをいう。わが国に

---

10)　名誉侵害を理由とする破産者の慰藉料請求権は，行使上の一身専属性が認められるから差押禁止財産となるが，一定額の慰藉料を支払うことを内容とする合意またはその支払を命ずる債務名義が成立したなどその具体的な金額が当事者間において客観的に確定したときなどは，一身専属性を失う（**最判昭和58・10・6民集37巻8号1041頁**〔倒産百選23事件〕）。

11)　一問一答破産64頁。

12)　全国倒産処理弁護士ネットワーク編『破産実務Q & A200問』（金融財政事情研究会，2012年）52頁以下［溝木英二郎］等参照。

13)　望月・前掲注6)30頁参照。

[図 15-1] 個人破産の換価基準

1 換価等をしない財産
(1) 個人である破産者が有する次の①から⑩までの財産については，原則として，破産手続における換価又は取立て（以下「換価等」という。）をしない。
① 99万円に満つるまでの現金
② 残高が20万円以下の預貯金
③ 見込み額が20万円以下の生命保険契約解約返戻金
④ 処分見込価額が20万円以下の自動車
⑤ 居住用家屋の敷金債権
⑥ 電話加入権
⑦ 支払見込額の8分の1相当額が20万円以下である退職金債権
⑧ 支給見込額の8分の1相当額が20万円を超える退職金債権の8分の7
⑨ 家財道具
⑩ 差押えを禁止されている動産又は債権
(2) 上記(1)により換価等をしない場合には，その範囲内で自由財産拡張の裁判があったものとして取り扱う（ただし，①，⑨のうち，生活に欠くことができない家財道具及び⑩は，34条3項所定の自由財産である。）。
2 換価等をする財産
(1) 破産者が上記①から⑩までに規定する財産以外の財産を有する場合には，当該財産については，換価等を行う。ただし，管財人の意見を聴いて相当と認めるときは，換価等をしないものとすることができる。
(2) 上記(1)ただし書により換価等をしない場合には，その範囲内で自由財産拡張の裁判があったものとして取り扱う。
3 換価等により得られた金銭の債務者への返還
(1) 換価等により得られた金銭の額及び上記1(1)の①から⑦までの財産（⑦の財産にあっては，退職金の8分の1）のうち換価等をしなかったものの価額の合計額が99万円以下である場合において，管財人の意見を聴いて相当と認めるときは，当該換価等により得られた金銭から管財人報酬及び換価費用を控除した額の全部又は一部を破産者に返還させることができる。
(2) 上記(1)により破産者に返還された金銭に係る財産については，自由財産拡張の裁判があったものとして取り扱う。
4 この基準によることが不相当な事案への対処
この基準によることが不相当と考えられる事案については，管財人の意見を聴いた上，この基準と異なった取り扱いをするものとする。

出典：望月・前掲注6)28頁

おいて免責制度が導入されたのは，1952年のことであったが，免責制度が本格的に利用されるようになったのは，いわゆるサラ金問題が深刻化した1970年代からであった[14]。

免責の根拠に関しては，誠実な破産者に対する特典と理解する**特典説**と，破産者（不誠実な者を除く）に積極的な更生手段を与えようするものであるとする**更生手段説**との理念的対立があるものとされてきた。まだそれほど免責制度が活用されていない時代に免責制度の合憲性が争われた事件において，当時の最高裁は，免責は「誠実なる破産者に対する特典」としつつ，免責の効力範囲が合理的に規制されていること，破産者の更生および人間に値する生活を営む権利の保障のために必要であることなどを根拠に，免責制度は，財産権を保障する憲法29条に違反しないとした（**最大決昭和36・12・13民集15巻11号2803頁**〔倒産百選82事件〕）。もっとも，その後の展開をみると，実務上，免責は緩やかな基準の下に与えられてきたし，既にみたように法律上も，個人の「経済生活の再生」が破産法の基本的政策目的として明確に位置づけられるに至っている（破1条等参照）。そうすると，現在では，上記判決のような特典説が維持できるかは疑問であり，むしろ更生手段説を基礎として，**個人債務者の更生目的の追求が債権者の実体的・手続的権利の保障との関係で行き過ぎることがないかをチェックする**ことが，免責の合憲性をめぐる今日的議論の役割になるのではなかろうか。

(2)　免責の手続

破産手続と免責手続は，本来，別個の手続であるが，債務者が自ら破産手続開始の申立てをした場合には，とくに反対の意思を表示しない限り，**同時に免責許可の申立てをしたものとみなされる**（破248条4項。この場合，自己破産の申立てに添付された債権者一覧表〔破20条2項〕を免責申立てに必要な債権者名簿とみなす〔破248条5項〕）。これにより，個人の自己破産の申立ては，実質的には債務からの救済の申立てを含むことが制度的にも明確になったといえる。個人債務者が免責申立てを独立に行う場合（上記特別の意思表示をした場合，または債権者が破産を申し立てた場合など）は，破産手続開始の申立日から手続開始決定確定日以後1か月を経過する日までの間に，破産裁判所に対して免責許可の申立てをする（同条1項。この期間内に申立てができなかったときの救済措置につき，同条2項参照）。

免責許可の申立てを受けた裁判所は，免責に関して職権で調査を行う（破8条2項参照）。もっとも，**管財人がいるときは免責について調査・報告**をさせ

14）　田頭・前掲注2)306頁等参照。

る（破250条1項）のが通例であり，また，破産債権者に**意見申述の機会**を与えるため期間を設定しなければならない（破251条1項）。**破産者の審尋**は現行法では必要的ではないが，実務的には行う例が多いようである[15)]。裁判所は，審理の結果，免責不許可事由（破252条1項各号）（後述）が認められなければ，免責許可の決定をする（ただし，不許可事由があっても裁量により免責を許可することができる〔**裁量免責**〕。同条2項参照）[16)]。免責手続は，破産手続終了後も継続したり，手続終了後に開始したりすることもあるが，その場合には，破産法42条1項および100条1項による強制執行等の禁止効は認められない。しかし，**免責手続中の強制執行等**を認めると，個人破産者の再生の障害になるおそれがあるから，免責手続中の強制執行等も禁止（既になされているものは中止）される（破249条1項）。では，**免責許可決定の確定後に申し立てられた強制執行**はどのように扱われるであろうか。免責許可決定の確定は，当然にその後の強制執行の執行障害事由になるという説や，免責許可決定の正本が執行裁判所に提出されることにより，強制執行の停止・取消しをすべし（民執39条）とする説もあるが，多数説は，かかる強制執行の開始が当然に不適法となるわけではなく，債務者が執行を阻止するためには，請求異議の訴え（民執35条）や強制執行の停止（民執36条）を申し立てなければならないとする[17)]。

Practice　考えてみよう！【展開】

サラリーマンAさんが自己破産の申立てにより破産手続開始決定（時点①）を受けたが，開始後1か月後に破産手続は異時廃止決定（時点②）によって終了した。免責手続はその後も継続して進行し，免責許可決定が確定した（時点③）。破産債権者Bによる次のような債権の満足は許されるか。根拠条文があれば，それを明らかにして答えなさい。

(1)　時点①〜②（期間Ⓐ）において，Bが申し立てたAの手続開始後の給与債権

---

15)　東京地裁では，管財事件かどうかを問わず，全件で破産者に対する審尋を行っている（望月・前掲注6)29頁，32頁。なお，審尋期日指定の運用については，同論文31頁参照）。

16)　**東京高決平成26・3・5金判1443号14頁**は，裁量免責の判断に関して，「免責不許可事由該当行為の性質，程度に加えて，破産原因が生じるに至った経緯，破産手続開始の決定後の事情，破産者の今後の生活設計などの要素を考慮し，破産免責により破産者の経済的更生を図ることが破産者自身にとってはもとより，社会公共的見地からも相当であると評価されるか否かという判断枠組み」を示す（結論的には，裁量免責を否定）。学説については，伊藤ほか・前掲注7)1599頁参照。

17)　条解破産1677頁等参照。最近の裁判例（**東京高決平成26・2・25判タ1401号370頁**）も

（差押え可能部分）に対する強制執行。同期間において，A がその自由財産からした B に対する任意弁済。

Hint　前段につき，破産法 42 条 1 項・100 条 1 項。後段につき，**最判平成 18・1・23 民集 60 巻 1 号 228 頁**（倒産百選 44 事件）参照。

(2)　時点②〜③（期間Ⓑ）において，B が申し立てた A の給与債権（差押え可能部分）に対する強制執行。同期間において，A がした B に対する任意弁済。

Hint　前段については，破産法 249 条の適用可能性を検討する。後段については，前掲最判平成 18・1・23 の趣旨が本問でも妥当するかという観点から考えてほしい。

(3)　時点③以降に B が自己の債権は非免責債権であることを主張して申し立てた A の給与債権（差押え可能部分）に対する強制執行。同期間において，A がした B（免責対象債権者であるとする）に対する任意弁済。

Hint　前段につき，前掲最判平成 26・4・24 参照。後段につき，**15-2-2**(4)，**横浜地判昭和 63・2・29 判時 1280 号 151 頁**（倒産百選 87 事件）（本章注 29)）参照。

免責許可の申立てについての裁判に対しては，即時抗告をすることができる（破 252 条 5 項）。免責許可決定は，その裁判書を破産者および破産管財人に，またその決定の主文を記載した書面を破産債権者に，それぞれ送達しなければならない（同条 3 項前段）。このうち，裁判書の破産者・破産管財人への送達については，公告をもって代えること（破 10 条 3 項本文）はできないが（破 252 条 3 項後段），決定主文の破産債権者への送達は公告によって代えることができる。そこで，実務では，破産債権者に対する決定主文の送達は公告をもって代え，免責についての意見申述（破 251 条）をした破産債権者に対しては，個別に通知を行っているとされる[18]。そこで，この場合，**即時抗告期間**は，告知から 1 週間（破 13 条，民訴 332 条）なのか，それとも公告から 2 週間（破 9

多数説の立場に立つとともに，当該執行債権が非免責債権である可能性との関係について，破産債権が非免責債権に該当するか否かは執行裁判所が判断すべき事項ではないとする。関連して，**最判平成 26・4・24 判時 2225 号 68 頁**は，免責許可の決定が確定した債務者に対して確定した破産債権を有する債権者が，当該破産債権が非免責債権（破 253 条 1 項）に該当することを理由として，**執行文付与の訴え**（民執 33 条）を提起することはできないと判示したが，その中で，破産事件の記録の存する裁判所の裁判所書記官は，当該破産債権が破産債権者表上の記載内容等から非免責債権に該当すると認められるときには，単純執行文（民執 26 条）を付与することができる（から執行文付与の訴えによることができなくても殊更支障が生ずることはない）と述べている。

18)　破産・民再の実務〔破産編〕582 頁。

条）なのかが問題となる。最高裁（**最決平成12・7・26民集54巻6号1981頁**〔倒産百選85事件〕）は，旧法の下ではあるが，即時抗告期間は画一的に定めることが望ましいとして，**公告があった日から起算して2週間**と解すべきものとした。現行法でも，免責許可決定に対する即時抗告期間は，一律に公告から2週間とする運用がなされているようである[19]。

免責許可決定は，確定によってその効力を生ずる（破252条7項）。ただし，後述のように，免責許可決定によっても免責されない非免責債権（破253条1項ただし書各号）がある。**一部免責**（その申立ておよびその旨の許可決定）の可否については，かつて議論があったが，現在では，許されないという立場でほぼ一致している[20]。破産者につき詐欺破産罪（破265条）の有罪判決が確定したとき，および破産者の「不正の方法」で免責許可の決定がされたとき（この場合には，破産債権者が免責許可決定から1年以内に免責取消しの申立てをしたことが必要）には，裁判所の裁判により，免責が取り消されることがある（破254条）[21]。

(3) 免責不許可事由

免責不許可事由は，一般に，①破産者が債権者を害する行為をなした場合（破252条1項1号～7号），②破産者が破産法上の義務の履行を怠り，手続の進行を妨害した場合（同項8号・9号・11号），③政策的理由から免責を与えるべきでない場合（同項10号）の3つに分類される。各不許可事由は以下のとおりである[22]。

(ア) 財産隠匿等の行為（破252条1項1号）

破産者が，破産手続開始の前後を問わず，債権者を害する目的で，破産財団に属する財産につき隠匿等の破産財団の価値を不当に減少させる行為をしたことである。財団財産の廉価売却等もここに含まれる可能性があるが，単に債権

---

19) 破産・民再の実務〔破産編〕582頁。なお，不認可決定の裁判書の破産者への送達については，代用公告はできないから（破252条4項），即時抗告期間は，送達から1週間となる（同頁参照）。

20) 伊藤・破産民再709頁等。

21) 破産者の説明義務違反が，「不正の方法」による免責の取得と認定された例として，**大阪高決平成15・2・14判タ1138号302頁**がある。

22) 免責の許可・不許可の判断の前提として，過去の破産事件において免責を受けられなかった者が，再度破産および免責の申立てができるかという問題がある。新たな破産申立てをなした事

者の満足を減少させることの認識（破160条1項1号参照）だけでは足らず，積極的な害意を要すると考えられている。

(イ)　著しく不利益な条件での債務負担等（破252条1項2号）

経済的破綻状態に陥っている破産者が，破産手続の開始を遅延させる目的で，著しく不利益な条件で債務を負担し，または信用取引により商品を買い入れてこれを著しく不利益な条件で処分したことである。たとえば，既に支払不能に陥っている個人債務者が，違法な高金利で借入れを行ったり，破産手続の開始を先延ばしするためにクレジットカードを使って物品を購入し，それを直ちに安価で換金して生活費等に使う例がある。このような経済合理性を欠く行為を許すならば，破産手続の開始時には，債務者の残された財産は使い尽くされて，破産債権者の権利は害される。そこで，免責不認可事由とされた。

(ウ)　義務に属さない偏頗行為（破252条1項3号）

特定の債務について，他の債権者を害する目的等をもって，義務に属さない担保の供与または債務の消滅に関する行為を行った場合である。この行為には時期的制限がない点で違いはあるものの，否認の対象である非義務的偏頗行為（破162条1項2号）とほぼ重なると考えてよい。

(エ)　浪費または賭博等の射幸行為（破252条1項4号）

浪費等の行為によって，著しく財産を減少させ，または過大な債務を負担したこと，そしてそれが破産債権者の利益を害するものであることが必要である。どのような行為が社会的に許容できない浪費や射幸行為に当たるかについては評価が分かれる可能性があり，また仮にこの不認可事由に当たったとしても，状況によっては破産法252条2項の**裁量免責**の対象となる余地も大きいといえよう[23]。

(オ)　詐術による信用取引（破252条1項5号）

破産者が，破産原因となる事実があることを知りながら，当該事実がないと

情，前件で免責を受けられなかった事情等を考慮して，個別に判断されるべきであろう。先行事件で法定期間内での免責の申立てを怠ったために免責が受けられなかった破産者が，新たな免責許可申立てをすることを認めた最近の裁判例として，**東京高決平成25・3・19判タ1390号354頁**がある。

23)　破産者がした株式投資と4台の自動車の買替え等につき，それぞれ「浪費」に当たるとしつつ，裁量免責（当時は明文の規定がなかった）を認めた例として，**東京高決平成8・2・7判時1563号114頁**（倒産百選84事件①），**福岡高決平成9・8・22判時1619号83頁**（倒産百選84事件②）がある。

信じさせるため，詐術を用いて信用取引により財産を取得したことである。破産手続開始の申立日の1年前の日から破産手続開始決定日までの間になされた行為であることが必要である。ここでいう「詐術」の意味については，支払不能状態にある破産者がその事実を告知せずに借入れを行ったような**消極的詐術**で足りるのか，それとも負債資産の内容につき虚偽の陳述や文書提出等をするなど**積極的詐術**が必要なのか，という点が争われる[24]。その限界は微妙であり，仮に消極的詐術で足りるとしても，**裁量免責**の余地が大きいことは，上記4号の不許可事由と同じである[25]。

(カ) 帳簿隠滅等の行為（破252条1項6号）

業務および財産の状況に関する帳簿等の物件を隠滅し，偽造し，または変造したことを意味する。これらの行為により破産債権者の利益が害されることが，不認可事由となる根拠であるから，隠滅等が財産管理を困難にするなどの破産者の積極的意思の下でなされたことが前提となる[26]。

(キ) 虚偽の債権者名簿の提出（破252条1項7号）

破産債権者を害する目的で，一部の債権者を記載しなかったり，逆に架空の債権者を追加記載したりするなどして，虚偽の債権者名簿（自己破産の申立てに添付された債権者一覧表が破産法248条5項の規定により債権者名簿とみなされる場合を含む）を提出したことを意味する。これに対して，破産者が過失により一部の債権者名を記載しなかったときは，それらの債権者の破産債権が，非免責債権（破253条1項6号）となるにとどまる。

(ク) 裁判所の調査に対する説明拒絶等（破252条1項8号）

破産手続において，裁判所が行う調査（破250条1項参照）において，説明を拒み，または虚偽の説明をしたことは，円滑な手続進行への非協力，ひいては破産者の不誠実性を示すものとして，不許可事由にされたものである。

(ケ) 管財業務等の妨害行為（破252条1項9号）

不正の手段により，破産管財人，保全管理人等の職務を妨害したことを指

24） 伊藤・破産民再717頁等参照。

25） たとえば，**仙台高決平成5・2・9判時1476号126頁①事件**（倒産百選83事件②）は，「〔旧〕破産法366条ノ9第2号〔詐術による信用取引〕に該当するかどうかはともかく，少なくとも同条第1号（破産法375条）〔浪費〕に該当するものと言わざるをえない」としながら，裁量免責を認めた。

26） 伊藤・破産民再704頁等。

す。たとえば，明らかに破産財団に属する財産を破産管財人に引き渡さなかった場合である[27]。

(コ)　一定の時点から7年以内に免責許可の申立てがあったこと（破252条1項10号）

たとえば，破産者が過去に免責許可決定を受けており，その確定日から7年以内に新たな免責の申立てをなした場合である（同号イ）。一定の期間内に，同一の破産者が繰り返し免責を受けることは，本当の経済的再生と結びつかない**安易な免責の利用**を促しかねず，また**免責制度の社会的信頼**を失わせるおそれがあるとして，政策的に適切ではないと考えられたのである。同様の政策的理由により，破産者が，給与所得者等再生（民再239条1項）における再生計画認可決定の確定日から7年以内に免責の申立てがなされたとき（同号ロ）なども，免責不許可事由に当たるとされている。

(サ)　破産法に規定された義務に違反したこと（破252条1項11号）

破産法が規定する破産者の義務，すなわち管財人等に対する説明義務（破40条1項1号），重要財産開示義務（破41条），または免責に関する調査協力義務（破250条2項）などの義務に違反する行為は，たとえ直接的に破産債権者の利益を害することがなくても，破産手続の円滑な進行を妨害する行為であるから，免責不許可事由とされたものである。

(4)　免責の効果

免責許可の決定が確定したときは，破産者は，破産手続による配当を除き，**破産債権について，その責任を免れる**（破253条1項本文）。破産債権者表があるときは，裁判所書記官は，免責許可の決定が確定した旨をこれに記載する（同条3項）。免責の効果については，責任を免れるにとどまり，債務自体は残るとする**自然債務説**と，債務自体が消滅するとする**債務消滅説**が対立する[28]。債務消滅説の趣旨は，債務が残るとすれば，債権者からの弁済圧力が懸念さ

27）　破産者が自宅土地建物につき，引渡命令（破156条1項）まで受けながら任意の明渡しを拒絶したケースにつき，9号不認可事由を認めた最近の裁判例として，**東京地決平成24・8・8判時2164号112頁**がある（1号不許可事由〔財産隠匿等〕も認められた例であり，裁量免責も否定された）。

28）　債務消滅説の立場から，両説の対立を紹介・検討するものとして，伊藤・破産民再724頁以下参照。

れ，債務者の再生の足かせになるという点にあるが，上記のように法文は「責任を免れる」としている点に加えて，免責は破産債権者が破産者の保証人に対して有する権利に影響を及ぼさないこと（同条2項）は，保証債務の附従性との関係で債務自体は存在すると考えたほうが説明しやすいことなどから，**自然債務説**が通説・判例である[29]。

免責許可決定が確定しても，例外的に免責されない債権がある。免責不許可事由が，免責自体を否定する事由であるのに対して，この**非免責債権**は，それぞれの政策的理由から，破産法が免責対象から除外した特定種類の請求権を意味する。各種非免責債権とその政策的根拠を簡単に示すと次のとおりである。

(ア)　租税等の請求権（破253条1項1号）

租税等の請求権（財団債権となる部分はそもそも免責対象ではないから，〔優先的または劣後的〕破産債権になる部分に限る[30]。ただし，「共助対象外国租税」請求権を除く〔同号ただし書〕）は，国庫の充実その他の公共政策的観点から非免責債権とされている。ただ，租税等の請求権としての性格だけで，その満足が債務者の再生よりも優先されることには，立法論的な疑問がある。

(イ)　破産者が悪意で加えた不法行為等（破253条1項2号・3号）

破産者が悪意で加えた不法行為（2号），および破産者が故意または重大な過失により加えた人の生命または身体を害する不法行為に基づく損害賠償請求権（3号）は，悪質な（2号の「悪意」は，故意にとどまらない**積極的害意**を意味する），または生命・身体という重要な保護法益に対する不法行為に基づく請求権である点に着目して，被害者の救済および加害者の制裁という観点から，非免責債権とされたのである。

(ウ)　夫婦間の協力および扶助の義務等（破253条1項4号）

夫婦間の協力および扶助の義務（民752条），婚姻費用の分担義務（民760条），子の監護に関する義務（民766条等），扶養の義務（民877条〜880条），

---

29)　**東京高判平成20・4・30金判1304号38頁**は，**自然債務説**をとることを明言し，債権者の債権が免責の効力を受けるときは，それを基礎とする債権者代位権の行使は許されない（当事者適格を欠く）とする。また，免責を受けた債権に基づいて破産者が破産申立前にした行為につき詐害行為取消権を行使することは許されないとした**最判平成9・2・25判時1607号51頁**（倒産百選88事件），および免責決定の効力を受ける債権につき「権利を行使することができる時」（民166条1項）を起算点とする消滅時効の進行を観念することができない，とした**最判平成11・11・9民集53巻8号1403頁**（倒産百選89事件）は，いずれも，免責の効果を受けた債権は「訴えをもって履行を請求しその強制的実現を図ることができなくな」ると説くことから，

およびこれらの義務に類する義務で契約に基づくものに係る請求権である。これらの親族法上の請求権は，権利者の生活の維持のための権利であること等を考慮して，非免責債権とされた。

(エ) 雇用関係に基づいて生じた使用人の請求権等（破253条1項5号）

雇用関係に基づく使用人の給料等の請求権（破産債権になる範囲に限る）および使用人の預り金の返還請求権は，使用人保護の観点から**非免責債権**とされる。もっとも，本号は，破産者が使用者の立場にあることが前提であるから，適用場面はほぼ個人事業者の破産事件に限定されることになろう。

(オ) 破産者が知りながら特定の請求権を債権者名簿に記載しなかった請求権（破253条1項6号）

このような場合には，その破産債権者は免責についての意見申述の機会（破251条2項）が奪われるから，かかる破産債権を非免責債権とした。ただし，当該破産債権者が，破産手続開始決定があったことを知っていたときは，自ら手続に参加する機会が与えられていたといえるから，免責の効果が及ぶ（破253条1項6号かっこ書)。

(カ) 罰金等の債権（破253条1項7号）

罰金等の債権は，配当では劣後的破産債権として扱われる（破97条6号・99条1項1号)。その性格上，破産者自らに履行させるのが適切であるという考え方から，非免責債権とされたものである。

(5) 復権

破産手続開始決定によって破産者に対して生ずる資格制限効は，破産手続終了後も効力を維持するが，永久にその効果が継続するのは不合理であるし，破産者の経済的再生のためにも，一定の要件の下に，資格の回復（破255条2項参照）を認める必要がある。そのために，**復権制度**が用意されている。

自然債務説に立つものと解される。さらに，横浜地判昭和63・2・29判時1280号151頁（倒産百選87事件）は，免責された債権につき破産者が債権者に対してした支払約束の効力が問題となった事例において，自然債務説に立ちながらも，かかる単純な支払約束は，「破産者の経済的更生を遅らせるのみで何らの利益もないものであり」免責制度の趣旨に反して無効であるとした。

30）財団債権について，破産者が破産手続終了後に弁済の責任を負うかについては，財団債権の債務者は誰か，という論点に関連して議論されてきた。この点については，**5-2-2**を参照。

まず，**当然復権**（破255条1項各号）においては，①免責許可の決定が確定したとき，②同意破産廃止決定（破218条1項）が確定したとき，③（破産手続開始後に開始された再生手続において）再生計画認可の決定が確定したとき，および④破産手続開始の決定後，破産者が詐欺破産罪（破265条）につき有罪の確定判決を受けることなく10年を経過したときに，特別の手続を経ることなく復権の効果が生ずる。それに対して，**申立てによる復権**とは，「破産者が弁済その他の方法により破産債権者に対する債務の全部についてその責任を免れたとき」に，破産裁判所が，破産者の申立てに基づいて，復権の決定をするものである（破256条1項)。ほとんどの個人破産事件では，免責許可決定の確定により，当然復権の効果が生じているのが実情である[31)]。

31）　全国倒産処理弁護士ネットワーク編・前掲注12)5頁参照。

第16章
個人再生手続

16-1　個人再生手続の概要

個人再生手続は，「民事再生法等の一部を改正する法律」（平成12年法律第128号）により，通常再生手続（個人も対象とするが，主として企業再建のための手続）の特則として創設された（翌年4月より施行）。個人債務者（個人事業者も含む）は，この手続を利用することによって，**通常再生手続より簡易・迅速**に，**破産手続の不利益**（**資格制限，持家を手放さざるを得ないことなど**）**を避け**ながら債務の整理と経済生活の再生を実現することができる。また，再生手続の枠組みを利用することにより，任意整理（裁判外の債務整理）や特定調停では得られない**強制力ある弁済計画**を立てることができる。もっとも，個人再生手続は，個人の将来の収入から弁済計画（通常は分割弁済）を提示し，裁判所の認可等を得てそれを実行し，残額の免責を受ける手続であるから，再生債務者が将来反復または継続した収入を得る見込みがあることが前提となる[1)]。

個人再生手続は，**小規模個人再生**と**給与所得者等再生**の2種類に分けられる。前者は，個人事業者を含む継続的または反復的な収入を有する個人債務者

1）現行法においては，破産・免責手続と個人再生手続のいずれを選択するかは，基本的には個人債務者に委ねられているが，このような対応には問題がないわけではなく，とくに，浪費等によって財産はほとんどないが，将来相当額の収入の見込みはある場合にも，破産・免責手続を利用することができる点については，議論の余地がある。破産より債権者に不利な再生手続の進行は，清算価値保障原則で阻止されうるが，再生手続より債権者に不利な破産・免責を阻止する手段ないし理論が必要か，という問題ともいえる。この問題についての要を得た考察の1つとして，松下・民再入門213-215頁を参照。

を対象とする特別手続であるのに対して，後者は，そのような個人債務者をさらに安定的な収入が見込まれる給与所得者等に限定して手続が簡略化されている。民事再生法の規定の適用関係では，小規模個人再生は，通常再生手続の特則と位置づけられ，同法221条から237条までの特別規定（同法第13章第1節「小規模個人再生」），および通常再生手続に適用される規定のうち同法238条で適用除外されていない規定が適用される。一方，給与所得者等再生は，通常再生手続と小規模個人再生の特則と位置づけられ，同法239条から243条までの特別規定（同法第13章第2節「給与所得者等再生」），同法244条によって準用される小規模個人再生に関する規定，そして通常再生手続に適用される規定のうち同法245条で適用除外されていない規定が適用されることになる。

住宅資金貸付債権に関する特則（民再196条以下）は，個人である再生債務者が持家を手放すことなく経済生活の再生ができるようにするために設けられた制度である。個人再生手続で利用される場合が多いが，個人を対象とする通常再生手続でも適用可能性がある点に注意する必要がある。

以下では，小規模個人再生が，**個人再生事件全体の9割程度**を占めることを踏まえて[2)]，まずこの手続を解説する（**16-2**）。その後，与えられた紙数の許す限りで，いわば2段目の特則である給与所得者等再生（**16-3**），さらには住宅資金貸付債権に関する特則について説明することにしたい（**16-4**）。

16-2　小規模個人再生

16-2-1　小規模個人再生の申立てと開始

小規模個人再生を求めることができるのは，個人である債務者のうち，将来において継続的にまたは反復して収入を得る見込みがあり，かつ，再生債権の

2）　個人再生手続の運用が始まった2001（平成13）年（4月以降）と翌年の2002（平成14）年こそ，立法当時の予想どおり，給与所得者等再生の新受件数が小規模個人再生のそれを上回ったが，その後は，小規模個人再生の方が過半数を占めるようになり，最近は個人再生事件新受件数の9割以上が小規模個人再生となるに至っている。このような利用状況の背景については，松下・前掲注1)178頁，茨木茂ほか「〔座談会〕個人再生手続の現状と課題――施行後5年を経過して(上)」登記情報542号（2007年）24頁以下等参照。なお，個人再生手続の運用状況一般については，茨木ほか・前掲「〔座談会〕(上)」登記情報542号6頁以下，同ほか・「〔座談会〕(下)」登記情報543号（2007年）46頁以下，木下竜哉ほか「〔座談会〕大阪地方裁判所における個人再生手続の現状と運用の改善について」判タ1346号（2011年）71頁以下などが参考になる。

総額（住宅資金貸付債権の額，別除権行使による回収見込額および再生手続開始前の罰金等の額を除く）が5000万円を超えないものである（民再221条1項）。**小規模個人再生を行うことを求める旨の申述**は，再生債務者のみがなすことができ，再生手続の開始を自ら申し立てる場合にはその申立ての際に，また債権者が再生手続開始申立てをした場合には，再生手続開始の決定があるまでに（同条2項，民再規112条・113条），債権者一覧表の提出とともにしなければならない（同条3項）。再生事件の管轄（民再4条・5条等），手続開始前の保全措置（民再26条以下），手続開始の一般的要件（民再21条）等は，通常再生手続と同様である。

裁判所は，再生手続開始と同時に債権届出期間および届出再生債権に対する**異議申述期間**を指定する（民再222条1項前段）。しかし，通常再生のような債権調査は行われないから，**一般調査期間の指定は要しない**（同項後段）。また，開始決定に付随する処分として，再生手続開始の決定等の公告・通知を行い（同条2項3項），さらに知れている債権者に債権者一覧表に記載された事項の通知を行う（同条4項）。

16-2-2　個人再生委員

小規模個人再生における重要な特色の1つは，特別な手続機関が存在することである（なお，管理機関としての管財人は，再生債務者が法人である場合に限られる〔民再64条1項かっこ書〕）。すなわち，裁判所は，上記の小規模個人再生を行うことを求める旨の申述（民再221条2項）があった場合において，必要があると認めるときは，利害関係人の申立てによりまたは職権で，1人または数人の**個人再生委員**を選任することができる（民再223条1項本文）。個人再生委員の職務は，①再生債務者の財産および収入の状況の調査，②民事再生法227条1項本文に規定する再生債権の評価に関し裁判所を補助すること，および③再生債務者が適正な再生計画案を作成するために必要な勧告をすること，の3つであり，裁判所は選任決定でその中の1つまたは複数を指定する（民再223条2項各号）。個人再生委員の選任は任意的であるが[3)]，民事再生法227条1項本文に基づく**再生債権の評価の申立てがあったときは**，その申立てを不適法却下する場合を除いて，**必ず個人再生委員を選任しなければならない**（民再223条1項ただし書）。

16-2-3　再生債権の届出・調査・確定

(1)　再生債権の届出

小規模個人再生においては，債権者一覧表に記載されている債権については，再生債権者が当該債権届出期間の初日に，債権者一覧表の記載内容と同一の内容で再生債権の届出をしたものとみなされる（民再 225 条）。したがって，再生債権者は，債権者一覧表の記載に誤りがなければ，**債権届出の必要はない**が，債権者一覧表に記載がなかったり，記載内容が正確ではないと考えるときは，債権届出をすることができる。また，小規模個人再生における再生債権届出（民再 94 条，民再規 31 条 1 項 2 項）においては，通常再生と異なり，再生債権が現在化・金銭化される点が特徴的である（民再 224 条 2 項・221 条 5 項・87 条 1 項 1 号～3 号・225 条参照）。通常再生では，議決権算定のためにのみ再生債権の現在化・金銭化が行われるが（民再 87 条 1 項 1 号～3 号），**小規模個人再生**では，認可決定の際の最低弁済額要件（民再 231 条 2 項 3 号 4 号）等「金額」を基準とした手続全体の進行[4)]の前提として，債権届出の際には「**再生債権の額**」の明示が求められる。

(2)　再生債権の評価

届出再生債権に対する異議（民再 226 条）があったときは，当該再生債権を有する再生債権者は，裁判所に対し，異議申述期間の末日から 3 週間の不変期間内に，再生債権の**評価の申立て**をすることができる（民再 227 条 1 項。ただし，当該再生債権がいわゆる有名義債権であるときは，異議者から当該申立てをしなければならない〔同項ただし書〕）。裁判所は，前述した個人再生委員の調査（同条 5 項 6 項）に基づいて，債権の存否および額または担保不足見込額を定める（同条 7 項）。この裁判所の決定に対する不服申立てはできない。

3）　実際の運用は裁判所によって異なるが，通常再生における監督委員は全件選任するのが全国的な運用であるのに対して，個人再生委員は，全件で選任する東京地裁を除いて，一定の基準により（たとえば，大阪地裁では，弁護士代理でない本人申立ての場合，住宅ローン等を除いた負債額が 3000 万円を超える場合に選任）その必要性が認められる場合にのみ選任する裁判所が多い（各地裁の運用の概要は，全国倒産処理弁護士ネットワーク編著『個人再生の実務 Q&A100 問』〔金融財政事情研究会，2008 年〕214 頁以下［野村剛司］参照）。もっとも，再生債権の評価の申立てがあったときは，本文で述べたように，法律上選任が必要となるから，地裁ごとに取扱いの差はない。

(3)　確定の効果

異議がなくまたは評価申立てに対して裁判所の決定がなされても（それぞれ「**無異議債権**」と「**評価済債権**」），通常再生手続のように確定判決と同一の効力（民再104条3項参照）が生ずることはなく，単に議決権が確定し（民再230条8項），再生計画にしたがった弁済を受ける地位が与えられる（民再232条3項参照）という手続的な意味の確定効があるにとどまる。その結果，その実体的内容については，再生手続外で争うことが許される。小規模個人再生では，慎重な手続によらざるを得ない実体的確定効の発生を避けて，簡易迅速な手続が志向されたのである[5]。

16-2-4　再生債務者財産の調査と確保

小規模個人再生では，貸借対照表の作成は免除され（民再228条），再生債権者は，再生債務者が裁判所に提出する財産目録（民再124条2項，民再規128条）によって，再生債務者財産の情報を得る（再生債務者による財産目録開示につき，民再規129条参照）。

小規模個人再生においては，**否認に関する規定は適用されない**（民再238条による第6章第2節の適用除外）。手続を簡易化する趣旨であるが，否認を回避する目的での小規模個人再生の利用が許されないことはいうまでもない（「不当な目的」による申立て〔民再25条4号〕，手続廃止〔民再191条1号〕等による対処が考えられる）。これに対して，同じく再生債務者財産の確保と関連する相殺の制限（民再93条・93条の2）および双方未履行双務契約の処理に関する規定（民再49条）等は，小規模個人再生でも適用される[6]。

4）　この再生債権の現在化・金銭化は，個人再生の利用資格としての債権総額の算定（民再221条5項），再生計画の認可による再生債権の変更（民再232条1項）等との関係でも意義をもつ。

5）　条解民再1174頁［中西正＝木村真也］等参照。

6）　担保権消滅許可制度（民再148条等）は，「再生債務者の事業の継続に欠くことのできない」（同条1項）の要件との関係で，個人再生債務者が事業者である場合にのみ適用されると解される（松下・民再入門191頁等参照）。なお，個人再生手続中の詐害行為取消権の行使を否定した例として，**東京高判平成22・12・22判タ1348号243頁**（倒産百選A11事件）参照。

16-2-5　再生計画

(1)　再生計画による権利の変更

小規模個人再生における再生計画も，再生債権の権利変更（民再154条1項1号）がその中心的内容になるが，以下の点で通常再生における再生計画の内容とは異なる。

第1に，手続を簡易迅速にするため，原則として，**形式的平等原則**がとられる点である（民再229条1項・232条1項)。通常再生の場合と異なり，再生債権者間に衡平な差を設けることは許されない（民再238条による民再155条1項2項の適用除外)。

第2に，再生計画による弁済の期限の猶予に関する特則であり，**弁済期が3か月に1回以上到来する分割払いの方法**によらなければならず，また最終の弁済期は再生計画認可決定の確定日から原則3年，特別の事情がある場合でも5年以内としなければならない（民再229条2項各号)。

第3に，破産・免責手続における非免責債権（破253条1項各号）に対応する再生債権（「**非減免債権**」）については，原則として債務の減免等の定めを置くことはできない（民再229条3項各号)。

(2)　再生計画案についての決議

提出された再生計画案につき，不認可要件（民再174条2項各号・231条2項各号）の存在が認められた場合等を除いて（民再230条1項2項参照)，裁判所は，書面等投票の方法（民再169条2項2号）を定めて再生計画案を決議に付する決定を行う（民再230条3項。債権者集会による決議の選択はできない)。決議においては，再生計画案に同意しない旨を民事再生法230条3項の方法により回答した議決権者が議決権者総数の半数に満たず，かつ，その議決権の額が議決権者の議決権の総額の2分の1を超えないときは，再生計画案の可決があったものとみなされる（民再230条6項)。これは，多数決による積極的同意を要求する通常再生の可決要件（民再172条の3第1項）に対して，同意しない旨の意思を積極的に明示しない議決権者は計画案に同意したものとみなす（「**消極的同意**」による可決を認める）という考え方である[7]。

［図16-1］　小規模個人再生における「最低弁済額」要件のイメージ

・民再231条2項3号4号（小規模個人再生）
・給与所得者等再生でも241条2項5号で準用

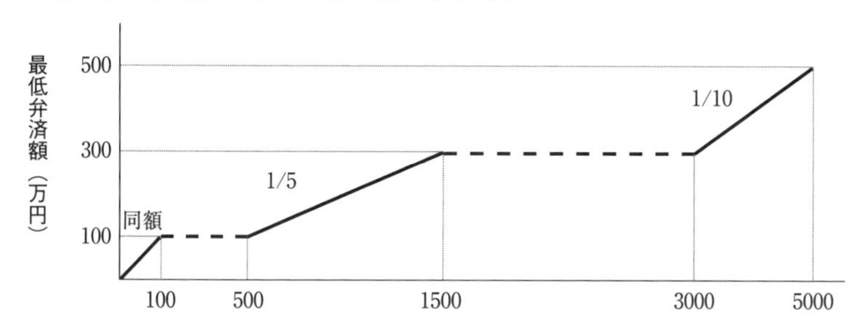

基準債権額（3000万円超の場合は，「無異議債権の額及び評価済債権の額の総額」）（万円）

(3)　再生計画の認可

再生計画案が可決されると，裁判所は，不認可事由がない限り計画を認可する（民再231条1項）。不認可事由には，通常再生と同じ事由（民再174条2項各号）[8]のほか，以下のような小規模個人再生固有の不認可事由もある（住宅資金特別条項に関する不認可事由は，**16-4**で述べる）。まず，再生債務者が小規模個人再生の資格要件を欠くこと（民再231条2項1号2号）である。また，清算価値をぎりぎり上回る少額の弁済で再生債務者が小規模個人再生のメリットを受けることは債権者の利益とのバランス上許されないという立場から，再生計画に基づく弁済の総額が一定の額を下回る場合も，不認可事由とされており（同項3号4号），一般に**最低弁済額要件**と称されている。

この最低弁済額のイメージを図で示すと，［図16-1］のとおりである[9]。

(4)　認可決定確定の効果

再生計画の認可決定が確定したら，再生債権を均質化（現在化・金銭化）し

7）　その趣旨につき，松下・民再入門201頁，伊藤・破産民再1104頁参照。

8）　付議決定（民再230条2項）に関連してであるが，否認権行使により回復されるべき額を計画案の弁済額に加算していない場合に，「再生債権者の一般の利益」に反する（民再174条2項4号）として，付議決定をせず手続を廃止した原決定を維持した裁判例として，**東京高決平成22・10・22判タ1343号244頁**（倒産百選94事件）がある。

た上で（民再 232 条 1 項），非減免債権（民再 229 条 3 項各号）を除いたすべての債権が，再生計画の定める一般的基準（民再 156 条）にしたがって変更される（民再 232 条 2 項）。ただし，個別的な権利変更の効力（民再 179 条 1 項）はなく，また，再生債権の免責効（民再 178 条 1 項）および再生計画によって認められた権利についての**確定判決と同一の効力（民再 180 条 2 項）は生じない**（民再 238 条による民再 178 条から 180 条の適用除外）。したがって，再生債権のうち，手続内で確定されなかったものは，失権するわけではないが，再生計画の遂行に支障が生じないように，計画による弁済期間満了までの間は，当該再生債権者は弁済を受けることはできない（民再 232 条 3 項本文）。ただし，当該再生債権者がその責めに帰することができない事由により債権届出期間内に届出をすることができなかったことなどの要件を満たすときは，例外的に計画による弁済を受けることができる（同項ただし書）[10)]。

(5) 再生計画の遂行等

通常再生（民再 188 条参照）と異なり，小規模個人再生では，個人再生委員が選任されているときを含め，再生手続は再生計画**認可決定の確定によって当然に終結**する（民再 233 条）。

再生計画の遂行が不能になったときは，**手続を廃止**する（民再 194 条）しかないが，再生債務者やその家族の病気など，やむを得ない事由で計画された弁済が著しく困難となったときは，債務の期限の延長（2 年以内）に限って，再生債務者の申立てに基づく**再生計画の変更**の可能性が認められている（民再 234 条 1 項）。もっとも，この場合には，再生計画の決議および認可の手続を改めて行う必要がある（同条 2 項）。

さらに，計画遂行が再生債務者の責めに帰することができない事由により**「極めて困難」**（上記の「著しく困難」より程度が強い）となった場合における残

9）［図 16-1］にある「無異議債権の額及び評価済債権の額の総額」（民再 231 条 2 項 2 号）と**「基準債権」**（同項 3 号）は，いずれも概ね**「手続内で確定された無担保再生債権」**を意味し，通常の場合には両者の実質的な差異は生じないが，後述の住宅資金貸付債権につき住宅資金特別条項を利用しない場合にはズレが生ずる。両概念の厳密な定義と最低弁済額基準における意義については，個人再生の手引 188 頁［石田憲一］，破産・民再の実務〔民事再生・個人再生編〕445 頁参照。

10）詳細は，伊藤・破産民再 1110 頁等参照。給与所得者等再生における民事再生法 232 条の準用という場面であるが，同条の解釈が争われた裁判例として，**高松高判平成 17・9・28 金判**

債務の免責の可能性（「**ハードシップ免責**」と呼ばれる）も認められている（民再235条）。ただし，そのためには，再生計画によって弁済すべき再生債権（非減免債権で再生計画にしたがって弁済されるもの〔民再232条4項参照〕を含む）に対してその4分の3以上の額の弁済を終えている（民再235条1項1号2号）などの要件を満たす必要がある。

手続の廃止（民再191条以下）や再生計画の取消し（民再189条）に関する規定も，その基本部分は，小規模個人再生にも適用される（小規模個人再生の特則として，民再236条・237条参照）。

16-3　給与所得者等再生

(1)　給与所得者等再生の特色

給与所得者等再生は，前述のように，通常再生からみれば，特則の特則という位置づけとなるが，その基本的構造（特則利用の申述，個人再生委員制度の採用，再生債権の手続内確定，認可による手続の終了など）は，小規模個人再生と共通の点が多い（民再244条による小規模個人再生に関する規定の準用参照）。給与所得者等再生の最大の特徴は，一定の弁済額を確保することを条件にして，再生債権者の**決議自体を省略する**点であり，小規模個人再生よりもさらに手続の簡略化を推し進めている。

(2)　手続の開始等

給与所得者等再生を利用できるのは，――小規模個人再生よりもさらに絞られて――「給与又はこれに類する定期的な収入を得る見込みがある者であって，かつ，その額の変動の幅が小さいと見込まれるもの」に限定されている（民再239条1項）。ここで「変動の幅が小さい」とは，再生計画認可要件に関

1249号45頁がある。本件では，再生債権者Xが，再生債務者Yが意図的にXの権利を債権者一覧表に記載しなかったとして，再生計画認可決定の確定後に，債権の支払い等を求めて訴えを提起した。裁判所は，①YがXの権利につき再生計画の一般的基準による権利変更（民再244条・232条2項）の効果を主張することが信義則により認められないとまではいえないが，②Xの債権は民事再生法244条により準用される232条3項ただし書前段により，同項本文による劣後的な扱いを受けないとして，再生計画による変更後の権利のうち，既に弁済期が到来している額の限度でXの請求を認容した。

する規定において，**年収が5分の1以上変動した場合の特別規定**が置かれている（民再241条2項7号イ）ことを参考に，変動が5分の1に満たないことを基準にすべきものと考えられている。将来安定的な収入を得る見込みがあることは，再生債務者の弁済可能額が相当程度客観的に確定できるということを意味するから，再生計画案に対する債権者の決議を不要とする根拠となる。

また，給与所得者等再生を求める申述（民再239条2項）が，たとえば，先行する給与所得者等再生における再生計画認可の決定の確定日や先行する破産法上の免責許可の決定の確定日から**7年以内**にされた場合等にも，給与所得者等再生を利用することはできない（同条5項2号イ～ハ）。破産免責許可（破252条1項10号イ～ハ）と同種の資格要件であり，その共通の趣旨は，**債権者の決議を経ない責任免除**を短期間（7年）に繰り返し債務者に与えることは適当でないという考え方である[11]。

(3) 再生計画の提出と認可等

再生債務者による再生計画案の提出があった場合には，裁判所は，民事再生法241条2項所定の不認可事由が存在する場合等を除いて，再生計画案を認可すべきかどうかについての**届出再生債権者の意見を聴く旨の決定**をしなければならない（民再240条1項。その公告等につき同条2項参照）。

給与所得者等再生では，債権者の決議は行われないから，裁判所は，上記の再生債権者の意見を参考にして，再生計画を認可すべきかどうかを判断する。不認可事由には，清算価値保障原則違反，「最低弁済額」要件を満たさないことなど小規模個人再生と共通のものもある（民再241条2項1号2号5号）。これに対して，給与所得者等再生に固有の不認可事由として，すでに述べた手続利用資格の不存在（同項4号6号），およびいわゆる**可処分所得要件**を満たさないこと（同項7号）が定められている[12]。

このうち，可処分所得要件の算定例は［図16-2］のとおりである。

この算定例から分かるように，この要件の基本的考え方は，**2年分の「可処**

11） 一問一答個人再生286頁。したがって，先行手続が債権者の決議を経る通常再生手続や小規模個人再生であった場合には，この規律は適用されない。また，後行手続である給与所得者等再生が上記規律により開始できないときには，裁判所は，原則として，再生事件を小規模個人再生により行う旨の決定をする（民再239条5項柱書）。

12） 本要件による原認可決定取消し・差戻決定例として，**福岡高決平成15・6・12判タ1139号**

［図16-2］「可処分所得基準」の算定（民再241条2項7号ハ）

【設例】
個人再生債務者Ａ氏の計画案提出前２年間の収入とそれに対する税金・社会保険料等が１年目（収入550万円，税金等50万円），２年目（収入500万円，税金等40万円）であった。また，Ａ氏家族の最低限の生活維持費（１年分）が350万円であったとする。

計画案提出前２年間の収入合計額から，それらに対する税金等を控除し，それを２で割ることにより，平均的な年収から税金等を控除した額を算出し，そこから１年間の最低生活維持費を控除することにより１年間の平均的可処分所得を算出し，それに２を掛けて，２年分の額（可処分所得要件の基準額）を得る。

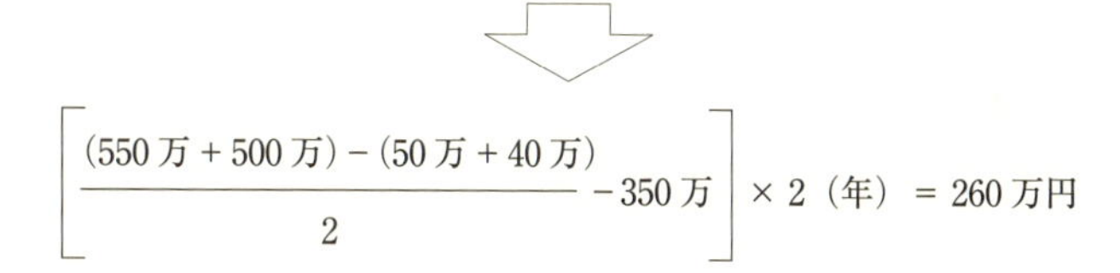

$$\left[\frac{(550\text{万}+500\text{万})-(50\text{万}+40\text{万})}{2}-350\text{万}\right]\times 2\text{（年）}=260\text{万円}$$

分所得」（収入合計額から所得税等を控除し，その額からさらに再生債務者およびその扶養を受けるべき者の最低限の生活を維持するために必要な費用[13]を控除した額）を，再生計画の弁済期間である**原則３年**（**最長で５年**）で**支払う**ことを要求するものである。この可処分所得基準を満たす場合には，債権者の決議を行う必要はないと考えられたのである[14]。

Practice　考えてみよう！【基礎】

［図16-2］の設例における可処分所得基準算定例（基準額260万円）は，最低弁済額基準では，どれだけの負債額（基準債権額）の場合に対応するか。［図16-1］で確認し，その結果が，小規模個人再生が給与所得者等再生より圧倒的に利用されている現状（本章注2)参照）とどのように関連するか考えてみなさい。

292頁（倒産百選93事件）参照。

13）その額は，再生債務者等の年齢および居住地域，扶養を受けるべき者の数，物価の状況その他一切の事情を勘案して政令で定める（民再241条3項）。具体的には，「民事再生法第241条第3項の額を定める政令」（平成13年政令第50号）を参照。

14）一問一答個人再生292頁。

(4) 再生計画の遂行等

給与所得者等再生においても，再生計画の認可決定の確定により当然に手続は終結すること，再生計画の変更，ハードシップ免責などは，小規模個人再生と同様である。また，再生計画の取消し，手続廃止などの規律も，給与所得者等再生特有の規律が一部取り入れられる（民再 242 条・243 条参照）ほかは，基本的に小規模個人再生と同じと考えてよい。なお，個人再生では履行監督制度がないことから，一部の実務では，計画案提出時まで再生債務者に計画弁済予定額を積み立てさせて，履行可能性を確認する運用（「履行テスト」と呼ばれる）がなされていること，およびその制度的導入を図ろうとする立法的提案があることについては，**18-3-7** を参照。

16-4　住宅資金貸付債権の特則

(1) 概要

個人である再生債務者で住宅（その敷地を含む）を所有する者は，長期にわたる多額の住宅ローンを抱えている場合が多く，その場合には，住宅ローン債権者およびその債権に係る債務を保証する保証会社の求償権を担保するために住宅に抵当権が設定されているのが一般である。その結果，債務者が分割弁済の懈怠により**期限の利益を喪失して抵当権が実行**されると，持家の保持は不可能になってしまう[15]。住宅資金貸付債権に関する特則（民事再生法第 10 章〔196 条以下〕）は，住宅ローン債権者等の権利を実質的に確保しながら，再生計画に特別の条項（**住宅資金特別条項**）を定め，もって個人再生債務者（通常再生手続を利用する場合も含む点に注意）の経済的再生の基盤である住宅の継続的保有を可能にする制度である。

15） 事業者でなければ，担保権消滅許可制度は利用できないと解されることにつき，前掲注 6)参照。

16） 個人再生手続においては，個人再生を求める旨の申述と同時に提出する債権者一覧表に，住宅資金特別条項を定めた再生計画案を提出する意思があることを記載しておかなければならず（民再 221 条 3 項 4 号・244 条），債権者一覧表にはその意思の記載があるのに，再生計画に住宅資金特別条項の定めがないときは，再生計画は不認可となる（民再 231 条 2 項 5 号）。特別条項を定めるという前提で行う手続と，特別条項を想定しない手続とは，その内容が異なるからである（一問一答個人再生 236 頁参照）。

［図 16-3］　住宅資金特別条項

※　民再 199 条 1 項〜 3 項
※　同意型（同条 4 項）では，内容は自由

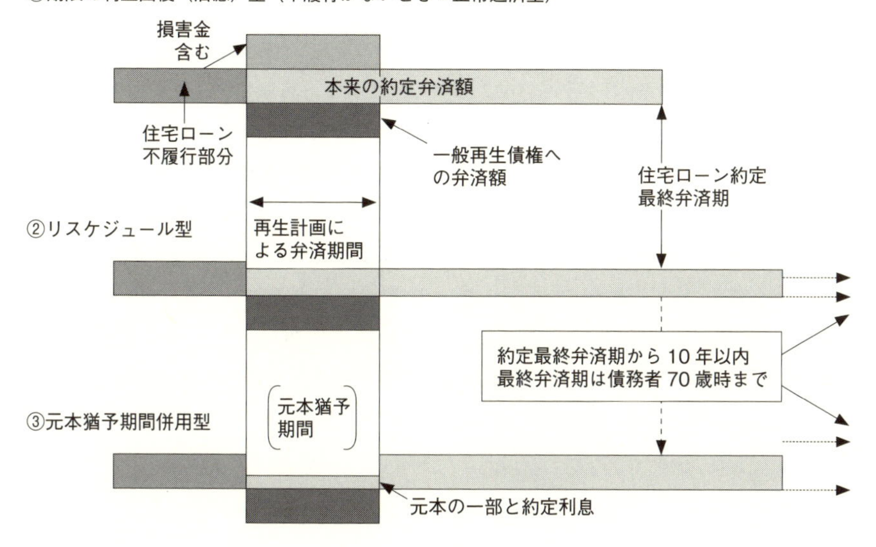

(2)　住宅資金特別条項の内容

住宅資金特別条項を定めた再生計画は，再生債務者だけが提出できる（民再200 条 1 項。債権者との事前協議につき民再規 101 条 1 項参照）[16]。住宅資金特別条項の基本的位置づけとして，一般の再生債権に対する弁済計画とは基本的に別枠で処理される点に注意する必要がある。個人再生手続で住宅資金特別条項が提出されるケースでいうと，住宅資金貸付債権の額は利用資格としての**再生債権の総額から除外**され（民再 221 条 1 項第 1 かっこ書），**債権調査・確定の手続はなく**（民再 226 条 5 項参照），住宅資金特別条項によって権利の変更を受ける者に**再生計画案についての議決権は与えられない**（民再 201 条 1 項）。また，住宅資金貸付債権と他の再生債権者との間では，平等原則が適用されないなどの特則が妥当する（民再 199 条 5 項による 155 条 1 項等の適用除外）。

法律上，住宅資金特別条項の内容は，大きく分けて［図 16-3］のような基本型に分けられている（なお，これらの類型以外にも，権利変更を受ける者の同意がある場合の「合意型」〔民再 199 条 4 項〕もある）。

[図 16-3] のうち①「**期限の利益回復（治癒）型**」（民再 199 条 1 項）は，再生計画認可決定の確定時までに弁済期が到来する（債務者が遅滞に陥った）住宅資金貸付債権の元本・利息・損害金（債務不履行による期限の利益喪失は，なかったものとして算定する）を再生計画の弁済期間中に支払い（同条 1 項 1 号），認可決定の確定後に弁済期が到来する住宅資金貸付債権の元本等の債権は，住宅資金貸付契約の本来の約定にしたがって支払う（同項 2 号）という条項である。[図 16-3] に示したように，再生計画弁済期間中は，一般再生債権の弁済に加えて，住宅ローン本来の約定弁済と遅滞部分の弁済をしなければならない点で，再生債務者に過重な負担となることが多い。他方，手続開始まで約定どおり住宅ローンの弁済をしており，債務の弁済が原則禁止される手続開始後も裁判所の許可を得て弁済を継続している場合（民再 197 条 3 項）においては，再生計画には，単に再生計画認可確定後における当初約定どおりの支払計画を記載することになる（このような条項も一般再生債権との扱いの違いを明らかにする特別の意義がある）。実務的には，この類型が多く，「**正常返済型（そのまま型）**」と呼ばれる[17]。

上記①の条項では再生計画の認可の見込みがない場合には，②の「**リスケジュール型**」（民再 199 条 2 項）を定めることができる。これは，①の条項では，再生計画による弁済期間中の支払額が大きくなりすぎることを考慮して，弁済期間の延長（リスケジュール）を定めて，不履行部分を長期にわたって弁済する計画である（延長期間に関しては図で示した制限あり）。そして，さらに②の条項でも再生計画の認可の見込みがない場合には，③の「**元本猶予期間併用型**」（民再 199 条 3 項）を定め，再生計画による弁済期間中は住宅資金貸付債権の元本の一部の支払いを猶予して（その期間の約定利息は全額支払う），弁済期間終了後にその支払いを予定することにより，弁済期間中の弁済額を無理のないものにすることができる。

17） **正常返済型**は，厳密には議論の余地があるが，一般的には民事再生法 199 条 1 項の適用範囲内のものとして捉えられる（破産・民再の実務〔民事再生・個人再生編〕456 頁参照）。この正常返済型は，実際の住宅資金特別条項の 9 割弱を占めるとされる（茨木ほか・前掲注 2)(下) 62 頁参照）。その意味するところは，他の債務の弁済は停止しても，住宅ローンだけは約定どおり弁済している個人債務者がほとんどであるということである。

18） 条解民再 1064 頁［山本和彦］参照。

(3) 住宅資金特別条項を定める再生計画の認可

住宅資金特別条項を定める再生計画の認可要件の特徴は，一般の再生計画が遂行の見込みがないとはいえないときは認可される（民再174条2項2号参照）のと対照的に，**再生計画の遂行可能性が積極的に認められなければ不認可**とされる点（民再202条2項2号）にある。住宅資金特別条項を定めた再生計画の遂行が中途で挫折すると，通常は住宅価格の低減等により住宅資金貸付債権者に不利益を及ぼすから，それを避けることなどがその趣旨である[18)]。住宅資金特別条項を定める再生計画の認可の効力は，抵当権の実行等の可能性を完全に除外する必要上，住宅資金貸付債権を担保するための住宅上の抵当権や保証人等にも及ぶ（民再203条1項による177条2項の適用除外）。

(4) いわゆる巻戻しについて

前述のように，住宅に設定された抵当権は，住宅ローン債務の保証人が債務の弁済をしたときの求償権を担保する目的でも設定されるのが通常である。そうすると，保証債務の履行後に再生計画が認可されたら，債権者・抵当権者は保証会社であることになるが，長期のローン弁済に対応する債権管理体制を備えていない保証会社が，住宅資金特別条項作成に利害関係をもつ当事者となることは適当ではない。そこで，法律上，保証会社が保証債務を履行後に，住宅資金特別条項を定めた再生計画の認可の決定が確定した場合には，当該保証債務の履行は，なかったものとみなすものとされた（民再204条1項本文。これを「**巻戻し**」と呼ぶ）。その結果，元来の住宅ローン債権者は，保証会社から受領した金銭を不当利得として返還し，再び住宅資金貸付債権者として住宅資金特別条項に基づく弁済を受けることになる[19)]。

もっとも，この巻戻しのためには，保証会社が住宅資金貸付債権に係る保証債務の全部を履行した日から6か月を経過する日までの間に再生手続開始の申立てがされたことが必要である（民再198条2項）。

---

19) 住宅ローンの保証会社がいわゆる「巻戻し」の効果発生後，すでに取り消された担保不動産競売手続において支出していた費用の償還を求めたケースにつき，かかる請求権は「共益債権」に該当しない（ただし，再生計画による権利変更後の金額の限度で，再生計画履行完了日の翌日に一括払いすることを命じた），とする裁判例として，**大阪高判平成25・6・19金判1427号22頁**がある（評釈として，中島弘雅・金法2001号〔2014年〕52頁参照）。

第17章

国際倒産，相続財産・信託財産の破産手続等および倒産犯罪

17-1　国際倒産法

17-1-1　国際倒産法とは

国際倒産法とは，渉外（国際）的要素を持つ倒産事件の処理をめぐる法的ルールの総体のことをいう。たとえば，外国に本社（本拠）を有する会社について，その国の破産（強制清算）手続が開始された場合，その効力（破産手続開始に伴う強制執行禁止効等）は，日本国内にある当該破産会社の財産に対しても及ぶか，などの問題が，国際倒産法の規律対象となる。わが国の国際倒産法制は，かつての閉鎖的な立場（**属地主義**）から，開放的な立場（**普及主義**）へと変遷して現在に至っているが[1)]，国内倒産法秩序との調整問題がなくなったわけではない（後述する外国倒産処理手続の承認要件の中の公序要件，国際倒産管轄における財産所在地管轄など）。国境を越えた倒産事件の処理において求められるのは，国際的な調和・協力であり，その意味で，国際倒産法の発展の歴史は，国際的な協力の枠組みを構築するための努力の歴史でもある。とりわけ，1997年に採択された「UNCITRAL（国連国際商取引法委員会）国際倒産モデル法」（Model Law on Cross-Border Insolvency）は，わが国を含む多くの国々の国際倒産法に大きな影響を与えてきた[2)]。

1）　現行法に至る立法の経緯については，山本和彦『国際倒産法制』（商事法務，2002年）3頁以下，深山卓也編著『新しい国際倒産法制』（金融財政事情研究会，2001年）2頁以下参照。

17-1-2　倒産処理手続の国際的効力

(1)　国内倒産手続の対外的効力

まず，国内倒産手続の対外的効力についてみよう。わが国の倒産法制は，かつて，わが国の倒産手続の効力は外国にある財産には及ばないとしていた時代もあったが，現在では，国内法的倒産処理手続の効力は，外国財産に及ぶとされている（破34条1項，民再38条1項等）。ただ，日本法の対外的効力を定める規定は，財産所在地国の制定法ないし判例によりそれが認められて初めて実効性が伴うことに注意しなければならない。上記のUNCITRALモデル法を取り入れた国（イギリス，アメリカ，韓国など）は，外国手続の**国内での承認**という手続段階を設け，それを前提に**外国手続に具体的な援助**（協力）**を行う**という仕組みを採用している[3)]。

国内倒産手続の対外的効力の一局面として，倒産債権者が国内手続開始後に倒産債務者の在外財産への権利行使によって満足を受けた場合の配当・弁済調整のルール（「**ホッチポット・ルール**」）が，定められている。たとえば，わが国で破産手続が開始された後に，ある破産債権者が破産者の外国財産に対する強制執行で自己の破産債権額の2割に当たる満足を得た場合，その債権者は強制執行前の債権額で破産手続に参加できるが（破109条），配当においては，他の破産債権者が同じ2割の配当を受けるまでは，配当を受けることができない（破201条4項〔最後配当〕・209条3項〔中間配当〕。民事再生手続による弁済につき，同旨の規定として，民再89条2項参照）[4)]。これらの規定の趣旨が，国際的レベルで債権者間の実質的な平等を確保する点にあることは，容易に理解されるであろう。

ホッチポット・ルールに関しては，①配当・弁済調整の対象に外国で債務者が任意でした弁済が含まれるかという問題があるが，破産・再生債権者は，本

---

2)　深山編著・前掲注1)475頁以下に，1997年の採択当時の条文と仮訳がある。その後の見直し等については，以下のUNCITRALのウェブページを参照。http://www.uncitral.org/uncitral/en/uncitral_texts/insolvency.html

3)　山本・倒産処理276頁参照。後述するわが国の承認援助手続も，UNCITRALモデル法を基本的に採用しており，これにより各国が外国手続の承認を条件にして，内国での外国手続の効力が認められることになる。なお，ヨーロッパでは，さらに進んで，EUメンバー国に拘束力があるEC倒産規則（European Council（EC）Regulation No. 1346/2000 of 29 May 2000 on Insolvency Proceedings）によって，あるメンバー国で開始された主手続（債務者の利益の中心地で開始さ

来破産者等から任意弁済を受けることはできないのであるから（破100条，民再85条1項参照），**外国財産からの任意弁済**も，配当・弁済調整の対象になると解される。また，②特定の倒産債権者が外国財産に対する権利行使によって得た満足の割合が，わが国の破産手続等における最終的な配当・弁済割合を上回る場合に，その差額を不当利得として破産財団等へ返還させることができるか，という問題もある。外国財産からの満足が当該外国法上は適法（「法律上の原因」がある）に見えても，国内倒産手続の対外的効力を基礎とする配当・弁済調整ルールの延長として，国内倒産手続の配当率等を超える部分は**不当利得として返還請求できる**というべきであろう[5)]。

⑵　外国倒産手続の対内的効力

外国倒産手続の対内的効力については，わが国でもUNCITRALモデル法を参考にして，2000（平成12）年に「**外国倒産処理手続の承認援助に関する法律**」（以下，「承認援助法」という）が制定され，これによって，外国倒産処理手続の効力を国内で認める仕組みが整備された。その概要は以下のとおりである[6)]。

㈠　外国倒産処理手続の承認

外国倒産処理手続のわが国での効力を認めるためには，まず，わが国の裁判所で外国手続の承認決定がなされる必要がある。承認決定の申立権者は，外国倒産処理手続（外国で申し立てられた手続で，日本の破産手続等に相当するもの〔承認援助2条1項1号〕）において債務者の財産の管理処分権を持つ管財人または管理処分権を維持する債務者（「**外国管財人等**」）である。承認申立ては**東京地方裁判所にのみ**することができる（承認援助4条）。この承認決定があって初めて後述の援助処分ができるのが原則であるが，裁判所は，本来承認後に行う援助処分の一部（強制執行等の中止命令，保全管理命令等）を，承認決定前にも発することができる（承認援助25条2項・26条2項・51条1項等参照）。裁判

れた倒産手続）については，他のメンバー国で自動的に効力を有する（承認手続は不要）という仕組みがとられている。

4）　なお，在外財産で満足を受けた債権額については，債権者集会における議決権は認められない（破142条2項）。民事再生手続でも同様である（民再89条3項）。

5）　山本・前掲注1)152頁以下，田頭章一「国際倒産法制について」倒産百選204頁。

6）　司法統計年報によると，2001年の承認援助法施行後，2014年までの承認援助手続の新受件数の合計は，14件である。援助処分および実際の事件処理等に関しては，田頭・前掲注5)205頁およびそこに引用した文献も参照。

所は，承認援助法21条各号の規定する申立棄却事由が存在しないときは，**承認決定**を行う。**棄却事由**としては，①承認援助手続の費用の予納がないとき（同条1号），②当該外国倒産処理手続において，債務者の日本国内にある財産にその効力が及ばないものとされていることが明らかであるとき（同条2号），③当該外国倒産処理手続について援助処分をすることが日本における公の秩序または善良の風俗に反するとき（同条3号），④当該外国倒産処理手続について援助処分をする必要がないことが明らかであるとき（同条4号），⑤外国管財人等が外国手続の進行状況等の裁判所への報告義務（承認援助17条3項）に違反したとき（ただし，その違反程度が軽微なときは，この限りでない）（承認援助21条5号），⑥不当な目的の申立て，その他申立てが誠実にされたものでないことが明らかであるとき（同条6号）がある。このうち，実質的に重要なのは，③の棄却要件（いわゆる「**公序要件**」）であり，典型例としては，わが国では優先的地位が認められる債権者（担保権者を含む）の優先性が当該外国手続では否定されているときなどが挙げられる[7]。

(イ) 承認決定後の援助処分

国内の法的倒産処理手続の開始決定とは違って，承認決定自体には特別の効力はないが，裁判所は承認決定と同時にまたはその後，――承認決定前にも可能であった処分（前述）に加えて，――強制執行等の手続を取り消す命令（承認援助25条5項），債務者の日本国内における業務および財産に関し**承認管財人（外国管財人等が就任することが想定されている）による管理を命ずる命令**（承認援助32条1項）などの援助処分をすることができる。承認裁判所は，これらの個別の援助処分を通して，外国倒産手続の国内での具体的効力を認めることになる。承認管財人（および保全管理人）は国内財産を管理する権限を有するが，それを処分したり，国外へ持ち出したりすることは，国内債権者の利益に重大な影響を与えるおそれがあるから，常に裁判所の許可を要する（承認援助35条・55条1項）。

(ウ) 承認援助手続の終了

承認援助手続は，外国倒産処理手続を援助することを目的とする特別な手続

7） 深山編著・前掲注1)135頁参照。承認援助規則14条によれば，外国倒産処理手続の承認の申立書には，その手続に関する重要な事項（たとえば，「当該外国倒産処理手続における債権の順位を規律する外国法の概要」や債権の順位の差異の原因となる債権者の属性等〔同条1項3号・2項〕）を記載するものとされており，それらの情報が公序の判断材料となる。

であるから，承認援助が適切に実行されて外国倒産手続が終結した場合も含めて，承認援助手続の必要性が失われたら，一律に**承認取消し**によって手続は終了する。すなわち，裁判所は，外国倒産処理手続がわが国の破産手続終結決定等に相当する判断，またはその他の事由によって終了したときには，利害関係人の申立てによりまたは職権で，外国倒産処理手続の承認の取消しの決定をしなければならない（承認援助 56 条 1 項 3 号 4 号）。また，承認の申立ての要件（承認援助 17 条 1 項）を欠くこと（承認援助 56 条 1 項 1 号）および 当該外国倒産処理手続について 21 条 2 号から 6 号までに規定された棄却事由があること（承認援助 56 条 1 項 2 号）が明らかになったときも同様である。

以上の**義務的取消事由**に対して，債務者や承認管財人等が必要な裁判所の許可を得ずに日本国内にある財産の処分または国外への持ち出しをした場合等は，裁判所は**承認取消決定をすることができる**（承認援助 56 条 2 項各号）。

(エ)　承認援助手続と他の手続との調整

承認援助手続と国内倒産手続が競合するときには，国内倒産処理手続が優先され，**承認申立てを棄却**するのが原則である（承認援助 57 条 1 項等参照）。ただ，外国手続が外国主手続（債務者の主たる営業所，住所等がある国で申し立てられた手続〔承認援助 2 条 1 項 2 号参照〕で 1 個のみと解される）であり，債権者一般の利益になるなどの要件を満たすときには，例外的に承認決定をすることができる（承認援助 57 条 1 項各号参照）。

他方，**複数の承認援助手続が競合**するときには，概略次のような対応がなされる。まず，外国主手続の承認決定がなされた後に外国従手続（外国主手続以外のすべての外国倒産処理手続〔承認援助 2 条 1 項 3 号参照〕）の承認申立てがなされたときは，従手続の申立ては棄却される（承認援助 62 条 1 項 1 号参照）[8]。また，複数の外国従手続の承認手続が競合することもありうるが，この場合には，債権者の一般の利益により適合する承認援助手続の方が優先する（債権者の一般の利益に不適合な承認申立てを棄却する）という判断基準が採用されている（承認援助 62 条 1 項 2 号参照）。

17-1-3　その他の諸問題

(1)　並行倒産の規律

破産法および民事再生法は，外国とわが国で独立の倒産手続が並行して進行すること（**並行倒産**）を前提にした規定も置いている。その目的は，各手続の独立性を前提にしながら，**並行手続間の協力**を通じて，**国際倒産事件の円滑な処理**を実現することにある。まず，国内手続の破産管財人等は外国管財人に対して協力要請ができ，外国管財人と協力し，情報提供をするよう努めるものとされる（破 245 条，民再 207 条）。また，外国管財人には，国内倒産手続の開始申立権，債権者（関係人）集会での出席・意見陳述権，再生計画案等の提出権が与えられる（破 246 条，民再 209 条）。その他，外国倒産手続の存在に基づいて国内倒産手続の開始原因事実が存在することを推定する規定（破 17 条，民再 208 条），国内倒産手続の管財人と外国管財人との相互の手続参加権に関する規定（その基本内容は，届出債権者等を代理して相互に債権届出をすることであり，これをクロス・ファイリングと称する）（破 247 条，民再 210 条）などによって，わが国の倒産手続と外国手続間の協調的な処理が図られている。

(2) 国際倒産管轄

国際的な倒産事件について，どの国の裁判所が手続申立てを受けて手続を開始する権限を有するかを決定するルールが国際倒産管轄の問題である。破産法 4 条および民事再生法 4 条によれば，破産と民事再生手続開始の申立ては，債務者が個人であるときは，日本国内に営業所，住所，居所または財産を有するときに，また債務者が法人その他の社団または財団であるときは日本国内にその営業所，事務所または財産を有するときに限ってすることができる。**財産所在地の国際倒産管轄**を認めたのは，国内手続での処理を欲する国内債権者の立場に考慮したものとされている[9]。なお，これらの国際倒産管轄（**直接管轄**）は，外国倒産処理手続承認の要件の 1 つである**間接管轄**（承認援助 17 条 1 項・19 条参照）とは区別しなければならない。すなわち，日本国内に債務者の財産があれば，わが国の破産・再生手続の開始を申し立てることができるが，財産所在地を管轄原因とする外国倒産手続につきわが国で承認を求めることはでき

8） **東京高決平成 24・11・2 判時 2174 号 55 頁**は，米国に登記上の本社を，イタリア等に支店を有する会社について，アメリカの倒産手続の日本における承認決定後にイタリア手続の管財人から承認申立てがなされた事件であった。本決定は，まず，①外国主手続の判断基準である「主たる営業所」（国際的には，「**主たる利益の中心**（centre of main interests）」〔以下「COMI」〕として議論されることが多く，本決定でもこの概念を問題にしている）の判断の基準時につき，世界で最初に倒産手続が申し立てられた時点（本件では，イタリアで破産手続の申立てがなされた時点）が基準時であると判断した。また，②「主たる営業所」（COMI）の判断基準につき，登記上の本店ではなく「実質的な本店」を意味するとする立場を前提に，債務者に関連する諸要

ない。財産所在地だけを管轄原因とする外国倒産処理手続は，わが国での承認に値する手続とはいえないという趣旨である。

(3) 倒産外人法

倒産手続において外国人・外国法人をどのように扱うかという問題であるが，現行法は，明確に内外人平等主義を採用し（破3条，民再3条等），立法的な解決がなされている。

(4) 倒産国際私法

倒産国際私法とは，たとえばわが国の破産管財人が，破産者と外国人との間でなされた取引（当該外国法を準拠法とするものとする）を否認しようとするとき，どの国の否認実体法が適用されるかという問題である（取引の準拠法説と倒産手続の本国法説がありうる）。これについては，現行法では特に規定は設けられていないから，解釈に委ねられているが，今後の実務的展開次第では，重要な倒産実体法の分野（**否認権**や**相殺制限**などがその例である）だけでも，基本的な準拠法選択ルールをあらかじめ立法により明確にしておくことが求められることもありうるであろう。

Practice　考えてみよう！【展開】

A株式会社（東京に定款上の本社を有する日本法人）は，不動産開発などを営む会社であったが，2010年以降甲国における不動産にも積極的に投資し，一時はA社の総売上高の半分を甲国事業で占めていた。しかし，国内の事業が不振であることに加え，他方で甲国の不動産市況が悪化したために，2015年春ごろから経営が急激に悪化し，9月末に破産手続開始申立てを余儀なくされ，10月1日に破産手続開始決定がなされた。

以上の設例に関して，次の問題に答えなさい。(1)と(2)における設例は，独立のも

素のなかで，「本部機能ないし中枢，あるいは債務者の主要な財産及び事業の認められる場所，債務者の経営管理の行われている場所，債権者から認識可能な場所といった要素については，重点的にその所在を検討して斟酌することとするのが相当」と判示し，結論としては，本事案における「主たる営業所」はアメリカ国内にあるとした（承認申立てを棄却した原決定に対する抗告を棄却）。詳細は，福岡真之介＝湯川雄介「国際並行倒産における『主たる利益の中心』（COMI）について」NBL987号（2012年）56頁を参照。

9）条解破産50頁等参照。

のとする。

(1) 甲国法人Ｂ社は，2015年７月初め，Ａ社に対し，１億円（以下，現地通貨の価値は，円評価額で示す）を貸し付けたが，Ａ社が７月末の返済期日になっても返済しなかったため，Ｂ社は，９月初めからＡ社の甲国所在財産に対して強制執行の手続を進め，その結果10月10日に1000万円の配当を得た。

Ｂ社は，その後，Ａ社の破産手続において，上記１億円の貸金債権を破産債権として届け出た。破産管財人Ｃはこれに対してどのように対応すべきか。また，Ｃは，Ｂ社およびその他の破産債権者への配当に関連してどのような対応をすべきか。なお，Ｂ社の届出額を含む届出破産債権額（全額異議等はなく確定した）は20億円であり，配当財団は，甲国でＢ社への満足に充てられた1000万円を含めて１億円になる見込みである。

本文で述べた「ホッチポット・ルール」等を適用するとどのようになるか。Ｂ社に対する不当利得返還請求は認められるか。

(2) 日本の破産手続開始後，Ａ社は甲国でも法的清算手続（日本の破産手続に相当）の開始決定を受けた。この場合，甲国清算手続の管財人が，東京地裁に外国手続の承認の申立てをしたとすると，裁判所はどのように対応すべきか。

Hint

破産手続と外国清算手続の承認申立てが競合する場合の対応。原則（承認援助57条１項柱書・２項）と例外（同条１項各号）を本問に当てはめるとどうなるか。田頭章一・法教365号（2011年）147頁参照。

Column⑥　外国倒産「手続」の承認と「再生計画」の承認

外国倒産処理手続の承認援助手続が想定するのは，外国倒産処理**「手続」の承認**であるから（承認援助22条等参照），外国**「判決」の承認**（民訴118条）とは異なる性格をもっている。ただ，外国の事業再建手続（たとえばアメリカの連邦倒産法第11章再建手続）における再建計画による倒産債権の権利変更等の効果を考えると，その性格は，通常，裁判所の**計画認可決定の効果**とされるから，判決（裁判）の承認に類するもののようにもみえる。承認援助法の立法当時の説明も，債権者がわが国の資産に対して外国で認可された再建計画による権利変更を無視して強制執行をしてきた場合には，**民事訴訟法118条の類推適用**により，債務者は外国の再生計画認可決定等に基づく権利変更の効力を主張すべきものとされた。

ただ，民事訴訟法118条の承認要件のなかには，敗訴被告に対する「送達」（同条２号），また外国判決の効力が日本の公序に反しないこと（同条３号）など，再生計画認可決定への類推適用に際してどのように解釈されるか予測できない部分があるため，実務では，あえてわが国でも会社更生手続を申し立てて（いわゆる並行倒産），外国再建計画と実質的には同内容の更生計画認可決定を得ることにより，計画による権利変更の効力を確実にする対応がとられた事例がある（**麻布建物事件**）。

考え方としては，外国再建手続の開始段階も再建計画の効力発生段階も，外国倒産処理手続の重要な節目なのであるから，**承認援助手続の枠内で段階的な承認決定**を行う可能性を立法上整備することが考えられるべきであろう（なお，アメリカの倒産裁判所は，わが国の会社更生手続事件について，更生計画の認可を含む2回の承認決定をしたことがある〔**エルピーダメモリ事件**等〕）。以上につき，詳細は，アンダーソン・毛利・友常法律事務所編『クロスボーダー事業再生――ケース・スタディと海外最新実務』（商事法務，2015年）45-49頁［井出ゆり］を参照。

17-2　破産・再生手続と相続

破産・再生手続と相続に関しては，まず倒産債務者の**責任財産**と**それを引当てとする債権**との対応関係を理解しておく必要がある（被相続人Aの財産をその子B，CおよびDが3分の1ずつ相続する場合を例にした［**図17-1**］を参照）。生前のAの財産を引当てとするのは，Aの債権者（Aの死後は相続債権者）であるのに対して，相続人の固有財産を引当てとする債権者は相続人固有の債権者である。このように，被相続人と各相続人の責任財産と債務は，独立に把握される。

しかし，仮に，Aが死亡して相続が開始し（民882条），相続財産（積極財産と消極財産を合わせたもの）が**債務超過**であり，相続人Bが資産超過である場合，Bが相続について**単純承認**（民915条1項）をすると，相続の効果（相続分に応じた権利義務の一般承継〔民899条・920条等参照〕）が生ずる。これによって，相続財産の積極財産とBの固有財産が一体化して，それが相続債権者と相続人固有の債権者の共同引当財産になる結果，**相続債権者には利益**が生じ，他方でB**固有の債権者には不利益**な影響が生ずる。逆に，相続財産が**資産超過**であり，Bが経済的に破綻している場合には，Bによる単純承認の効果を認めることは，**相続債権者の不利益**をもたらすことになる。以上に対して，Bが相続を**放棄**（民915条1項・938条以下）または**限定承認**（積極財産の限度で債務等を弁済するという留保付の承認。民915条1項・922条以下）したときは，相続財産（積極財産）・Bの固有財産とそれぞれに対する債権との対応関係は維持される。

このように，相続人が民法の規定に従い，単純承認，相続放棄または限定承認のいずれを選択するかによって，責任財産とそれを引当てとする債権との対応関係が異なってくることになる[10]。破産法は，相続と破産手続に関連する条項を第10章にまとめて規定しており，相続財産につき特別の破産手続（第

［図 17-1］ 相続における責任財産・債権者のイメージ

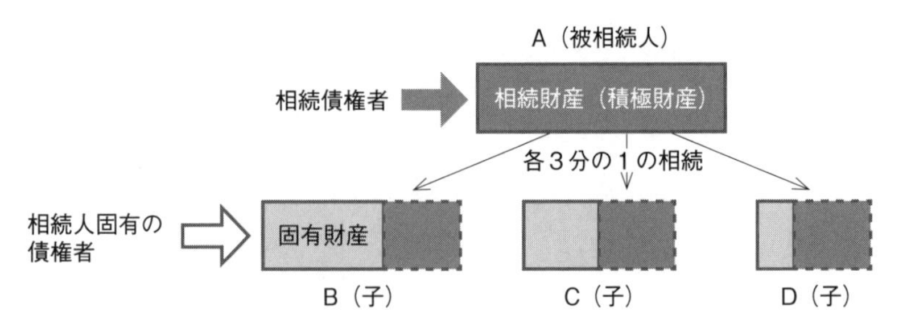

1節222条以下）を設けるほか，相続人の破産（第2節238条以下）および受遺者の破産（第3節243条以下）に関して，上記の民法の規律とそれぞれの破産手続との調整に関する特則を置いている。これに対して，民事再生法には，被相続人や相続人等の再生手続に関する特別の規定は設けられていない。

17-2-1　相続と破産手続

(1)　相続財産の破産

［図 17-1］の設例において，債務超過状態にあったAが死亡した場合には，相続債権者，受遺者および相続人等は，Aの相続財産自体について破産手続開始の申立てをすることができる（「**相続財産の破産**」〔破224条1項〕）。管轄裁判所は，原則として，被相続人の相続開始時の住所地を管轄する地方裁判所である（破222条2項）。相続財産自体は，本来，権利・義務の客体であり（ただし，相続財産法人についての民951条参照），「破産者」が観念しにくい点[11)]で特

10）　責任財産の実質的減少を避けるための債権者側からの対応手段として，相続債権者または受遺者の側から相続財産と相続人の固有財産の分離を請求する第1種財産分離（民941条以下）（相続人の財産状況が悪いとき）と，相続人固有の債権者からそれを請求する第2種財産分離（民950条）（相続財産が債務超過状態にあるとき）がある。

11）　学説上は，破産者は相続財産自体であると解するのが多数説である（伊藤・破産民再86頁等）。ただ，否認対象行為に関して，被相続人，相続人等の行為が，破産者の行為とみなされる（破234条）など，法規定により「破産者」の意味を特定する例もある。また，解釈論としても，破産法50条（開始後の破産者に対する弁済の効力）の「破産者」は，相続人と解すべきとの見解などがある（新基本法コンメン破産521頁［笠井正俊］参照）。

12）　限定承認や財産分離も一種の相続財産の清算手続としての側面を持ち，相続債権者への衡平な弁済に配慮した規定もみられるところである（民929条・947条2項・950条2項等参照）。しかし，相続財産破産手続は，中立公平な破産管財人によって財産が管理され，債権調査確定手続など適正手続を踏まえて進行することに加え，否認権や相殺禁止規定の適用など破産財団の実体的

殊であるが，特別に相続財産の破産制度が設けられた[12]。ただ，債務者（そもそもその特定は困難である）の信用，労力等を考慮する余地はないことから，支払不能（破2条11項）は，手続開始原因（破産原因）とはされず，**債務超過**（「相続財産をもって相続債権者及び受遺者に対する債務を完済することができないと認めるとき」〔破223条〕）**だけが破産原因**となる。破産債権の優先順位に関しては，相続債権者の債権（その優先順位を問わない）は，受遺者の債権に優先する（破231条2項）[13]。

これに対して，［図17-1］の事例で，**被相続人**Aにつき，その生前に破産手続開始の申立てがなされ，破産手続係属中にAが死亡したら手続はどのように扱われるであろうか。まず，すでにAの**破産手続が開始した後にAにつき相続が開始**したときは，破産手続は，前述した「相続財産の破産」手続として続行される（破227条）。他方，相続の開始が**破産手続開始申立て後開始決定前**であるときは，相続開始後1か月内になされた相続債権者，受遺者および相続人等の申立てにより，裁判所は，当該相続財産について破産手続を続行する決定をすることができる（破226条1項2項。申立てがなかったときには，上記期間経過時に，また申立てが却下されたときは，その裁判確定時に手続は終了する〔同条3項〕）。

⑵　相続人の破産

破産法は，相続が開始した後に，［図17-1］の相続人らにつき破産手続が開始した場合（相続人の破産）についても規定を置く（破238条以下）。この場合，たとえばBがその破産手続開始後に相続の**単純承認**または**放棄**をしたときは，

確保手段も有する厳格な清算手続である点に，その独自の存在意義がある（新基本法コンメン破産521頁［笠井］等参照）。そこで，相続財産破産手続が開始しても，限定承認等をすることはできるが，破産手続終了まで限定承認等の手続は中止するとされ（破228条），破産手続が優先する仕組みがとられる。もっとも，実際には，相続財産破産の事件数は低調であり，多くは簡易な清算手続である限定承認が利用されているとみられている（現在公式の統計はないが，過去の統計を含め，条解破産1473頁参照）。なお，相続財産破産自体には，限定承認等の効力は認められていないから，たとえば，相続人が，相続債権者の引当財産を相続財産（積極財産）に限定し，自己の固有財産に対する権利行使を回避するためには，限定承認または相続放棄の意思表示を有効に行っておく必要がある点に注意しなければならない（条解破産1473頁，1496頁，**大阪高判昭和63・7・29高民集41巻2号86頁**〔倒産百選46事件〕参照）。

13）受遺者は相続債権者と異なり，被相続人の一方的行為によって権利を取得する地位にある点などが，劣後性が定められた趣旨である（条解破産1504頁参照）。

破産財団に対しては，**限定承認の効力**を有するものとされる（同条1項）。前述のように，単純承認においては相続財産が債務超過の場合，放棄においては相続財産が資産超過の場合に，相続人の破産債権者への配当額の減少（または配当増額の機会の消滅）をもたらす。そこで，これらの意思表示がなされたときには，限定承認の効果が生ずるものと擬制することにした[14)]。ただし，この規律は，すでに相続が開始した後に相続人の破産手続が開始され，その後に破産者たる相続人が単純承認等をしたことが前提となっており，それ以外のケースと混同しないようにしなければならない。すなわち，まず，相続が相続人の破産手続開始後に開始されたときは，固定主義により，相続財産は自由財産となる（この場合も，自由財産たる相続財産に対する破産申立ては妨げられない)。また，相続人がすでに**破産手続開始前に単純承認や放棄を行っていた場合**には，それらは本来の効力を有し，否認の対象にもならないものと解される[15)]。

(3) 受遺者の破産

受遺者の破産に関しては，まず，**包括受遺者**が相続人と同一の権利義務を有することから（民990条等参照)，包括受遺者に破産手続開始決定があったときは，相続人の破産に関する規定が準用される（破243条)。また，すでに破産手続開始決定前に，破産者のために特定遺贈の効力が発生しているにもかかわらず，破産者がその承認または放棄の意思表示（民986条参照）をしていないときは，**破産管財人が破産者に代わってその承認または放棄**をすることができる（破244条1項)。この場合，遺贈義務者の承認・放棄催告権（民987条）の規定が準用される（同条2項)。前述のように，破産手続開始後に相続人がなした相続の放棄等は，法律上限定承認の効果が生ずるものとされたが，特定遺贈については，管財人に直接の承認・放棄権限を与えるものである。

---

14) もっとも，放棄については，相続財産が明らかに債務超過にある場合等，破産財団にとって相当と認められるときは，破産管財人は，その効力を認めることができる（破238条2項)。

15) 伊藤・破産民再92頁参照。相続放棄に対する詐害行為取消権の行使を否定した判例として，

Practice　考えてみよう！【展開】

(1)　Aは，長年勤めた会社が倒産した後，ギャンブルにのめり込んで消費者金融から多額の負債を負ったため，自己破産の申立てをした。ところが，Aは，手続開始前に急死し，その遺産は，Aと同居する子であるBが全部相続した。Bは，Aの生前，Aの求めに応じて，自動車購入代金150万円をAに貸し渡していた。

この場合，Aの破産手続に関して，Bとしては，どのように対処することが考えられるか。また，仮に，Aの破産手続が何らかの形で続行され，開始された場合，Bは，相続債権者が自己の固有財産に権利行使してくることを避けるため，免責の申立てをすることができるか。

破産手続開始申立後，開始前に債務者につき相続が開始したケースであるから，破産法226条1項～3項の適用を前提に，本問の設例において，Bがどう対応すべきかを考える。相続財産破産手続においては，BのAに対する債権は，混同により消滅しないこと（破232条1項）に注意する。

相続財産破産により，相続財産の相続人への包括的承継の効力が遮断されるわけではない（**前掲大阪高判昭和63・7・29**〔本章注12)〕参照)。相続人Bは，相続債権者が相続人の固有財産に対して権利行使することを妨げる手段として，相続財産破産手続で自らの免責許可申立てをすることができるか。山本研・倒産百選94頁，田頭章一・法教366号（2011年）136頁参照。

(2)　資産家であったXの死亡後，その子Yが自己破産の申立てをし，破産手続開始決定がなされた。Yが破産手続開始前に相続放棄をした場合と破産手続開始後にそれをした場合に分けて，その効力と，それを前提とする以後の破産手続の進行について説明しなさい。

破産手続開始前のYの相続放棄につき，否認が可能か。開始後＝その効力について，法は，破産財団に対しては限定承認の効力しか認めないものとしている（破238条1項。単純承認の効果も同様)。開始後の相続・単純承認はどうか。

17-2-2　相続と再生手続

民事再生法には，相続財産を対象とする再生手続は規定されておらず，解釈としても相続財産の再生能力を認めることはできない16)。したがって，再生手続係属中に再生債務者（個人）が死亡した場合を含めて，相続財産につき再

最判昭和49・9・20民集28巻6号1202頁がある。

16)　伊藤・破産民再758頁，条解民再82頁［園尾隆司］。

生手続を開始または続行する余地はない。また，すでに相続が開始した後に，個人再生債務者である相続人がした単純承認や相続放棄は，手続開始前後を問わず，その効力が認められる[17]。

17-3　信託財産と破産・再生手続

17-3-1　責任財産の構成と受託者の破産・再生手続

信託とは，信託契約（**10-4-2** 参照）等に基づいて，委託者が自己の財産を特定の者（受託者）に譲渡するとともに，当該財産（信託財産）の運用・管理によって得た利益を第三者（受益者）与える法的仕組みのことをいう（信託 2 条 1 項・3 条等参照）。信託により信託財産は受託者に属することになるが，信託の**倒産隔離機能**により，受託者につき破産・再生手続が開始されても，信託財産は，破産財団または再生債務者財産に属しない（信託 25 条 1 項・4 項）[18]。他方で，倒産債権の範囲については，もともと信託財産だけが引当てとなる**受益債権**（信託 2 条 7 項参照）（［図 17-2］の①**債権**）は破産・再生債権にはならず，信託債権であっても**受託者が信託財産に属する財産のみをもってその履行の責任を負うもの**（図の②**債権**）も破産・再生債権にはならない（信託 25 条 2 項・5 項）。したがって，受託者の破産・再生手続に参加できるのは，**受託者の財産全体を引当てとする信託債権**者（図の③**債権**を有する者）と，**受託者の固有債権**者（図の④**債権**を有する者）となる。

このような責任財産と各種債権との対応関係の結果，たとえば受託者の固有債権者（図の④債権を有する者）が，信託財産に属する債権を受働債権として相殺をすることはできない（信託 22 条 1 項参照）ことが理解されよう。

17-3-2　信託財産の破産

信託財産も**破産能力**を有する（破 244 条の 2 以下。ただし，再生能力は認めら

17）　相続人が通常再生手続を利用する場合，手続開始前の相続放棄等には否認の可能性が問題となるが（個人再生手続では，否認に関する第 6 章第 2 節の規定は適用除外される〔民再 238 条・245 条〕），すでに破産について述べたように，否認の対象にはならない。

18）　したがって，信託財産（預かり金債権等）が破産財団として管理されているときは，取戻権の対象となる（**11-2-1** 参照）。また，破産者または再生債務者が当事者となっている信託契約の処遇に関しては，**10-4-2** 参照。

[図17-2]　受託者の財産と各種債権の対応関係

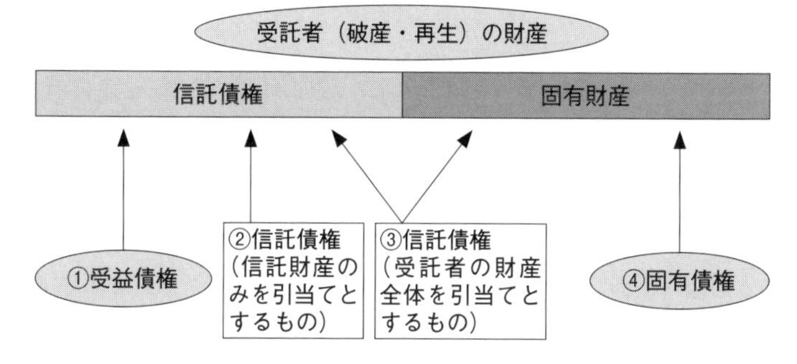

※1　信託法21条等参照。
※2　信託契約の処理という観点から見た信託の法律関係については，第10章［図10-1］も参照。

れない)。独立した財産の集合体が破産の対象となる点では相続財産の破産と同様であるが，信託財産の破産手続では，債務超過だけでなく，その所有者である受託者の支払不能（破2条11項かっこ書）も開始原因となる（破244条の3）[19]。破産申立権者には，債権者の立場の者として，信託債権者（正確には信託21条2項2号の信託債権を有する者）と受益債権者[20]があり，財産管理者の立場の者として，受託者等がある（破244条の4第1項）。

信託財産の破産手続が開始され，破産管財人が選任されると，基本的には受益者に与えられていた権限（たとえば受託者の権限違反行為の取消権〔信託27条〕）は，破産管財人の権限となり（破244条の11参照），受託者等一定の関係者は，説明義務や重要財産開示義務など破産者に準じた義務を負う（破244条の6参照）。

配当手続における優先順位に関しては，**信託債権は，受益債権に優先**し（破244条の7第2項，信託101条），受益債権は原則として約定劣後破産債権と同順位で処遇される（破244条の7第3項本文。ただし，信託行為の定めにより，約

19）　ただし，いずれの破産原因においても，受託者の固有財産は考慮されない。たとえば，支払不能は，受託者が，信託財産により信託財産責任負担債務（受託者が信託財産に属する財産をもって履行する責任を負う債務〔信託2条9項〕）を弁済することができない状態をいうのであって（破2条11項かっこ書），受託者の固有財産やそれだけを責任財産とする債務は考慮されない。
20）　条文の「受益者」とは，反対説もあるが，「受益債権を有する者」を意味するものと解される（破244条の4第2項1号参照）（新基本法コンメン破産562頁［沖野眞已］）。

定劣後破産債権が受益債権に優先するものとすることができる。同項ただし書)。このような受益債権の劣後的取扱いは，受益債権は信託財産に対する持分権に準ずる性格を有することを反映したものである[21]。

否認の対象となる行為に関しては，信託財産自体には行為主体性が認められないため，受託者等（信託財産管理者などを含む〔破 244 条の 4 第 1 項参照〕）が信託財産に関して行った行為が破産者の行為とみなされる（破 244 条の 10 第 1 項)。また行為の相手方が受託者等であるときは，否認の要件としての各種事実に関する悪意の推定に関する規定が設けられている（同条第 2 項以下)。

17-4　倒産犯罪

破産・再生手続開始申立て後の行為も刑法等による罰則の対象になることはいうまでもないが，破産法および民事再生法は，それに加えて，それぞれの手続の目的（破 1 条，民再 1 条参照）を実現するために，特別の罰則を置いている（破第 14 章〔265 条以下〕，民再第 15 章〔255 条以下〕)。破産・再生犯罪の類型はほぼ対応しており[22]，一般に次の 3 つに分類される[23]。

①破産・再生債権者の財産上の利益の保護を目的とする実体的犯罪（実質的侵害罪）

詐欺破産・再生罪（破 265 条，民再 255 条），特定の債権者に対する担保の供与等の罪（破 266 条，民再 256 条）

②適正な手続遂行の確保を目的とする手続的犯罪（手続的侵害罪）

破産管財人等の特別背任罪（破 267 条，民再 257 条），説明（報告）および検査の拒絶等の罪（破 268 条，民再 258 条），重要財産開示拒絶等の罪（破 269 条)，業務・財産状況に関する物件の隠滅等の罪（破 270 条，民再 259 条），審尋

---

21)　ただし，信託契約等によって，信託債権の全部または一部を受益債権と同順位とするなどの特約（実務上このような特約を備える投資商品が存在するようである）は有効であると解されている（条解破産 1570 頁参照)。

22)　過料に関する規定は破産法にはないが，民事再生法 266 条は，裁判所が再生計画遂行のための担保の提供を命じたのに対して再生債務者等がそれに違反した場合などにつき，過料に処する旨を定める。

23)　伊藤・破産民再 1129 頁，条解破産 1765-1767 頁（同 1766 頁に破産犯罪一覧表がある）参照。ただし，実体的犯罪と手続的犯罪の 2 分論もあり，また細かい分類方法については一致しない部分もある（たとえば，破産法 267 条，民事再生法 257 条の破産管財人・監督委員等の特別背任罪は，実体的犯罪とする見解と手続的犯罪とする見解がある)。破産・再生犯罪の実情については，

における説明拒絶等の罪（破 271 条），破産管財人等に対する職務妨害の罪（破 272 条，民再 260 条），破産管財人等の収賄罪（破 273 条，民再 261 条），贈賄罪（破 274 条，民再 262 条）

③破産者・再生債務者（個人）の経済的再生を保護法益とする罪

破産者等に対する面会強請罪（破 275 条，民再 263 条）

以上の破産・再生犯罪のうち，最重要というべき類型は，**詐欺破産（再生）罪**[24]（破 265 条，民再 255 条）であり，破産手続によって確保されるべき総債権者の利益を害する犯罪であることに鑑みて，その法定刑も，10 年以下の懲役または 1000 万円以下の罰金（併科可能）と，特別背任罪と並んで倒産犯罪の中で最も重くなっている。本罪の中心となる行為は，破産・再生手続開始の前後を問わず，①債務者の財産を隠匿または損壊し，②財産譲渡または債務負担を仮装し，③財産の現状を改変して，その価格を減損し，または④財産を債権者の不利益に処分する等の行為であり（破 265 条 1 項各号，民再 255 条 1 項各号），現実的には，債務者またはその関係者の行為であることがほとんどであるといえる（なお，各同条同項 4 号の行為については，情を知って，その行為の相手方となった者も同様に処罰される〔各同条同項柱書後段〕）。

詐欺破産・再生罪が成立するためには，上記の行為を，総債権者を害する目的で行ったことが要件となる（破 265 条 1 項柱書前段，民再 255 条 1 項柱書前段）。この要件に関しては，破産・再生手続開始前に行為がなされた場合，行為者の主観的認識または意図だけでは足らず，**現実に破産手続や再生手続の開始決定を受けるおそれのある客観的な状態と，それについての認識**が必要と解されている[25]。また，詐欺破産・再生罪のもう 1 つの重要な要件として，**破産・再生手続開始決定が確定**したことが必要である（破 265 条 1 項柱書前段，民

条解破産 1769 頁，新注釈民再㈦ 614 頁［大川治］参照。

24）「詐欺」破産（再生）罪という呼称は，ドイツにおいて破産犯罪が「公衆に対する詐欺罪」と認識されたことに由来することにつき，山本雅昭「企業の倒産をめぐる犯罪」神山敏雄ほか編著『新経済刑法入門〔第 2 版〕』（成文堂，2013 年）242 頁参照。

25）条解破産 1782 頁，新注釈民再㈦ 623 頁［大川］参照。なお，本文と同じ立場をとる**東京地判平成 8・10・29 判時 1597 号 153 頁**は，刑法 96 条ノ 2（当時）の「強制執行ヲ免ルル目的ヲ以テ」の意味について，「現実に強制執行を受けるおそれのある客観的な状態の下において，強制執行を免れる目的をもって同条所定の行為を為すことを要する」と判示した**最判昭和 35・6・24 刑集 14 巻 8 号 1103 頁**を，自己の判断と整合するものとして引用している。

再255条1項柱書前段)[26]。この客観的処罰要件の要否については，平成16年改正の過程で議論があったものの，刑罰権の発動に一定の歯止めをかける機能があること等を理由として，結局はこの要件が維持された[27]。もっとも，不要説の示した懸念，すなわち詐欺破産・再生行為がなされた後に，処罰を免れるために法的手続を回避して倒産を処理する事例が実際に起こるような状況になれば，立法的な議論が再燃することもありえよう。

破産法および民事再生法は，**国外犯**に関する規定も置いており，たとえば，詐欺破産・再生罪については，刑法2条の例に従って，国外犯が処罰される(破276条1項，民再264条1項)。また，法人の役員や従業員が詐欺破産罪等を犯した場合について，行為者を罰するほか，当該法人に対しても罰金が科される（両罰規定。破277条，民再265条)。

26) 破産法265条2項および民事再生法255条2項の罪は，各条文の第1項を補充するものであり，破産手続開始決定もしくは管理命令（再生手続）または保全管理命令の発令を認識しながら，総債権者を害する目的で，債務者の財産を取得した行為（典型的には，混乱に乗じて，一部の債権者が財産を勝手に持ち出す行為）等を罰するものである。総債権者を害する目的が要件となっていることなどは1項と同様であるが，保全管理命令による管理処分権の移転の場合も対象となっていることから分かるように，破産手続開始決定等の確定は要件とされていない（条解破産1791頁，条解民再1299頁［丸山雅夫］参照)。

27) 立法の経緯については，一問一答破産364頁参照。

第18章
倒産法改正の重要論点

18-1　倒産法改正に関する議論の背景

平成の倒産法大改正は，2000（平成12）年4月1日の民事再生法の施行により幕を開け，その後2005（平成17）年の新破産法およびそれに伴う倒産関係諸法改正法の施行によってそのピークを迎え，2006（平成18）年の会社法（会社整理の廃止と特別清算規定の改正）の施行によりその一応の幕を閉じた。現在は，民事再生法の施行からいうと15年以上に，会社法の施行から10年にならんとするわけである。もともと現行法は，大がかりな法改正の結果であり，「実験立法」としての性格もあったと指摘されているほどであるから，適切な時期に検証が予定されていたということもできる。また，現在の極めて動きの早い経済社会において，上記の10年から15年という期間は，現行法の下での各種倒産手続の運用実務が定着すると同時に，その問題点が顕在化するのに十分な時間である。実際，法的倒産手続外の私的整理にかかわる領域も含め，倒産事件の処理に関する実務の展開は相当にダイナミックであったといえ，下級審の判断を含めて判例の集積も進んできた。さらに，国内的には民法（債権関係）の改正が実現しつつあること，また世界各地の主要国においても，倒産法制の見直し[1]がなされたことも，わが国の倒産法制をもう一度見直す契機になったということができよう[2]。

1）欧米を中心とした倒産法（主に企業再建関係）改正の紹介として，たとえば，高木新二郎「英米独仏の早期迅速事業再生スキームの最近の展開」NBL 957号（2011年）10頁以下参照。

本書では，これまでにも改正の議論を一部取り上げてきたが，本章では，倒産法改正に向けた論点を，まとめて解説することとする。まずは，倒産手続の全体像に立ち返って，制度改革の基本的問題点を検討し（**18-2**），各論として，破産・再生手続の手続法的側面にかかる改正の主要論点を（**18-3**），さらに倒産実体法的側面にかかる主要論点を（**18-4**）検討することとしたい。なお，取り上げる論点は，読者の学習上の重要性を考慮したものであり，網羅的ではなく，必ずしも短期的な法改正の実現可能性を反映したものではない点に留意していただきたい。また，特別清算および会社更生手続は，本書の範囲外ではあるが，倒産法全体の制度的枠組みを考える際には，避けて通ることはできないので，とくに次の **18-2** においては，必要な範囲で取り上げることにする。

18-2　倒産手続の全体的構造にかかわる論点

18-2-1　私的整理と法的整理の連続性の確保等の措置

私的整理は裁判外の私的交渉・合意によって倒産事件の処理を行うことであるが，近時の特徴として，この私的整理（特に再建型のそれ）が，**準則化**されて，**法的整理との連続性**が注目されていることがある[3]。企業再建手続における具体的な法改正の対象例としては，法的手続申立前の再生融資（**プレ DIP ファイナンス**）（申立後開始前の借入金等の共益債権化を可能とする規定として，民再120条参照），同じく申立前のスポンサー契約が法的手続で効力を失った場合の違約金（ただし法的性格については議論がある）としての**ブレークアップフィー**，および私的整理における一時停止後の商取引債権等について，ADR失敗後の倒産手続においても一定の優先権を認めることなどが論点とされている[4]。産業競争力強化法58条以下に基づく**事業再生 ADR** では，ADR 機関（特定認証紛争解決事業者）の「確認」を経ることにより，DIP ファイナンスにかかる債権の法的整理における優先的取扱いの可能性を高める制度などが用意

2）　倒産法改正を銘打った書籍等は，異例といってよいほど集中的に出版されている。主要なものだけ取り上げても，次のようなものがある。東京弁護士会倒産法部編『倒産法改正展望』（商事法務，2012年），倒産法改正研究会編『提言 倒産法改正』（金融財政事情研究会，2012年）（本書には，続編〔2013年〕，続々編〔2014年〕がある），倒産実務研究会編『倒産法改正への30講――倒産実務の諸問題と改正提言』（民事法研究会，2013年），園尾隆司＝多比羅誠編『倒産法の判例・実務・改正提言』（弘文堂，2014年），全国倒産処理弁護士ネットワーク編『倒産法

されているが，倒産法の改正によって申立前の私的整理（交渉）の拘束力を何らかの形で認めるためには，法的倒産手続の観点から，適正な私的整理の範囲を限定するなど，いくつかのハードルをクリアーする必要があろう。

ところで，上記「連続性」の議論は，再建型の私的整理を独立の倒産処理手続とみて，それが失敗して（一部の債権者の反対により）法的手続に移行する（多数決によって反対債権者を拘束する）状況を想定している。しかし，やや視点を変えて，法的手続における私的交渉の活用を広くとらえると，**法的手続の内部に，簡易迅速な手続として裁判外の交渉を取り込むという視点**が出てくる。法的手続における倒産債権の確定を，倒産手続外のADR等に委ねる提案等がその例である（**18-3-3**(1)参照）。このような考え方は，清算型の法的整理と私的整理との関係に関しても意義を有するほか，法的整理に内在する幅広い可能性を示しうる点で，今後の法改正の際の基本的な視点として意味があるものといえよう。

18-2-2　倒産法の統一について

わが国でも，アメリカ法やドイツ法にみられるように，**倒産関連法の統一**の可能性が議論されることがある。重要な立法課題であることはたしかであるが，その議論の前に，倒産手続の全体のあり方をどのように構想するかが議論されるべきであり，倒産手続全体の構成とすべての手続に共通な規律（たとえば，相殺や否認に関して）が固まっていけば，自然と倒産法の統一が現実的なものとして立法課題に上ることになろう。したがって，法典の統一は，長期的な課題として考えておけばよく，まずは実質的な倒産手続の仕組みをどのように組み立てていくかについての議論を深めることが肝要である。

倒産手続の組立方法には多様な可能性があり，改正提案の中には，倒産手続（企業または会社の倒産手続が念頭に置かれることが多い）を１つの手続として，手続を進行する中で再建型か清算型かなどの決定をしていく手続構造（再建型

改正150の検討課題』（金融財政事情研究会，2014年）。また，日本弁護士連合会は，「倒産法改正に関する提言」（2014年）（以下，「日弁連・提言」として引用）を発表している。http://www.nichibenren.or.jp/library/ja/opinion/report/data/2014/opinion_140220_4.pdf

3）　私的整理の意味と法的整理との連続性に関しては，**1-4**を参照。

4）　山本和彦「浮かび上がった諸問題と再改正の必要性」伊藤眞＝須藤英章監修『新倒産法制10年を検証する』（金融財政事情研究会，2011年）142頁注41，伊藤・破産民再74頁参照。

を基本とする）を提案する説[5]もあるが，当初から特定類型の手続（少なくとも清算か再建か）を選択することにより，あらかじめ設定された手続目標に向けて手続が迅速に進行する現行制度のメリットは否定できないと考えられる。以下では，申立段階で複数の選択肢の中から特定の手続を選択する考え方を前提として，検討を進める。

18-2-3　倒産手続の基本構造に関する考え方

(1)　企業清算型手続

まず，企業の清算手続についてみると，一般的な手続としては，管理型の強制的な清算手続である破産手続しか存在しない点が問題となる。ただ，この点は，会社法の制定の際に，**特別清算**を株式会社に限らない**一般的な簡易・迅速・柔軟な清算手続**として再構成したらどうかという議論があったものの，その当時は，そのような手続の必要性は否定された[6]ことが想起される。筆者の理解では，最近の法改正の提言の中でも，特別清算の意義が改めて問い直されることは比較的少なく[7]，手続全体の簡易化の要請は，破産手続の運用上の工夫と破産法の改正提案（大規模事件での通知等の省略，債権確定手続や役員責任査定手続の簡易・迅速化等）という形で取り上げられているようにみえる[8]。

(2)　企業再建型手続

企業再建型手続の一体化の是非は，最近の倒産法改正議論の中心的論点の1つであるが，この点も，現行法立法時に検討された点であった。しかし，当時は，次のような問題があるものとして，再生手続と更生手続の2本立てとされた経緯がある[9]。1つは，**担保権の制限**との関係であり，いわゆるDIP型の手続である再生手続において，担保権を制限することは不適当であると考えられた。また，**会社の組織変更に関する特則**は，会社法の特別法としての会社更生法に規定するのが適当とされた。

5）富永浩明「倒産手続の統一」東京弁護士会倒産法部編・前掲注2)196頁以下。

6）萩原修編『逐条解説 新しい特別清算』（商事法務，2006年）18頁以下参照。

7）特別清算の見直しに関する議論状況については，野村剛司「特別清算・総論」全国倒産処理弁護士ネットワーク編・前掲注2)214頁以下参照。

8）もっとも，中小零細企業の転廃業を促して，経営者の再チャレンジや地域経済の構造改革を進めようとする流れが始まっている中で（「中小，転廃業広がる　『経営者保証』減免100社打診」日本経済新聞2014年12月29日朝刊第5面参照），破綻した企業の財産を簡易・迅速・柔軟に清

ところが，現行企業再建手続の運用において，手続の統合を促す事情が生じてきた。たとえば，債務者会社の旧経営陣から更生管財人を選任する，いわゆる「DIP型会社更生」の運用がなされてきたことである[10]。この運用は，管財人に選任される旧代表者等が責任追及の対象にならないことや，主要債権者がその選任に反対していないことなど，一定の要件の充足が条件となるが，中立的な弁護士や経営専門家による「管理型」の手続とされてきた会社更生手続においても，旧経営陣が事業を継続する形での運用が可能であることが実証された形になったため，両手続の異質性を前提とする理解に疑問が生ずることになった。また，再生手続においても，債務者会社の資本構成や組織変更を行うニーズがあることが明らかになり，すでに改正が実現した募集株式を引き受ける者の募集に関する条項の再生計画への記載に関する条項（民再154条4項等参照）[11]に加えて，再生計画外の会社分割を事業譲渡の規律（民再42条・43条）と同様の要件の下で行うことができるような法改正が求められていること[12]からも，**再生手続と更生手続の一本化の方向**がみてとれよう。さらに，担保権は再生手続においては別除権として扱われるが，再生のためには別除権協定で担保権の実行を制限する必要があり，協定が成立しない場合に使う担保権消滅制度の役割は大きい。**再生手続における担保権消滅請求で対価の分割払い**を認めるニーズもあるとされており[13]，これが現実のものとなれば，担保目的物が再生に不可欠である場合に限定して，更生担保権化を認めるに等しい。

このように考えていくと，少なくとも長期的な制度改革の方向としては，再建型手続を統一し，現会社更生手続をフル装備の再生ツールを用意した手続と位置づけながら，それらの**再生ツールを必要に応じて利用できる多様な再建手続の可能性を認めていく方向**が望ましいように思われる[14]。

(3)　個人倒産処理手続の基本構想

個人破産手続についても，根本的な見直しの課題がいくつか存在する。ま

算するための特別の法的手続のニーズが今後生じることもありうるであろう。

9）　山本和彦「倒産法改正の論点」東京弁護士会倒産法部編・前掲注2)30頁参照。

10)　「DIP型会社更生」の概要については，伊藤・会更107頁注10を参照。

11)　**14-2-3**(3)(イ)参照。

12)　日弁連・提言23頁。

13)　中森亘「民事再生法上の担保権消滅請求制度の要件緩和等」全国倒産処理弁護士ネットワーク編・前掲注2) 240頁参照。

ず，現行破産法の改正の際にも取り上げられた点として，「破産」および「破産者」という名称の是非である。この点は，法人等の破産の場合も含めて，破産手続，さらには倒産手続全体のネガティブイメージを植え付ける点で，単なる用語の問題を超える論点というべきであるが，とくに個人債務者については，必要以上に失敗者の烙印（立法史的には，破産を犯罪と同じに扱った「**懲戒主義**」）を想起させる点で，できるだけ早く見直すべきである[15)]。すでに第15章で学んだように，破産手続は，免責手続と実質的に一体化することにより，個人債務者に再出発の機会を与えることを主要な目的にするものであり，自由財産の拡張や裁量免責などがその趣旨を示している。個人再生との違いは，財産を清算（換価）することを条件に免責を得るか，それとも将来の収入から計画弁済することにより免責を得るか，という点にのみ存在する。このように考えると，「破産者」という呼称は，たとえば「**清算型個人再生債務者**」に改め，合わせて破産手続開始に伴う各種資格制限についても，見直しをすべきであろう[16)]。そしてこの方向をさらに進めていけば，破産法（企業強制清算法）は，会社など事業者の清算手続に特化するものとし，現在の個人破産・免責手続に相当する「**清算型個人再生手続**」に関する定めは，「**計画弁済型個人再生手続**」（現行法の「個人再生手続」に対応）と合わせて，「個人再生法」に規定する方法も，将来的には考えてよいであろう。

18-3　破産・再生手続における手続法的側面にかかる論点[17)]

18-3-1　破産・再生事件の管轄に関する論点

改正提案の趣旨は，事件の迅速・専門的な処理を確保するための東京・大阪地裁の管轄範囲の拡張と，関連事件の集中的な処理という点であるが，具体的

---

14)　山本和彦教授は，今後の企業再建型手続のあり方について，「1つの『再建型手続』の中のサブ手続として複数の可能性を仕組む方が素直であるようにも思われる」と述べておられ（山本・前掲注9)33頁），おそらく本文で述べた考え方に近いものと考えられる。これに対して，中島教授（中島弘雅「倒産法再改正の論点について」法の支配170号〔2013年〕40頁）は，一本化に消極的な立場であるが，その挙げられる根拠は検討の材料として貴重である。

15)　わが国の個人の倒産手続が，アメリカ法の強い影響を受けていることは明らかであるが，アメリカ法は，すでに1978年に，「破産者（bankrupt）」を「債務者（debtor）」に改めている（宮川知法『債務者更生法構想・総論』〔信山社，1994年〕109頁参照）。個人債務者の「経済生活の再生の機会の確保を図る」（破1条）ための破産手続において，最初に取り組むべき問題が手つかずになっているという皮肉な見方もできる。

な法改正の提言は，いわゆる**自庁処理制度**の創設に帰着するようである。

現行法上，裁判所は，著しい損害または遅滞を避けるため必要があると認めるときは，職権で，事件を破産法7条各号および民事再生法7条各号の定める潜在的管轄裁判所へ移送することができるが（同両条柱書），当初から上記潜在的管轄裁判所に手続開始の申立てをすることは認められていない。そこで，民事調停法4条1項ただし書等を参考に，手続開始申立てを受けた裁判所が潜在的管轄権をもち，かつその裁判所が相当と認めるときは，自ら事件を処理すること（自庁処理）を認める規定を設けることが提案される[18]。この自庁処理が可能になれば，ほとんどの再生債務者は東京地裁または大阪地裁の管轄内に事務所または財産を有するから，両地裁の競合管轄（破5条1項2項，民再5条1項2項）の拡張の要請は実質上充足される。関連管轄（破5条3項〜7項，民再5条3項〜7項）の拡大による関連事件の集中処理のニーズについても，動産や債権の所在地を含めると，債務者の財産所在地を管轄する潜在的管轄裁判所の範囲は広がるから，上記の自庁処理の制度化により，上記ニーズはほぼ満たされる[19]。

18-3-2　破産管財人の権限に関する論点

まず，破産手続における**追加配当**とそこにおける**管財人の管理処分権**について，立法による明確化が求められている[20]。破産法215条1項によれば，最後配当の配当額の通知（破201条7項）を発した後に，「新たに配当に充てることができる相当の財産があることが確認されたときは」，たとえ破産手続終結後であっても，破産管財人は，裁判所の許可を得て追加配当をすることができる。しかし，上記の通知後に財団に帰属すべき財産が新たに発見された場合に，管財人の管理処分権の復活を認めて追加配当の対象とすべきかどうかにつ

16）　すでに，個人の破産手続を，「清算型個人再生」と呼ぶことを提唱する見解があった（山本・前掲注9)30頁注45)）。

17）　手続的側面に関する事項でも，倒産実体法と密接にかかわる論点（たとえば，否認権の行使手続に関する問題）は，**18-4**で，倒産実体法的側面にかかる改正の論点を検討する際に取り上げる。

18）　以上，園尾隆司「管轄」園尾＝多比羅編・前掲注2)88-90頁，多比羅誠「管轄」東京弁護士会倒産法部編・前掲注2)218頁。

19）　園尾・前掲注18)90-91頁。

20）　中島・前掲注14)34頁等。

いては，学説上争いがあり，判例（**最判平成5・6・25民集47巻6号4557頁**〔倒産百選100事件〕）は，「破産管財人において，当該財産をもって追加配当の対象とすることを予定し，又は予定すべき特段の事情があるとき」を除き，破産手続終結により破産管財人の任務は終了すると判示する。明文化するとすれば，この判例の趣旨を基礎にして条文を書き起こすことが考えられよう。

さらに，株式会社の破産により，**取締役はその地位を失う**のか（会社330条，民653条2号参照）という問題[21]に関連する論点がある。また，破産管財人が財団帰属財産の一部（とくに別除権の目的財産）を放棄した場合に，誰がその財産を管理しその費用はどのように負担するのか，放棄されたのが別除権の目的財産であるときに，誰が別除権放棄の相手方となるのか[22]，などの点につき，破産法上明確に規定することが求められている[23]。

18-3-3　債権届出・調査・確定に関する論点

(1)　破産手続

現行破産法は，異議等のある破産債権の確定については，まず破産債権査定手続で迅速に判断し，その結論に対して異議がある場合には，債権査定異議の訴えの提起を認めるという2段階の仕組みを採用する（破125条〜126条）。しかし，現実には，第1段階として迅速な解決を導くはずの**査定手続に時間がかかる**場合があり[24]，それが破産手続全体の進行を阻害しているとされている。

そこで，債権者の意見聴取の機会を設けた上で，裁判所が相当と認めるときには，**査定手続を経ずに債権確定訴訟を提起**したり，**査定手続の係属後に債権確定訴訟に移行**することを認めるべきであるとされる[25]。さらに，消費者金融会社に対する過払金返還請求権や公害・違法建築等に基づく損害賠償請求権など，債権確定に高度の専門的知識を要するケースでは，当該分野について専

---

21)　**10-1-1**(1)参照。委任者が破産した場合の委任契約終了の範囲に関しては，「民法（債権関係）改正に関する中間試案」（2013年）段階では，取り上げられていたが（第41の5(2)の注参照），民法改正案では，この点についての言及はない。

22)　**最判平成16・10・1判時1877号70頁**（倒産百選59事件）参照。

23)　中島・前掲注14)34頁。具体的には，たとえばいったん放棄によって失われた破産管財人の管理処分権を，破産裁判所の許可によって復活させる制度等が提案されている（新宅正人「破産財団等からの放棄・破産手続終了後の破産管財人の権限」倒産法改正研究会編『続・提言 倒産法改正』〔金融財政事情研究会，2013年〕248頁）。

24)　顕著なケースとして，消費者金融会社の倒産事件で，数百件を超える査定申立てがなされて迅

門知識を有するADR**機関等に債権の確定**を委ねるという提案もある[26)]。

債権調査手続に関しては，破産財団が少額の場合に，合理化された債権調査手続等を取り入れる提案がある。具体的には，異時破産廃止が予想される事件で破産債権届出期間および債権調査期日を定めない，いわゆる留保型（破31条2項）の事件処理が現在行われていることを踏まえて，債権調査手続も，実際に配当ができるランク（優先的破産債権）までの調査で足りる（現行法上は，無配当が予想される一般破産債権者の調査手続も必要と解されている）ことを明確にすることが提案される[27)]。また，優先的破産債権への弁済を調査・配当手続とは別枠で処理するという視点に立って，優先的破産債権である労働債権の弁済許可制度（破101条1項）を**他の優先的破産債権への弁済に拡張**する提言もある[28)]。

⑵　再生手続

⑴で述べた破産法改正の論点のうち，**債権査定の迅速化**に関する制度的見直しに関しては，再生手続においても同様の提言がある。しかし，破産財団が少額の場合の債権調査の合理化に関する論点は，再生手続では一般優先債権も手続外で権利行使が許されるし（民再122条），再生債権に全く弁済できない状況も想定されていないから（その場合は再生手続の廃止しかない），破産手続におけるような問題意識は存在しない。

18-3-4　財団債権および共益債権の確定手続等に関する論点

⑴　破産手続

財団債権については，2004（平成16）年の破産法改正によりその範囲が拡張されたこともあり（とくに使用人の給料・退職金の一部を財団債権とする破149条

速な査定が実現しなかった例が挙げられる（中島・前掲注14)37頁，日弁連・提言13頁等参照)。

25）日弁連・提言13頁。債権確定訴訟への移行に関しては，査定決定が，申立後3か月または6か月経過しても発令されないときには，移行を認めるという案がある（中島弘雅ほか「〔シンポジウム〕倒産法制の再構築に向けて」金法1971号〔2013年〕17頁［木村真也発言］)。

26）中島・前掲注14)37頁。

27）日弁連・提言17頁。

28）日弁連・提言18頁。

参照)，財団債権の該当性について争いとなる事例が増えているとされる[29)]。このような場合，財団債権該当性等の確定のためには，通常訴訟手続によらなければならないため，相手方からの訴訟提起を待つにせよ，管財人が財団債権の不存在確認訴訟等を提起するにせよ，破産手続の遅滞は避けられない。そこで，財団債権の早期迅速な確定のため，**簡易な査定手続導入の提言**がある[30)]。導入する場合には，破産債権のような届出を前提としない新しい仕組みを考える必要があるとともに，上述した査定手続の遅延の問題にも目配りが必要となろう。

(2) 再生手続

再生手続における共益債権についても，簡易迅速な決定手続を導入すべきとの提言がなされている[31)]。再生手続については，再生計画案の策定を容易にするために，共益債権を早期に確定する必要性がとくに大きい点が強調される。

18-3-5　情報開示に関する論点

(1) 法的整理全般に関する論点

倒産手続における情報の開示に関しては，**広げる方向**と**制限する方向**の双方について立法提言がある。まず**広げる方向**では，倒産事件に関する文書等に対する利害関係人のアクセスの拡大・改善についての提言がある。倒産事件に関する情報の開示については，法律に基づいて裁判所に提出され，または裁判所が作成した文書の閲覧等に関する規定（破 11 条，民再 16 条）および認否書や財産目録についての特別の周知方法の実施に関する規定（民再規 43 条・64 条）があるが，これら以外の事項については，再生手続において，再生債務者の再生債権者に対する「再生手続の進行に関する重要な事項」の周知努力義務が定められているにとどまる（民再規 1 条 2 項)。そこで，より具体的で実効的なア

---

29)　日弁連・提言 19 頁。財団債権該当性が争いになりやすいケースとして，破産者の従業員から未払残業代の請求がなされた場合や破産管財人の換価業務に関連して損害賠償請求がなされる場合等が挙げられている。破産法 148 条 1 項 1 号 2 号の財団債権は，他の財団債権に優先する（破 152 条 2 項）ため，たとえば破産管財人の行為に基づく債権が，2 号に該当するか 4 号に該当するか，なども争いの対象となりうる。

30)　日弁連・提言 19 頁，中島・前掲注 14)38 頁等。なお，財団債権の名称を共益債権とする可能性については，**5-2-1** 参照。

クセス（インターネット等によるものも含む）が可能になるように，法（規則）改正の必要性が指摘される[32]。

他方，**情報開示を制限する方向**のものとしては，現行法における閲覧制限の理由（破 12 条 1 項，民再 17 条 1 項参照）に加えて，信用情報の保護，個人情報保護を加える提案がある。この提案は，実際の倒産事件で，申立時に裁判所に提出された**債権者一覧表**（破 20 条 2 項，民再規 14 条 1 項 3 号）が，本来の倒産手続のための利用ではなく，債権者の安易かつ不正確な信用調査のために利用される実態などを踏まえたものである[33]。

(2)　再生手続における情報開示に関する特別の論点

企業再建型手続においては，再生計画案等に対する賛否の判断をし，場合によっては自ら計画案を作成する材料とするため，債権者その他の利害関係人からの情報開示の要請は強いのが一般である。しかし，現行法では，誰がいかなる情報について開示請求権を有し，または開示義務を負うかについての基準が明らかではないため，「債権者に対する情報開示を確実にし，またそれを拡充することを図りつつ，その限界を設定し，合理的な情報開示制度を整備する」必要があるとされる[34]。

具体的提案は多様であるが，再生計画案の合理性判断や計画案の立案に必要な事項につき，**濫用防止や営業秘密の保護等のための措置**を講じた上で，個別債権者または債権者委員会から**情報開示を請求できる制度**を整備すべきとの提案などがある[35]。

18-3-6　牽連破産（再生手続からの移行の場合）の手続にかかる論点

営業等の譲渡は，再生手続だけでなく，破産手続においても財産換価の方法として重要になっているが，破産手続開始前に選任された保全管理人は，裁判所の許可を得て営業等の譲渡ができるものの（破 93 条 3 項による同法 78 条 2 項

31）　長島良成「財団債権・共益債権」園尾＝多比羅編・前掲注 2)248 頁，粟田口太郎「共益債権の確定手続の創設」全国倒産処理弁護士ネットワーク編・前掲注 2)168 頁。

32）　日弁連・提言 4 頁。

33）　日弁連・提言 3 頁参照。多数の消費者が過払金返還請求権等に基づいて倒産債権者となった事件で，債権者の個人情報が振り込め詐欺に使われた例もあるという。

34）　中島・前掲注 14) 41 頁。

35）　以上の提案についての詳細は，中島ほか・前掲注 25)15-16 頁［野上昌樹発言］参照。

3号の準用），手続開始後の破産管財人と異なって，債務者が株式会社であるときは，株主総会の特別決議等の会社法上の要件をも充足する必要があると解されている[36]。この点は，とりわけ再生手続の廃止等によって牽連破産が開始されるまでの間（1か月程度）に選任された**保全管理人**（民再251条1項柱書）が，再生手続の廃止等による事業価値の劣化を防ぐために**迅速に事業譲渡**を行う際の障害になっている。牽連破産に移行する段階では債務者会社は債務超過に陥っていることが一般で，株主権保護の観点からも特別決議の省略が正当化されるとして，牽連破産の開始決定前に保全管理人が行う事業譲渡についても，民事再生法43条に相当する株主総会特別決議による承認に代わる許可制度を新設すべきとする提案がある[37]。

18-3-7　その他の手続上の論点

その他，手続面で少なくとも趣旨として異論が少ないと思われる改正提案は，再生計画案の議決権行使の方法として**書面等投票方式**（裁判所の定める期間内に書面等により議決権を行使する方式。民再169条2項2号）が採用された場合でも，集会期日での投票の場合（同条2項1号3号）と同様に，再生計画案の変更や決議の続行ができるようにするというものである。現行法は，集会開催方式またはそれと書面等投票方式の併用方式をとる場合にのみ，計画案の変更等ができるものとするが（民再172条の4・172条の5），投票の方式で再度の決議の可能性等において差が生ずるのは不合理であり，書面等投票のメリットを純粋に享受しにくい状況が生じていると主張される[38]。

最後に，**個人再生手続関係**で2点のみ取り上げると，まず，再生計画の認可要件の1つである清算価値保障原則（民再231条1項・174条2項4号・241条2項2号）に関して，個人破産手続で**自由財産拡張**（破34条4項）の対象となるような財産は，**清算価値の算定対象から除外**するよう法改正を求める見解がある。すなわち，清算価値保障とは，破産における予想配当額を保障することを

36）一問一答破産142頁参照。

37）日弁連・提言14頁以下。牽連破産以外の破産手続，再生手続，更生手続における保全管理人の事業譲渡についても，同様の措置の必要性について検討されるべきであるとする（同15頁）。

38）日弁連・提言36頁。

39）新宅正人「清算価値保障原則と破産法上の自由財産拡張制度との関係／清算価値保障原則の基準時」全国倒産処理弁護士ネットワーク編・前掲注2)180頁。現在の実務の運用では，破産法34条4項に基づく自由財産拡張に適する財産でも清算価値を構成するという扱いが多数である

意味するから，破産法34条4項の対象となることが予想される自由財産は除外すべきであり，各裁判所で詳細な自由財産拡張基準が設けられていることから，その範囲の客観性も確保できるという[39]。もう1つは，個人再生では再生計画の履行過程の監督制度が存在しないこと（民再223条2項・233条参照）から，現在でも一部の裁判所で運用されている**「履行テスト」**（典型例としては，再生債務者に再生計画案提出時に至るまで毎月の計画弁済予定額の積立てをさせ，その状況報告書を計画案提出時に提出させる）を制度化しようとする提案である[40]。

18-4　破産・再生手続における倒産実体法的側面にかかる論点

18-4-1　利害関係人の優先順位

(1)　破産・再生債権の平等の例外

破産債権および再生債権（いずれも優先劣後の定めのあるものを除く）は，破産配当または再生計画において平等に取り扱われなければならない（破194条2項，民再155条1項本文等参照）。ただし，再生計画による権利変更に関しては，債権者間に差を設けても衡平を害しない場合は，特定の債権（たとえば，オーナー兼代表者の再生債務者法人に対する債権）を劣後化したり，逆に優遇（たとえば，生命・身体の侵害による損害賠償請求権につき）することができる（民再155条1項ただし書）。しかし，**破産法**には，そのような規定がないため，同様の**平等原則の例外を定める**（具体的には，破産法99条の劣後的破産債権とする，または裁判所の許可を前提に配当前弁済を認める，など）ことも考えられる[41]。

再生手続においては，再生債務者の事業の維持・再生のためには，重要な商取引債権について，従前どおり支払いを行う実務的必要性が強く，その場合の対処として，裁判所の許可による「少額」再生債権の弁済制度（民再85条5項

とされる。

40)　眞下寛之「個人再生における履行の確保」全国倒産処理弁護士ネットワーク編・前掲注2)184頁。**16-3**(4)も参照。

41)　山本和彦「倒産法改正の論点」東京弁護士会倒産法部編・前掲注2)25-26頁（劣後化について），吉田和雅「人の生命身体に係る損害賠償請求権の保護」全国倒産処理弁護士ネットワーク編・前掲注2)83頁参照。

後段）が利用されているが，実際には**「少額」とはいえない額の債権が手続外で弁済されている**[42]。そこで，「少額」要件の削除または見直しなどにより弁済許可の要件を緩和する一方で，商取引債権者以外の再生債権者への情報開示に配慮するなどの制度設計が提案されている[43]。

(2) 敷金返還請求権の取扱い

賃貸人につき破産または再生手続が開始した場合の敷金返還請求権の取扱いに関する立法的論点は多岐にわたるが，基本的なものは以下のとおりである。

破産においては，敷金返還請求権を有する賃借人は，その額の限度で賃料弁済額の寄託を請求できる（破70条後段）のに対して，再生手続では，寄託請求はできず賃料を弁済しなければならないが（債務者はこれにより事業の運転資金を得る），手続開始後に弁済した額のうち，6か月の額を限度に共益債権とすることで一定の保護がなされている（民再92条3項）。

このような規律については，まず，破産の場合に，敷金額の範囲で無制限に相殺（充当）できる点につき，見直しの必要性が指摘される[44]。また，再生手続に関しては，①共益債権化と敷金の当然充当は別個に考えられてきたため，仮に8か月分の敷金返還請求権があるとして，開始後6か月賃料を支払い，その後2か月未払後賃貸借契約が終了した場合，6か月分を共益債権として請求でき，2か月分は敷金充当により，結局賃借人に**8か月分の優先弁済**を受けうる地位が与えられる点（敷金充当も，相殺と同様〔民再92条3項かっこ書参照〕，共益債権となる6か月分から控除すべきではないか），②敷金のいかなる範囲が再生計画による権利変更の対象となるのか明確でない点（**当然充当先行説**と**権利変更先行説**の対立の立法による解決）などが問題となる[45]。

さらに，破産・再生手続において，賃貸不動産が任意売却される場合，賃借

---

42) **4-2-3**(2)注17)。東京地裁における実情について，鹿子木康編・東京地裁民事再生実務研究会著『民事再生の手引』（商事法務，2012年）187-193頁［片山健］参照。

43) 民事再生法85条5項後段に関しては，同項には，同条2項と異なり，一部弁済を想定した文言がないため，一部弁済を認める方向での見直しの必要性も指摘される。

44) 再生手続の共益債権化の範囲と同様，6か月分の賃料に限定すべきという提言のほか，「賃料」の範囲について，賃貸物件の維持管理費（水道光熱費，清掃衛生費等）を除いた純粋な賃料部分に限定すべきとの見解もある（野村剛司「続・破産手続のさらなる合理化――あるべき利害調整の実現を目指して」倒産法改正研究会編『続々・提言 倒産法改正』〔金融財政事情研究会，2014年〕199頁等参照）。

45) 中島・前掲注14)29-30頁，**8-3-2**(2)注16)・注18)参照。

人の敷金返還請求権は，（未払賃料等充当後）買主に債務引受されるものと取り扱われているが，これでは，他の破産・再生債権者との関係で，敷金債権者が有利に扱われる結果となりうる点などが問題となる。そこで，**承継される敷金返還請求権の範囲の上限を賃料6か月分**（民再92条3項参照）とし，超過部分は破産・再生債権とする等の提案がある[46]。

(3)　財団債権・共益債権等の取扱い[47]

破産手続における各財団債権の内容については，とくに**給与債権の財団債権部分の範囲拡大**が提案される。現行149条1項が「破産手続開始前3月間」としている点につき，申立準備に手間取るなどにより手続開始時期が遅れると，財団債権部分が減少してしまうことなどを理由に，①破産手続開始申立てから6か月前の日以降に退職した労働者を対象に，②退職日の3か月前の日以降に支払期日が到来した債権を財団債権とする，などの改正提案がある[48]。他方で，**担保目的物の修繕費用**，**固定資産税**が，現在一般に財団債権（破148条1項2号）に当たると解されていることに関して，担保価値の増大に寄与した費用やいわゆるオーバーローン（担保余剰価値不存在）の場合の固定資産税については，民法391条の趣旨に従い，担保権者の負担とすべきではないか，という問題提起がある[49]。

また，財団債権については，財団不足のケースも多いことから，**各種財団債権間の優先順位の見直し**，明確化が必要とされる。たとえば，2号と4号との区別の明確化，1項7号の第2順位化（その結果，財団債権の優先順位は，旧法と同様3段階に戻る）などが提案される[50]。

他方，弁済の確実性が高い再生手続における共益債権および一般優先債権（手続外での行使が許される〔民再122条参照〕）の取扱いについては，比較的立

---

46)　破産手続については，敷金充当の範囲を6か月に限定する本文前述の見直しを合わせて行うべきとされる（山形康郎「任意売却時に承継される敷金返還請求権の範囲の明確化」全国倒産処理弁護士ネットワーク編・前掲注2)264-265頁）。なお，**8-3-2**(2)注15）も参照。

47)　査定手続の創設の提案など，手続的側面については，**18-3-4**参照。また，名称を「共益債権」へ統一する考え方については，**5-2-1**参照。

48)　野村剛司「給料債権の財団債権部分の拡大と基準日の変更」全国倒産処理弁護士ネットワーク編・前掲注1)56-57頁。

49)　山本・前掲注41)25頁，中島・前掲注14)31頁参照。

50)　俣野紘平「財団債権の規定の再検討」全国倒産処理弁護士ネットワーク編・前掲注2)53頁。

法的課題の指摘は少ない。ただ，**一般優先債権となる租税等請求権に基づく滞納処分**について，共益債権の場合のような中止・取消制度が適用されないこと（民再 122 条 4 項・121 条 3 項 4 項参照）については，再生の支障となるおそれ，共益債権よりも一般優先債権が制約されない結果となることによる不均衡などを理由に，中止・取消しの対象とすべきであるという提案がある[51]。

(4) 「時期的劣後」についての見直し

開始後債権（再生手続開始後の原因に基づいて生じた財産上の請求権で，共益債権等でないもの〔民再 123 条 1 項〕）は，再生計画による権利変更は受けないが，再生計画による弁済期間中は弁済を受けられず，強制執行もできないなどの制限（同条 2 項・3 項に基づく「**時期的劣後〔化〕**」）を受ける。しかし，ここでいう劣後性は，計画弁済が長期に及ぶ場合には実質的意味をもつが，再生計画の内容がスポンサーからの資金提供による早期一括弁済であり，かつ再生債務者の法人格が存続する場合には，逆に，**権利変更を受けないだけ有利な扱い**となり，債務者の事業再生の障害となるおそれもある[52]。そこで，開始後債権の劣後性をはっきりさせるために，再生債権の再生手続開始後の利息などと同様に再生債権とした上で，再生計画で再生債権よりも劣後的に扱う（民再 84 条 2 項・155 条 1 項ただし書，議決権を与えない点については，同法 87 条 2 項参照）などの見直しが必要と考えられる[53]。

18-4-2　継続中の契約の処理等

(1) 双方未履行双務契約処理の基本原則

双方未履行双務契約の処理に関する基本原則（破 53 条等，民再 49 条）に関しては，現行法立法（2004〔平成 16〕年）当時から，**「解除」構成の是非**（将来に向けての「拒絶」構成の提案），管財人・再生債務者の**解除権の一般的制限**（**最判平成 12・2・29 民集 54 巻 2 号 553 頁**〔倒産百選 80 事件①〕参照）**の明文化**，

51）日弁連・提言 21-23 頁等。

52）松下淳一「民事再生法に関する立法論断想」東京弁護士会倒産法部編・前掲注 2)43 頁。

53）松下・前掲注 52)44 頁。再生債務者が自認すべきであったのに認否書に記載しなかった再生債権（自認懈怠債権）も，再生計画による弁済期間中の権利行使は禁止されるが（民再 181 条 2 項），この債権は再生計画の一般的基準に従って変更されるから（同条 1 項 3 号），「時期的劣後」の一種ではあるが，開始後債権とは状況が異なる。

54）後述の倒産申立解除特約以外で問題になる例として，弁済充当合意の効力（**最判平成 22・**

解除の結果相手方の反対給付が存在しないケースでも，相手方の原状回復請求権を財団債権・共益債権（破54条2項，民再49条5項参照）と解することの是非などが議論されており，早期の実現可能性の程度はともかく，立法課題としては今後も引き続き検討対象となろう。

(2)　倒産申立解除特約の効力

さまざまな契約条項の倒産手続における拘束力は，倒産法の強行的規律に関わる部分は無効という一般的ルールは立てられるものの（その適用例として，後掲の判例のほか，相殺禁止規定の効力を排除する合意を無効とした最判昭和52・12・6民集31巻7号961頁〔倒産百選68事件〕がある），個別の条項の効力の判断においては，契約の種類や当該条項の内容，そして倒産手続の性格ごとの考察が必要となることが多い。ただ，当事者の予測可能性および法的安定性という観点からは，ある程度定型的で重要な効力をもつ条項の倒産手続における効力を明確にしておく意義は大きい[54]。そのような契約条項の中で，最も重要なものの1つが，倒産申立解除条項（一方当事者に倒産手続の申立て等があった場合に，当然に契約を解除するとするか，または他方当事者に解除権を与える条項）である。判例は，再建手続のケースで倒産申立解除特約の効力を否定しており通説もそれを支持している。倒産申立解除特約の効力に関する規定を設けるかどうかは，現行法の立法の際にも議論され，結果的に採用されなかった経緯があるが，その後の判例・学説の議論の成果を今後の法改正に取り入れることは十分考えられるであろう。破産手続も含めて[55]，倒産申立解除特約は原則として無効としつつ，最判平成20・12・16民集62巻10号2561頁（倒産百選76事件）の判示事項を参考に「ただし，〔破産・再生〕手続の趣旨，目的に反しないときはこの限りではない」として，例外を認める条項が考えられようか。

3・16民集64巻2号523頁〔倒産百選45事件〕における田原睦夫裁判官の補足意見参照），賃貸借契約解除の際の違約金条項の効力（下級審裁判例の結論は分かれる）などがある。

55)　清算型手続である破産手続における倒産申立解除特約の効力については争いがあるが，破産管財人の双方未履行双務契約履行か解除かの選択権（破53条1項）の趣旨等の観点から，破産手続でも倒産申立解除特約が破産手続の趣旨・目的に反するものと解すべきである。Column ③（本書111頁）参照。

(3) 各種契約の処理

各種契約の処理に関しては，民法改正と関係がある点を中心にいくつかの論点を取り上げる。

第1に，注文者の破産の場合に，破産管財人だけでなく，**請負人にも解除権**を認める現行民法の規定（民642条1項）の趣旨は，注文者の破産後も，仕事を完成させる先履行義務を負う（民633条参照）請負人の地位に配慮したことにある。同項前段に関して，民法改正案642条1項ただし書は，原則として破産管財人と相手方請負人の解除権を維持しつつ，**仕事が完成した後は，もはや請負人の解除権は認められない**と規定する56)。その根拠は，仕事の完成後は，請負人側の積極的な役務提供義務はもはや存在しないから，請負人の解除権を認める必要がなくなる点にある（なお，本改正案は，破産管財人の解除権については，その行使期間を仕事の完成までに限定していないが，完成後の破産管財人の解除権の許容範囲，また認める場合の適用条文〔民642条1項前段か，破53条1項か〕などは，解釈問題として残るように思われる。東京地判平成12・2・24金判1092号22頁，東京地判平成24・3・1判タ1394号366頁参照）。

第2に，**委任および準委任契約**に関して，当事者のいずれかの破産により契約が当然に終了するという規律（民653条2号・656条）については，最終的には改正事項として取り上げられないことになったが，受任者の破産の場合（当事者の意思による解除）と委任者の破産の場合（破産管財人の権限と重複する限度で当然解除）で個別に規律していく必要性，委任に関する規律の準委任への準用の適否などは，立法・解釈の課題として残っている57)。

第3に，今回の民法改正で導入される予定の様式契約としての諾成的消費貸借契約は，借主が貸主から金銭等を受け取る前に，当事者の一方が破産手続開始の決定を受けたときは，当然にその効力を失うとされている（民法改正案587条の2第3項。現民589条参照）。これに対して，金銭等の引渡し前に当事者の一方に再生手続が開始したときの処理については，解釈に委ねられた。この

56) 本文で紹介した提案の趣旨に関しては，「民法（債権関係）の改正に関する要綱案のたたき台(6)」（民法（債権関係）部会資料72A）参照。

57) 日弁連・提言7頁等参照。

58) 借主の義務は，金銭等の引渡しを前提とする返還義務である点，また引渡しまで解除権を与えられること（民法改正案587条の2第2項前段）から，双務契約の対価性に疑問がある。

59) 中井康之「民法改正と倒産法──双務契約の一方当事者に倒産手続が開始した場合の規律について」倒産法改正研究会編・前掲注23)157頁。貸主（貸金業者など）の再生手続では，貸主に

場合，そもそも民事再生法49条の適用対象となるか疑問があるが[58]，原則として適用を認める見解もある[59]。

最後に，労働（雇用）契約との関係では，使用者の再生手続における労働契約の処理，とりわけ**労働者の解雇のルール**が重要な問題である（破産の場合の処理については，民631条参照）。一般に，民事再生法49条の適用があると解されているが，その解除の際には労働法規範も適用され，その結果，解雇権濫用・整理解雇の法理（労契16条参照）等が適用されると解されてきた[60]。ただ，このような理解の結果，解雇の有効性が，再生手続とは独立した訴訟で，延々と争われるケースも生じている。立法論としては，再生手続の中で，労働者の実体的・手続的保護の手段を講じた上で，**労働者解雇のルールを明確化し，解雇に関する紛争を極力再生手続外に持ち出さない仕組み**を検討すべきであろう[61]。

18-4-3　否認権

(1)　詐害行為取消権に関する規定の見直しとの調整

否認権と詐害行為取消権との調整を民法改正の観点からみると，2004（平成16）年の倒産法の全面改正によって一歩先に進んだ**否認規定に，詐害行為取消権に関する規定を追いつかせる提案**がなされている（たとえば，相当の対価を得てした財産の処分行為の否認に関する破産法161条に対応する提案として民法改正案424条の2がある）。他方，倒産法の観点からみると，**今回の民法改正で取り入れられようとしている規律の一部を，否認法にも取り入れること**が課題となっている。まず転得者に対する否認（破170条，民再134条）の要件と効果についてである。破産法でいうと，同法170条1項1号等は，転得者に対する否認の主要な要件として，「転得者が転得の当時，それぞれその前者に対する否認の原因のあることを知っていたとき」と規定するから，前者の悪意（破160条1項1号ただし書等参照）についても知っていたことを要する（いわゆる

解除だけでなく，履行の選択を認めてよいという。ただし，借主の再生手続では，借主が履行の選択をした場合には，貸主保護のため，解除権を与えるという構成がとられるようである。

60)　谷口・倒産処理194頁等参照。

61)　山本・前掲注41)32頁は，この点につき，「倒産手続の中で一定の雇用計画（人事整理計画）を立て裁判所がそれについて承認等をすることによって一定の法的効果が生じるような仕組みなどが考えられないか」と述べる。

「二重の悪意」)。これは，不合理かつ過重な要件とされてきたが，民法改正案424条の5各号は，転得者（およびその前に転得したすべての転得者）の主観的要件としては，「債務者がした行為が債権者を害すること」を知っていたことのみを要求し，民法改正整備法案による破産法170条1号および2号の改正案も同趣旨の提案をしている。さらに，転得者に対する詐害行為取消しまたは否認の効果として，仮に受益者に対する詐害行為取消権または否認権が認められた場合に受益者が債務者に対して有するであろう反対給付請求権等を与えるものとして，転得者の保護を図っている[62]。

また，**否認権の行使期間**に関しては，手続開始の日から2年のほか，否認しようとする行為の日から20年とされているが（破176条，民再139条），民法改正案426条は，詐害行為取消しの訴えの出訴期間を，債務者の詐害行為を債権者が知った時から2年とするほか，行為の時から10年とした。民法改正整備法案による破産法176条改正案も，否認権行使期間（ただし，出訴期間ではなく，除斥期間）について，行為の時から10年とする提案をしている[63]。

⑵　再生手続における否認権の行使

再生手続特有の問題点として，本書第13章でも取り上げたように，否認権が裁判所の特別の授権によって監督委員によって行使されるという構成は，合理的とはいえない複雑な手続問題を引き起こしている[64]。もともとこの規律は，自ら行った行為を取り消すことを認めることは，取引社会の理解が得られないという理由で取り入れられたものといわれるが，再生債務者の第三者性（手続機関性）――その理解には諸説あるにせよ――を肯定する以上，**再生債務者自身に否認権を与える**ことは背理ではなく，裁判所や監督委員に特別の監督・介入権を与えるなどの仕組みによって，否認権行使の適切性・公平性は確

62）　民法改正案425条の4，民法改正整備法案による破産法改正案170条の3参照。この規律の背景として，転得者に対して行使された詐害行為取消しの効果は，当該転得者の前者に及ばないことがあることについては，潮見佳男『民法（債権関係）の改正に関する要綱仮案の概要』（金融財政事情研究会，2014年）81頁，84頁参照。

63）　小島伸夫＝大石健太郎「否認権」園尾＝多比羅編・前掲注2)457-458頁参照。

64）　**13-5-1**，**13-5-3**，松下・前掲注52)45-46頁参照。

65）　日弁連・提言30-32頁。

66）　実質的に債務超過に陥った分割会社が，優良資産と承継事業関連の取引債務のみを新設会社に承継し，金融債務等の残存債権のみを分割会社に残存させることによって，会社分割が濫用される事案をいう。詳しくは，綾克己＝浅沼雅人「会社分割」園尾＝多比羅編・前掲注2)491頁以

保できるのではなかろうか。関連して，再生手続において**監督委員が提起した否認訴訟係属中に再生手続が終了した場合**（計画認可確定後3年間での終了を規定する民再188条2項参照）の処理については，明文の規定がないところ，相手方の訴訟引き延ばしにより，否認ができなくなるのは不合理であるとして，再生手続終了後も否認訴訟が終了しないよう，明文の規定を設けることが提案される[65]。

(3)　濫用的会社分割への対処

いわゆる濫用的会社分割[66]に対する倒産法上の対処方法は，否認だけにとどまらないが，便宜上，ここで取り上げる。2014（平成26）年の会社法改正[67]により，会社分割が残存債権者を害することを知ってなされた場合には，分割会社に残った債権者（残存債権者）は，新設会社等（以下，新設会社を使った会社分割＝新設分割を念頭に置く）に対して，承継した財産の価額を限度として，従前の債務の支払等を**直接履行請求**できるものとされた（会社759条4項・764条4項等。ただし，吸収分割のケースで，承継会社が，残存債権者を害すべき事実を知らなかったときは，直接履行請求権は否定される）。

もっとも，この残存債権者の請求権は，分割会社について破産，再生手続等開始の決定がされたときは，行使することができないとされ（改正会社759条7項・764条7項等），倒産手続開始後の対処は倒産法の規律にゆだねられた。具体的な倒産法改正の論点は2つに分かれる。まず，かかる**濫用的会社分割自体への倒産法上**の対応に関しては，既存の否認類型に当てはめて対処しようとする立場（どの否認類型に当てはめるかについては説が分かれる）もあるが，「詐害的偏頗行為」という特殊な行為と理解しつつ，分割会社の破産管財人に，新設会社に対する特別の直接請求権を与えるべきとする提案もある[68]。また，

下参照。なお，再生手続において，再生計画によらずに行う（濫用的でない）会社分割につき，営業等の譲渡と同様の会社分割に関する裁判所の許可および株主総会の承認決議に代わる裁判所の許可制度（民再42条・43条）を取り入れるべきであるという提案につき，同論文513頁参照。

67)　会社法の一部を改正する法律（平成26年法律第90号）。同様の規律は，詐害的事業・営業譲渡についても定められた（改正後会社法23条の2第1項，整備法〔平成26年法律第91号〕による商法改正後の18条の2第1項参照）。

68)　岡伸浩「詐害的会社分割と否認権規定の新設」全国倒産処理弁護士ネットワーク編・前掲注2)286-288頁（ただし，残存債権者の直接履行請求権との関係など議論すべき問題は多い）等参照。

残存債権者の新設会社への直接請求権が実行され，満足を受けた後に，分割会社につき倒産手続開始決定があった場合に債権者平等をどのように図るかも問題となるが，新設会社から残存債権者に対してなされた弁済は，分割会社からの弁済とみなす規定を設けた上で，偏額行為否認の対象とする考え方のほか，破産債権者等が外国で受けた弁済等の取扱い（破201条4項，民再89条2項参照）に倣って，当該残存債権者は，他の債権者が当該残存債権者が受けた弁済等と同一割合の弁済等を受けるまで弁済等を受けることができないものとする提案がある[69]。

18-4-4　相殺権

(1)　再生手続における相殺権の行使期間

相殺に関しては，まず，再生手続における**相殺の時期的制限の緩和の必要性**が指摘される。再生手続においては，主として再生計画の作成のために再生債権と債務者財産としての債権の内容を確定しておく必要があることから，再生債権者による相殺権（相殺適状にあることが前提）の行使期間は，債権届出期間の満了までに制限される（民再92条1項）。しかし，実務上は，零細な取引業者を含む再生債権者が，上記期間満了後に相殺権を行使するケースが多くあり，相殺を認めないと，当該再生債権者の態度を硬化させ，円滑な取引関係の維持に支障が出て，かえって再生債務者の事業にマイナスの効果が生ずることがある[70]。そこで，相殺権の行使期間について，廃止または緩和すべきとする主張があり，具体的緩和の方法として，再生債権者が債権届出期間内にその責めに帰することができない事由によって債権届出をすることができなかったときに，その事由の消滅後1か月以内に限り，その**届出の追完**ができる制度（民再95条1項）を参考にした制度新設の提案などがある[71]。

---

69)　三森仁「詐害的会社分割の否認と履行請求制度との調整規定の新設」全国倒産処理弁護士ネットワーク編・前掲注2)285頁参照。

70)　詳しい背景事情については，日弁連・提言28頁参照。

71)　日弁連・提言29頁等。

72)　**12-2-2**(2)参照。

73)　上田純「再建型手続開始後に条件成就した停止条件付債務の相殺の規律」全国倒産処理弁護士ネットワーク編・前掲注2)300-301頁等。

(2)　相殺可能性の範囲の明確化

破産法においては，**受働債権が条件**（**解除条件または停止条件**）**付**であるとき，または**将来の請求権に関するものであるとき**も，破産債権者は相殺できることが明定されているが（破67条2項後段），民事再生法には同様の規定がないため（民再92条1項後段参照），両規定の相違の意味について議論がある。この問題については，解釈による解決も可能であるというのが本書の立場ではあるが[72]，法的明確性を確保するために民事再生法の規定を破産法に倣った規定に改めることは意味のあることであろう[73]。

同様の問題意識は，破産法71条2項2号と民事再生法93条2項2号（「前の原因」がある場合の相殺禁止の例外）の適用対象を，現行の手続開始前の債務（受働債権）の負担（同各条1項2号～4号）にとどまらず，**手続開始後の債務負担の場合**（**同各条1項1号**）**に拡大**するという立法提案[74]にもみられる。支払不能等を知った時より前に，すでに債務の原因があって相殺への期待が存在していたとすれば，債務が確定的に生じた時期（停止条件成就の時期を含む）が手続開始前か後かは重要ではないはずだからである[75]。

18-4-5　別除権[76]

(1)　非典型担保権の処遇

破産法と民事再生法の担保権の処遇に関する規定は，典型担保を前提としているから（**11-3-3**参照），**ファイナンス・リース**（**担保的理解に立つ場合**）や**集合債権譲渡担保**等の非典型担保も射程に入れた立法を求める声は大きい。とくに，①非典型担保権実行手続の中止（民再31条）に関して，「**競売申立人**」という文言が競売手続の中止に限定されると解釈されるおそれがあること，②同条2項により，**中止命令前に担保権者の意見を聴かなければならない**ものとすると，リース契約の解除や債権譲渡の第三債務者への通知により担保権実行が即終了するという理解の下では，意見聴取が担保権実行を促す懸念があること

---

74)　山本・前掲注41)21頁等。

75)　**12-3-2**(1)(オ)注23)も参照。なお，法定の原因（合併等）に基づく債務負担または債権取得を相殺禁止の解除事由とする破産法71条2項1号および72条2項1号については，立法論的批判が強いことにつき，**12-3-2**(1)(オ)注22)を参照。

76)　個別の担保権の処遇，たとえば，商事留置権に関する立法的議論については，中島弘雅「商事留置権の扱い」園尾＝多比羅編・前掲注2)348頁以下，360頁等を参照されたい。

等が問題とされている。そこで,「競売申立人」という文言を「担保権を実行する者」等に置き換えるとともに,担保権者への事前聴取を前提としつつ,特別の事情があるときは事後の聴取でも許されるとする見直し等が提言されている[77]。

将来債権譲渡担保に関しては,民法改正案は,債権譲渡(対象債権の特定性の確保や民法または動産譲渡特例法による第三者対抗要件の具備が前提)においてはその意思表示の時に,譲渡対象債権が現に発生していることを要しないこと,およびその場合には,譲受人は発生した債権を当然に取得することを明らかにした[78]。ただし,これによっても,倒産手続開始後に,倒産債務者財産の費用負担に基づいて発生した債権を担保対象に含めるかどうかは,明確でなく,倒産手続での扱いについては,倒産法にゆだねられているとみられる。この点につき,債権譲渡人の倒産管財人等と譲受人との権利調整のための考え方として,たとえば,「倒産手続開始後に管財人等が締結した個別契約に基づく債権は倒産財団に帰属する」[79]という規律などが提案される。

(2) 担保権消滅請求について

担保権消滅請求に関しては,手続ごとに考えなければならないが,議論が多いのは,**再生手続のそれ**である。論点としては,①「事業継続不可欠性要件」(民再148条1項)の緩和,②再生手続においても,破産法186条以下と同様の換価を前提とした消滅請求を認めること,③再生債務者等による納付金(民再152条1項参照)の支払につき,分割納付を認めることなどが挙げられている。すなわち,①は,管理コスト削減や運転資金の調達のための担保消滅を可能にするため,②は,清算型の再生計画を策定する事例等において,遊休資産を売却する(その目的は,①の資金調達等と重なる)ような場合に利用するためである。また,③は,一括納付が求められることによって,金融機関またはスポン

77) 日弁連・提言20頁等参照。

78) 民法改正案466条の6第1項・2項参照。

79) 日弁連・提言12頁。

80) 詳しくは,小林信明ほか「〔座談会〕倒産法制の展望」金法2000号(2014年)260頁以下[中森亘発言等]参照。なお,③に関しては,一括弁済のための金融機関からの融資を容易にする方策を強化する方向からのアプローチ(民事執行法82条2項を参考にして,担保権消滅後の融資金融機関の新たな担保設定を確実・容易にするなど)もありうる。

81) 個人破産,個人再生,会社更生等を含む細かい論点まで知りたい読者には,本書でも引用して

サーからの融資等によって資金調達ができない再生債務者等が，必要とされる担保権消滅の利用ができなくなる事態を避けるための提案である[80]。

18-5　まとめ

以上，網羅的とはいえないが，筆者なりに倒産法改正の重要論点を取り上げて解説してきた[81]。現在のところ，倒産法改正が正式の立法作業のスケジュールに上っているわけではないが，本稿で取り上げた立法的論点に関する議論は，現行法の解釈論を深める手掛かりとしても役立つ。倒産法は，民法や会社法など民・商事法の枠を超えて，中小企業政策や競争政策[82]など各種産業政策，さらには消費者政策などにも不断の影響を受ける。倒産法学習・研究の種は尽きることはない。

きた全国倒産処理弁護士ネットワーク編・前掲注2)が，最新かつコンパクトで便利であろう。国際倒産法の立法課題については，山本・前掲注41)36-38頁が参考になる。

82)　この点に関して，政府の「競争政策と公的再生支援の在り方に関する研究会」は，2014（平成26）年12月に，「**競争政策と公的再生支援の在り方に関する研究会中間取りまとめ**」を発表した。これによれば，公的再生支援と法的整理は，併用すると過大な支援により，競争に対する大きな影響が生じるおそれがあるから，基本的には併用すべきでなく，例外的に併用が認められる場合にも，支援が過大にならないよう公的再生支援の内容を厳格に調整すべきであるとしている。http://www.jftc.go.jp/houdou/pressrelease/h26/dec/141219_1.html

判例索引

大審院・最高裁判所

高等裁判所

地方裁判所

事項索引

さ

な

は

○ **著者紹介**

田 頭 章 一（たがしら・しょういち）

1961 年生まれ。

1983 年熊本大学法学部卒業。

1989 年神戸大学大学院法学研究科博士課程後期課程単位取得退学。

同 年岡山大学法学部助手。同大学法学部助教授，教授を経て，

2001 年より上智大学法学部教授。

2004 年より上智大学法科大学院教授（現職）。

主な著書

『倒産法入門〔第 2 版〕』（日本経済新聞出版社，2016 年）

『企業倒産処理法の理論的課題』（有斐閣，2005 年）

『英米倒産法キーワード』（共編）（弘文堂，2003 年）

「債券・社債の管理人の手続上の地位(1)(2・完)」

上智法学論集 59 巻 1 号 1 頁，同巻 2 号 55 頁（2015 年）

講義 破産法・民事再生法——重要論点の解説と演習

Essentials of Bankruptcy and Civil Rehabilitation Law

2016 年 2 月 20 日　初版第 1 刷発行

法学教室 LIBRARY

著　者　田 頭 章 一

発行者　江 草 貞 治

発行所　株式会社 有 斐 閣

郵便番号 101-0051

東京都千代田区神田神保町 2-17

電話 (03)3264-1311〔編 集〕

(03)3265-6811〔営 業〕

http://www.yuhikaku.co.jp/

印刷・株式会社暁印刷／製本・大口製本印刷株式会社

ISBN 978-4-641-13720-2